中华人民共和国地方志

福建省志

畜牧志（1991—2005）

福建省地方志编纂委员会 编

社 会 科 学 文 献 出 版 社

图书在版编目（CIP）数据

福建省志. 畜牧志：1991～2005/福建省地方志编纂委员会编. —北京：社会科学文献出版社，2014.5

ISBN 978－7－5097－4358－4

Ⅰ.①福… Ⅱ.①福… Ⅲ.①福建省－地方志 ②畜牧业－概况－福建省－1991～2005 Ⅳ.①K295.7

中国版本图书馆 CIP 数据核字（2013）第 041048 号

福建省志·畜牧志（1991—2005）

编　　者 / 福建省地方志编纂委员会

出 版 人 / 谢寿光
出 版 者 / 社会科学文献出版社
地　　址 / 北京市西城区北三环中路甲 29 号院 3 号楼华龙大厦
邮政编码 / 100029

责任部门 / 皮书出版分社 （010）59367127　　　责任编辑 / 陈　颖
电子信箱 / pishubu@ssap. cn　　　　　　　　　责任校对 / 杜若普
项目统筹 / 王　菲　陈　颖　　　　　　　　　　责任印制 / 岳　阳
经　　销 / 社会科学文献出版社市场营销中心 （010）59367081　59367089
读者服务 / 读者服务中心 （010）59367028

印　　装 / 北京盛通印刷股份有限公司
开　　本 / 889mm×1194mm　1/16　　　　　　　印　　张 / 17.75
版　　次 / 2014 年 5 月第 1 版　　　　　　　　　彩插印张 / 0.5
印　　次 / 2014 年 5 月第 1 次印刷　　　　　　　字　　数 / 379 千字
书　　号 / ISBN 978－7－5097－4358－4
定　　价 / 190.00 元

蛋鸡层叠笼养

蛋鸭旱地圈养喷淋技术

平面饲养肉鸡

山地果林养鸡

仔猪网床饲养

定位栏式生猪养殖

机械挤奶

山羊放养

肉猪检疫

福建圣农实业有限公司生产车间

武平县岩前动物防疫监督检查站

农业厅专家到台湾考察畜牧业

福建省地方志编纂委员会

主　　　任：罗　健（专职）

副　主　任：陈祥健　陈书侨　李　强　陈　澍　江荣全（专职）
　　　　　　方　清（专职）

委　　　员：危廷芳　张宗云　翁　卡　杨丽卿　巩玉闽　林　真
　　　　　　林双先　石建平　胡渡南　王永礼　陈志强　蒋达德
　　　　　　黎　昕　晏露蓉

《福建省志·畜牧志（1991—2005）》
编　纂　委　员　会

主任委员：黄华康　叶恩发

副主任委员：陈永共　黄一帆　林天龙

委　　　员：叶　峥　邹荣贵　黄旭华　邱章泉　林福桂　林加土
　　　　　　兰坪亮　游伟铭　梁全顺　苏荣茂　许小云　林　永
　　　　　　宋国林　王寿昆　庄向生

《福建省志·畜牧志（1991—2005）》
编纂委员会办公室

主　　　任：叶恩发

副　主　任：邱章泉　梁全顺

成　　　员：胡柏青　蔡春继　程书田　吴顺意　林伯全

《福建省志·畜牧志（1991—2005）》
编　辑　室

主　　　编：邱章泉

副　主　编：梁全顺　苏荣茂　胡柏青

成　　　员：江宵兵　丘建华　陈　宏　陈玉明　齐光华　张学思
　　　　　　陈　忠

《福建省志·畜牧志（1991—2005）》
审　稿　人　员

江荣全　尤　珩　吕秋心　刘祖陛　李国平　程由铨

《福建省志·畜牧志（1991—2005）》
验收人员

罗　健　江荣全　方　清

序

  福建山地资源丰富，地方品种繁多，发展畜牧业有得天独厚的条件。经过十五年的持续发展，福建畜牧业已经由过去自给半自给的副业转变为商品化、规模化、标准化、产业化的农村经济的重要支柱产业，成为农业增效、农民增收的重要途径，成为现代农业的重要组成部分。尤其是生猪产业，在跨世纪之际，实现从不足调入到有余调出的转变。这十五年，福建畜牧业取得长足进展，值得记载存史。恰逢福建省第二轮修志工作启动，省农业厅按照省地方志编纂委员会的要求，及时组织成立《福建省志·畜牧志（1991—2005）》编纂委员会以及办公室和编辑室，确定编纂人员，明确人员分工，着手收集资料，并按照规定程序，坚持质量第一，树立精品意识，有序开展编纂工作。经过多年努力，多次修改，《畜牧志》终于出版问世，可喜可贺。《畜牧志》观点正确、结构合理、资料翔实、特色鲜明、行文规范，为福建畜牧界的后来者留下一笔"专业财富"，起到资治、教化的作用。

  《畜牧志》凝聚了全体编纂人员的智慧和辛劳，在此，谨向参与本志编纂和审稿的全体人员表示由衷的敬意和谢意！

福建省农业厅 厅长

陈绍军

2012 年 12 月

《福建省志》凡例

本志按国务院颁布的《地方志工作条例》和中国地方志指导小组制定的《地方志书质量规定》要求进行编纂。

一、以马克思列宁主义、毛泽东思想、邓小平理论、"三个代表"重要思想和科学发展观为指导，坚持辩证唯物主义和历史唯物主义的立场、观点和方法。

二、以福建省现行行政区划为记述的区域范围（未含金门、马祖）。

三、使用规范的现代语体文记述，行文除引文外，用第三人称记述。

四、1949年10月1日以前的纪年，标示朝代、年号、年份，括注公元纪年；1949年10月1日起，用公元纪年。

五、各个时期的政权机构、职务、党派、地名，均以当时名称或通用之简称记述。古地名均括注今地名，乡（镇）、村地名前冠以市、县（市、区）名。

六、除引文外的人名，直书姓名，不在姓名后加身份词；必须说明身份的，在其姓名前说明。

七、各种机构、会议、文件等专有名称使用全称，如多次出现需用简称的，在第一次出现时括注简称。

八、凡外国的国名、地名、人名、党派、政府机构、报刊等译名，均以新华社译名为准。新华社没有译名的，首次使用译名时括注外文全称，全书保持中文译名一致。

九、数字、量和单位、标点符号的使用，执行国家有关部门颁布的标准规定。书中同一名称、事实、数据、时间、度量衡、术语的表述，前后一致。

十、图、照、表突出存史价值，样式统一。

十一、采用国家统计部门公布的统计数据和业务主管部门的统计数据；如使用其他数据，则说明其来源。

十二、采用资料一般不注明出处；引文、辅文和需要注释的专用名词、特定事物加页末注释，注释形式全书统一。

目　　录

Contents

概　　述

1991—2005 年是福建省畜牧业快速发展时期。

一、畜牧业产值、产量持续增长，成为农业和
农村经济的一项主导产业

畜牧业产值由 1991 年的 54.36 亿元提高到 2005 年的 276.48 亿元，占农业总产值的 19.8%。生猪、蛋鸡、肉鸡、奶牛的规模化、集约化养殖水平有较大幅度提高，居全国前列。全省肉蛋奶总产量从 1991 年的 100.74 万吨提高到 2005 年的 221.87 万吨，主要畜禽饲养量有较大增长，生猪生产由 20 世纪 90 年代初年调入 300 多万头，到 2002 年实现产销平衡，2005 年全省调出生猪超过 100 万头，肉禽也开始外调，实现了从销区向产区的历史性跨越。

二、畜牧产业链不断延伸，成为
农民收入新的增长点

畜牧业的发展带动种植业、兽药和饲料加工业、食品加工业、包装制造业、交通运输业等相关行业的发展，形成较为完整的产业体系，实现多次转化增值，2005 年全省畜牧业经济总产值超过 1500 亿元，仅饲料业年产值就接近 100 亿元；畜牧业经济增加值达 500 多亿元，占全省国民生产总值的比重接近 10%。畜牧业已成为农民增收的重要途径。2005 年全省农民人均畜牧业收入达 782.8 元，在十一项农村家庭经营纯收入中居第二位。

三、畜牧兽医科学技术水平不断提高，
取得一批科技成果

优良品种、新技术、新工艺、新设施不断得到推广和应用。如山麻鸭高产系的保护、选育与推广，白羽半番鸭配套系的推广，优质瘦肉型猪杂交组合的推广，海兰和罗曼蛋鸡配套系的推广等；仔猪早期断奶技术、奶牛全混日粮喂养、大豆膨化、青饲料青贮、畜禽人工授精、胚胎移植、蛋用水禽旱地圈养等新技术的推广；母猪高床分娩、仔猪高床培育、三点式分段饲养、畜禽全进全出养殖、粪便干湿分离、水帘降温、纵向负压通风等新工艺新设备的推广，使畜牧业生产效益明显提高。

四、加强动物疫病防控工作，动物疫情
得到有效控制

推广猪瘟、鸡新城疫等疫病基础免疫，对猪 O 型口蹄疫、高致病性禽流感、牛羊亚洲Ⅰ型口蹄疫实行强制免疫，构筑有效免疫屏障。加强对畜禽主要疫病和高致病性禽流感、血吸虫病、奶牛结核病、布鲁氏菌病等人畜共患病的监测和流行病学调查工作，及时掌握疫情动态，提高预警预测能力。全面开展动物产地检疫、屠宰检疫和进出境检疫工作，实施"动物防疫合格证""动物诊疗许可证"和"福建省动物及动物产品准调证明"制度，加强省际动物防疫监督检查，建立区域兽医联防制度，打击动物防疫工作领域的违法行为。建立健全应急快速反应机制，完善应急机构，制订应急预案，组建应急预备队，储备应急物资。兽医机构和队伍能力建设不断加强，行政管理、执法监督和预防控制体系逐步健全，基层防疫队伍不断壮大，进一步夯实了兽医工作基础。社会公众防疫意识和防疫能力增强，群防群控的良好氛围逐步形成。

五、加大畜禽产品质量安全监管力度，
质量安全水平不断提高

深入开展了饲料、兽药及兽药残留质量安全整治、打击违法添加非食用物质和滥用食品添加剂专项整治、活禽经营市场专项整治、打击经营病死动物及其产品专项行动和开展治理"餐

桌污染"活动，生猪中"瘦肉精"检出率由 2001 年的 70％下降到 2005 年的 1‰以下，饲料瘦肉精等违禁添加物和三聚氰胺检测合格率以及猪肉兽药残留检测合格率稳步提高。实施品牌带动战略、"无公害食品行动计划"，到 2005 年，全省共有 239 家动物产品生产企业通过"无公害农产品产地"认证 253 个，通过"无公害农产品"和"绿色食品产品"认证 277 个。畜牧优质品牌不断出现，厦门银祥猪肉和龙岩森宝获"中国名牌农产品"称号。

六、加强基础设施建设，畜牧生产水平和疫病防控能力得到提高

尤其是 1998 年实行积极的财政政策以来，全省增加了对动物防疫体系、畜禽品种资源保护、畜禽良种繁育体系、畜牧业标准化建设等方面的投入，基本上形成了上下贯通、横向协调、运转高效、保障有力的动物防疫基础设施网络，初步建成了主要地方品种资源的保护场，形成了较完善的畜禽良种繁育体系，建成了一批具有国内外先进水平的畜牧业标准化生产和加工基地。在动物防疫基础设施方面，建设 86 个实验室，面积达 19800 平方米。其中 1 个省级动物疫病预防控制中心实验室，基本能承担辖区内动物疫病的监测、流行病学调查、分析、诊断或确诊；9 个市级动物疫病预防控制中心实验室，初步具备了承担辖区内动物疫病的监测、分析、诊断等能力；76 个县级动物疫病预防控制中心实验室，初步具备了具体承担辖区内畜禽抗体监测、数据整理、汇总和报告以及样品采集等能力；10 个国家动物疫情测报站和 20 个省级动物疫情测报站，基本具备了承担流行病学调查的能力；31 个省际动物防疫监督检查站，具备承担省际公路动物防疫监督检查和消毒工作的能力；373 个乡镇兽医站，大部分初步具备了分发疫苗、实施免疫、样品采集等能力。在种畜禽品种资源保护方面，建成了 17 个种畜禽品种资源保护场、1 个国家水禽资源基因库。

第一章　畜牧生产

1991—2005 年，全省畜牧业围绕"科技兴牧"的发展战略，调整畜牧业生产布局和生产结构，引进推广国内外优良畜禽品种，改良和选育畜禽品种，加强保护和开发利用地方畜禽品种资源，推广先进实用技术，发展规模饲养、生态饲养，扶持和发展畜禽产品加工龙头企业，畜牧业稳步发展。

畜牧业生产由千家万户分散饲养向规模化、集约化方向发展。至 2005 年，全省专业饲养场提供的生猪、肉鸡、鸡蛋、牛奶分别占到全社会生产总量的 63.90%、77.59%、85.20% 和 83.42%。全省年出栏万头以上的猪场 100 个、万羽以上肉鸡场 1061 个、500 头以上肉牛场 14 个、500 只以上的肉羊场 38 个。年存栏万羽以上蛋鸡场 175 个、百头以上奶牛场 58 个。各地根据区域资源承载能力，明确区域功能定位，发挥资源、区位等综合优势，实现生产向优势区域集中，逐渐形成产业集聚，发展壮大龙头企业，产业链日益延伸，增强了生产加工辐射带动能力，全省有 8 家全国农业产业化龙头企业、21 家省级农牧业龙头企业。

推广应用先进实用技术，提高科技进场到户率。畜禽实用技术的推广应用，提高了畜禽出栏率、个体生产能力，缩短了饲养周期，提高了饲料报酬率，增强了畜牧业综合生产能力，提高了畜牧业经济整体素质和效益。

保护地方畜禽品种资源。1991 年以来，部分地方畜禽品种资源锐减甚至消失。1985 年《福建省家畜家禽品种志和图谱》记载的 25 个地方畜禽品种资源，至 1998 年仅剩 22 个，其中福州黑猪、平潭黑猪和福安花猪已经消失。2000 年后，通过制定和实施畜禽遗传资源保护规划，加强了地方畜禽品种资源保护。开展了新品种审定和濒危品种抢救保护工作，审定家禽新品种 2 个，建立畜禽品种资源保护场（区）19 个，槐猪、金定鸭、连城白鸭、莆田黑鸭、丝羽（白绒）乌骨鸡、中国（漳州）斗鸡 6 个地方品种被列入《国家级畜禽遗传资源保护名录》。

第一节　饲养规模

一、家　畜

（一）猪

1991—2005 年，福建养猪生产除继续贯彻以"家庭饲养为主，国家、集体和个人一起上的发展方针"外，实行"菜篮子、米袋子"省长、市长负责制，加强"菜篮子工程"建设，继续稳定副食品基地收购政策，使"菜篮子工程"基地建设得以巩固和发展，养猪业得到较快发展。

20 世纪 90 年代初期，福建生猪养殖模式以农户个体分散饲养为主，规模养猪以国营食品公司、国有农场、华侨农场以及集体办的猪场为主，养猪联合体（专业户）刚刚开始兴起，个体规模养猪得到发展壮大。同期开始有外商及中国台湾地区客商涉足养猪行业，先后有澳大利亚、菲律宾、新加坡及中国台湾地区客商投资兴办猪场，以台商兴办猪场居多。福清双福种猪场由澳大利亚客商投资兴办，南靖和兴华侨畜牧发展有限公司由菲律宾客商投资兴办，晋江安邦农牧场企业有限公司由新加坡客商投资兴办，厦门国寿种猪开发有限公司和仙游亿松农业开发有限公司则由台商投资兴办。90 年代中后期到 21 世纪初期，生猪饲养向规模化、集约化方向发展。

2003 年，省政府出台《关于加快畜牧业发展的意见》，以文件形式确定了"往山区转移、往山上转移"的原则，并得到贯彻。到 2005 年，三明、南平、龙岩、宁德四个市的生猪出栏和存栏占全省比重分别为 46.61％和 49.83％，比 2000 年分别提高了 6.25 个百分点和 3.43 个百分点，形成了养猪的区域布局。福清市是省内瘦肉型猪发展起步最早、发展较好的地方，这一优势一直得到保持。龙岩市充分发挥毗邻广东的区位优势，大力发展瘦肉型猪，2005 年龙岩市出栏生猪达 509.58 万头、年末存栏生猪达 307.15 万头，占全省比重分别达 23.7％和 24.04％。龙岩市新罗区和福清市是福建省年生猪出栏超过百万头的两个县级市（区），优势产区初步形成。

至 2005 年，全省年出栏生猪 50 头以上的饲养场（户）有 37217 个，其提供的生猪占全社会生产总量的 64％，出栏万头以上的饲养场（户）已超过 100 个，最大生产规模单体为福清市天香畜牧饲养发展有限公司，年生产能力达 5 万头以上，最大生产规模为南平市大禾农牧发展有限公司，年出栏生猪超过 10 万头。

2005 年，全省猪肉产量 152.83 万吨，分别比 1991 年增长 2.26 倍，人均猪肉占有 48.29 千克，比 1991 年提高 26.32 千克，养猪产值 116.99 亿元，占牧业总产值的比重达 68.34％。

表 1-1   **1991—2005 年福建省生猪生产情况**

单位：万头

年份	年末存栏数	其中能繁母猪存栏	出栏
1991	954.78	57.57	850.27
1992	995.98	62.03	931.59
1993	1021.62	63.81	1021.35
1994	1062.36	65.07	1120.73
1995	863.04	66.71	1000.84
1996	861.32	70.41	1047.48
1997	976.53	70.72	1231.98
1998	1024.15	75.98	1365.13
1999	1049.55	71.13	1453.38
2000	1087.66	76.27	1560.81
2001	1125.42	78.74	1665.55
2002	1162.60	80.31	1770.33
2003	1207.26	87.15	1885.61
2004	1254.12	94.84	2022.75
2005	1277.40	97.97	2150.44

（二）牛

1. 奶用牛

（1）奶　牛

1991—1998 年，全省奶牛年存栏在 2 万头左右。这一时期全省奶牛饲养主要集中在福州及厦门市郊区、莆田、闽侯、福清、长乐等县（市、区），主要以农户散养为主，饲养管理粗放。由于城市发展需要，福州北门奶牛场场址卖给外商开发房地产，于 1994 年搬到长乐市文岭镇。福建省家畜育种站 1997 年停止饲养公牛，不再生产冷冻精液，使福州市奶牛存栏不升反降。1998—2005 年，奶牛发展重点集中在南平市，陈学坤等 6 位民营企业家于 1997 年 12 月创办福建长富乳品有限公司，1998 年南平市乳牛场嫁接新西兰外商，创建福建大乘乳业股份有限公司。两公司通过"公司＋基地"模式进行奶源基地建设，通过省外引种的办法进行奶牛数量扩张，南平市奶业迅猛发展。2005 年全市奶牛存栏 4.08 万头，比 1998 年增长 25.50 倍，牛奶产量达 11.55 万吨，比 1998 年增长 32.08 倍。2005 年，长富乳品有限公司拥有基地牧场 34 个、奶牛存栏 2.75 万头，大乘乳业股份有限公司拥有基地牧场 7 个，奶牛存栏 0.36 万头，带动农户种植牧草 20 万亩。

1991—2005 年的奶牛饲养发展呈现如下变化：①发展规模饲养，2005 年全省存栏 100 头以上奶牛饲养场有 58 个，饲养量占全省的比重达 64.89%，其中饲养 500～999 头的饲养场有 20 个，饲养 1000 头以上的场有 17 个；②奶牛品种仍然为荷斯坦牛及其改良牛，并逐步向奶用品种荷斯坦牛方向发展；③产业化程度高，世界上先进的加工设备和技术得到应用，全省乳品加工企业数达 10 个，福建长富乳品有限公司 2002 年 12 月被农业部等九部委评为"农业产业化国家重点龙头企业"；④机械化饲养，尤其是挤奶实现机械化，有转盘式、鱼骨式、管道式挤奶，原料奶卫生质量较好；⑤发展青贮饲料，解决了青粗饲料均衡供应问题；⑥新技术应用，如全混合日粮、散栏式饲养、胚胎移植等。

（2）奶水牛

1991—2005 年，随着农业机械的普及，水牛负耕面积不断下降，役用性能逐步弱化，水牛养殖也逐渐由原来的役用为主向役肉、役乳兼用方向发展。漳州市辖区和晋江市等地有人将水母牛分娩后的初乳和在泌乳高峰期挤出的一部分奶进行消费或出售，使福建省水牛逐步向役乳兼用方向发展，甚至向乳用方向发展。由于养殖效益不错，这一时期全省奶水牛得到较快发展，至 2005 年，全省共有奶水牛 7800 头，居全国前列，主要集中在漳州市的所辖区域、泉州市的晋江市和龙岩市的上杭县等少数地方。漳州市奶水牛主要分布在九龙江流域水稻生产区的芗城、龙文、长泰、华安、龙海、南靖、平和、漳浦、云霄等县（市、区）。漳州全市奶水牛存栏 7200 多头，其中有杂交奶水牛 4933 头，晋江市有杂交奶水牛 400 头，杂交奶水牛主要有摩杂一代、摩杂二代、尼摩本三元杂交等。年平均产奶量本地奶水牛为 799.5 千克，摩杂一代为 1345 千克，摩杂二代为 1542 千克。漳州市布坑奶牛场开发的袋装鲜水牛奶，市区每天销量达 1500～2000 袋。水牛奶传统的加工方法有"牛奶粒"和"咸牛奶豆腐"两种，漳州市银种工贸有限公司生产的水牛奶粒，有 310 克/瓶和 250 克/瓶两种规格，产品上当地超市货架，年销售 5～10 吨。

2. 役用牛、肉用牛

随着农业机械化的普及，黄牛役用性能逐步弱化，负耕面积逐步下降，黄牛饲养逐步向役肉等综合利用方向发展，各地纷纷推广丹麦红，使用丹麦红、安格斯、抗旱王、利木赞、西门塔尔、辛地红牛等肉牛品种冻精与本地黄牛进行杂交改良。从 1993 年起，全省先后建立 10 个省级秸秆氨化养牛示范县，奠定本省肉牛集中肥育的发展基础。南安市个体兴办的架子牛育肥场，通过从省外调进架子牛集中肥育出售，年出栏肉牛达 1000 多头。2003 年，马来西亚客商兴办的漳浦县康兴畜牧有限公司先后有两批共 3091 头活牛批量出口至马来西亚，开创国内活牛批量出口至国外的先河。从 2003 年开始，三明市大力发展肉牛生产，市政府每年下拨 200 多万元资金，重点在宁化、清流、明溪、建宁县发展肉牛生产，主要完善肉牛良种繁育体系和生产基地、牧草基地等基础设施，到 2005 年建成规模饲养场总数达 239 个，育肥场和专业大户单批肉牛育肥年出栏能力达 1.2 万头，冷配母牛 2.86 万头，比 2002 年增加 2.71 万头，增长 18.07 倍，人工牧草种植 4.7 万亩。

1991—2005 年，福建省肉牛生产开始逐步向规模方向发展，2005 年全省年出栏 10 头以上的肉牛饲养户达到 1078 户，肉牛出栏占社会总产量的比重达到 29%，其中年出栏 1000 头以上的饲养户有 3 户。同一时期，水牛饲养也逐步向役乳、役肉等综合利用方向发展，水牛综合利用区域化特征也比较明显，福安、福鼎、蕉城、霞浦、罗源、闽清等地向役肉兼用方向发展。水牛以分散饲养为主，野外放牧，很少补饲，管理粗放，饲养效益比较低，农户饲养积极性不高，使全省的水牛存栏呈现逐年下降的态势。福安水牛数量下降较快，1991 年全省存栏福安水牛 8000 多头，到 2005 年水牛存栏下降为 1840 头。

表 1—2 　　　　　　　　　**1991—2005 年福建省牛生产情况表**

单位：万头

年份	出栏	存栏	其中：黄牛	水牛	良种与改良种乳牛
1991	8.43	131.43	82.72	46.33	2.38
1992	9.64	131.05	82.79	46.01	2.26
1993	11.95	129.85	82.35	45.27	2.23
1994	15.26	130.19	84.39	43.75	2.06
1995	12.61	127.58	82.09	43.41	2.09
1996	13.55	131.84	85.54	44.06	2.23
1997	20.10	117.82	77.36	38.63	1.83
1998	20.33	117.06	75.62	39.38	2.06
1999	20.76	114.59	74.12	37.90	2.57
2000	21.31	111.44	70.88	36.97	3.59
2001	22.37	109.65	69.35	35.80	4.51
2002	23.89	109.28	67.52	35.92	5.83
2003	25.58	109.32	67.37	35.47	6.48
2004	28.79	107.84	65.98	34.43	7.19
2005	29.69	105.69	64.76	33.34	6.97

（三）马

1991—2005 年，福建的养马继续呈衰落的态势。2002 年底，全省马存栏仅为 700 匹。至 2005 年，全省存栏数量不足 500 匹。

随着机械运输业和农业机械的普及与推广，马的拉车、骑乘及水旱田耕作功能逐步减弱，仅个别饲养户仍然兼顾少量耕作或短途运输等功能，使用价值不断弱化。20世纪90年代后，马主要用于"出阵"。所谓"出阵"，是指泉州市市辖区、晋江、石狮、南安以及莆田市等地农村搞迎神迷信活动或办丧事出殡时，需要雇请各种各样的"阵头"来热闹一番，如各种乐队、舞龙队、舞狮队等，马队也即"马阵"，是20世纪90年代中后期兴起的一种"阵头"。晋江市一个送丧队伍的马阵一般由十几匹马组成，每匹马骑坐一个民间艺人，畜主牵着马随队伍行走。由于马用途发生改变，为便于群众雇请和提高养马效益，马的饲养逐渐趋向集中，主要分布在泉州市的市辖区、晋江、石狮、南安、莆田市辖区、仙游、厦门同安等地，晋江市还出现了一些养马专业村和专业户。

（四）羊

1991—2005年，福建除了饲养肉用山羊外，还有少量的奶用山羊。山羊的饲养除了传统的野牧、放牧、半放牧半舍饲、舍饲等饲养方式外，规模化舍饲、半放牧半舍饲得到较快发展，规模饲养普遍配套种植牧草，走种草养羊发展之路，同时还补饲精饲料，主要是配混合饲料。2005年全省羊出栏率为116.43%，比1991年提高47.34个百分点；2005年全省年出栏30只以上饲养户达7460户，当年出栏肉羊60.29万只，占总出栏的51.69%，其中年出栏500只以上的饲养户38户，年出栏肉羊2.38万只。

1. 肉用山羊

从1991年开始，福建各地饲养户充分开发利用1000多万亩竹林间草地资源，发展竹山养羊。1995年全省兴起竹山养羊热，并一直延续至2000年前后，三明、南平两市发展居全省前列，尤其是尤溪县充分利用32万亩宜牧竹山，大力发展竹山养羊，1995年该县竹山养羊被列为"福建省十大高优农业示范区项目"之一。

从1994年起，福建省推广南安秸秆氨化养牛（羊）经验，并建立了2个省级秸秆氨化养羊示范县。2000年以后，肉羊在畜牧业结构调整中作为加快发展的对象，养羊发展得到加强；2003—2005年，三明市政府提出大力发展肉羊生产，确定尤溪、大田、永安、清流、将乐、沙县6个县（市）为重点发展区域，尤溪、永安、清流、将乐、大田5个山羊生产重点县建成7个万只商品羊生产基地乡镇，培育了一批规模养羊户，百只以上养羊户达600多户。尤溪县划定中仙、台溪、汤川等6个乡为戴云山羊保护区，区内戴云山羊饲养量近万只。

2. 奶用山羊

福建奶山羊主要分布在福州、莆田、泉州、漳州、厦门等城市郊区，以分散饲养为主。20世纪90年代初期，莆田市城厢区、泉州市鲤城区等地到山东省青岛市崂山区引进崂山奶山羊，以支持奶山羊发展，2000年以后出现规模饲养，福建超大集团种羊场饲养奶山羊200多只。羊奶销售往往是现挤现卖，20世纪90年代前期，主要是牵着奶山羊沿街叫卖，90年代后期，出现用三轮车载着奶山羊沿街叫卖，个别规模养殖场加工成巴氏消毒羊奶瓶装或袋装销售。截至2005年底，全省奶山羊存栏4000只左右。

表 1—3　　　　　　　　**1991—2005 年福建省羊生产情况表**

单位：万只

年份	出栏	存栏	年份	出栏	存栏
1991	41.45	62.62	1999	87.39	93.75
1992	46.02	64.66	2000	97.80	96.22
1993	51.54	69.68	2001	104.00	101.43
1994	61.89	81.39	2002	107.77	106.39
1995	44.45	67.99	2003	118.65	123.77
1996	50.50	71.50	2004	131.79	128.94
1997	70.47	86.35	2005	150.13	136.00
1998	81.15	91.30			

（五）兔

1. 肉用兔

20 世纪 90 年代，一些农户开始利用零星园地、冬闲田种植牧草养兔。此后，该养殖形式逐步在全省推广。2000 年以后，在全省畜牧业结构调整中，一些地方把肉兔作为加快发展的对象，使肉兔饲养工作得到加强。这一时期省肉兔区域化饲养比较明显，大田县一直是肉兔饲养的主产区。该县充分利用丰富的牧草资源、群众有悠久养兔历史和丰富经验等有利条件，把肉兔生产作为发展农村经济奔小康的产业，坚持以千家万户为基础，以本地资源为优势，以市场需求为导向，以良种、饲料、技术服务生产，实现全县 80% 以上农户饲养肉兔，使该县成为福建省兔存栏最多的县，这一荣誉一直保持到 1999 年，同时也使该县成为福建省兔出栏最多的县，这一荣誉一直保持到 2003 年。连城县利用本地种植 13 万亩地瓜藤蔓资源丰富的优势，发动农民养好兔，把养兔当做农业结构调整、引导农民增产增收致富奔小康的重点产业来发展，2000 年该县兔存栏达 68.52 万只，超过大田县成为全省兔存栏量最大的县，2004 年全县兔出栏 210.73 万只，超过大田县成为全省兔出栏量最多的县。南平市绿洲兔业有限公司创建于 2003 年 4 月，至 2005 年底，公司已在延平区大横镇仁洲村建成种兔场 2 个，父母代种兔年供种能力达 30 万只，建成存栏 10 万只、出栏 30 万只的直属无公害肉兔饲养场 4 个，在延平区及周边县市建设商品兔饲养场 42 个，年出栏肉兔 30 万～40 万只。

随着养兔业的发展，全省各地陆续引进了生产性能高的国内外肉用兔品种，如新西兰兔、日本大耳兔、比利时兔、加利福尼亚兔、青紫兰兔、塞白兔、哈白兔以及配套系齐卡兔、伊普吕兔等，通过饲养外来肉兔品种并进行杂交改良，肉兔的生产性能逐步得到提高。

2. 毛用兔

受国际市场兔毛价格持续不景气影响，1991—2000 年，全省长毛兔饲养数量和饲养区域不断萎缩，2000 年只有少数农户饲养，主要分布在福鼎、寿宁等地。2002 年 4 月，浙江嘉兴客商周军华在邵武市下沙镇屯上村创办豪顺兔业有限公司，先后两次引进德系安哥拉长毛兔 360 只和 540 只，该兔生长快、适应性强、产毛量高，成年公兔、母兔平均个体重分别为 3.5 千克和 4.4 千克，种兔年剪毛 6 次，公兔、母兔年产毛量分别为 1.6 千克和 1.63 千克，之后逐步在水北镇、卫闽镇、大竹镇、洪墩镇推广，至 2005 年底，邵武市全市存栏长毛兔 1.22 万只，其中种兔 0.72 万只，全年推广长毛仔兔 9.45 万只，产兔毛 14.1 万吨。长毛兔品种主要是德系长毛兔。

3. 皮肉兼用兔

从 1999 年开始，部分地方开始饲养獭兔，建瓯市一农民 1999 年引进 550 只种兔在徐墩镇北津村饲养，2000 年迁场至小松镇上元村，至 2005 年存栏成年兔 1200 多只。2000年 12 月，浦城县一农民在石坡镇布墩村成立浦城县东闽獭兔良种繁殖场，引进 800 只种兔饲养，由于效益差，至 2005 年存栏成年獭兔只剩下大约 500 只。2001 年 6 月，邵武市下沙镇屯上村一农民引进獭兔 600 只，至年底存栏数剩下 300 只，2002 年 2 月停养。2004年，浙江一客商在宁化县城郊乡社下村创办福建鑫鑫獭兔有限公司，存栏种獭兔 3000 只、商品獭兔 7875 只，公司是一家集獭兔良种繁育、兔肉制品系列加工、裘皮加工、獭兔专用颗粒饲料加工为一体的农业产业化企业，通过"公司＋基地＋农户"的经营模式，实行统一供种、统一技术指导、统一供应专用颗粒饲料、统一保护价回收，带动全县 16 个乡镇及周边地区 3125 户农户加盟饲养，共饲养商品獭兔 52 万只，出售裘皮 49.5 万张，创产值 3750 万元。獭兔品种为德系獭兔。

表 1—4　　　　　　　　　**1991—2005 年福建省兔生产情况表**

单位：万只

年份	出栏	存栏	年份	出栏	存栏
1991	445.60	442.81	1999	1106.31	655.30
1992	537.00	504.51	2000	1178.96	714.40
1993	619.23	515.03	2001	1243.96	719.38
1994	683.35	553.29	2002	1313.81	760.31
1995	768.48	581.05	2003	1427.64	763.35
1996	900.43	662.02	2004	1505.56	801.87
1997	981.84	662.77	2005	1559.27	822.67
1998	1040.95	673.82			

二、家　禽

（一）鸡

1991 年，鸡存栏量 3805.1 万只，出栏 4312.9 万只，到 2005 年存栏量达到 6126.15 万只，出栏增加到 16556.82 万只。这一时期蛋鸡普遍采用集约化笼养。肉种鸡育成阶段采用公母分饲技术使种鸡体重得到控制，提高了产蛋性能。"全进全出"的生产方式在集约化种鸡场广泛采用。

从 20 世纪 90 年代初开始，福建省肉鸡养殖企业开始饲养来自广东的康达尔黄鸡、江村黄鸡、石歧杂、新兴黄、粤黄 882 以及来自江苏的苏禽 96 等杂交仿土鸡。河田鸡等优质鸡地方品种受到市场的青睐，优良地方鸡品种资源的保护受到各级政府的重视和支持。以永安为代表的山区县利用山地、竹林和果园放养优质鸡纷纷兴起，保证了鸡的活动空间，提高了肉鸡的肉质风味。优质鸡市场逐渐形成，优质优价促进了优质鸡地方品种的开发利用，到 90 年代后期，土鸡和仿土鸡占到福建省肉鸡出栏量的 70％以上。

这一时期，福建省饲养的快大型肉鸡品种主要是福建省榕泉种鸡场提供的从法国、以色列等国引进的红布罗、安康红、安纳克等配套系有色羽肉鸡以及国内祖代种鸡场引进的艾维茵、爱拔益加等快大型白羽肉鸡。蛋鸡主要是国外引进的伊沙、罗曼、海兰等配套系高产蛋鸡。

先进的集约化养鸡技术的引进推广，推动了肉鸡和蛋鸡饲养业从传统的分散饲养转向现代集约化饲养，肉鸡和蛋鸡生产水平明显提高。1998 年，年存栏 2000 只以上的肉鸡场有 2734 个，年出栏肉鸡 2991.59 万只，占全省出栏的 34.4％。2005 年，年存栏 2000 只以上的肉鸡场有 4336 个，年出栏肉鸡 12697.88 万只，占全省出栏的 76.7％。1998 年存栏 50 万只以上 100 万只以下的肉鸡场有 3 个。到 2005 年，年存栏 50 万只以上 100 万只以下的肉鸡场上升到 30 个。

20 世纪 80 年代，福州市农委通过世界银行贷款在福州市郊区、闽侯、福清、永泰建立了由 8 个国营集约化规模蛋鸡场组成的"二十万蛋鸡体系"，形成了福建省蛋鸡集约化、机械化生产的基础，到 90 年代初，该体系仍存栏伊莎父母代蛋种鸡 4 万套，伊莎商品蛋鸡 16 万套。到 2002 年，蛋鸡体系所属 8 个场相继倒闭。1998 年福建省蛋鸡存栏 500 只以上的饲养场有 1209 个，年末存栏蛋鸡 522.88 万只，占全省蛋鸡存栏的 39.85％；提供鸡蛋 7.73 万吨，占全省鸡蛋产量的 45.5％。2005 年，存栏蛋鸡 500 只以上的饲养场有 1231 个，年末存栏蛋鸡 675.6 万只，占全省蛋鸡存栏的 55.3％；提供鸡蛋 10.02 万吨，占全省鸡蛋产量的 57.06％；存栏 10 万只以上的蛋鸡场由 1998 年的 1 个增加到 2005 年的 17 个。

（二）鸭

福建省有文字记载的养鸭生产已有近千年的历史。1991—2005 年，主要饲养的肉鸭有番鸭、半番鸭以及北京鸭类型的樱桃谷和丽佳鸭等。这一时期饲养的番鸭主要是从法国克里莫公司引进的 R51、R71 等配套系。2000 年后，传统的褐麻羽色半番鸭逐渐被省农业科学院选育的中型白羽半番鸭和从法国引进的 M14 大型白羽半番鸭取代，实现了白羽化、优质化，为产业化屠宰加工奠定了基础。饲养的蛋鸭则均为福建省本地高产蛋鸭品种。

1991 年，全省鸭存栏量为 3442.2 万只，出栏量为 4303.7 万只。2005 年，全省鸭存栏量为 5312.72 万只，出栏量为 1.19 亿只，饲养量达到 1.72 亿只，人均饲养量在全国名列前茅，人均占有水禽蛋 7.3 千克，是全国人均水禽蛋占有量（2.95 千克）的 2.48 倍，居国内领先。2005 年全省鸭产肉量 15.64 吨，产蛋量 25.3517 吨，分别占全省家禽肉和禽蛋总量的 43.95％和 57.73％。以养鸭业为主的水禽饲养业作为福建省畜牧业的优势特色产业得到省政府重视，1993 年省政府提出了以水禽为突破口来推动福建省畜牧业发展的战略方针。福建省是全国鸭品种资源最丰富的省份之一，拥有金定鸭、山麻鸭、连城白鸭、莆田黑鸭、番鸭等优秀的鸭品种，是养鸭业可持续发展的基础。金定鸭、莆田黑鸭和连城白鸭均被列入 1998 年农业部颁布的《国家级畜禽遗传保护名录》，占名录中鸭品种的 37.5％，在全国各省中比例最高。

福建省是全国番鸭饲养量最大的省份。2000 年，供苗量达 1 亿只以上，占全国份额 50％以上，苗鸭销往除西藏、新疆、内蒙古、台湾以外的所有省份。2000 年出栏番鸭达 2000 万只以上。

福建是全国最早利用蛋鸭、肉鸭等家鸭与番鸭杂交技术，开展半番鸭生产的省份，总结出了一整套番鸭和半番鸭饲养、人工授精及孵化技术。没有繁殖力的半番鸭充分利用了母本蛋鸭的高繁殖力和父本番鸭的优良生长性能，雌雄个体的生长速度没有差异。半番鸭的杂交优势表现为良好的产肉性能、细嫩的肉质、强大的适应性和抗逆性，深受市场欢迎。半番鸭数量在全省肉鸭中的比例超过了一半，被誉为"半番鸭的故乡"。20 世纪 90 年代，漳州、龙岩、莆田等地群众采用以金定鸭和樱桃谷鸭为母本，与公番鸭杂交生产"番金""番樱金"等二元及三元半番鸭的杂交模式，生产一系列不同生长速度、不同体重的半番鸭，供应全国各地。半番鸭的人工授精技术水平全国一流，授精率达到 80％，好的可以达到 90％。以莆田为代表的民间孵化技术人员在长期的实践中研制出水温为主、电热为辅的鸭蛋孵化设备，不仅性能稳定，而且将种蛋的孵化成本降低，增强了禽苗的市场竞争力，莆田市涌现出大批半番鸭、番鸭养殖孵化专业村。2002 年，全省销往全国各地的番鸭、半番鸭苗近 2 亿只，仅莆田新度禽苗基地销往全国的半番鸭苗就达 3000 万只、番鸭苗达到 8000 万只。

全省涌现出许多生产蛋鸭苗、鸭花的专业户、专业村，每年还向全国各地推广大量高产蛋鸭苗（花）。建阳市的莒口镇以专业出售蛋鸭花出名。这里常年存栏 60 万～70 万只高产山麻鸭种鸭，孵出的商品蛋鸭苗饲养到 80 天（鸭花），运往上海，浙江绍兴、温州、瑞安，江苏南京及本省各地出售，每年出售鸭花 120 万只左右。随着近年来饲养规模的扩大，他们成立了鸭业协会，户均存栏种鸭 1 万只的会员有 9 个，户均存栏 5000 只左右的会员有 60 多个。每个会员又以"公司＋农户"的模式与饲养户挂钩，提高了鸭花产业的抗风险能力。

20 世纪 90 年代，随着全价配合饲料的推广，福建省养鸭业在饲养方式上改传统的季节性养鸭为全年均衡饲养。冬季育雏、育成期限制饲养、疫病综合防制等饲养管理技术的广泛推广应用，使养鸭业的专业化、集约化水平日益提高。2003 年，省畜牧兽医总站开展蛋鸭无公害饲养模式的研究，探索发明了不影响蛋鸭以及蛋种鸭的产蛋和繁殖性能的蛋鸭旱地圈养结合间歇喷淋的饲养模式，并在龙岩、福州、泉州等地的蛋鸭和蛋种鸭场进行中试推广取得成功，实现了对鸭子饮水和采食的无公害控制、粪便无害化处理，为改变水禽千百年的传统水面饲养、防控禽流感等疫病、保证养鸭业可持续发展提供了技术支撑。

（三）鹅

据考古资料及有关文献记载：四千多年前，武夷山境内就有先民聚居，那时就有人养鹅；据清《新修浦城县志》卷七"物产之属"记载，"鹅，一名舒雁，鹅能惊盗，亦能怯蛇，盖其粪能杀蛇也"。过去养鹅防盗驱蛇，是当地人的一种习惯，当地农户逢年过节或招待客人都有杀鹅的习惯。在诏安等以潮汕风味为主的漳州地区，卤制鹅肉颇受欢迎。随着消费市场需求多元化，鹅的饲养量有所增加。

饲养主要集中在品种资源主产区南平地区的武夷山、浦城、建阳、松溪等县市，福州的长乐，以及漳州的诏安、漳浦等地。

福建省鹅的主要品种有长乐灰鹅、闽北白鹅以及从广东引进、在诏安一带驯养多年的诏安灰鹅。除此，个别地方还少量引进了豁鹅、隆昌白鹅、浙江白鹅和广东狮头鹅等。长乐灰鹅和闽北白鹅体型较小，成年公鹅体重 3.5～4 千克、母鹅体重 3～3.5 千克，菜鹅 90 天左右上市，体重 3 千克左右。诏安灰鹅体型较大，平均成年公鹅体重 7.2 千克、母鹅体重 6.05 千克，菜鹅饲养 65～70 天上市，体重可达 5～6 千克。福建省饲养的主要鹅品种资源产蛋量较低，在农村散养、自然孵化的条件下，每年产蛋 30～34 枚。

鹅在福建省家禽生产中数量相对较少。据主产区调查，1991—2005 年，鹅的饲养量呈增长趋势。根据漳州市畜牧站的估计，诏安县 1990 年存栏诏安灰鹅 12.77 万只，出栏 21.44 万只，到 2005 年出栏达到 129.63 万只，出栏量增长了 5 倍。漳州地区 2005 年出栏也达到 200 万只左右，南平地区 2005 年出栏达到 132.8 万只。2005 年全省鹅出栏达到 380 万只。

福建省饲养鹅仍以农户散养为主，闽北白鹅主产区农户历来有饲养闽北白鹅的习惯，以每户养 1 只公鹅和 5～6 只母鹅，在河塘、沟渠、水田放牧饲养、自然孵化、自繁自养为主。个别较大规模的农户也采用白天放牧、早晚补饲的方式饲养百来只的鹅群，在催肥阶段加些细糠、碎米、甘薯等农副产品和配合饲料。沿海地区的饲养规模稍大些，据调查，诏安等沿海平原地区 1999 年饲养 50～800 只的种鹅户有 498 户。

第二节　畜禽饲养技术

1991—2005 年，全省畜牧业坚持高新技术与常规技术并举，自主创新与技术引进相结合，硬件改善与软件提高相辅相成，推广先进实用技术，提高科技进场到户率。2005 年，猪、羊、禽的出栏率分别为 168.35％、110.39％和 247.90％，与 1991 年相比，分别提高 79.30 个、44.20 个和 129.82 个百分点。猪的出栏率达到世界先进水平，羊的出栏率超过全国平均水平；2005 年，生猪胴体重比 1991 年提高 10 千克以上，山羊胴体重提高 5 千克以上，山麻鸭产蛋量提高 30 枚以上，居世界领先水平。2005 年，肉猪 160 天左右出栏，肉用鸡 40 天左右出栏，肉鸭 60～70 天出栏。生猪料肉比由 1991 年的 4∶1～4.5 比 1 下降为 2005 年的 3∶1～3.5∶1，蛋鸡料蛋比由 1991 年的 3.2∶1～3.5∶1 下降为 2005 年的 2.6∶1～2.8∶1，肉鸡的料肉比由 1991 年的 2.8∶1～3.2∶1 下降为 2005 年的 2.0∶1～2.2∶1。

一、全混合日粮技术

全混合日粮是根据奶牛的营养配方，将切短的粗饲料与精饲料以及矿物质、维生素等各种添加剂在搅拌喂料车内充分混合而得到的一种营养平衡的日粮。该技术的优点：一是奶牛每一口采食都是营养全价的日粮；二是便于控制日粮的营养水平；三是形态和适口性不佳的饲料或副产品，通过与日粮中的青贮玉米等混合而得以改善；四是简化饲养程序，便于实现饲喂机械化、自动化，与规模化、散栏饲养方式的奶牛生产相适应；五是增加奶牛的采食量，缓解奶牛在泌乳初期高产奶量的能量需要与进食之间的负平衡问题。

2001 年，该技术首先在南平市禾源牧业有限公司和顺昌县富泉牧业有限公司推广应用，之后南平市的一些规模奶牛场陆续应用，然后在全省其他一些县、区、市逐步推开，先后有漳浦县名泉乳业有限公司、长泰县新龙华乳业有限公司、三明市梅列区碧海乳业公司等规模奶牛场应用该技术。至 2005 年，全省存栏 400 头以上的规模奶牛场 40％以上应用该技术。

二、超数排卵和胚胎移植技术

该技术主要分供体母牛超数排卵及胚胎生产技术和受体牛选择及胚胎移植技术。前者包含供体的选择、超数排卵和胚胎采集、胚胎冷冻保存及解冻等步骤，后者包含受体的选择、受体同期发情处理、受体牛管理和非手术移植等步骤。

2002年，福建长富乳业集团股份有限公司在其所属的第一牧场开始应用这项技术。之后逐步在第十一牧场、第十三牧场、第二牧场陆续应用这项技术。至2005年，福建长富乳业集团股份有限公司已在22个牧场开展胚胎移植工作，仅2004—2005年度就移植胚胎3121枚，出生胚胎牛701头。福建大乘乳业股份有限公司2003年承担农业部"万枚高产奶牛胚胎移植富民工程"项目，聘请北京安博生物胚胎公司专家做技术顾问，在2个直属奶牛场大横奶牛场和长坑奶牛场生产优质胚胎。

三、饲料青贮技术

青贮饲料是指将新鲜的全株玉米、青绿饲料、牧草、野草以及收获后的玉米秸秆和各种藤蔓等原料，切碎后装入青贮窖或青贮塔内，经乳酸菌厌氧发酵作用制成的饲料。福建省主要以全株玉米、杂交狼尾草、象草等制作青贮饲料。推广应用青贮饲料最大的好处是一年四季确保青饲料均衡供应。制作青贮饲料的优点：一是在粗料加工的各种方法中青贮法保存的营养价值最高。最优质的干草能保存75%的营养价值，而青贮能保存83%的营养价值。二是在密封情况下可以长期保存。三是硬秆作物在青贮过程中可得到软化，使部分粗纤维得到降解，粗蛋白含量略有提高。四是青贮过程中产生的乳酸、醋酸、琥珀酸及醇类具有清香味，提高适口性。五是贮存空间较经济，每立方米的贮存量相当于干草的2~3倍。六是可以在不利的气候下制作青贮饲料。

青贮饲料是奶牛等草食家畜的当家饲料，20世纪90年代末期，随着南平等地奶牛规模养殖，青贮饲料逐步在生产上得到推广应用，1998年福建长富乳业集团股份有限公司第一牧场建成投产就应用青贮饲料，之后该集团建成的规模奶牛场都推广应用青贮饲料，福建大乘乳业股份有限公司直属的大横奶牛场和长坑奶牛场以及其协作的奶牛场也应用青贮饲料，2002年达到高峰，南平全市种植青割玉米达13万亩，全市推广应用青贮饲料在50万吨以上。此后，漳浦县名泉乳业有限公司、长泰县新龙华乳业有限公司、三明市梅列区碧海乳业公司、福清市福建宏宝露乳业股份有限公司一牧奶牛场和三牧奶牛场、福州康利达文武砂奶牛场、文岭奶牛场等规模奶牛场推广应用青贮饲料，至2005年，存栏100头以上的规模奶牛场已普遍使用青贮饲料。宁化县恒祥农牧有限公司、建宁县远发农牧有限公司和明鑫有限公司、明溪县朝阳牧草有限公司等规模肉牛养殖场也推广应用了青贮饲料。

四、仔猪早期断奶技术

20世纪80年代末期，全省开始在规模化猪场研究并应用仔猪早期断奶技术，仔猪早期断奶是指仔猪出生后 3～5 周龄离开哺乳母猪，开始独立生活。传统养猪仔猪一般在 2 月龄或 2 月龄以上断奶，仔猪早期断奶与传统仔猪断奶相比具有许多优点：一是提高母猪年生产力。仔猪早期断奶，可以缩短母猪的产仔间隔，增加年产仔窝数。二是提高饲料利用率。母猪在哺乳期间食入饲料，将其转化成乳汁再哺乳仔猪，饲料利用效率约为 20％；而仔猪自己吃饲料，消化吸收，饲料利用率可达 50％左右。三是有利于仔猪的生长发育。早期断奶的仔猪，虽然在刚断奶时，由于断奶应激导致增重较慢，但一旦适应后增重变快，可以得到生长补偿。四是提高分娩猪舍和设备的利用率。实行仔猪早期断奶，可以缩短哺乳母猪占用产仔栏的时间，从而提高每个产仔栏的年产仔窝数和断奶仔猪头数，相应降低了生产一头断奶仔猪的产栏设备的生产成本。

90 年代，在福清东阁华侨农场机械化养猪场、福清宏路宏兴种猪场、福清宏路振兴农牧有限公司、平和捷允食品有限公司、南靖和兴华侨畜牧发展有限公司、晋江新菲华畜牧业有限公司、晋江深沪福成良种畜牧场、晋江新灵农牧有限公司、晋江安海镇安邦农牧场企业有限公司、晋江紫滨农牧实业有限公司等规模场推广应用该技术。小规模分散饲养也同时推广应用该技术，莆田市荔城区黄石镇从 1991 年开始在农村母猪饲养户中试验推广35～45 日龄断奶，1992 年在该镇沙堤等 10 个村农户饲养的 1800 头母猪中试验推广仔猪早期断奶技术。邵武市畜牧兽医站 1994 年 10 月在该市和平镇坎头村和李源村进行了农户饲养仔猪早期断奶试验。龙海市畜牧兽医站在白水镇瘦肉型猪基地试验分场做了仔猪早期断奶试验，之后先在龙海市白水镇瘦肉型猪基地的场（户）以及紫泥、海汀、榜山、角美、东泗等乡（镇）重点猪场（户）推广，积累经验后在全市全面推广。规模猪场先是推广 35 日龄和 28 日龄断奶，以后随着生产管理水平的提高和仔猪料的不断改进，就改推广28 日龄和 21 日龄断奶，农户饲养先是推广 45 日龄和 35 日龄断奶，以后改为 35 日龄和 28日龄断奶，现在生产上普遍采用 28 日龄或 21 日龄断奶。

五、仔猪网床饲养技术

传统养猪仔猪是在地面平养，仔猪网床饲养是指仔猪培育由地面猪床饲养变为各种网床饲养。仔猪网床饲养与地面平饲相比优点在于：一是仔猪离开地面，减少冬季地面传导散热的损失，提高小环境温度。二是粪尿、污水能随时通过漏缝网格漏到粪尿沟内，减少了仔猪接触污染的机会，床面清洁卫生、干燥，能有效地遏制仔猪腹泻病的发生和传播。三是哺乳母猪饲养在产仔架内，减少了压踩仔猪的机会。仔猪网床饲养能提高仔猪的成活率、生长速度、个体均匀度和饲料利用效率。

在 20 世纪 90 年代初期，随着工厂化养猪的兴起，仔猪网床饲养技术在福清东阁华侨农场机械化养猪场、福清宏路宏兴种猪场、福清宏路振兴农牧有限公司、平和捷允食品有限公司、南靖和兴华侨畜牧发展有限公司、晋江新菲华畜牧业有限公司、晋江深沪福成良种畜牧场、晋江新灵农牧有限公司、晋江安海镇安邦农牧场企业有限公司、晋江紫滨农牧实业有限公司、仙游亿松农业开发有限公司等规模饲养场推广应用，之后农村散养有的也采用仔猪网床饲养技术，至 2005 年，仔猪网床饲养技术已在生产上普遍推广应用。

六、工厂化养猪技术

该技术以工业生产方式，采用现代化的技术和设备，进行高效率的养猪生产，使猪群的生长速度、饲料利用率以及猪场的劳动生产率都达到高效率。工厂化养猪采用分段饲养和全进全出连续流水式生产工艺。全进全出是指在同一时间内将同一生长发育或繁殖阶段的工艺猪群，全部从一种猪舍转至另一种猪舍。流水式生产线是指猪的配种、妊娠、保育、生长肥育以至销售形成一条龙的流水作业，各阶段有计划、有节奏地进行。猪从出生一直到上市的整个过程，按母猪的同一生理阶段及猪的其他不同生长时期，可划分为若干连续工艺阶段，每一阶段饲养着处于同一发育时期、具有同一饲养要求的猪群，经过一段饲养后，按工艺流程转到下一个阶段。

工厂化养猪的优点是：按一定繁殖节律组建一定数量的哺乳母猪群，拥有符合各类猪群生理和生产要求，并与全进、全出工艺猪群数量相适应的专用猪舍，拥有优良遗传素质和高度生产性能的猪群，并按统一繁育计划组建起完整的繁育体系，能够充分保证稳定而均衡地供应适合各类猪群所需要的各类全价配合饲料，满足其营养需要，最大限度地发挥其生产潜力，从而达到提高饲料转化效率和产品质量的目的。主要生产过程实现机械化和综合电器化，以至更高水平的电子计算程控管理，并具有严密、严格和科学的兽医卫生防疫制度和符合环境卫生要求的污物、粪便处理系统。

福建省在 20 世纪 90 年代初开始推行工厂化养猪，之后不断推广普及，采用工厂化养猪的全部工艺或部分工艺。省内较早推广工厂化养猪的猪场有福清东阁华侨农场机械化养猪场、福州郊区瘦肉型猪场、福清宏路宏兴种猪场、福清宏路振兴农牧有限公司、平和捷允食品有限公司、南靖和兴华侨畜牧发展有限公司、晋江新菲华畜牧业有限公司、晋江深沪福成良种畜牧场、晋江新灵农牧有限公司、晋江安海镇安邦农牧场企业有限公司、晋江紫滨农牧实业有限公司、长泰县联盛核心种猪有限公司、福州市晋安区鼓山镇鼓二猪场、仙游亿松农业开发有限公司、福清农凯畜牧实业有限公司、厦门国寿种猪开发有限公司、福清天香种猪场、龙岩市欣兴良种猪扩繁有限公司、南平市一春种猪育种有限公司、龙海市辉龙牧业发展有限公司、福建大禾农牧发展有限公司、福建省宁德市南阳实业有限公司等猪场，工厂化养猪最大生产规模单体为福清天香种猪场，满负荷生产年可出栏 7 万头生猪。截至 2005 年，全省年出栏万头以上工厂化养猪生产线达 100 条。

七、密闭鸡舍纵向通风湿帘降温技术

福建省夏季高温高湿的气候特点严重影响种鸡和蛋鸡生产性能的发挥。在炎热天气下，由于传导、热辐射和畜禽本身的散热，自然通风下的畜禽舍内温度往往高于外界气温3℃~5℃，畜禽生产经常处于舍内35℃以上高温的压力下。大多数种鸡场采用在11∶00—16∶00鸡舍喷雾结合大功率风扇的方式降温，但是效果不够显著。"湿帘结合密闭鸡舍纵向负压风机"的纵向通风降温技术是最经济、有效的畜禽舍夏季降温措施。水流在波纹状的纤维纸表面形成一层薄薄的水膜，当舍外干热空气被风机抽吸穿过纸帘时，水膜上的水会吸收空气中的热量，进而蒸发成水蒸气，同时降低了空气温度，这样经过处理后的凉爽湿润的空气就进入舍内了。多年的实践应用显示，即使在最炎热的天气下，合理设计安装的湿帘—风机降温系统仍可以控制畜禽舍内的温度在30℃左右，从而将高温对畜禽生产的不利影响减小到最低。1991年，福州正大农牧有限公司大福种鸡场在全省率先采用密闭种鸡舍湿帘降温结合负压纵向通风的温度控制系统，使高温夏季鸡舍室内温度比室外低5℃，有效保证了种鸡生产性能的发挥。1994年，厦门正大农牧有限公司种鸡场也建成了8幢湿帘结合纵向通风的种鸡舍，每幢长120米、宽12米，饲养种鸡1.2万套。至2005年，该系统已推广应用于许多规模化多层笼养蛋鸡舍和平养种鸡舍。

八、蛋鸡自动化层叠笼养技术

全省蛋鸡普遍使用阶梯式笼养。随着畜牧业的发展，一些公司开始使用多层自动化层叠饲养技术进行规模化、集约化、自动化蛋鸡饲养。该技术配套使用自动喂料系统、饮水系统、自动集蛋分级系统、清粪系统和湿帘降温系统，对各种饲养操作和温度、湿度、通风等环境因素进行全自动控制。输料和喂料过程不需要任何人工操作。在运行过程中，按设定的时间每层的行车料斗对应每一条料槽把饲料均匀地落在料槽上，每只鸡都可自由地采食到新鲜的饲料。配套的自动化供水线设置在每层鸡笼顶部的中间，每个笼里设置2个饮水乳头，供左、右两边鸡笼的鸡只喝水，乳头下面设置一条V形接水槽，把鸡只喝水时溅出的水花接下来，然后自然蒸发。这样鸡只溅出的水花不会掉到鸡粪里，使鸡粪更加干燥。在进入每条水线的前端设置有过滤器、智能水表、加药器和减压调节器。通过智能水表的数字信息，可以了解鸡群每天的喝水情况，也可以判断鸡群的健康状态。多层层叠式蛋鸡饲养设备的清粪系统是在每层鸡笼的下面设置一条纵向清粪带，这样每层鸡群的鸡粪就零散地落在清粪带上，在纵向流动空气的作用下，把鸡粪的大部分水分带出舍外，使鸡粪含水量大大降低。在粪便清理时，由于清粪带平整光滑，被清出舍外的鸡粪为颗粒状，这样的鸡粪可直接卖给农户，也可以加工成复合肥，避免了环境污染。多层层叠式蛋鸡饲养设备配备了自动集蛋和输送系统，设置了软、破蛋去除装置，在集蛋机鸡蛋出口与中央输蛋线连接处设置拨蛋器。高密度蛋鸡饲养采用全封闭式鸡舍，舍内的气候环境完全依靠自动通风降温系统来控制。2003 年，晋江市绿色保健蛋品公司开始采用蛋鸡自动化层叠笼养技术。据统计，在产蛋日龄和产蛋量大致相同的情况下，养殖 1 万只蛋鸡，每天可以节约饲料 25 千克左右，减少劳动力一半。

九、家禽分阶段饲养技术

20 世纪 90 年代，全省种鸡、蛋鸡集约化饲养，普遍开始使用全价配合饲料，根据家禽不同的生理阶段特点分为育雏、育成、产蛋（前期、后期）等阶段，根据育种公司提供的不同品种（配套系）、不同阶段、不同性别家禽营养需求，采用不同营养水平的日粮，并配套提供不同阶段的饲养密度、体重控制程序、光照程序和免疫程序，保证最大限度地提高种鸡的生产性能。夏季高温造成种鸡和蛋鸡采食量下降，为了保证夏季高温期间种鸡或蛋鸡的营养需要，在饲料中添加 1.5％的熟豆油，满足能量需要，产蛋率显著提高。1991 年，广东正大集团生产的肉鸭小鸭料引入福建省，1998—1999 年，鸭子饲养也开始推广使用全价配合肉鸭料，并采用分阶段提供不同营养水平日粮和配套饲养管理技术。

十、种鸡（蛋鸡）强制换羽技术

强制换羽技术已广泛应用于种鸡与商品蛋鸡的生产中。20 世纪 90 年代初，在全省种鸡生产实践中，根据供种淡旺季市场行情变化需要，开始对 55 周龄以上的产蛋率低的种用母鸡采取强制换羽措施，通过强制换羽达到停产的目的，根据生产需要调节重新开产时间。AA 父母代种母鸡强制换羽后最高产蛋率可达 60％～65％。如果 60 周龄开始换羽，95 周龄淘汰，每只母鸡可提供合格种蛋 60～70 枚。换羽鸡比不换羽鸡平均蛋重增加 3～5克。笼养鸡换羽后种蛋受精不受影响，但平养鸡由于公鸡老龄，受精率低于适龄鸡群 3～5个百分点。到 90 年代中期，种鸡强制换羽技术在全省集约化种鸡场得到更为广泛的应用。

十一、蛋鸭无水面旱地圈养间歇喷淋技术

随着畜禽饲养环境的恶化，水体污染严重，水面圈养或水面放养的生物安全隐患日益凸显。2003 年，省畜牧兽医总站通过省科技厅立项蛋鸭无公害饲养模式的研究，从笼养和地面平养结合间歇喷淋的无水面饲养模式中，筛选出不影响蛋鸭以及蛋种鸭的产蛋和繁殖性能的蛋鸭旱地圈养结合间歇喷淋的饲养模式。用该技术饲养蛋鸭不设置水面运动场，只需要设旱地运动场和舍内产蛋间，使用饲料槽（桶）喂料，普拉松饮水器饮水，旱地运动场建倾斜度为 0.5％的排水沟，使之不形成淤水。水沟上铺盖格栅，上方 1 米左右铺设喷淋管，每天定时喷淋鸭子，喷淋水流入排水沟，汇合流入沼气池，经发酵处理后达标排

出。舍内采用谷壳垫料，产蛋期舍内安置产蛋箱，保持产蛋箱内垫料清洁，舍内垫料定期收集，堆放腐熟后用作果园施肥。该模式于 2005 年在龙岩、福州、泉州等地的蛋鸭场和蛋种鸭场进行中试推广取得成功。2005 年 11 月，省农业厅下发《关于进一步推进家禽饲养方式转变的意见》，提出必须改变水禽在河流、湖泊、池塘等水域放牧的饲养方式，推行封闭旱地圈养结合间歇喷淋的饲养方式。

十二、优质鸡山地果园饲养技术

该技术以优质鸡山地、果园放牧为主，舍饲为辅，雏鸡脱温后放到丘陵山地或果园，通过早晚补饲精料与白天放牧相结合的饲养方式，经过 90～110 天的饲养出栏，公鸡体重达到 1.25～1.5 千克，母鸡为 1～1.25 千克，料肉比为 3.5：1。果园和山地空气新鲜，阳光充足，肉鸡放牧饲养过程中，增加运动空间，还可以啄食果园中的腐殖土、杂草和昆虫，改善肉质风味，同时肉鸡排泄的粪便又增加了果园的土壤肥力。从 1995 年开始，以永安为代表的山区县市，利用丘陵山地及果园，开展优质鸡或杂交仿土鸡的放牧或半放牧饲养。1996 年 4 月，省农业厅畜牧局将这一饲养模式的技术规范编入《福建省畜牧兽医实用技术推广手册》，在全省推广。

十三、白羽半番鸭关键饲养技术

省内中型、小型白羽半番鸭是由培育的中型和小型白羽半番鸭专门化母系与白色公番鸭杂交得到。育雏期（0～3 周）注意保温，20～25 日龄时进行断喙。育雏期营养水平为：代谢能 11.5～11.7 兆焦/千克；粗蛋白 16.00％～20.00％，钙 0.90％～1.00％，可消化磷 0.45％～0.50％，蛋氨酸 0.30％～0.40％，赖氨酸 0.70％～0.80％，蛋＋胱氨酸 0.60％。育成鸭（4 周龄到上市）网上平养 4～7 只/平方米，地面平养 3～6 只/平方米。育成期光照不宜过强，10 勒克斯即可，一般 12 小时光照，开放式鸭舍可利用自然光照。育成期营养水平为：代谢能 11.5～11.7 兆焦/千克；粗蛋白 19.00％～20.00％，钙 1.00％～1.20％，可消化磷 0.35％～0.45％，蛋氨酸 0.40％～0.50％，赖氨酸 0.90％～1.00％，蛋＋胱氨酸 0.75％。

第三节 畜牧产业化

一、产业政策

1997 年，省委、省政府出台《关于加快发展农业产业化的意见》，提出"建立和完善农业产业化生产经营体制与运行机制，努力提高产业化生产经营的科技含量，不断完善农业产业化的社会化服务体系以及采取优惠政策措施予以重点扶持"。2003 年，省政府出台《关于加快畜牧业发展的意见》，提出"要集中力量加快培植一批辐射面广、带动力强的龙头企业，重点扶持畜产品加工、畜禽良种繁育、饲料加工、批发市场等 150 家畜牧业龙头企业"。同年，省委、省政府又出台《关于加快农业产业化经营的意见》，明确提出"今后五年的奋斗目标是：建成较大规模的具有区域特色的农产品生产基地，农产品加工转化率达 45％左右；培育一批产业关联度大、技术装备水平高、市场竞争力和带动力强的龙头企业群体，有 500 家龙头企业成为区域性骨干企业，50 家龙头企业年产值达 3 亿元以上；建立和完善农业产业化经营的科技支撑体系和配套服务体系；农产品质量明显提高，在国内外市场的竞争力明显增强"。2004 年，省政府成立福建省农业产业化工作领导小组，并下发《福建省人民政府办公厅关于成立福建省农业产业化工作领导小组的通知》，由副省长刘德章任组长。

二、产业发展模式

1990—2005 年，福建省畜牧业产业化发展出现 6 种模式。

1. 企业带动模式

以实力较强的企业为"龙头"，与畜禽产品生产基地和养殖户结成紧密的产、加、销一体化生产体系，典型的企业有莆田广东温氏家禽有限公司、光泽县鸡业有限公司、沙县鸭业股份公司等。其中，莆田广东温氏家禽有限公司对养殖专业户提供全过程服务，设立产品最低保护价，并保证优先收购，养殖专业户按合同规定定时、定量向企业交售优质禽产品；光泽县鸡业有限公司 1993 年在乡镇设立 28 个点，与 196 个养殖户挂钩，新增肉鸡生产能力 170 多万只；沙县鸭业股份公司则以个体养殖户为依托，建立起互惠互利的经营模式，加工生产板鸭数量达 120 万只。

2. 市场牵动模式

以专业市场需求为依托，带动区域专业化生产，实行产、加、销一体化经营。2003 年，三明市出台了《三明市扶持肉牛产业发展的若干规定》和《三明市肉牛肉羊产业发展奖励办法》，把肉牛、肉羊作为重点特色产业加以培育。据统计，该市建立 4 个肉牛生产重点县（宁化、明溪、清流、建宁），5 个肉羊生产重点县市（清流、尤溪、永安、将乐、大田）。扶持壮大加工销售龙头企业，明溪宏宇牧业有限公司肉牛年屠宰加工能力达 3 万头，加工的"宏悦排酸牛肉"在省内实行连锁店销售模式；清流县七星岩羊肉餐饮管理有限公司在福州市、厦门市、泉州市及三明市等地开设加盟连锁分店，带动当地肉羊养殖快速发展。

3. 企业集团模式

以畜禽产品生产为基础，以加工、销售企业为主体，以综合技术服务为保障，把生产、加工、销售、科研和生产资料供应等环节纳入统一经营体内，成为比较紧密的企业集团，如森宝（龙岩）实业有限公司、福建长富集团股份有限公司、福建圣农发展股份有限公司等。其中，森宝（龙岩）实业有限公司投资 3 亿多元建成年屠宰加工 1500 万只肉鸡生产线，与 200 个养鸡农户签订合同，年提供 1100 万只肉鸡，加上公司基地饲养出栏的肉鸡共达 1500 万只，占龙岩市肉鸡出栏的 33.8％。2005 年，公司投资 4.7 亿元新建年加工 200 万头生猪的猪肉加工厂，带动一批养猪专业户（场）从事生猪养殖。福建长富集团股份有限公司则从 2000 年开始，采取集团化经营模式，公司通过产业链延伸带动牧草种植、奶牛饲养、饲料加工和乳品加工、运输、销售等行业共同发展，解决城镇下岗职工及农村富余劳动力 3 万多人就业，其中带动 7500 多农户种植牧草 6 万多亩，户均增收 5500 元。

4. 主导产业带动模式

从利用当地资源和开发特色产品入手，逐步扩大经营规模，提高产品档次，形成区域性主导产业。漳州等地在奶水牛养殖相对集中的地区建起了奶水牛专业养殖场，建设水牛奶加工企业，并以专卖店形式销售，使得水牛奶加工业迅速发展壮大，据统计，1991 年末漳州市水牛存栏量仅为 17.72 万头，到 2005 年底水牛存栏量高达 33.34 万头。

5. 科技推动模式

发挥技术优势，为养殖户提供技术服务，推动畜牧业生产、加工配套发展，开拓新的市场领域。1992 年后，省畜牧局成立畜牧兽医技术开发部，三明、龙岩、南平等地市也建立相应的服务实体，其中三明市、南平市分别创办服务型经济实体 138 个、132个；龙海县角美镇畜牧兽医站在全镇范围内设立 3 个分站，兴办饲料厂、种猪场、人工授精点、药械门市部以及饲料销售点，联合养殖企业、专业大户和散养户建立起一条龙的经营和生产合作网络。畜牧兽医站对参加合作网络的饲养场和养殖户负责提供品质优良的种苗和科学配制的饲料，提供产、供、销信息，饲养技术指导和防疫服务，成为全省第一个开展"饲料、良种、防疫"综合性服务的畜牧兽医站，并获农业部表彰的"全国畜牧兽医三站先进集体"称号。

6. 中介组织带动模式

中介组织有农民专业合作社、供销社以及各种技术协会、销售协会等。这类组织发挥在信息、资金、技术、销售等方面的优势，为农民的产、供、销提供各种服务，同时为加工、销售企业提供服务。如永安市生猪产销协会和禽业协会、龙岩市新罗区养猪协会、清流县养羊协会、宁化县养牛协会等。1997 年以来，永安市在进一步健全和完善贡川禽业合作社的基础上，建成永安市生猪产销协会和禽业协会，通过专业合作社，抓好农民购销员培训工作，发展以农民为主体的畜禽产品销售队伍，至 2005 年全市农民畜禽经营户达 780 户。另外，该市还成立了"永安市农副产品流通总会"，将散布在外的从事畜禽商品生产经营者组织起来，形成合力，发挥群体优势，推介永安产品，全市已形成了省外大中城市畜禽经销网点 31 个。

三、生产基地

1995 年，全省养猪专业场（户）达 16917 户，年出栏生猪 593.72 万头，占全省生产量的 38%，其中具备年出栏万头以上的超过 100 户；蛋鸡专业场（户）876 户，年提供鸡蛋 6.15 万吨，占 33%，其中年存栏万只以上的有 126 户；肉鸡专业场（户）3021 户，年出栏肉鸡 4099.58 万只，其中年出栏万只以上的有 415 户。到了 2004 年，全省专业饲养场（户）提供的生猪、肉鸡、牛奶分别占到全社会生产总量的 60%、68% 和 60%，年出栏万头以上生猪、万只以上肉鸡、年存栏万只以上蛋鸡、百头以上奶牛的规模养殖场（户）分别达到 101 户、921 户、129 户和 70 户。以福清市为例，1995 年，该市养猪专业户上升到 173 户，养殖量达 28.9 万头，占该市养殖总量的 46%，其中万头猪场 5 户，5000～10000 头的 9 户，1000～5000 头的 15 户；蛋鸡专业户 454 户，养殖量达 244.54 万只，占该市养殖总量的 92%，其中 5 万只以上的 3 户，2 万～5 万只的 8 户；蛋鸭专业户 196 户，养殖量达 46.8 万只，占该市养殖总量的 49%；肉禽专业户 115 户，养殖量达 164.16 万只，占该市养殖总量的 27%。

"九五"期间，在依托当地资金、技术和品种资源优势发展区域特色畜禽生产的基础上，逐步形成以福清、新罗、延平肉猪，光泽肉鸡，永安贡鸡，大田肉兔，延平奶牛，沙县鸭业，长汀河田鸡，连城白鸭为代表的区域特色产业。截至 2000 年底，长富乳业集团股份有限公司和大乘乳品有限公司奶牛的饲养量、奶制品加工量，分别占全省总量的 30% 和 38%；光泽县圣农发展股份有限公司具备日单班加工肉鸡 40 万只能力，成为全国最大的单体屠宰加工生产企业。

"十五"期间，畜牧产业向优势区域进一步集中，形成福清、新罗、延平肉猪，光泽、永安、新罗肉鸡，南平奶牛，连城白鸭，连城、大田肉兔，明溪、宁化、漳浦肉牛，长汀河田鸡以及沙县鸭业为代表的区域特色支柱产业，产业基地建设也随之稳步推进，产能迅速扩大。

（1）生猪养殖基地。1994 年，福清市生猪年出栏量达 46.6 万头，成为全省养猪第一县；养猪第一镇——闽侯县青口镇，出栏肉猪 12 万头，占全县肉猪出栏总量的 52%；养猪第一村——福州市鼓山镇六一村，当年出栏生猪 3 万多头；养猪第一场——福清东阁华侨农场机械化养猪场，出栏生猪 1.9 万头；养猪第一户——福清宏路魏振平，出栏瘦肉猪 1.4 万头。到 2005 年底，全省年出栏 50 万头以上的县市达 9 个，年出栏 100 万头以上的分别是福清市、新罗区。

（2）奶牛养殖基地。截至 2005 年末，奶牛存栏数量前 4 名的区（市）是：延平区、建瓯市、邵武市、建阳市，其存栏数量分别是：15880 头、10602 头、5054 头、3952 头。

（3）肉牛养殖基地。截至 2005 年末，肉牛出栏数量前 10 名的县（市）是：漳浦县、连城县、南安市、云霄县、福清市、明溪县、上杭县、安溪县、永定县、武平县，其出栏量分别是：16461 头、15573 头、14585 头、13134 头、12052 头、11990 头、11750 头、11359 头、11154 头、10889 头。

（4）肉羊养殖基地。截至 2005 年末，肉羊出栏数量前 7 名的县（市、区）是：延平区、惠安县、尤溪县、福清市、仙游县、永泰县、邵武市，其出栏量分别是：95066 头、89141 头、64274 头、63197 头、58364 头、56341 头、45328 头。

（5）肉禽养殖基地。截至 2005 年末，肉禽出栏数量前 6 名的县（市、区）是：光泽县、永安市、福清市、南安市、新罗区、龙海市，其出栏量分别是：3011.82 万只、1050.56 万只、1001.64 万只、1000.49 万只、990.07 万只、877.23 万只。

（6）蛋禽养殖基地。截至 2005 年末，蛋禽存栏数量前 4 名的县（市）是：福清市、光泽县、长汀县、南安市，其存栏量分别是：697.28 万只、500.55 万只、460.26 万只、458.59 万只。

（7）肉兔养殖基地。截至 2005 年末，肉兔养殖出栏数量前 8 名的县（市）是：连城县、大田县、上杭县、永定县、长乐市、福清市、德化县、武平县，其出栏量分别是：231.40 万只、208.61 万只、110.17 万只、104.27 万只、71.85 万只、64.21 万只、62.09 万只、61.85 万只。

四、畜禽产品加工

1991—2005 年，福建畜禽产品加工向各种制品的深加工发展，原料品种以鲜（冻）猪肉、牛肉、鸡肉、鹅肉、兔肉为主，经选料、修整、腌制、调味、成型、熟化和包装等工艺制成肉类加工食品。皮蛋、咸蛋等传统食品加工出口数量和出口金额均居全国首位。液态奶加工工艺、装备居全国领先水平，牛奶加工转化率达 80%，是南方重要的奶品供应基地。

福建圣农实业有限公司 1999 年加工屠宰肉鸡量为 1000 万只，从 2005 年开始投资建设的肉鸡加工二厂引进三条欧洲先进的自动化肉鸡屠宰线及加工设备，采用先进的生产管理和技术工艺（自动切割转挂系统、自动掏膛及清洗系统、自动风冷降温系统），日加工肉鸡能力为 30 万只、年加工肉鸡能力达 9000 万只，成为联合型白羽肉鸡生产、加工的食品企业，"肯德基"中国南方最大的肉鸡供应商。在全国肉鸡行业中率先同时通过 ISO 9001 国际质量体系认证和 ISO 14001 环境管理体系认证，以及欧盟食品安全 HACCP 体系认证。圣农冻鸡综合标准体被作为省冻鸡生产统一标准推广，"圣农"牌冻鸡产品被省政府评为"福建名牌产品"。

厦门银祥集团有限公司投资 2 亿元引进的产自丹麦的 SFK 生猪屠宰与分割生产线，汇集多项新技术，如计算机中央控制系统、二氧化碳致晕系统、真空采血系统、废弃物真空输送系统、同步检疫系统、胴体标码溯源系统等，年加工能力为 300 万头生猪，年肉制品深加工产量可达 1 万吨。开发的冷却肉利用平板冷却器的新工艺方法，将经热剔骨后的猪肉按一定规格包装成型后，很快放入平板冷却器，冷却时间只需 7 小时，制冷系统采用了自动控制温度和回气压力，保证冷却肉的质量。

蛋品加工企业先后从日本、丹麦、美国引进一批国际先进水平的蛋制品加工专用设备，采用先进技术生产优质冰蛋黄、冰蛋白、全蛋粉、蛋黄粉、蛋黄酱、蛋白粉。引进蛋制品的新设备：自动清洗设施、混料设备（适用包泥皮蛋和咸蛋）、打蛋设备、搅拌过滤设备、腌制（糟腌）设施、烘烤设施（适用咸蛋黄）、蒸煮灭菌设备（适用熟咸蛋、卤蛋类）、杀菌设备、干燥设备、灌装设备、混合均质设备和包装设备等。福清阳光食品有限公司自行研发传统蛋品机械如皮蛋清洗、烘干、涂膜一体机，鸡蛋、鹌鹑蛋剥壳机，鲜蛋分级机，消毒清洗机等一系列加工设备，并设立闽台农产品设备有限公司进行产业化生产，是中国唯一有能力进行设计、制造成套传统蛋品生产设备并拥有自主知识产权的企业。

五、龙头企业

（一）农业产业化国家重点龙头企业

福建省从 2000 年开始参加国家级农业产业化重点龙头企业申报工作，2002 年获得"国家级农业产业化重点龙头企业"称号的有 8 家，其中畜牧类 2 家，分别是福建圣农实业有限公司、福建长富乳业集团股份有限公司。2004 年获得"国家级农业产业化重点龙头企业"称号的有 9 家，其中畜牧类 3 家，分别是森宝（龙岩）实业有限公司、宁德市南阳实业有限公司、厦门银祥集团有限公司。

1. 福建圣农实业有限公司

福建圣农集团有限公司位于光泽县，成立于 1983 年，是集饲料加工、种鸡饲养、苗鸡孵化、肉鸡饲养、屠宰加工、食品深加工、产品销售为一体的联合型肉鸡生产食品加工企业。2005 年公司年产肉鸡 1800 万只，冻鸡 3000 吨，产量占福建、广西、广东三省的 36%，创造产值 5.8 亿元。在全国 500 家最大私营企业中排名第 136 位，是国际百胜餐饮集团肯德基公司大中国区长期冻鸡供应商。

2. 福建长富乳业集团股份有限公司

福建长富集团股份有限公司位于南平市延平区，成立于 1998 年，是集奶牛养殖、牧草种植、乳品生产销售以及科研为一体的大型乳品企业。2005 年，公司拥有 4 个乳品生产车间，16 条生产线，设计生产能力为日产乳品 500 吨。企业通过ISO 9002、GMP 认证、

HACCP 认证，2005 年实现销售收入 4.56 亿元。

3. 森宝（龙岩）实业有限公司

森宝（龙岩）实业有限公司位于龙岩市新罗区，成立于 1998 年，是集饲料生产、种鸡繁殖、肉鸡饲养、屠宰分割、熟食加工为一体的大型养殖企业。拥有屠宰加工厂、饲料厂、生物有机肥厂、肉鸡饲养基地、种鸡场以及孵化厂，2005 年公司实现总产值 4.5 亿元。

4. 宁德市南阳实业有限公司

福建宁德南阳实业有限公司位于宁德市蕉城区，成立于 1995 年，是集生猪养殖、屠宰、加工、配送、连锁专卖以及饲料加工为一体的综合性企业。公司拥有 4 个生猪养殖场，存栏种猪 7500 头，年出栏商品猪 15 万头，2005 年公司实现综合产值 3.6 亿元。

5. 厦门银祥集团有限公司

厦门银祥集团有限公司位于厦门市同安区，成立于 1988 年，是集饲料生产、水产养殖、畜禽养殖、屠宰及深加工为一体的综合性企业。公司拥有 10 条现代化水产、畜禽饲料生产线，年生产能力 15 万吨。生猪养殖基地设计饲养量为 100 万头。2002 年实施了"食品放心"工程。2004 年投资建设厦门银祥食品工业园，占地面积 24 万平方米，装备有国内唯一全套进口丹麦 SFK 生猪屠宰及分割生产线、肉制品生产线和豆制品生产线。2005 年，公司总产值 7.6 亿元，实现销售总收入 7.5 亿元，利税总额 3191 万元。

（二）农牧业产业化省级重点龙头企业名录

1. 2003 年企业名单

福清星源农牧开发有限公司、福建省双福原种猪场、福建仁锋种猪有限公司、莆田市莆兴农牧发展基地、莆田市秀屿区鸿达牧业有限公司、长泰县新龙华乳业有限公司、永安市闽燕家禽育种有限公司、福建龙岩金和动物饲料有限公司、龙岩市新罗区生猪产业协会、长汀县远山农业发展有限公司、龙岩市绿之源生物科技有限公司、福建大禾农牧发展有限公司、福建一春农业发展有限公司、宁德市南阳实业有限公司、福建省圣王乳业有限公司。

2. 2005 年企业名单

福建仁锋种猪有限公司、莆田市莆兴农牧发展基地、莆田市富宝食品有限公司、莆田市秀屿区强盛实业有限公司、泉州市食品公司、龙岩市新罗区生猪产业协会、龙岩金和动物饲料有限公司、宁化县肉牛交易批发市场、福建省建溪食品有限公司、福建元隆食品有限公司、福建省涵江蜂产品开发中心。

3. 2004—2005 年省级农业产业化龙头企业名单

福建鸿达牧业有限公司、厦门银祥集团有限公司、莆田广东温氏家禽有限公司、福建长富乳业集团股份有限公司、宁德市南阳实业有限公司、福建圣农实业有限公司、福建大乘乳业股份有限公司、福建大禾农牧发展有限公司、福建省圣王乳业有限公司、福建省华龙饲料技术开发集团公司、永安适融燕禽业饲料有限公司、福建省海新集团有限公司。

第四节　畜禽遗传资源保护与品种繁育

　　1991—2005 年，福建省通过实施以保种场、原种场、基因库建设和良种繁育为重点的畜禽良种工程项目，地方畜禽遗传资源得到保护和开发。2000 年 8 月，莆田黑猪、槐猪、河田鸡、丝羽乌骨鸡（白绒乌骨鸡）、中国斗鸡（漳州斗鸡）、连城白鸭、金定鸭、莆田黑鸭等被列入国家农业部颁布的《国家级畜禽品种资源保护名录》。2003 年和 2005 年福建省品种审定委员会分别审定了金湖乌凤鸡和德化黑鸡 2 个鸡地方品种资源。2005 年开始的新一轮全国畜禽遗传资源普查表明，1985 年列入《福建省家畜家禽品种志和图谱》的地方品种中现存的有 22 个。这一时期，福建省畜禽品种良种化水平显著提高，瘦肉型三元杂交猪比例已超过 80％，肉鸡正在向优质化方向发展，传统褐羽半番鸭全部被优质白羽半番鸭取代，蛋鸡全部实现配套系良种化，山麻鸭等高产蛋鸭品种（系）生产性能处于世界领先水平，乳牛人工授精普及率高达 90％。

一、畜禽遗传资源

（一）槐　猪

　　槐猪是 1985 年列入《福建省家畜家禽品种志和图谱》的地方品种，广泛分布于闽西南山区，主产区属南亚热带农业气候区，是一个小型早熟、产脂量高的脂肪型优良地方猪种，在上杭县已有两千多年的饲养历史。2005 年资源调查表明，槐猪主要分布在龙岩和三明的部分县市，全省共有槐猪成年公猪 15 头，成年母猪 5883 头，后备公猪 10 头，后备母猪 2929 头。

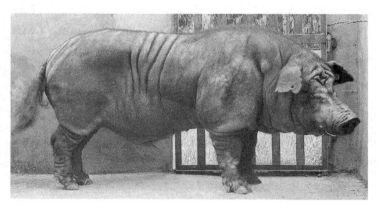

图 1—1　槐猪（公）

　　槐猪耐粗易养，抗病力强，可适应粗放管理，能很好适应较为恶劣的环境条件，可充分利用牧草及地瓜藤等农业副产品下脚料。至 2005 年，农户仍基本沿袭传统饲养方式，大都采用圈养，极少数放养。农户大都以米糠、大米、少量青菜、地瓜藤等煮熟饲喂槐猪，有一小部分农户加少量玉米粉、麦皮等精料，规模专业养殖户大都使用配合饲料，干料生喂。槐猪全身被毛黑色或灰黑色，头较宽而短，额部有明显的横行皱纹或倒八字皱纹，俗称"倒八卦"。躯体短，胸宽而深，背宽而凹，腹圆大下垂，全部斜尻，臀部欠丰满，多为卧系，大腿肥厚，尾根粗大。

20 世纪 80 年代以来，为了追求短期经济利益，产区大量引进外来瘦肉型猪开展猪的经济杂交，忽略了对槐猪品种资源的保护，导致槐猪种质资源数量急剧下降。据统计，1980 年、1990 年和 2000 年上杭县能繁母槐猪存栏分别为 1.5 万头、1 万头、0.5 万头，分别占同期全县能繁母猪的 90％、40％和 10％，槐猪养殖数量逐年递减。

2003 年 3 月以来，上杭县绿琦槐猪育种场致力于"槐猪的保种与选育研究"，建立了保种核心群与选育群体，组建了 8 个家系存栏 160 头的槐猪保种选育群，经过零世代、一世代的提纯选育，槐猪的体形外貌基本一致，繁殖性能正逐步提高，3 胎后平均胎产仔数可达 10 头。公母猪平均成年体重分别为 75.38 千克和 86.37 千克。

根据其体型大小，槐猪可分为大骨和细骨两个类群，前者体型较大，骨较粗，产仔数比细骨猪略高，后者体型较矮小，骨细，体内沉积脂肪较早，出肉率较高。

2005 年资源调查在龙岩市上杭县和三明市大田县对 55 头不同胎次的成年母猪进行了繁殖性能的测定。结果表明，槐猪平均性成熟日龄为 129.1 天，平均配种日龄 222.5 天，平均发情时间 3.6 天，平均窝产仔数 9.4 头，平均窝产活仔数 9.2 头，出生窝重 7.05 千克，平均断奶重 12.09 千克，断奶日龄 48.3 天，断奶成活数 8.1 头。与 20 世纪 80 年代调查结果比较，仔猪的出生重有所增加，断奶日龄有所提前，断奶仔猪成活数、断奶重均有所增加，断奶重增加 3～4 千克。

资源调查中还对 5 头平均体重 62.10 千克的槐猪进行屠宰测定，结果表明，屠宰率 64.9％，瘦肉率 45.9％，脂肪率 26.7％，皮率 16.4％，骨骼率 11.0％。由于使用配合饲料，与 20 世纪 80 年代相比，槐猪饲养期缩短，日增重有所提高。测定 20 头平均饲养 216 天的育肥猪，日增重 274 克，料肉比 4.79：1。槐猪商品猪出栏时间以 8～12 个月为宜。

大田县 2003 年在槐猪主产地之一的大田县太华镇建立了槐猪公猪站，饲养两头公猪，开展人工授精业务。上杭县畜牧兽医站于 2000 年 6 月至 2001 年 1 月开展以槐猪为第一母本的三元杂交试验，并与瘦肉型外三元杂交猪从生产性能、繁殖性能及肥育性能等方面进行对比，3 个组的产活仔数基本接近，以槐猪为母本的 2 个三元组合平均初生重与断奶重接近，但显著低于瘦肉型三元猪。而杜洛克、长白猪、大约克在初生个体重、断奶个体重及日增重、料肉比和瘦肉率等方面均优于以槐猪为母本的三元杂交猪。

（二）莆田黑猪

莆田黑猪是 1985 年列入《福建省家畜家禽品种志和图谱》的地方品种，原产于莆田和福清市的西北部。据查证，明弘治年间（1488—1505年）出版的《兴化府志》卷一四中就有记载。莆田黑猪除分布在莆田外，在福清、闽侯、永泰、惠安、安溪、德化、南安、同安等地也有饲养。

为了提高生猪瘦肉率和饲养效益，主产区从 20 世纪 70 年代末开始引进外来品种公猪并进行杂交，

图 1-2　莆田黑猪（公）

却忽略了莆田黑猪纯种的保护选育和开发利用，造成莆田黑猪数量急剧下降。90 年代初，存栏纯种种猪 10000 头左右，90 年代末下降至 4000 头左右，2002 年降至 1100 头左右。

莆田黑猪属中等体型肉脂兼用型猪种，体质偏于疏松型，有大、小两种体型。据 2005 年调查，莆田黑猪全身毛色均为黑灰色，成年公猪耳下垂、背微凹、腹下垂、斜尻、头小，均有獠牙，卧系占 85.71%，立系占 14.29%；成年母猪有的背腰平直，有的背腰微凹，有的腹部下垂，有的腹部平直，臀部斜尻占 84.91%，乳头多数是 7 对，个别的 6 对或 8 对，四肢粗壮，但卧系占 91.84%，立系只占 8.16%。成年公、母猪平均体重分别为 105.0 千克和 100.73 千克。

随着饲料工业发展，莆田黑猪的饲养也使用配合饲料，在体型方面有较大的转变，腹部由大向下垂逐渐向小而紧缩发展，腰部由原先的微凹向平直转化，四肢也出现由卧系向立系发展的趋势。

20 世纪 80 年代农家散养条件下，莆田黑猪窝平均产仔数仅有 9.73 头。2005 年测定平均窝产仔数达 10.2 头，产活仔数 9.6 头，初生窝重 8.34 千克，20 日龄窝重 35.07 千克，断奶日龄 30 天。说明在较好的饲养条件下繁殖性能有明显提高。

2002 年 11 月，莆田市农牧部门确定城厢区常太镇为莆田黑猪保护区，并根据莆田黑猪的外貌特征，分别从 4 个乡镇和 15 个自然保护村挑选 80 头母猪和 7 头 6 个血缘公猪组成黑猪保种群，建立了保种场。同时，在莆田市区设立 3 家莆田黑猪肉的专卖店（注册商标为乡里香），以开发促保种。2005 年开始的调查表明，莆田市共存栏莆田黑猪公猪 35 头、母猪 347 头。其中，常太镇有母猪 270 头。

2002—2005 年，莆田黑猪保种场通过开展"莆田黑猪繁殖性状遗传规律的研究"，对 481 头莆田黑猪初产母猪繁殖性状进行测定，结果表明莆田黑猪的乳头数偏少，产仔数、

初生个体重、20 日龄窝重等性状与国内一些地方猪种相比属中等，泌乳性能较好。

2005 年开始的资源普查对 27 头经过 150 天肥育试验、平均体重达到 89.19 千克的莆田黑猪进行测定，日增重为 0.43 千克，料重比为 4.07：1，屠宰率 73.2%，瘦肉率 41.8%，脂肪率 37.6%，皮率 13.0%，骨骼率 7.6%。商品猪出栏时间以 8～12 个月为宜。

（三）官庄花猪

官庄花猪是 1985 年列入《福建省家畜家禽品种志和图谱》的地方品种，也是福建省唯一以乡镇名称命名的地方猪种。官庄花猪是小型早熟脂肪型品种，原产于上杭县官庄乡、珊瑚乡一带，已有几百年历史。主要分布在上杭县官庄乡以及武平、长汀及邻近乡镇。官庄花猪适应性强、抗病力好、耐粗、性情温顺、早熟易肥、肉质细嫩、皮较厚、胴体含脂肪较多，是最适宜的"烤乳猪"原料。

1982 年调查时能繁母猪有 6000 头，2005 年开始的调查表明，繁殖母猪仅剩 310 头，公猪仅 3 头。

官庄花猪具有早熟易肥和生长较快的特点，性成熟比较早，公猪一般在 6～7 月龄开始交配，公猪使用年限比母猪短，通常 5～6 岁即行淘汰；母猪在 4 月龄左右出现第一次发情，在 8～10 月龄初配；性周期为 17～20 天，发情持续期为 3～6天，妊娠期为 115～120 天；一般年产两胎。母猪使用年限为 8～10 年，饲养条件好的可达 13～15 年，乳头数为 5～6 对；2005 年 7 月，分别在上杭县官庄乡对广大农户散养的母

图 1－3 官庄花猪（公）

图 1－4 官庄花猪（母）

猪繁殖性状进行实地调查，产活仔数达到 10.6 头，初生个体重 0.99 千克、初生窝重10.46 千克，断奶日龄 38.5 天，断奶窝重 61.54 千克。

官庄花猪的肥育性能好，具有边长边肥、沉积脂肪能力强的特点。公、母猪平均成年体重分别为 65.67 千克和 98.56 千克。对 10 头生长肥育猪进行 216 天的肥育饲养试验，结果表明，宰前活重平均达到 68.5 千克，胴体重平均达 45.56 千克，屠宰率 66.43%，皮率

13.17％，骨率10.97％，脂率35.56％，瘦肉率40.34％。

2004年，为了抢救濒临灭绝的官庄花猪，将收集的官庄花猪保存在上杭县绿绮槐猪保种场内，保种群保存有2个血缘的3头公猪和20头母猪（包括后备母猪）。

（四）闽北花猪

闽北花猪是列入1985年出版的《福建省家畜家禽品种志和图谱》的地方品种，也被列入1986年出版的《中国猪品种志》。是闽北地区特有的一种小型花猪品种。曾以沙县的夏茂、顺昌的洋口、南平的王台等地为中心产区，广泛分布在闽江上游的沙溪、富屯溪、建溪、尤溪两岸，主产于沙县、顺昌、南平、建阳、尤溪、三明、永安、建瓯等约15个县、市。据沙县历史资料记载，20世纪80年代，存栏4.85万～5.88万头，其中母猪0.42万～0.52万头，达到历史最高存栏数。1982年开始引进外来公猪开展杂交，忽略了对闽北花猪的保护、选育和开发利用，致使闽北花猪种猪存栏数逐年下滑，1990年母猪降至0.12万头。顺昌县在1976年约有闽北花猪5.6万头，1984年减少至1.7万头左右。2005年调查表明，闽北花猪仅分布在顺昌县，存栏仅有300头，公猪仅剩8头。

图1—5　闽北花猪（公）

图1—6　闽北花猪（母）

20世纪90年代以来，随着配合饲料普及，日粮配制营养水平更为科学合理，闽北花猪在体型上有很大改观，背部由过去的凹陷变得平直，腹大下垂变得大而不拖地。乳头排列对称的为54.7％，丁字排列的为34.0％，群众喜欢丁字排列，认为此种乳头有利于仔猪哺乳。乳头数平均为5.8对，最后一对乳头分开的占98.1％。据2005年实地农户调查，母猪一般120日龄开始发情，早的只有115天，迟的137.5天，发情持续时间平均为3.9天，发情周期平均为20.1天，初配期平均为236.5天，平均妊娠期为115.6天。公、母猪平均成年体重分别为77.55千克和89.15千克。广大农户对公、母种猪一般习惯早配，公猪在5～6月龄开始初配，母猪在4月龄初次发情，性周期为20天左右，发情持续3～4天，母猪在发情 7~8 次后，即约 8 月龄、体重 40 千克左右开始初次配种。一般在发情后第三天配种，怀孕期为 114 天。平均窝产仔数 9.3 头，产活仔数 9.3 头，初生个体重 0.68 千克，初生窝重 6.08 千克，20 日龄窝重 38.5 千克，断奶日龄 49.3 天，断奶窝重 86.0 千克。在代谢能为 12.50 兆焦/千克、粗蛋白质 13.8％日粮营养水平下，对两公、两母 4 头纯种闽北花猪进行 160 天的肥育试验，平均活重 70.75 千克时，肥育期平均日增重 382.0 克，料重比 4.25:1，屠宰测定结果表明，平均胴体重 50.55 千克，平均屠宰率 71.5％，平均皮率 13.2％，平均骨率 11.4％，平均脂率 26.4％，平均瘦肉率 49.1％。

　　2002 年，顺昌县畜牧水产局在顺昌县埔上镇谢坑村和高阳乡建立了闽北花猪保护区，埔上镇谢坑村存栏公猪 1 头、母猪 43 头，高阳乡保护区存栏母猪 60 头。县畜牧兽医站还与乡镇保护区畜牧兽医站签订了保种协议，建立了种猪登记制度。2003 年 3 月，在顺昌县埔上镇恢复建立闽北花猪保种场。从全县各乡镇筛选出符合闽北花猪外貌特征的、不同血缘关系的公猪 3 头和母猪 10 余头，组成保种群体。至 2005 年，保种场有 7 头公猪、35 头母猪、后备母猪 9 头。

（五）武夷黑猪

　　武夷黑猪是列入 1985 年出版的《福建省家畜家禽品种志和图谱》的地方品种，也被列入 1986 年出版的《中国猪品种志》。距今有两千多年的饲养历史，是优良的地方猪种。武夷黑猪产于武夷山脉两侧山麓的各县，在山的西麓，江西省境内的称赣东黑猪；在山的东麓，福建省境内的称闽北黑猪。20 世纪80 年代初，根据全国统一调查提纲，为解决"同种异名"问题，在《中国猪品种志》中将特征和特性基本相同的福建省的闽北黑猪和江西省的赣东黑猪合并称为武夷黑猪。武夷黑猪中心产区在福建省浦城、邵武、建宁、松溪和古田等地以及江西省南城、宜黄、广昌、石城、资溪。历史上还流向浙江龙泉、庆元等县。

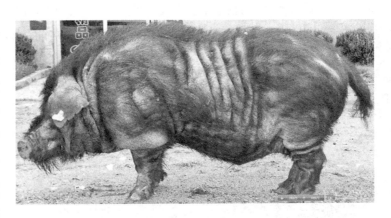

图 1-7　武夷黑猪（公）

图 1-8　武夷黑猪（母）

据 1985 年调查，武夷黑猪种猪 3 万多头。由于地方猪种生长慢，饲料转化率低，为提高生长速度和饲养效益，产地大量引进外来猪种对武夷黑猪进行杂交，2003 年的农业普查显示，浦城县仅存武夷黑猪 0.8 万多头；2005 年开始的资源调查表明，武夷黑猪仅分布在南平市浦城县和松溪县，两县共有成年公猪 5 头，成年母猪 368 头。

武夷黑猪能够适应武夷山区多雾、潮湿气候，具有耐粗饲、抗病力强、早熟、皮薄、肉嫩、风味好、产仔数不高、生长速度慢等特性。

2005 年调查发现，母猪的体重较大，胸围比 20 世纪 80 年代调查数据有较大幅度的增加，其他指标基本上接近。对不同胎次的 50 头成年母猪进行了繁殖性能的测定，平均性成熟日龄 131.3 天，平均配种日龄 332.6 天，平均发情天数 3.0 天，平均妊娠期 116.4 天，平均窝产仔数 10.7 头，平均窝产活仔数 10.4 头，平均初生窝重 8.7 千克，平均出生重 0.77 千克，平均断奶日龄 55.7 天，平均断奶重 12.7 千克，平均断奶窝成活数 9.1 头。成年公猪、母猪平均体重分别为 160.49 千克和 127.68 千克。与上次调查结果比较，窝产活仔数、平均断奶重均有所增加，断奶日龄有所提前，其他指标基本没有变化。对 3 头从 58 日龄始重 30.67 千克开始采用代谢能 13.59 兆焦/千克、粗蛋白 10.12％的营养水平日粮，经过 262 天肥育的纯种武夷黑猪屠宰测定结果表明，平均宰前体重为 104 千克，平均屠宰率 74.3％，平均皮率 9.8％，平均骨率 7.1％，平均脂率 48.5％，平均瘦肉率 34.6％。肥育期平均日增重为 423.7 克，料重比为 4.55∶1。

（六）闽南黄牛

图 1-9　闽南黄牛（公）

闽南黄牛，又称闽南牛，该品种被列入 1985 年《福建省家畜家禽品种志和图谱》和 1986 年《中国牛品种志》。2005 年开始的新一轮资源调查统计汇总，闽南黄牛共存栏 123882 头，其中公牛总数 25444 头，母牛总数 98438 头，成年公牛 12855 头，占成年牛群的 14.6％，繁殖母牛 74985 头，占成年牛群的 85.4％。成年公牛占全群比例的 10.38％，繁殖母牛占全群 60.53％。中心产区位于漳浦、南安、龙海、惠安等市（区），广泛分布于泉州、漳州、福州、莆田等地区。

闽南黄牛在山区、平原、沿海生长均良好，可在坡度为 20～30 度的山坡上正常放牧采食。抗湿热，耐粗饲，当气温为 30℃时，阳光直接照射 1 小时不发生气喘；当气温高达 36℃～38℃时，仍可正常生长和繁殖，耐热系数为 76。在冬季及降雨情况下仍可放牧。抗焦虫，但易感流行热。

闽南黄牛大多采用本交，公、母比为1:20~1:15。少数县市如长泰、南安等已开展人工授精。闽南黄牛的数量正呈逐年下降趋势。还有一些地区近亲繁殖严重，存在品种退化趋势。如漳州市华安1991年存栏4884头，1997年达最高峰（7015头），以后逐年下降，2005年仅存1884头。2005年调查测定表明，闽南黄牛成年公牛体高122厘米、体斜长138厘米、胸围165厘米、管围17.7厘米、体重351千克；母牛体高114厘米、体斜长130厘米、胸围156厘米、管围16.5厘米、体重293千克。牛肉的化学成分为水分68.9%、干物质31.1%、蛋白质20.5%、脂肪8.87%、灰分1.0%及发热量8.50千焦/克。在农家放牧饲养条件下，闽南黄牛公牛、母牛生长拐点分别在8月龄体重98.2千克和6月龄体重69.8千克。经测定，3头23月龄公牛宰前平均重323.83千克，胴体平均重170.77千克，屠宰率52.59%，净肉率43.25%，眼肌平均面积78.63平方厘米；3头23月龄母牛宰前平均重266.73千克，胴体平均重134.13千克，屠宰率50.34%，净肉平均率42.07%，眼肌平均面积64.37平方厘米。

闽南黄牛的基础毛色主要以深浅不同的黄色及黄褐色为主，少数个体为深褐色、黑色和枣红色。公牛头颈部及肩胛毛色较深，多为深褐色或黑色。四肢内侧、腹下、嘴圈、眼圈及耳内侧有局部毛色淡化，鼻镜、背线、尾帚及蹄壳为黑色，乳房多为粉红色。被毛无白斑、鳖毛、晕毛及季节性黑斑。结构良好，发育匀称，体型紧凑。头型清秀，额平，眼微凸，耳平伸，耳壳薄、耳端尖。角圆锥状，公牛角多呈倒八字，母牛角短，略向前弯曲。颈肩结合良好，公牛肩峰高耸，峰高平均为11.12厘米，颈侧皮肤略有皱褶，颈垂和胸垂发达，无脐垂。胸宽深适中，背腰平直，尻微斜，尾长，尾帚中等偏大，四肢纤细，关节明显结实。

闽南黄牛一般从2.5~3岁开始使役，4~8岁为役力最强时期，10岁以后逐渐下降。据测定，2头平均年龄4.5岁的母牛，在23℃~27℃条件下耕耙沙壤土旱地30分钟，耕耙面积376.5平方米，犁耕经常挽力为77.8千克，相当于其体重的32.3%，犁耕最大挽力为175.9千克，相当于其体重的72.7%，测定前后生理常数变化不大，恢复时间短，持久力强；另据此次普查测定，7头平均年龄为2岁的闽南黄牛，用旧式犁，在黏重旱田时其犁耕经常挽力为73.3千克，相当于其体重的31.6%，犁耕最大挽力为162.9千克，相当于其体重的70.7%。闽南黄牛一般每日可耕沙壤土3~3.5亩、水田2.5~3亩。

据对惠安、龙文、南靖及云霄等四个县102头个体调查，闽南黄牛性成熟年龄：公牛平均为12.35月龄，母牛平均为9.66月龄；平均初配年龄：公牛为17.44月龄，母牛为12.54月龄；繁殖性季节：全年各阶段均有发情，多集中在春季和秋季，但饲养水平和使役程度对发情有影响。

据对泉州市的丰泽区、南安市、惠安，漳州市的芗城区、华安县等5个县（市、区）189头个体调查，闽南黄牛的泌乳期为185.5~218.4天，产乳量603.89~745.73千克，平均乳脂率 4.48%。

闽南黄牛具有耐高湿气候条件、耐粗饲、挽力大、抗病力强、肉质好、适应于高温等特点。其主要缺点是体型小，尻部略尖斜，乳房发育较差，泌乳力低，公牛有"草腹"现象。

据研究报道，引用丹麦红牛改良闽南黄牛，获得丹×闽 F1 杂交效果显著，已是改良沿海城镇闽南黄牛的组合之一。

（七）福安水牛

福安水牛被列入 1985 年《福建省家畜家禽品种志和图谱》和 1986 年《中国牛品种志》。福安水牛大多采用本交，公、母比为 1∶15～1∶10。少数县（区）如福安市等地有开展人工授精工作。20 世纪 80 年代以前，福安水牛主要以农村集体饲养为主，一度饲养量相对较多。20 世纪 80 年代以后，农村实行联产承包责任制后，福安水牛分散到家庭饲养，90 年代以后由于推广机耕，水牛饲养量逐年减少。1980 年全省有福安水牛 7 万头，仅福安市就有 7677 头，而 2004 年福安市仅剩 1810 头。

图 1—10 福安水牛（公）

2004 年 8 月在福安市溪潭镇岳秀村建立了福安水牛品种中心保种场，占地 4.5 亩，牛舍建筑面积 500 平方米，投资规模达到 106 万元。保种场存栏水牛 71 头，其中种公牛 3 头，母牛 21 头，6 月龄以下 15 头，6 月龄至 3 岁 34 头（包括肥育牛 12 头）。同时，在周边的溪潭、穆阳、穆云、康厝等乡镇设立福安水牛品种保护区。溪潭保种区存栏 269 头，其中种公牛 23 头，母牛 100 头。穆阳保护区存栏 237 头，其中种公牛 21 头，母牛 90 头。

福安水牛主产于福安、寿宁、屏南、周宁、古田、霞浦、柘荣、蕉城、福鼎、罗源、闽清、闽侯等县（市、区）。2005 年开始的调查表明，共存栏 16805 头，群体公牛总数 5793 头，其中成年公牛 3069 头，占全群比例的 18.3%，后备公牛 2724 头；母牛 11012 头，成年母牛 7287 头，占全群比例的 43.4%，后备母牛 3725 头。

2005 年调查测定表明，福安水牛公牛平均体高 127.1 厘米，平均体斜长 147.0 厘米，平均胸围 198.8 厘米，平均管围 25.6 厘米，成年平均体重 523 千克；母牛平均体高 123.9 厘米，平均体斜长 144.9 厘米，平均胸围 194.5 厘米，平均管围 23.2 厘米，平均体重 493 千克。福安水牛胸部发达，骨骼粗壮。

据测定，3 头平均年龄 6.7 岁的公牛，在气温为 34℃～35℃条件下，耕耙水稻田沙壤土 43 分钟，耕耙面积 480 平方米，犁耕经常挽力为 155 千克，相当于其体重的 26.7%，犁耕最大挽力为 322 千克，相当于其体重的 55.8%，测定前后生理常数变化不大，恢复时间短，持久力强。用旧式犁，在黏重的土壤，可日耕 2～3.5 亩，砂质土壤可日耕 4～6 亩，年可负耕 60 亩。

据对福安、寿宁、屏南、周宁、古田、霞浦、柘荣、罗源、闽侯等县市 159 头福安水牛调查统计，母牛的平均性成熟年龄为 20.3 月龄，平均初配年龄为 30.0 月龄，发情周期 18～31 天，平均 20.6 天；公牛的平均性成熟年龄为 22.7 月龄，平均初配年龄为 34.1 月龄。一般在开始发情后 20 小时配种，繁殖率 60%，部分母牛有安静发情现象。福安水牛终年都可发情，但有明显季节性，秋、冬占 73%，春、夏只占 27%，秋、冬季节配种受胎率最高。年平均受胎率 88.74%。妊娠期 314～355 天，平均 330.62 天，公犊平均出生重为 31.99 千克，母犊平均出生重为 29.93 千克；据 60 头个体调查，福安水牛泌乳量为 320～700 千克，平均日产奶 2～3.5 千克，产后前 3 个月平均日产奶 4～6 千克，乳脂率为 8.23%，一般泌乳期 230～260 天，饲养条件好的可达 300 天。

福安水牛合群性好，容易管理。抗病力强，难产率低，很少发生胎衣滞留、乳热症、乳腺炎和四肢病，但对甘薯黑斑病、牛伊氏锥虫病较敏感。福安水牛为役肉乳兼用型地方品种，遗传稳定，适应性强，耐粗饲，利用年限长。

（八）晋江马

晋江马是列入 1985 年《福建省家畜家禽品种志和图谱》的地方品种，属乘挽兼用轻型马种。据 2005 年资源调查统计，全省存栏总数不足 500 匹，其中能繁母马 373 匹，种公马仅有 10 匹。中心产区在晋江市，主要分布于晋江市龙湖、深沪、金井、英林、东石等镇以及城厢、荔城、涵江、仙游、石狮、南安、同安等闽东南沿海县（市、区）。

20 世纪 90 年代以来，晋江马饲养数量急剧下降。晋江市 1995 年存栏晋江马 376 匹，2005 年存栏 194 匹，其中能繁母马 152 匹，种公马 5 匹。

由于晋江马的劳役强度大大减轻，加上大多数成年母马处于带胎状态，马匹的膘情普遍较好，体型较 20 多年前有所增大，特别是母马的胸围和体重增幅较大；成年公马体型略有增大，但胸围和体重变化不明显。此外，因为其种群数量减少、缺少系统的选种选配，晋江马的品质呈下降趋势，如役力和持久力已明显下降。

晋江马头颌长而清秀，眼大有神，槽口好，两耳前竖，形如削竹，耳根紧而转动灵敏，鼻孔大而展，颈部长短中等而厚实，胸部深宽，肌肉发育良好，背腰平直，尻圆而丰满，四肢细长端正，蹄质结实。头颈结合、颈肩结合良好。鬐甲中等偏低，呈棕褐色，腹部结实。尾根高，尾长，尾帚黑褐色，蹄黑色，毛色以骝毛为主，占 64.3%，青毛次之、占 22.6%，栗毛占 3.6%，黑毛占 8.3%，杂毛占 1.2%。头部窄长：4 岁以上成年马平均头长公马 49 厘米，母马 46.7 厘米；平均头宽公马 22.5 厘米，母马 21.1 厘米。胸围公马 147 厘米，母马 158 厘米；胸深公马 52 厘米，母马 53.5 厘米；测定 8 匹成年公马、38 匹成年母马，成年体

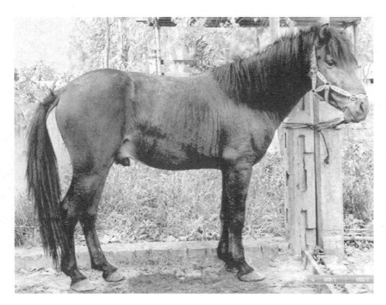

图 1—11　晋江马（公）

图 1—12　晋江马（母）

重公马 283.38 千克，母马 317.42 千克；平均体高公马 126.69 厘米，母马 125.75 厘米；体斜长公马 129.38 厘米，母马 129.12 厘米；胸围公马 148.75 厘米，母马 155.11 厘米；管围公马 16.38 厘米，母马 16.5 厘米。

晋江马日行 70～80 千米，时速 8 千米。调查对 4 匹进行乘骑速力测定，跑完 1000 米平均用时 2 分 33 秒，跑完 3000 米平均用时 7 分 51 秒。据实地调查，晋江马的役力平均每小时可耕地 0.76 亩，役后 30 分钟恢复正常生理状态。挽力试验测得晋江马的平均最大挽力为 472 千克。挽拽 1000 千克货物（包括车身重）运输 2000 米所需平均时间为 20 分 25 秒，所需恢复的平均时间为 39 分钟。

母马初情期一般在 9 月龄至周岁，初配年龄在 1.5～3 岁，产驹平均年龄为 3.2 岁。产驹的季节性不明显。母马在产驹后 8～12 天配种，较易受胎。发情周期为 20 天（17～24 天），发情持续期为 3～5 天，怀孕期为 340 天（320～360 天）。

（九）福清山羊

福清山羊被列入 20 世纪 80 年代的《中国羊品种志》和 1985 年《福建省家畜家禽品种志和图谱》，是肉用型地方品种。产于福建东南部沿海冲积平原地区，中心产区位于福州市的福清、永泰、闽侯、长乐、闽清、罗源、连江、平潭，也分布于莆田等县市。福清山羊在沿海、平原能很好地生长繁殖，在草质较差的酸性红壤山区，生长发育仍很正常。它不仅适应南亚热带气候，对中亚热带气候亦很适应。刮台风时对产肉量影响不大，高温时影响 5% 左右，低温时影响 2%～5%。

2002 年开展福清山羊与波尔山羊杂交利用研究，结果显示波福 F1 代外貌特征为体表毛短，颜色分三种，一是基本像父本波尔山羊，红头白身，颈部、胸部、腹部、蹄部有小红

（褐）色斑点（块），占群体的
88.9%（56/63）；二是全身被毛以棕
红色占绝大部分，蹄部有小白点（4/
63）；三是全身毛色基本像母本福清
山羊，仅头额部、蹄部有小白斑点
（块）（3/63），这三种波福F1代羊均
有角；耳根较直，中部至耳尖较软，
半竖半垂，大小介于父母本之间。波
福F1代8月龄体重比福清山羊提高
41.81%，差异显著，杂交优势明显。
2004年对选育的波尔山羊和福清山
羊杂交的波福杂一代60头（公羔30
头、母羔30头）和当地福清山羊60
头（公羔30头、母羔30头）分别进
行生理指标和生长发育测定。结果显
示，波福杂一代生理常数与福清山羊
相一致，表现出较强的适应性；杂交
一代山羊具有较显著的杂种优势。

图1—13　福清山羊（公）

　　2005年调查，福清、长乐、涵
江、罗源、闽侯和平潭等6个县市
的福清山羊共存栏43172头，其中
公羊总数26053头，母羊总数17119
头。成年公羊共20138头，占全群
的46.64%；繁殖母羊9856头，占
全群的22.83%。

图1—14　福清山羊（母）

　　福清山羊主要以农户散养为主，
20世纪90年代以来由于农业结构调整，小规模养羊效益低，数量呈下降趋势。如平潭县的
福清山羊1991年存栏量为3.5万头左右，1995年为3.2万头左右，1999年为2.6万头左右，
2000年存栏量为2.4万头左右，2003年为2.3万头左右，到2005年仅存1.2万头左右。

　　资源调查测定：平均性成熟年龄公羊为3.7月龄、母羊为3.6月龄，初配年龄母羊平
均为7.3月龄、公羊平均6.7月龄，母羊平均发情周期20.3天、平均妊娠期149.1天、平均
胎产羔数2.3头，公羊、母羊平均出生重分别为2.1千克和1.9千克，公羊、母羊平均断奶
重分别为7.3千克和6.6千克，公羊、母羊哺乳期平均日增重150.4克和109.5克，哺乳期

羔羊成活率93.5％，成年公羊、母羊体重分别为24.9千克和25.7千克。对10～12月龄福清山羊30头公羊和23头母羊进行屠宰，公羊、母羊宰前重分别为25.22千克和22.74千克，屠宰率分别为44.15％和42.76％，公羊、母羊净肉率分别为33.66％和33.19％。

福清山羊具有膻味小、适应性广、耐粗饲和高温、繁殖性能好等优点。但是，产区群众不重视种公羊的选育，售羊时卖大留小，配种时不注意防止近亲繁殖，造成了品种的退化。

（十）戴云山羊

图1—15　戴云山羊（公）

戴云山羊被列入1985年《福建省家畜家禽品种志和图谱》，属肉用型的优良地方品种。戴云山羊主要产区为戴云山脉的惠安、德化、尤溪、大田等县，广泛分布于仙游、安溪、永春、龙岩、漳平、永安等县市。

2005年资源调查表明，德化、惠安、宁化、上杭、新罗、永安、永春和漳平等8个县市共存栏108656头，其中公羊42194头，母羊66462头。

经测定，公羊、母羊的平均成年体重分别为33.7千克和30.49千克。

产区群众视戴云山羊为滋补品。2005年调查中，对经过短期肥育的12～14月龄戴云山羊（公23头、母21头）进行屠宰测定，公羊、母羊宰前重分别为25.27千克和21.77千克，屠宰率分别为43.06％和40.49％，公羊、母羊净肉率分别为31.56％和28.05％。测定成年母羊平均泌乳天数为60.1天，产乳量39.4千克。繁殖性能调查显示，公羊、母羊性成熟年龄分别为6.2月龄和4.5月龄，初配年龄分别为7.9

图1—16　戴云山羊（母）

月龄和6.7月龄，母羊发情周期为19.9天，妊娠期149.2天，胎产羔数为2.0头；公羊、母羊初生重分别为1.1千克和1.0千克，断奶重分别为6.7千克和6.1千克；哺乳期日增重分别为 105.1 克和 99.0 克，羔羊成活率为 91.8%。

羊群一般公、母混牧，自由配种。放牧地以草山、草坡、灌木丛、疏林地、山沟、田垄为主。戴云山羊可在 20～50 度的山坡放牧、行走、采食。

戴云山羊长期生长在中高海拔山区，有极强的适应性和抗逆性，能抗高湿、耐高温、耐粗饲，雨中仍可放牧，在山高坡陡、草质低劣的情况下仍能正常生长与繁殖，但在平原沿海相对营养水平较高地区生长状况更为良好，体格亦较山区山羊大。戴云山羊体型虽小，但膻味轻微，是山区的优良羊种之一。

（十一）福建兔

福建兔是列入 1985 年《福建省家畜家禽品种志和图谱》的地方品种，属小型肉用兔，包括黄色、黑色、白色和灰色。中心产区在龙岩、福州、泉州及宁德等市所辖的县，主要分布于连江、福清、罗源、大田、德化、连城、上杭、长汀、永定等县市。福建兔早熟、母性强、繁殖力强、耐粗饲、觅食力强、适应性广、抗病力强。适应各种形式的圈养、散养，山区的半放养。对球虫病、疥癣病较为易感，易发生饲料中毒。经长时间世代繁衍后，福建兔已完全适应福建地区高温高湿气候条件和以青草料为主的饲养方式，在极端气候条件下表现良好的适应性。

图 1-17　福建兔（白，公）

福建兔早熟，90 日龄体重在 1.5～1.7 千克时即有求偶表现，105～120 日龄体重 2 千克左右即可初配，比其他品种兔一般早 30～60 天。福建兔泌乳高峰出现早，其他品种兔泌乳高峰期出现于产后 18 天，且于次日急剧下降。而福建兔泌乳高峰期在产后第 9 天出现，维

图 1-18　福建兔（白，母）

持到 16 天后才开始缓慢下降，能给仔兔一个诱食的过程，因而仔兔成活率高达 95％以上。福建兔胴体品质好，屠宰率高，屠宰后经适宜水温褪毛，体表洁白，皮肤紧贴肌肉，下锅煮熟后皮肉仍不分离，全净膛屠宰率 48.5％～51.5％。福建兔生长速度较慢，30～60 日龄、60～90 日龄、90～120 日龄以及 30～120 日龄等各阶段的日增重分别为 14.0 克、13.6 克、12.3 克和 13.6 克；30～60 日龄、60～90 日龄、90～120 日龄以及 30～120 日龄等阶段的料重比分别为 1.73∶1、2.48∶1、3.23∶1 和 2.51∶1。福建兔体型紧凑灵活，觅食力与逃避敌害能力强，善于营巢，适于野外放养。经比较，福建兔在野外觅食力、营巢逃避敌害等方面均比新西兰兔、比利时兔强。

经测定，福建兔的肌肉水分含量 73.3％～74.75％、干物质 25.25％～26.7％、蛋白质 21.3％～22.7％、脂肪 14％～1.85％、铁 5.92％～7.71％、灰分 1.1％、热量 6.6 千焦/克。属于高蛋白质、低脂肪的肉类，兔肉蛋白质含量比一般肉类都高，脂肪和胆固醇含量却低于所有的肉类，故对它有"荤中之素"的说法。

福建兔黄毛品系由沿海一带居民（主要在福州地区）长期自繁自养形成，主要分布在连江、福清、连城等地。农民在农忙时节，劳动繁重、体弱需要补养时，往往宰食兔肉，以滋补身体。由于兔肉长期被当做重要的滋补品和上乘肉食品，养兔便成为福建省广大农村的重要副业，从而促进了品种的形成。

白毛品系主要分布在武平、长汀、永定、上杭、寿宁等县市。白毛品系主要用于肉用，也作药用。据《寿宁县志》记载，养兔始于明代，民间将肉兔作为进补的主要肉食，还作为祛风湿药膳的原料。经过农民长期积累的选种经选育而形成福建兔白毛品系。

黑毛品系主要分布在上杭、德化、古田、建瓯、大田等县。产区群众多称为乌兔，尤其客家人历来有食兔习惯，多食用满月仔兔，成年兔和老年兔则白斩食用或炖酒食用。据旧《德化县志》记载，"黑兔月产三四子"。当地群众用黑豆炖黑兔，视为补品，有时还配合中药炖食以治病。多年来因疏于选育，造成该品系杂化。上杭、德化和大田等县开展了提纯、选育，品系质量和纯度较前有很大提高。

灰毛品系主要分布在闽西的漳平、长汀等地，当地群众长期自繁自养形成，历史悠久，数量相对较少。

据测定，连江与连城群体的遗传距离最近，连城与上杭群体的距离最远。聚类结果显示，连城与连江群体首先聚在一起，然后是上杭与德化群体，再与大田群体聚在一起，最后和寿宁群体聚在一起。

（十二）河田鸡

河田鸡被列入 1985 年《福建省家畜家禽品种志和图谱》和 1988 年《中国家畜家禽品种志和图谱》，历史上曾称为鹿角鸡，属肉用型地方鸡种。原产于长汀县河田镇，并因此而得名。中心产区在长汀县河田镇及周边的策武、南山、濯田、大同、四都、古城等 17 个乡镇，邻县个别乡镇如上杭的南阳、连城的宣和、武平的湘店等地有零星分布，龙岩的新罗区、三明的永安市等地也有少量引进河田鸡公鸡。

1998年开展了河田鸡线粒体DNA物理图谱研究。通过对河田鸡mtDNA的限制酶分析，构建其物理图谱并与相关研究结果比较，探讨河田鸡品种的起源和家鸡品种间的遗传分化关系。研究认为，河田鸡很可能是由两支不同的原鸡亚群体演化而成，河田鸡mtDNA的异质性亦提示，河田鸡是宝贵的家鸡种质资源。

河田鸡在长汀的养殖历史有一千多年，在清乾隆十七年（1752年）修撰的《汀州府志》卷八就有记载："汀近有一种鹿角鸡，冠生二角如鹿。""鹿角"即为河田鸡，"单冠直立后分叉"即为"三叉冠"特征。

图1—19　　河田鸡（公）

1988年，河田鸡全年饲养量约130万只。进入20世纪90年代后，对河田鸡进行产业化开发，90年代末，省农业科学院畜牧兽医研究所对河田鸡肉质性状开展了一系列研究，包括日粮中添加整粒稻谷对河田鸡肉质性状和屠宰性能的影响，饲养方式对肉质的影响，研究配制出河田鸡仿生饲料。

2005年资源调查表明，河田鸡存栏量达到350多万只。长汀县河田鸡保种场饲养保种核心群种鸡60个家系978只，扩繁群种鸡8500只。长汀县远山河田鸡发展有限公司育种场饲养原种河田鸡30个家系330只，扩繁群种鸡13000只。在中心产区长汀县的河田、大同、策武、南山等乡镇规模鸡场存栏河田鸡种鸡1.8万只左右，中心产区的农户中散养河田鸡种鸡4.5万只左右。

河田鸡中大架子鸡齐羽较慢，也较难进行规模饲养（齐羽慢易引发啄癖），因此"大架子"河田鸡的饲养量越来越少，甚至在民间也很难寻找。

河田鸡耐粗饲、觅食力强、适应性广、抗逆性强，野性也强。

河田鸡育雏期（0～42日龄）成活率96.69%；1周龄时料肉比1.24∶1；6周龄时料肉比2.30∶1；7～14周龄育成成活率98.21%，13周龄时料肉比公鸡为3.25∶1、母鸡为4.05∶1；20周龄时料肉比公鸡为4.30∶1，母鸡为4.95∶1。经测定，舍饲条件下280日龄的成年公鸡、母鸡平均体重分别为1901.4克和1630.6克。

　　根据河田鸡的生长规律，阉公鸡上市日龄一般不小于140日龄，上市体重为1.8~2.4千克；小母鸡上市日龄不小于105日龄，上市体重为1.05~1.30千克；童公鸡上市日龄不小于95日龄，上市体重不小于1.25千克。

　　育肥的阉公鸡在皮下肌间沉积适量脂肪，肉质特佳，因此当地有吃阉公鸡的习惯。一般童公鸡在85~105日龄，体重达1.25~1.50千克，开啼时即可进行阉割。然后用全价料进行育肥，也可用甘薯、杂粮、细糠、豆粉等混合料饲喂1.5~2个月，体重达1.80~2.40千克上市。全价料育肥阉公鸡料重比为3.8~4.5∶1。

　　2005年测定远山河田鸡公司的舍饲280日龄种母鸡和种公鸡成年体重分别为1871克和2073.4克；基地农户半放牧条件下生产的105日龄商品母鸡、100日龄商品公鸡及160日龄阉鸡活重分别为985.7克、1178.5克和1970.3克，屠宰率分别为90.6%、90.8%和89.4%，半净膛率分别为80.9%、81.1%和77.3%，全净膛率分别为66.5%、66.6%和61.6%。

　　经国家加工食品质量监督检验中心测试，冰鲜河田鸡样品每百克胸腿肌肌肉中含有牛磺酸298毫克。省分析测试中心测定168日龄阉公鸡冰鲜鸡肉的氨基酸（包括天门冬氨酸、苏氨酸、丝氨酸、谷氨酸、甘氨酸、丙氨酸、胱氨酸、缬氨酸、蛋氨酸、酪氨酸、苯丙氨酸、赖氨酸、组氨酸、精氨酸、脯氨酸等），每克河田鸡腿肉干样中氨基酸含量803.03毫克（其中谷氨酸含量达80.11毫克），每克胸肉干样中氨基酸含量758.45毫克（其中谷氨酸含量达122.15毫克）。

　　河田鸡肌纤维细，在蛋白质17.5%、代谢能12.55兆焦/千克的饲料营养水平下，16周龄河田鸡公鸡平均胸肌纤维密度930.3根/毫米，直径为25.1微米，腿肌纤维密度800根/毫米、直径26.8微米；母鸡平均胸肌纤维密度750.1根/毫米，直径27.7微米，腿肌纤维密度691.4根/毫米，直径28.1微米。

　　根据长汀县河田鸡保种场记录的资料统计，母鸡开产日龄为110天左右，春季育雏，一般开产较早，秋、冬季育雏则相反。河田鸡500日龄饲养日产蛋数为95~145枚，据个体产蛋记录统计，河田鸡平均43周龄产蛋数78.4枚，66周龄为121.4枚，72周龄为131.8枚。300日龄蛋重为45.0~51.0克。在自然交配时公母性比为1∶10~15，受精率86.0%~93.5%，受精蛋孵化率为86.0%~92.5%；人工授精时为1∶25~30，种蛋受精率87.2%，受精蛋孵化率86.3%。据个体观察，仅个别河田鸡不就巢，因此河田鸡有较强的就巢性，且不易催醒。

　　（十三）白绒乌骨鸡

　　白绒乌骨鸡被列入1985年《福建省家畜家禽品种志和图谱》和1988年《中国家畜家禽品种志和图谱》，在2000年颁布的《国家级畜禽遗传资源保护名录》中称为丝羽乌骨鸡，在福建民间也称白绒鸡。属药用型品种。因其乌皮乌骨乌肉、绒羽雪白、桑葚冠、绿耳、缨毛顶、连毛胡、多毛脚、五六爪等独特的外形特点，步态雍容高贵，在国际标准品种中被列为观赏品种。白绒乌骨鸡原产于莆田、泉州、厦门一带，中心产区为莆田、泉州等闽东南沿海各县（区、市）。2005 年调查表明，全省各地均有饲养白绒乌骨鸡，但是 20 世纪 90 年代以来，原产区的养殖户从外地引进杂交（大型）白羽乌骨鸡，开展杂交利用，对本地纯种白绒乌骨鸡的饲养造成严重影响，本地纯种白绒乌骨鸡数量较 20 世纪 80 年代显著减少，主要分布在莆田的偏僻山区以及泉州的晋江、石狮等市的少数乡镇。1991年，莆田市存栏有 40 多万只，有多个饲养乌骨鸡在 1000 只以上的养鸡专业户；有的还在广东顺德县、重庆市等地建立乌骨鸡场，进行选种、孵化、饲养，产品在当地销售或直接销往香港地区。1995 年泉州市

图 1-20　白绒乌骨鸡（公）

存栏约 10 万只，多为杂交白羽乌骨鸡；2003 年全市存栏 12.9 万只。据 2005 年开始的调查统计，全省纯种种鸡存栏数量约 1.9 万只，莆田市存栏量 5000 只，其中莆田市荔城区白绒乌骨鸡原种场饲养资源保种群 800 只，扩繁群种鸡群 3000 只；泉州市晋江的金井镇、龙湖镇、深沪、英林等地纯种饲养量 1.1 万只。

经测定，莆田荔城区白绒乌骨鸡保种场 300 日龄成年公鸡、母鸡平均体重分别为 1622.3 克和 1455.2 克。白绒乌骨鸡一般饲养到 150～160 天上市。150～160 日龄公鸡、母鸡宰前重分别为 1337.0 克和 1171.8 克，屠宰率分别为 89.9％和 89.8％，半净膛率分别为 78.7％和 74.2％，全净膛率分别为 64.4％和 59.0％。

根据莆田市荔城区白绒乌骨鸡原种场保种群生产记录统计，种母鸡开产日龄为 143 天，300 日龄饲养日每只种母鸡产蛋数为 69.8 枚；457 日龄入舍母鸡产蛋数为 131.8 枚，457 日龄饲养日每只种母鸡产蛋数为 138.3 枚。300 日龄平均蛋重 45.1 克。开产日龄比 20 世纪 80 年代提前，产蛋性能有所提高，可能与育成期的饲养管理水平和饲料营养水平提高有关。白绒乌骨鸡就巢性强，一般每产 15～20 枚蛋就巢 1 次，每 1 次就巢 15～20 天。公母比例为 1：12～1：10 的条件下，种蛋受精率 90％，受精蛋孵化率 90％～92％。

（十四）漳州斗鸡

漳州斗鸡被列入1985年《福建省家畜家禽品种志和图谱》和1988年《中国家畜家禽品种志和图谱》，属玩赏型品种。原产地为漳州市，主要中心产区为漳州市芗城区、龙海市，分布于厦门、泉州等市。

图1—21　漳州斗鸡（公）

图1—22　漳州斗鸡（母）

明代，漳州已有斗鸡，清朝饲养斗鸡已相当普遍。许多漳州人远走南洋谋生，带去了漳州本地的斗鸡。旅居国外华侨，趁回乡之便，也经常把旅居地的斗鸡带回家乡。现有的斗鸡由本地斗鸡和番鸡杂交演化而来。漳州斗鸡以"乌鸡红冠"为上品。民国期间，漳州盛行斗鸡，很多斗鸡爱好者对斗鸡繁育、饲养、训练已有一套较为完整的经验。1960年，漳州农业展览馆曾收集一批优良的斗鸡品种，利用这些品种繁衍至今。20世纪80年代后，饲养斗鸡数量又逐渐增多。

长期以来，漳州斗鸡的选育和繁衍全部由民间的斗鸡爱好者自发完成，每户饲养2～3只，多则10～20只不等，虽然总存栏有所增长，但养殖户大都采用自繁自育，近亲交配，造成漳州斗鸡体尺外貌、生产性能等方面都出现了不同程度的退化。1996年漳州市家畜育种站测定的结果表明：成年斗鸡公、母鸡的体斜长均低于福建省地方标准2.0厘米左右，其他体尺指标低于标准0.4～1.0厘米，半净膛率、全净膛率低于标准5％～7％。在调查中还发现，部分漳州斗鸡与本地土鸡、越南及泰国斗鸡（芦花羽）杂交，古老的斗鸡品种面临退化和血缘混杂的危险。2003 年，成立了漳州斗鸡原种保护场，担负漳州斗鸡保种育种和提纯复壮工作。目前，漳州斗鸡存栏约 2 万只。

2005 年新一轮资源调查测定，210 日龄公鸡、母鸡体重为 2737.5 克和 1715.0 克。对保种场种鸡进行观察统计，6 周龄雏鸡成活率 95％以上，22 周龄育成期成活率 98％以上。对一年左右的漳州斗鸡进行屠宰测定，公鸡、母鸡宰前活重分别为 2558.7 克和 1773.3 克，屠宰率分别为 91.2％和 91.4％，半净膛率分别为 81.4％和 79.2％，全净膛率分别为 69.4％和 65.5％。

漳州斗鸡母鸡 210 日龄见蛋，230 日龄产蛋率达到 5％，一般年产蛋量 80 枚左右。母鸡就巢性较强，每窝产蛋 10～12 枚就抱窝。有的每窝产蛋数为 15～20 枚，好的可产到 30 枚左右，母鸡醒抱后 15～30 天可继续产第二批蛋，常年产蛋，夏天产蛋量较少。公鸡 230 日龄性成熟。在公母比例 1∶10 时受精率 80％以上，入孵蛋孵化率 80％以上。漳州斗鸡 300 日龄平均蛋重 46.3 克。

漳州斗鸡体型似鸟，颈长、胫长、胸深、体长，健壮结实。特点为善斗。①斗性顽强，两只从小不在一起长大的公鸡，一旦相见便要搏斗，直到分出胜负；②性情活泼、听视觉敏锐、动作机灵，喜欢游荡、飞跃等；③腿部和翅膀的骨腔小、骨层厚、质坚硬，抗打击能力强；④公鸡羽毛稀薄紧贴，胸部几乎无羽毛，肌肉发达，脂肪含量极少。农户饲养怕影响斗性基本不注射疫苗，但漳州斗鸡很少发生传染病。

（十五）闽南火鸡

闽南火鸡是列入 1985 年《福建省家畜家禽品种志和图谱》的地方品种，属肉用型品种，主产于龙海、云霄、漳浦、晋江、南安、泉州等地，分布在漳州、泉州、莆田等地区的部分县及厦门市郊。2005 年调查表明，中心产区位于晋江市和龙海市。

19 世纪中叶，随着厦门开放为通商口岸，外国传教士及旅居国外的侨胞将火鸡引入闽东南沿海一带饲养，经过多年的风土驯化，闽南火鸡成为福建省地方家禽品种。闽南火鸡具有适应性广、耐粗饲、觅食力好、抗病力强等特点，既适合放牧，也适合圈养。主要采食青草及菜叶，耐粗食，饲料转化率高。体型较大、屠宰率高，肉质高蛋白、低脂肪、低胆固醇。

闽南火鸡农户养火鸡以自养自宰自食为主。由于主产区城市化加快，绝大多数农户已不再饲养火鸡；加上市场需求不旺，饲养量逐年减少。2005 年调查表明，闽南火鸡主要分布在晋江的龙湖、紫帽、磁灶、内坑、安海等乡镇，数量为 5391 只，龙海的角美、石码、紫泥、海澄、东泗、东园、白水、浮宫等乡镇火鸡数量为 8833 只，在平和、华安等地也有少量分布。全省总存栏量为 14842 只。其中种鸡主要集中在晋江和龙海，存栏量 7900 只。

闽南火鸡身躯呈纺梭形，头部和颈上部几乎无毛或长些细毛，喙微弯曲，尖端角质呈黄色，基部为深咖啡色。眼圆，眼结膜棕色，瞳孔黑色，耳圆，周围有密集的细毛，无耳

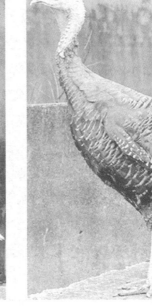

图1—23　闽南火鸡（公）　　　　　　　　图1—24　闽南火鸡（母）

叶。颈细而直，体躯长，胸深宽、丰满，龙骨长而平直，脚长且粗壮，有的呈黑略带玫瑰色，有的为灰黑或灰红色。尾羽发达，状似倒三角形，末端平整，皮肤为淡红色或淡黄色。羽色以青铜色最多（羽尾端有一白色条纹），黑白杂花次之，浅黑色和白色最少。

　　成年公火鸡头部皮肤为青铜色，在上额部、耳根后和咽下方长有珊瑚状肉瘤，其颜色可随公火鸡情绪的变化而出现红、紫、青、绿、黄、白、蓝等变化，故有"七色鸟"之称。在颈下方嗉囊的前方有一小肉埠，长着一小撮灰黑色卷曲硬毛。兴奋时，全身羽毛竖立，尾羽成扇形展开，额上肉瘤变色，并伸长变成扁长形。平时肉瘤柔软，垂盖于喙上，超过喙尖。

　　成年母火鸡羽毛颜色与公鸡相似，但略浅，肉瘤不发达，也不伸缩，颈部无肉埠，身躯比公鸡小，常发"咯咯"叫声。

　　2005年调查测定表明，成年公、母鸡与1983年第一次资源普查比较，在体尺上差异不大，但成年体重增加。对晋江、龙海等地养殖户调查，因饲养管理条件和技术水平不同，育雏期（0～6周）成活率85%～95%，育成期（7～24周龄）成活率80%～98%。闽南火鸡饲养160天左右上市，测定160日龄公鸡、母鸡平均活重分别为3243.2克和2162.7克，屠宰率分别为90.4%和89.8%，半净膛率分别为80.5%和78.7%，全净膛率分别为67.2%和68.9%。

　　闽南火鸡性成熟较迟。根据龙海海澄镇珠浦村饲养的2200只火鸡测定表明，母鸡6～7月龄产蛋达到5%，母鸡抱窝性很强，每产15～18枚抱窝一次，及时人工醒抱、人工孵化条件下一年可产蛋 120～140 枚，自然孵化则一年产蛋 3～5 次，年产 60～80 枚。闽南火鸡蛋壳为白色或灰白色两种，并有疏密不同的褐色斑点。孵化期 28 天。年抱窝 4～5 次，每次持续 20～30 天；个别的可长达 2～3 个月。闽南火鸡自然交配公母比例为 1∶6～1∶5 的条件下种蛋受精率为 95％，受精蛋孵化率 93％。300 日龄平均蛋重为 62.2 克。蛋壳白色带褐色斑点。

（十六）金湖乌凤鸡

金湖乌凤鸡，俗称泰宁乌骨鸡、黄麻羽乌骨鸡、金湖乌骨鸡等，是福建省家禽品种审定委员会 2003 年审定的地方新品种。

图 1—25　金湖乌凤鸡（公）　　　　　图 1—26　金湖乌凤鸡（母）

金湖乌凤鸡原产地为泰宁县金湖周边乡镇，中心产区为泰宁县的大龙、梅口、下渠、大田、新桥、开善、杉城、朱口等乡镇，分布在周边的将乐、建宁、邵武、明溪等县的部分乡镇。金湖乌凤鸡有着悠久的饲养历史。泰宁县城历史上称为"杉城"，《福建通志·物产志》卷二九就记载泰宁"杉鸡头有黑毛多在杉木林中上下飞鸣"。旧志记载，宋朝时泰宁就已有广泛散养，距今有一千多年的历史。民国 31 年（1942 年）县志将金湖乌凤鸡列为《物产篇》第十卷"禽之属"的首位。由于该鸡主产区位于泰宁金湖区域，因此取名为"金湖乌凤鸡"。

1995 年以前，由于金湖乌凤鸡外貌体型差异大，生长发育缓慢，产蛋量低，加之其遗传多样性未被认识，特别是外来快长肉鸡的引进与推广，其饲养量日趋减少，1997 年普查时产区存栏金湖乌凤鸡数量约 1.5 万只。在 2003 年通过省级地方品种审定后，泰宁县畜牧水产局在朱口镇朱口村山关排果园建立了原种场。2005 年调查表明，金湖乌凤鸡原种场饲养保种核心群种鸡 460 只，扩繁种鸡群 3000 只。在中心产区的存栏金湖乌凤鸡种鸡约 2 万只。全县存栏金湖乌凤鸡 16 万只。除中心产区的存栏外，在厦门、泉州、三明、建阳、邵武、南平存栏量达到 20 万只，江西、浙江、湖南等省市均有引进饲养。

金湖乌凤鸡适合放牧饲养，善飞，喜欢飞到高处栖息，晚上常飞到屋顶或树梢上过夜。具有觅食力强、适应性广、耐粗饲、抗病力强等特点。通过国内几个省市的饲养观察，各种饲养方式下，适应性能很好，生产性能发挥正常。

金湖乌凤鸡喙、胫、趾为青黑色，皮肤为黑色。成年金湖乌凤鸡体形外貌具有凤头、绿耳、桑葚冠、毛脚、裙羽、乌皮、乌肉、乌骨等八大特征。2005 年调查表明，金湖乌凤鸡 320 日龄公、母体重分别为 2024.5 克和 1510.3 克。

金湖乌凤鸡 140～150 日龄，母鸡体重达 1.1～1.25 千克，公鸡达到 1.4～1.5 千克上市为宜。测定 160～170 日龄金湖乌凤鸡公鸡、母鸡宰前重分别为 1634.6 克和 1163.4 克，屠宰率分别为 89.6％和 89.4％，半净膛率分别为 77.6％和 79.3％，全净膛率均为 64.6％。

金湖乌凤鸡 100％有就巢性。一窝产蛋 15～16 枚，一次抱窝持续时间 15 天，再过 15～16 天后恢复产蛋。根据金湖乌凤鸡核心群种鸡记载资料统计，在代谢能 11.2 兆焦/千克、粗蛋白 15％日粮补饲、半放养条件下，母鸡 160 日龄前后见蛋，180 日龄产蛋率达到 5％。500 日龄入舍母鸡产蛋数平均 85.6 枚。金湖乌凤鸡性成熟较早，公鸡 120 日龄开啼，140 日龄可以开始配种，以 180 日龄后配种为宜。金湖乌凤鸡种鸡公母比例为 1∶10～15 圈养条件下，种鸡蛋受精率 91.8％，受精蛋孵化率 90.8％；大群放牧饲养，种鸡蛋受精率 93.6％，受精蛋孵化率 92％以上。300 日龄平均蛋重 45.51 克。

（十七）德化黑鸡

德化黑鸡是福建省家禽品种审定委员会 2005 年审定的地方新品种，属于肉用型乌骨鸡。原产地在德化县，中心产区在德化县的三班、龙门滩、雷峰、国宝、赤水、盖德、浔中等乡镇。分布于全县 18 个乡镇，邻近周边的永春、大田、尤溪、永泰等县也有分布。其他县、市和少数外省、市也有引进饲养。

德化黑鸡是经过长期的自然驯化和人工选育而形成的乌骨鸡地方品种，清乾隆《德化县志》补的《物产篇》中就有德化黑鸡相关记载"毛黑冠红，亦有黑者，堪充补品"，说明德化黑鸡有红冠和黑冠两种，在德化县至少已有 260 多年的饲养历史。民国《德化县志》也有记载："……有一种黑鸡者，毛黑如墨，紫耳，乌骨四爪，滋补胜常鸡。"

据 1983 年畜禽资源普查，全县养鸡约 20 万只，其中黑羽黑肉的仅有 2 万只，约占 10％，主要在各乡镇相对闭塞的边远村落分散饲养。2002 年畜禽资源普查时，全县养鸡约

图1—27　德化黑鸡（公）　　　　　图1—28　德化黑鸡（母）

40万只，其中黑羽黑肉者约9万只，占22.5％，其中三班、龙门滩、雷峰、国宝、赤水、盖德、浔中等乡镇较偏僻的村落饲养较多，存养约6.7万只。从2003年开始，地方政府重视德化黑鸡的资源保护和开发利用工作，投入了保种选育经费，筹建德化黑鸡资源保种场，调配了一批技术力量，专门从事德化黑鸡的选育和利用研究。在此基础上，成立了德化黑鸡养殖有限公司和德化黑鸡产业合作社，进行德化黑鸡特色产品的开发。在省内大中城市建立德化黑鸡专卖店，通过稳定质量、创建品牌，大幅度提高了销售价格，使德化黑鸡饲养利润有所增加，调动了产区饲养德化黑鸡的积极性，饲养量快速上升。

2005年调查表明，德化县存栏纯种德化黑鸡种鸡10478只。其中，德化黑鸡保种场饲养核心群种鸡1330只（母鸡1180只、公鸡150只），后备种鸡1800只；品系选育群68个家系存栏种鸡1548只。在中心产区的三班、龙门滩、雷峰、国宝、赤水、盖德、浔中等乡镇存栏种鸡5800只左右。全县德化黑鸡存栏量达到40万只。经过多年的选育提高和自然保护区的保护，特别是通过品系选育，德化黑鸡的品种特征、生产性能基本稳定，体型外貌特征趋于一致，选育群的产蛋率提高了15％以上。

成年德化黑鸡黑冠品系公、母成年体重分别为2164.4克和1810.3克，成年德化黑鸡红冠品系的公、母鸡成年体重分别为2204克和1928克。测定150～170日龄黑冠德化黑鸡公鸡、母鸡宰前活重分别为1265.6克和1421.1克，屠宰率分别为89.2％和88.8％，半净膛率分别为77.1％和75.8％；全净膛率分别为62.7％和61.8％。根据德化黑鸡原种场核心群2003—2005年记载，在日粮代谢能为11.2兆焦/千克、粗蛋白16％的饲养条件下，种母鸡 157～163 日龄见蛋，达 5％，开产时间为 25 周龄，黑冠品系每只入舍母鸡 500 日龄产蛋数 92～95 枚，红冠品系 500 日龄产蛋数 98～100 枚。德化黑鸡公鸡 150 日龄前后开啼；在保种群公、母性别比 1∶8 的情况下，种蛋受精率、受精蛋孵化率分别为 93％～94％和 81％～82％。德化黑鸡就巢性很强，在自然状态下 20 天左右方能醒抱，在人工干预下 7 天左右可醒抱。当地上市日龄黑冠公鸡为 170 天，红冠公鸡为 160 天，两个品系的小母鸡为 140 天。

（十八）金定鸭

图 1-29　金定鸭（公）

金定鸭属蛋用型品种，1985 年被定为地方家禽品种并列入《福建省家畜家禽品种志和图谱》和 1988 年《中国家畜家禽品种志和图谱》。原产于龙海市紫泥镇金定村，中心产区为龙海、芗城、同安、南安、晋江、石狮、惠安、漳浦、云霄、诏安等闽南沿海市、县。20 世纪 80 年代后，国内除海南、新疆、西藏、台湾以外的其他省份均有引进饲养。2005 年资源调查表明，中心产区位于厦门的同安、泉州的石狮、漳州的龙海等地。

历史上，以本地蛋鸭（或与北京鸭的杂交后代）为母本，番鸭为父本的二元、三元杂交鸭骡鸭（俗称半番鸭）是福建省传统的当家肉鸭之一。金定鸭以其体型大，产蛋量高，被公认为首选的二元、三元杂交骡鸭的第一母本而被福建省各地广泛饲养。20 世纪 70 年代以来，数量增加很快，特别是进入畜牧业快速发展的 20 世纪 80 年代，发展更加迅猛，1982 年金定鸭产区饲养量约为 166 万只。90 年代后期，特别是 2000 年以来，福建农业科学院畜牧兽医研究所选育成功了中型白羽半番鸭母本品系，省内企业还引进了法国克里莫公司 M14 等大型白羽半番鸭母本，与白番鸭杂交生产的中型、大型白羽半番鸭品质优、屠体洁白、美观，在福建省大面积普及推广，替代了传统黑褐羽色半番鸭，金定鸭逐步退出了半番鸭母本的角色，存栏量急剧减少。金定鸭虽然产蛋量高，但是作为蛋用鸭体型偏大，耗料多，而蛋品质优秀的性能没有在深加工方面得到应有的开发，在原料蛋市场上缺乏市场竞争优势，其饲养量逐年减少，2005 年调查表明，省内金定鸭种鸭仅剩 1.2 万只左右。其中，龙海市紫泥镇金定村仅存 1000 多只；石狮市金定鸭原种场存栏核心群 1100 只，生产群 1000 只。同安区西柯镇存栏金定鸭种鸭 5000 只，同安城关孵坊存栏种鸭 4000 多只。全省金定鸭存栏约 10 万只，主要分布在厦门市同安区和漳州市。原来金定鸭主产区以滩涂放牧为主，可以浮游生物、水草、底栖生物和鱼类作为一部分蛋白质饲料来源，弥补了品种饲料消耗大的不足，补饲一些饲料就可以满足营养需要。滩涂放牧面积骤减，迫使金定鸭圈养，培育成本提高。

金定鸭是福建东南沿海地区的中型麻羽蛋用鸭优良品种，由绿头鸭与斑嘴鸭杂交后代驯化而来。产蛋水平高，蛋大，质量好。金定鸭习惯于半咸水生活，羽毛防湿性强，适应于以海滩为主的牧场，也适合水稻田、河渠、池塘、湖沼、平原放牧或舍饲。该鸭换羽期不停产。经系统选育，品种纯度获得提高。

饲养 1 年的公鸭、母鸭平均体重分别为 1549.2 克和 1638.1 克，金定鸭母鸭平均见蛋日龄 115 天左右，135～145 日龄种鸭产蛋率可达 50％以上，产蛋期长，高产鸭在自然换羽期间和冬季可持续产蛋而不休产，平均年产蛋量 260～280 枚，舍饲条件下高者可达 313 枚以上，300 日龄平均蛋重 80.3 克，哈夫单位 88.22。蛋壳青色，少数白色。公鸭性成熟期 110 天。公、母鸭配种比例 1∶20 条件下，种蛋受精率 90％以上，受精蛋孵化率 90％左右。金定鸭（母）与番鸭（公）杂交生产的子一代"半番鸭"，用配合饲料饲养 60 天体重可达 2.0 千克。北京鸭类（公）与金定鸭（母）杂交子代"土北"鸭，70 日龄体重达 2～2.5 千克，而且有繁殖力，年产蛋 220～240 枚。"土北"鸭（母）与番鸭（公）的三元杂交子二代"半番鸭"饲养 60 天可达 2.5～3.0 千克。产蛋一年后淘汰的蛋鸭具有滋阴补虚、治劳损痈热之功效。测定 400 日龄老母鸭，屠宰率 91.8％，半净膛率 71.5％，全净膛率 64.5％。

（十九）莆田黑鸭

莆田黑鸭是由绿头野鸭经过长期自然驯化和人工选育而形成的唯一黑色蛋用型鸭地方品种。被列入 1985 年《福建省家畜家禽品种志和图谱》和 1988 年《中国家畜家禽品种志和图谱》，2000 年列入《国家级畜禽遗传资源保护名录》。

莆田黑鸭主产于莆田的灵川、黄石等乡镇和泉州的惠安、晋江等县市，分布于平潭、福清、长乐、连江、福州郊区、同安、南安等沿海地区部分县、市。2005 年调查表明，主产区位于泉州泉港区和惠安县，石狮、晋江、莆田的北高等地也有饲养。

莆田黑鸭是经过长期人工选育和自然选择而形成的优良地方品种，适应于海滩、池塘、河溪放牧，耐盐力强，抗热性好，觅食力强，具有耐盐、耐高温、耐粗饲、觅食力好、适应性广、抗病力强、产蛋量高、饲料利用率高等特点，既适合滩涂、水田放牧，也适合圈养。能完全适应福建省沿海地区的气候生态条件。莆田黑鸭不仅可放牧，也可圈养。惠安、泉港、石狮、莆田等地属南亚热带季风气候，年平均气温 18℃～21℃，适合麻

图1—30　莆田黑鸭（公）

鸭的自然驯化和人工选育。莆田、惠安、晋江等地有文字记载的水禽生产有近千年，历史悠久。当地鸭农有丰富的蛋鸭饲养、孵化、选育经验，且当地民众有偏好食用黑鸭的习惯，对莆田黑鸭的推广都起着重要作用。据主产区一些鸭农反映，在海滩牧鸭时，黑色羽毛的鸭群视觉上比麻色鸭显眼，群体容易管理，受到当地鸭农的欢迎。同时，经产一年的淘汰产蛋母鸭售价在蛋鸭的收入中占有相当的比重，泉州惠安、泉港一带群众普遍喜欢黑色畜禽产品，莆田黑鸭淘汰时在当地比麻色蛋鸭价格高，使莆田黑鸭在这一带得以不断繁衍。1982年第一次全国畜禽品种普查时，福建省莆田黑鸭

饲养量为100万只以上；2002年存栏数为100万只。2005年调查表明，全省存栏量为15万只。其中，莆田荔城区西天尾、新度、黄石、北高等镇公鸭2100只，母鸭47600只；泉州的惠安县、泉港区、石狮市等地存栏10万羽；莆田北高保种群种公鸭100只，种母鸭500只；石狮市莆田黑鸭原种场存栏保种群母鸭1000只，公鸭100只。最近几年，由于原产地及中心产区城市化和工业化发展加快，沿海滩涂面积减少，滩涂还受到工业和民用污染，水生动植物种类数量都大幅度减少，淘汰母鸭因羽毛是黑色，受到惠安、晋江、石狮以外民众的消费限制。同时，由于20世纪90年代以来白羽半番鸭母本的推广，莆田黑鸭作为半番鸭母本的用途被逐步取代，饲养量逐年减少。主产区莆田市荔城区1992年为8.9万只。

2001年，石狮市建立了莆田黑鸭原种场，承担保种任务。莆田黑鸭在省内还有一定的分布和群体，石狮市莆田黑鸭保种场保种群保种状况稳定。

300日龄莆田黑鸭蛋重73.3克，哈夫单位85.23，蛋壳色泽约为50％白色、50％青色。根据石狮市莆田黑鸭原种场保种核心群统计资料显示：莆田黑鸭105～112日龄见蛋，120～130日龄开产（产蛋率达50％以上），300日龄入舍母鸭产蛋数138～145枚，500日龄入舍母鸭产蛋数283～296枚，总产蛋重19.5～19.6千克。在舍饲，用代谢能10.45兆焦/千克、粗蛋白16.50％的蛋鸭全价配合饲料饲喂情况下，500日龄产蛋期料蛋比3.16∶1。莆田黑公鸭配种能力很强，在公母混养、自然交配、公母性别比1∶20情况下，受精率95％左右，受精

蛋孵化率 90% 左右。公鸭一般 6 月龄开始配种，繁殖季节过后，即行淘汰，所以公鸭一般利用期为一年。母鸭可使用 2 年，母鸭无就巢性。400 日龄莆田黑鸭公鸭、母鸭体重分别为 1336.0 克和 1453.9 克，莆田黑鸭产蛋一年后的淘汰老母鸭具有滋阴补虚、治劳损痫热之功效，对久病的康复效果极佳。400 日龄莆田黑鸭老母鸭屠宰率为 87.4%，半净膛率为 73.8%。

（二十）连城白鸭

连城白鸭俗称白鹜鸭，属小型蛋用鸭，连城白鸭是我国唯一的白色蛋鸭地方品种资源。20 世纪 80 年代被收入 1985 年《福建省家畜家禽品种志和图谱》和 1988 年《中国家畜家禽品种志和图谱》。据《连城县志》记载，清道光年间（1821—1850 年），童荣南撰写的该邑风俗志中有"鹜有黑白之分，而白鹜为美，可治燥热殊症，家宴丰者，以黑嘴的白鸭为贵"。光绪二十九年（1903 年）仲春三月，上海锦章书局石印的《十药神书》记载："黑嘴白鸭一只，大京枣二升，参苓平胃散一升，陈煮酒一瓶。可治久劳极虚、咳血、咳嗽、吐痰、高热之症。"清道光年间曾被列为"珍品、贡品"，被誉为全国唯一药用鸭品种。

图 1—31　连城白鸭（公）

图 1—32　连城白鸭（母）

连城白鸭原产地为连城县，中心产区为莲峰、文亨、北团、四堡、塘前等乡镇，分布于连城县境内的 17 个乡镇。

从 1983 年开始启动保种选育工作后，连城白鸭饲养量逐年上升，至 1993 年底，全县已有连城白鸭纯种 3000 多只，年供苗 50 万余只。从 1995 年开始，从中央到地方各级政府重视连城白鸭资源的保护和开发利用工作，投入了保种选育经费，建立了福建省连城白鸭原种场，配备了专职技术力量，专门从事连城白鸭的选育和利用研究，1997年成立了福建省连城白鸭开发有限公司，进行连城白鸭产品的研究和开发，聘请国内专家研究开发连城白鸭深加工产品。2005年调查，连城白鸭存栏量达到150万只左右。其中，连城白鸭原种场饲养核心群种鸭1800余只，扩繁种鸭群达2万余只，全县中心产区存栏种鸭约25万只。

2005年调查测定表明，300日龄成年公鸭、母鸭体重分别为1165.3克和1472.8克。300日龄成年鸭平均蛋重63.2克，哈夫单位80.43，蛋壳纯白色。连城白鸭肉用性能的利用，主要是经产一年左右的老母鸭，也有少数农户将公鸭阉割后作肉鸭使用。大部分农户在雏鸭出壳后马上淘汰公雏，仅饲养母鸭产蛋和肉用。母鸭的饲养年龄越长，其食用价值越高。经测定，500日龄老母鸭宰前活重1349.6克，屠宰率86.1％，半净膛率65.4％，全净膛率58.0％。老母鸭烹饪方式主要为煲汤，上市销售时按只计价。

连城白鸭全身羽毛洁白、绒毛厚、产量高、等级好，通过60只鸭的屠宰测定，一只成年母鸭可生产羽毛（干重）65克，其中主羽15克，次主羽31克，羽绒19克。

根据连城白鸭原种场保种核心群2000—2003年统计资料，连城白鸭见蛋日龄为90～100日龄，开产日龄为118～125日龄，早春鸭开产较早，秋鸭开产较迟，严寒的冬季或早春（3℃以下）对产蛋影响较大。连城白鸭公鸭配种能力极强，2005年开始的资源调查屠宰测定显示，450～500日龄公鸭睾丸重达88.5±27.1克，占胴体重的10.2％。通常繁殖种群公、母比例为1：30～1：20，早春为1：20，夏秋为1：30，舍饲种鸭群种蛋受精率87.5％，放牧饲养的均在92％以上。舍饲种鸭群受精蛋孵化率90.8％±2.2％，放牧饲养均在93％以上。连城白鸭属于产蛋高、耗料少的高产蛋鸭，500日龄产蛋量268枚，总蛋重16.54千克；500日龄产蛋期料蛋比：圈养条件下3.45：1～3.6：1，放牧用稻谷饲养条件下2.7：1。连城白鸭无就巢性。

（二十一）山麻鸭

山麻鸭被列入1985年《福建省家畜家禽品种志和图谱》和1988年《中国家畜家禽品种志和图谱》，俗称龙岩鸭、新岭鸭等，属小型蛋用鸭。山麻鸭原产地为龙岩市新罗区，中心产区为新罗区的龙门、小池、大池、曹溪、适中、铁山、雁石、红坊、白沙、苏坂等乡镇。20世纪80年代以来，被福建省各地市以及广东、广西、江西、湖南、湖北、浙江、上海等江南蛋鸭主产省引进，分布于全国12个省市。

山麻鸭是当时最小型的蛋用型鸭种，具有体型小、早熟、产蛋多、蛋粒适中、饲料报酬高、觅食力和适应性广等许多优点，是一个极具开发利用潜力的优秀蛋用鸭品种，深受山区和沿海鸭农的欢迎。山麻鸭行动机敏，步伐矫健，能低矮飞行；适应性强，适合山区和沿海放牧；觅食力强，特别是跋涉越野能力强，在60～70度的陡峭山坡都可行走自如，潜水深可达2米；对冬季寒冷和夏季高温以及台风的耐受能力强，耐粗饲，抗病力强，既适合放牧饲养也适合圈养，可在我国长江以南及中下游地区各省份饲养。

　　1985—1996 年，新罗区的山麻鸭孵房达到 103 家，年向社会提供种苗 1000 多万只，各地再进行扩繁，山麻鸭在省内外大量推广。据统计，1996 年，几个蛋鸭主产省山麻鸭的饲养量达到 2.5 亿～3 亿只。1996 年鸭蛋价格下降后，龙岩的饲养户数明显减少，集约化蛋鸭饲养逐步被当地鸭农取代，养鸭户专业化程度更高，养鸭场逐步向规范化、规模化方向发展。养殖规模趋于稳定。2003 年，鸭蛋价格开始回升并超过鸡蛋价格，各地养鸭数量也开始回升。2005 年开始的调查表明，新罗区孵房

图 1－33　山麻鸭（公）

有 20 多家，年供种苗 700 万～800 万只。山麻鸭在福建省山区和沿海各地广泛饲养，饲养量较多的有福州的闽侯、琅岐、连江、闽清、福清、长乐，泉州的石狮、晋江、永春、安溪、南安，厦门的同安、杏林、海沧、集美，漳州的龙海、漳浦、云霄、诏安、南靖、华安，龙岩的 7 个县（区），三明的永安、大田、宁化、尤溪，南平的建阳、武夷山、建瓯，宁德的古田等地，合计存栏量 3000 万只左右。广东、广西、江西、湖南、湖北、浙江、上海等省市山麻鸭的存栏量达到 3.0 亿～3.1 亿只。

　　1991 年龙岩市山麻鸭原种场建成以来，一直从事山麻鸭的保种育种工作，1992—1999 年山麻鸭原种场开展了山麻鸭高产系的选育，采用家系选育结合家系内个体选育的方法，通过 5 个世代的闭锁选育，山麻鸭的生产性能得到显著提高，体重控制在 1.3～1.4 千克/只，体型外貌基本趋于一致，山麻鸭高产系开产日龄 108 天，500 日龄产蛋量 299.2 枚，产蛋重 19.92 千克，料蛋比 2.96∶1。2002 年以来开展了山麻鸭配套系选育研究，以山麻鸭高产系为主体，引进金定鸭、莆田黑鸭、闽农白羽蛋鸭等高产蛋鸭，在开展品系选育基础上，开展品种间的品系杂交。筛选出山麻鸭三系配套组合 500 日龄的产蛋数达 345.4 枚，产蛋重 25.12 千克，料蛋比 2.6∶1，达到国内最高水平。2005 年调查表明，山麻鸭原种场饲养保种核心群 45 个家系，1800 余只种鸭，扩繁种鸭 1.6 万只。

　　经测定，1 年左右成年公鸭、母鸭体重分别为 1265.3 克和 1440.3 克。对山麻鸭肉用性能的利用主要是产蛋一年后的老鸭用于煲汤，具有滋阴润燥的功效。500 日龄老母鸭屠宰前体重 1500.1 克，屠宰率 86.7%，半净膛率 67.4%，全净膛率 58.5%。山麻鸭 300 日龄产蛋数 152.7 枚，蛋重 67.6 克，哈夫单位 86.42。山麻鸭早熟，圈养条件下，84 日龄见

蛋，108日龄开产。放牧条件下，100～105日龄见蛋，115～120日龄开产。种鸭圈养条件下公母比例1：25～1：20，放牧条件下1：35～1：30，放牧条件下种蛋受精率85％～88％，受精蛋孵化率86％～89％。山麻鸭无就巢性。

图1—34　番鸭（公）

图1—35　番鸭（母）

（二十二）番　鸭

番鸭是列入1985年《福建省家畜家禽品种志和图谱》的地方品种，属肉用型品种，原产于中美洲洪都拉斯、尼加拉瓜、哥斯达黎加、巴拿马和南美洲哥伦比亚、厄瓜多尔、委内瑞拉、阿根廷及秘鲁等地。福建由于地处东南沿海，自古即与海外往来，早在1729年前就由洋人的轮船引入福建。福建省成为中国最早引进番鸭的省份，原产于中南美洲的番鸭经过近300年人工选育和自然驯化成了适应福建省生态环境的良种肉用鸭。

番鸭在福建省饲养数量多，分布广。1986年福建省开始引进法国巴巴里番鸭后，饲养者认为法国巴巴里番鸭体型大、生长快、饲料转化率高，本地番鸭虽然肉质细嫩、风味鲜美，受到消费者欢迎，但因饲养经济效益差而逐年减少。由于本地番鸭产蛋量高，制苗成本低，莆田地区有一部分传统的本地种番鸭饲养户一直坚持饲养本地种鸭至今，原番鸭主产区仅剩少数偏远乡村的农户仍保留着饲养本地番鸭的习惯。1998年以来，全省番鸭饲养量约为5000万只，每年供苗量也达到1.5亿只，但绝大多数是法国番鸭或杂交后代。2005年调查表明，纯种番鸭主要分布在古田、闽清、涵江、安溪、永春、芗城、华安、长泰、云霄、漳平、新罗等地，其中，黑番鸭存栏量16.78万只，白番鸭存栏量29.13万只。

番鸭具有耐粗饲、抗病力强等特点，适应性广，水养、陆养、圈养、放养均能适应，完全适应福建省的气候条件，且较耐热。

公、母番鸭体型、体重差别将近一倍。公鸭性情粗暴，抢食强横，性成熟后异群公鸭间打斗凶猛；而母鸭性情温驯，合群性强。母鸭较公鸭善飞，飞远者达上百米。公鸭在性成熟后发出"咝咝"的低哑叫声，母鸭繁殖期间常发出"唧唧"的轻叫声，不像家鸭会发出洪亮的"呷呷"的叫声。番鸭具有就巢性，孵化期 35 天。

引进法国巴巴里番鸭 R51、R31、R71 配套系杂交，以及饲粮营养水平的提高，使得大多数番鸭的生长速度有所提高，蛋重增大，风味品质下降，抗病力降低。只有未经杂交的本地番鸭保留原有的肉质风味，但是，由于种群缺乏系统选育，本地番鸭良种繁育体系不健全，社会上本地番鸭生长速度和体尺等指标存在较大差异。

2005 年调查测定表明，成年白番鸭公、母体重分别为 3728.4 克和 2018.8 克，成年黑番鸭公、母体重分别为 3580.9 克和 2223.3 克；本地番鸭在农家粗放饲养条件下一般 8～10 月龄上市，公、母白番鸭宰前重分别为 2841.3 克和 1907.3 克，屠宰率分别为 84.6％和 84.4％，半净膛率 72.4％和 73.7％，全净膛率分别为 64.7％和 66.0％；成年公、母黑番鸭宰前重分别为 3159.6 克和 1860.2 克，屠宰率分别为 84.3％和 85.3％，半净膛率分别为 77.7％和 70％，全净膛率分别为 70.3％和 68.6％。

番鸭在圈养条件下，母鸭 5.5～6 月龄性成熟，6 月龄左右产蛋率达到 5％。公鸭 5 月龄即有配种能力。据古田县潮渔村黑番鸭种鸭场 2003—2005 年 300 只种鸭群生产性能统计，在采用人工醒抱、人工孵化的条件下，黑番鸭第一个产蛋期 200 天产蛋 120 枚，换羽停产，45 天后进入第二个产蛋期，第二个产蛋期 240 天产蛋 120 枚，然后淘汰。在公母比例 1∶6～1∶5 的条件下，种蛋受精率 92％～94％，受精蛋孵化率 90％。番鸭 100％有就巢性。据莆田涵江区江口村番鸭饲养户 3000 多只本地白番鸭种鸭 2003～2005 年群体生产性能测定，白番鸭 160～170 日龄产蛋率达到 5％，在公母比例 1∶6～1∶5 的条件下，种蛋受精率达到 88％～90％，受精蛋孵化率 88％～90％，360 日龄入舍母鸭产蛋数 90～95 枚，每只母鸭 360 日龄饲养日产蛋数 95～110 枚。

福建省广泛饲养公番鸭与母家鸭杂交生产无繁殖性能的半番鸭，已有近 300 年的历史。20 世纪 90 年代以来，福建省生产的半番鸭多为白羽半番鸭，其母本为生产白羽半番鸭的专门化品系，如奥白星 M14、M18，福建省农业科学院研究选育的中、小和大型白羽半番鸭专门化母本品系以及台湾白改鸭，父本为白番鸭。

（二十三）闽北白鹅

闽北白鹅是列入 1985 年《福建省家畜家禽品种志和图谱》的地方品种，主产于闽北南平地区的武夷山、浦城、政和、松溪、建阳等 10 个县市，分布在福建省的古田、沙县、尤溪及江西省的铅山、广丰、资溪等县市的部分乡村。2005 年调查表明，闽北白鹅主产区在武夷山和浦城，建瓯等地有少量分布。

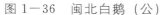

图 1—36　闽北白鹅（公）　　　　　　图 1—37　闽北白鹅（母）

由于闽北白鹅的产蛋量低，从 1991 年起，武夷山、浦城等主产区先后引进四川白鹅、豁鹅、狮头鹅等外来鹅种繁殖生产鹅苗，导致从 1994 年以来，纯种闽北白鹅数量越来越少。2005 年调查统计，武夷山、浦城、建瓯等县市共计存栏纯种成年母鹅 22435 只，成年公鹅 4235 只。其中，武夷山市北凤种鹅场存栏种鹅 360 只，武夷山市将吴屯、岚谷、五夫、上梅、洋庄等 5 个乡镇 22 个行政村列入闽北白鹅保种区，2005 年有闽北白鹅种鹅 5000 余只。

闽北白鹅成年公、母鹅体重分别为 4088.3 克和 3220.2 克，一般菜鹅饲养 90～100 天上市，俗称"百日鹅"。90 日龄闽北白鹅公、母鹅宰前体重分别为 2904.8 克和 2687.9 克，屠宰率分别为 86.8％和 85.6％，半净膛率分别为 75.6％和 73.4％，全净膛率分别为 65.7％和 62.4％。

闽北白鹅的繁殖季节是每年 8 月到次年 4 月，年产蛋 3～4 窝，每窝 8～12 枚，一般隔日产，年产蛋 30～35 枚。留种鹅群公、母比例一般为 1∶5；公鹅使用 2～3 年，母鹅使用 3 年以上，有的 5～6 年。留作种用的公鹅 7～8 月龄开始配种。母鹅一般要在 150 日龄见蛋，自然交配条件下，种蛋受精率在 85％左右，个别种鹅可达 90％以上。受精蛋孵化率 90％以上。母鹅每产完一窝蛋，就要抱窝，一年抱 3～4 次，每次 30～40 天。1 年的种鹅平均蛋重 110.4 克。

（二十四）长乐灰鹅

图 1-38　长乐灰鹅（公）　　　　　　　图 1-39　长乐灰鹅（母）

长乐灰鹅是列入 1985 年《福建省家畜家禽品种志和图谱》的地方品种。主产区为长乐的潭头、金峰、梅花、湖南、文岭等乡镇，主要分布于长乐市的各个乡镇。福清、连江、闽侯等地也有饲养。长乐灰鹅鹅苗除了供应莆田、连江、仙游、福清等地外，还畅销广东、浙江、江西等省。

据中心产区长乐市统计，1990 年养鹅数量达到 115000 只。由于长乐灰鹅产蛋量低，经济效益差，饲养量逐年减少，1995 年存栏 86000 只，2000 年存栏 50000 只，2005 年存栏 35000 只。2005 年，在中心产区的潭头镇灰鹅保种场存栏种鹅的核心群 2000 只。

长乐市宝护长乐灰鹅良种场成立于 1999 年，2000 年开始开展长乐灰鹅的保种选育工作，在中心产区的潭头镇灰鹅保种场建立了存栏种鹅 2000 只的保种核心群，种植了 40 亩牧草提供青饲料。

2005 年资源调查测定，长乐灰鹅成年公、母体重分别为 3580.3 克和 3100.0 克。长乐灰鹅一般饲养 70～90 天上市，经测定，90 天母鹅宰前体重达 3011.9 克，公鹅 3281.1 克，公、母鹅屠宰率分别为 83.9% 和 85%，半净膛率分别为 76.8% 和 77%，全净膛率分别为 66.7% 和 66.6%。

　　长乐灰鹅性成熟年龄在 7 月龄左右，额前肉瘤的发育可作为性成熟的标志，一般 3 月龄肉瘤开始出现，以后逐渐增大，到性成熟达到最大，公鹅表现更为明显。母鹅一般在 8 月龄左右见蛋，刚开产蛋重 60～65 克，到蛋重达到 100 克以上就可入孵。成年蛋重可达 160 克左右。种鹅利用年限为 5 年，每年 8 月中旬开始产第一窝蛋，自然孵化条件下年产蛋 3～4 窝，每窝产蛋 8～10 枚，一般隔日产一枚蛋，每产完一窝蛋就巢 30 天，过 15 天开始产第二窝蛋。到次年 4—5 月停产。保种场采用自然孵化和人工孵化相结合的方法，即先自然孵化 15 天，再把受精蛋转移到摊床上孵化，孵化率高达 91.2%。

二、资源保护

（一）政策措施

　　1997 年 5 月，根据农业部全国畜牧兽医总站《关于对全国畜禽品种资源进行补充调查的通知》，省农业厅畜牧局对列入 1985 年《福建省家畜家禽品种志和图谱》的有关畜禽品种动态进行调查、摸底补充调查。1998 年 3 月，省农业厅畜牧局向全国畜牧兽医总站种畜禽管理处上报了福建省畜禽品种资源动态信息报告。调查结果显示，列入 1985 年《福建省家畜家禽品种志和图谱》的 25 个品种中，福州黑猪、平潭黑猪和福安花猪已经消失。

　　2001—2002 年，省畜牧兽医总站配合农业部开展全国猪、牛、羊、禽等地方品种遗传距离的测定工作（中国农业科学院畜牧所、扬州农业大学、中国家禽研究所、华南农业大学、华中农业大学等国内高校联合开展"利用微卫星标记对全国地方品种各畜种之间的遗传距离进行测定"），完成全省境内所有畜禽地方品种的血样（或组织样）采集工作。

　　2002 年 4 月，省农业厅制定《福建省畜禽遗传资源保护规划》，对全省畜禽遗传资源逐个提出了保护规划和保护技术方案。同年，省农业厅成立了福建省畜禽品种审定委员会和畜禽遗传资源委员会。2002 年 12 月 24—26 日，省农业厅在连城县召开了第一次全省畜禽遗传资源保护工作会议，部署遗传资源保护工作。2002—2003 年，相继建立了莆田黑猪、槐猪、闽北花猪、武夷黑猪保种场。2003 年在莆田偏远山区收集了一批在当地世代繁衍的白绒乌骨鸡，2004 年在荔城区建立了白绒乌骨鸡资源保护场，开始开展白绒乌骨鸡的整理提纯工作。是年，近乎灭绝的官庄花猪也被收入槐猪保种场。

　　2003 年 10 月，省畜禽品种审定委员会根据国家家畜禽遗传资源管理委员会颁布的《畜禽品种（配套系）审定标准》制定了《福建省畜禽品种审定标准》。省畜禽品种审定委员会家禽分会于 2003 年第一次审定确认了在泰宁县新发现的遗传资源金湖乌凤鸡为福建省新地方品种，2005 年审定确认了德化黑鸡为福建省新地方品种。2003 年省农业厅和省财政厅联合下发《关于印发〈福建省省级畜禽良种繁育体系建设专项资金管理暂行规定〉的通知》，正式将全省畜禽遗传资源保护列入良繁体系建设经费开支。从 2004 年开始，省财政每年对 5～6 个地方品种给予每个品种 5 万元左右的保种补贴。同时向农业部争取保种经费，到 2005 年已先后争取到长乐灰鹅、连城白鸭、戴云山羊、莆田黑鸭、莆田黑猪等品种每年 20 万～30 万元的农业部资源保护项目经费。2004 年和 2005 年省政府分别安排了 70 万元专项资金，用于扶持祖代以上种禽场和家禽地方品种资源场。

2004 年 6 月，全国畜牧兽医总站在厦门召开全国畜禽品种资源普查研讨会。会上，福建与广东、广西、辽宁等四个省被列为全国新一轮资源普查试点省，开始了全省畜禽遗传资源普查工作。从 2005 年开始，"畜禽遗传资源动态监测"首次被列入省财政预算，每年拨付 40 万元作为普查工作经费。2005 年 1 月，福建省新一轮畜禽遗传资源普查工作正式启动。新一轮调查全面了解了品种资源的主产区变化和消长情况，通过全面规范的生产性能调查、测定，全面客观地了解全省畜禽遗传资源的消长，进一步挖掘和认识资源的遗传多样性，为进一步开展畜禽遗传资源的保护开发利用工作奠定了基础。

（二）建设畜禽品种资源保护场（保护区、基因库）

1. 莆田市乡里香黑猪开发有限公司

2002 年 11 月，由省、市以及莆田市乡里香黑猪开发有限公司筹集资金在莆田黑猪原产地莆田市城厢区常太镇下莒村隔岭农场建立了莆田黑猪资源保护场，从 4 个乡镇 15 个自然村挑选 20 头母猪，6 个血统 7 头公猪组成了莆田黑猪保种群。2003 年，农业部畜禽种质资源保护项目投入经费 30 万元扶持保种项目。到 2005 年，达到存栏公猪 10 头（三代以内没有亲缘关系血缘数 6 个）、母猪 80 多头的保种群规模。

2. 上杭绿琦槐猪育种场

2002 年，上杭县畜牧水产局承担农业部的槐猪保种场建设项目，建设上杭绿琦槐猪育种场，2003 年 4 月完工。投资 400 多万元，占地 40 亩，共有猪舍 12 幢。建立了 20 头公猪（三代以内没有亲缘关系血缘 8 个）、80 头母猪的保种核心群和 200 头母猪的扩繁群。2005 年，考虑到官庄花猪的濒危状况，县畜牧水产局从官庄花猪主产区收集公猪 2 头、母猪 20 多头放在绿绮槐猪育种场保存。

3. 顺昌县闽北花猪保种场

2003 年 3 月，顺昌县畜牧水产局筹集资金，在埔上镇口前村建立顺昌县闽北花猪保种场，收集购回了仅存的闽北花猪种公猪 4 头、闽北花猪母猪 18 头组成保种群。同年，省发展与改革委员会资助闽北花猪保护选育项目经费 30 万元。2004 年，省农业厅资助闽北花猪保种经费 5 万元。2005 年，福建省科技厅立项开展闽北花猪保种与选育，资助经费 10 万元。当年，保种场达到 4 个血缘的公猪 8 头、母猪 80 头的规模。

4. 浦城县良源种猪场

2003 年，该场开始承担武夷黑猪的保种选育任务。该场建筑面积 450 余平方米，其中猪舍面积 300 平方米，存栏公、母猪 50 头，共有 5 个血缘。

5. 福安水牛品种资源保护场和保护区

福安水牛品种资源保护场建于 2004 年 8 月，位于福安市溪潭镇岳秀村，投资规模 106 万元，占地 4.5 亩，牛舍建筑面积 500 平方米。保存福安水牛 71 头，其中种公牛 3 头，种母牛 21 头。福安市还在溪潭和穆阳建立福安水牛保护区，溪潭保种区存栏 269 头，其中种公牛 23 头，母牛 100 头，穆阳保护区存栏福安水牛 237 头，其中种公牛 21 头，母牛 90 头。2004 年 2 月，建设省发展与改革委员会立项的福安水牛品种资源保护基地，获得资助项目资金 30 万元。2005 年，获省农业厅保种项目资助资金 5 万元，获省科技攻关计划重点项目"福安水牛品种保护与选育"资助 10 万元。

6. 尤溪县戴云山羊保种场

尤溪县戴云山羊保种场于 2003 年 4 月创建，位于尤溪县洋中镇桂峰村，总投资 75 万元。已建种羊舍 3 栋、管理房 1 栋，建筑面积 310 多平方米，种植牧草 10 亩。2003 年 8 月引进有角和无角两个品系公羊 7 头、5 个血缘的戴云山羊种羊 56 头。2005 年，尤溪县戴云山羊保种场获农业部地方种质资源保护项目补助资金 30 万元。核心群种羊经扩繁已达 210 多头，其中种公羊 8 头、后备公羊 13 头；扩繁群数量达 310 头。

7. 福清山羊保种场

1999 年，在福清市高山镇院西村建立福清市冠兴农业综合开发基地，保存核心群种羊 300 头。2003 年，在罗源县碧里乡又建立福清山羊保护场（罗源县新下凛羊科技发展有限公司），存栏保种群 500 头。

8. 福建兔（黄毛系）保护场

福州玉华山种兔场创办于 1999 年，位于连江县江南乡玉华山。2005 年，保护场更名为连江玉华山自然生态农业试验场，存栏保种核心群种兔 1000 只，扩繁群种兔 2000 只，全场每年向社会供种 5 万多只。

9. 长汀县河田鸡保种场

1992 年 7 月，福建省长汀县河田鸡保种场成立，为财政拨款事业单位，隶属于长汀县畜牧兽医水产局，负责开展河田鸡品种资源的保护和选育。1997 年以长汀县河田鸡原种场为基础成立长汀县河田鸡开发有限公司，2002 年底河田鸡开发有限公司停止运作，进行了 8 年的河田鸡提纯复壮工作没有取得实质性成果，公司被法院拍卖，部分有价值的河田鸡种质资源经专家确认被转移到于 1998 年龙岩市和长汀县共同投资 200 万元在长汀县策武乡德联村麻陂长汀县河田鸡保种场保存。新场总占地面积 47.5 亩，建有种鸡舍 7 幢 2714 平方米，饲料库房 1 幢 150 平方米，孵化厅 1 幢 280 平方米，兽医及消毒室 60 平方米，生活办公用房 1 幢 240 平方米，并完善场内外道路及围墙工程，采用笼养方式开展保种和选育工作，存栏保种核心群 3000 套，扩繁群 5000 套。该场承担河田鸡保种和系统选育工作，为河田鸡开发利用提供种质资源。

10. 漳州斗鸡科技开发有限公司

2000 年，漳州市芗城区科技局自筹 3 万元在天宝镇建立保护场，购进纯种斗鸡 40 多只，进行饲养观察。2003 年，漳州斗鸡科技开发有限公司在芗城区北郊向区农科所租用土地 62 亩建立漳州斗鸡原种保护场。2004 年漳州斗鸡品种资源保护场建设项目获得农业部立项，该项目总投资 260.21 万元，其中中央国债投资 170 万元，地方投资 90.21 万元。

11. 莆田白绒乌骨鸡资源保护场

为了抢救保护 2003 年从莆田偏远山村收集到的白绒乌骨鸡，2004 年 9 月在莆田市荔城区新度镇大坂村建立莆田白绒乌骨鸡资源保护场，投资 56 万元建设种鸡舍约 1500 平方米及配套相应的生产设备与设施，存栏保种核心群 600 多只和扩繁群种鸡 3000 多只，开展白绒乌骨鸡的保护、提纯、世代选育和扩繁工作。

12. 德化黑鸡原种场

从 2002 年开始，在三班镇龙阙村建立德化黑鸡原种场，开展种群的提纯选育。存栏黑冠和红冠种鸡保种群 1330 只，后备种鸡 1800 多只；选育群种鸡 1548 只。

13. 泰宁县金湖乌凤鸡原种场

2003 年，在泰宁县朱口镇朱口村山关排果园建立原种场，鸡舍面积 200 平方米，存栏金湖乌凤鸡原种 300 套。开展金湖乌凤鸡的资源调查、收集整理、纯种筛选与扩繁工作。

14. 福建省石狮市水禽保种中心

2001 年，在石狮市金定鸭原种场内另辟一区建立石狮市莆田黑鸭原种场，承担莆田黑鸭的保种选育工作。2002 年农业部投资 30 万元，2003 年福建省计划委员会投资 50 万元，改建鸭舍 1800 平方米，建立了 3000 只规模的莆田黑鸭保种鸭群。2003 年，石狮市金定鸭原种场和莆田黑鸭原种场合并成立福建省石狮市水禽保种中心。2004 年，省畜牧兽医总站向农业部申报在石狮市水禽保种中心建设国家水禽基因库可行性研究报告。2004 年 6 月，经过农业部专家实地考察和论证，2005 年项目获得批复，由中央预算内投资 400 万元，地方配套 50 万元，开始建设保存 20 个国内鸭品种的国家水禽品种资源基因库项目。这是国家第一个备份保存全国鸭品种的活体基因库。

15. 龙岩山麻鸭原种场

1991 年，在山麻鸭原产地新罗区建立龙岩山麻鸭原种场，该场占地 2.5 万平方米，建有家系育种栏舍 12 幢 1.2 万平方米，饲养 1.5 万只种鸭。承担山麻鸭的保种选育和扩繁任务。原种场通过先后承担省科技厅的科研项目，开展山麻鸭高产系和配套系选育工作。

16. 福建省连城白鸭原种场

1995 年，建成占地 60 亩、水面 30 亩，保存种鸭 5000 只的连城白鸭保种场，连城白鸭保种提纯复壮工作起步。2000 年和 2002 年，连城县畜牧水产局两次得到国家畜禽良种繁育工程项目资助共 250 万元，建设完善了保种鸭舍、孵化厅及办公楼等保种场设施和设备。

17. 长乐市宝护灰鹅良种场

1998年创建，存栏保种核心群种鹅1000只，种鹅2000多只，配套种植牧草40多亩。2000年和2004年分别享受农业部保种经费20万元和25万元。

18. 闽北白鹅保种场

2005年，武夷山市吴屯乡大浑村建立武夷山市北凤种鹅场，承担闽北白鹅保护任务。保种场有种鹅360只，其中种公鹅60只。

（三）建立地方畜禽品种质量标准体系

从2001年起，一些品种资源保护单位和主管部门先后制定品种以及配套饲养管理技术的福建省地方标准，注册产品商标。长汀县制定了《DB35/T117.2－2001长汀河田鸡标准综合体——河田鸡品种》《DB35/T117.3－2001长汀河田鸡标准综合体——孵化技术规范》《DB35/T117.4－2001长汀河田鸡标准综合体——饲养管理技术规范》《DB35/T117.5－2001长汀河田鸡标准综合体——卫生防疫技术规范》《DB35/T117.6－2001长汀河田鸡标准综合体——加工技术规范》《DB35/T117.7－2001长汀河田鸡》等福建省地方标准。长汀县远山河田鸡公司注册了"河田鸡"图形商标。"远山牌"河田鸡2003年获得福建省农业厅无公害产地认定证书及农业部农产品质量安全中心的无公害产品认证证书。2004年，石狮金定鸭原种场制定了《DB35/T539－2004金定鸭品种标准》《DB35/T543－2004金定鸭蛋品质标准》《DB35/T540－2004金定鸭——孵化技术规范》《DB35/T541－2004金定鸭——饲养管理技术规范》《DB35/T542－2004金定鸭——卫生防疫技术规范》。连城县畜牧水产局制定的福建省地方标准DB35/563－2004包括连城白鸭品种、饲养管理规范、防疫、孵化技术规范、连城白鸭产品等五个系列标准。注册连城白鸭产品"双黑""御川""白鹜鸭"等三个商标。

三、良种繁育

（一）种畜禽生产

1990年初，按照全国种畜禽场工作会议精神和验收标准，省农业厅畜牧局开展全省种畜禽场摸底，全省种畜禽场总数138个（牛10个、猪63个、鸡38个、鸭8个、兔17个、特禽2个），并组织开展了全省种畜禽场验收工作。1990年，国家农业部确认福建省天马种猪场、石狮金定鸭原种场为国家级原种场。1991年，根据省农业厅制定的《福建省种畜禽场验收暂行标准》要求，首次向验收合格的77个种畜禽场颁发"种畜禽生产经营许可证"，占所有种畜禽场的56％。为了充分调动全省种畜禽生产场规范化生产经营的积极性，根据全省种畜禽场管理实际，还按照暂行标准对种畜禽场进行评分评级，其中一级6个、二级44个、三级28个。1992年，以种畜禽场验收审核管理工作为契机，省农业厅畜牧局为全省种畜禽场统一建立牛、羊、猪、禽的生产技术档案。执行 1994 年 4 月 15 日国务院颁布的《种畜禽管理条例》，规定生产经营种畜禽的单位和个人，必须向县级以上人民政府畜牧行政主管部门申领"种畜禽生产经营许可证"。1995 年，省农业厅畜牧局第一次按照国务院颁布的《种畜禽管理条例》要求验收通过 134 家种畜禽场（猪 73 个、鸡鸭 48 个、奶牛 4 个、兔 4 个、羊 1 个、鹅 1 个、特禽 3 个）。执行 1998 年 1 月 5 日农业部发布的《种畜禽管理条例实施细则》，1999 年 3 月完成 253 个种畜禽场生产经营许可证发放工作（猪 176 个、羊 5 个、兔 6 个、鸡 32 个、鸭 29 个、鹅 2 个、特种禽 3 个），第一次颁发由农业部统一印制的"种畜禽生产经营许可证"，建立了一支种畜禽执法队伍，全省县级以上畜牧兽医部门配备 3 名以上种畜禽监督员。1999 年 12 月 30 日，省农业厅印发《种畜禽生产经营许可证管理规定》，制定了种畜禽场申报、审批和发证制度。到 2000 年，全省申领"种畜禽生产经营许可证"的种畜禽场达到 288 个，2001 年达到 273 个，2002 年达到 280 个（种猪场 162 个、种牛场 10 个、种羊场 13 个、种兔场 13 个、种鸡场 45 个、种鸭场 29 个、种鹅场 2 个、种鸽场 2 个、经营精液的单位有 4 个），2004 年上半年达 255 个（猪 164 个、牛 8 个、羊 11 个、种鸡 33 个、种鸭 33 个，种鹅 2 个，人工授精站点 4 个）。这些种畜禽场构成全省良种繁育体系供种的主体。1990—2003 年，省农业厅每年组织开展一次全省性的种畜禽场抽查活动，通过由各地市育种站技术骨干组成的检查组，对各地市的种畜禽场管理进行交叉检查。

（二）品种引进、选育和推广

1. 猪

1986 年开始从加拿大和上海、北京、湖北、江苏、浙江、广东等地引进杜洛克、长白猪、大约克种猪，并在全省各地推广，成为福建省肉猪生产的当家品种，尤其是在沿海，各县（市）区一直推广杜洛克、长白猪、大约克外三元杂交生产模式。1990 年，为扭转全省母猪存栏仅占猪群 6％的偏低状况，改变长期从外省调进猪苗、影响生猪生产的被动局面，各地采取措施，鼓励发展母猪生产，并在各地区建立母猪基地，开展公猪普查、鉴定等业务活动，提高公猪质量。太湖母猪具有繁殖率高、适应性强的优点，作为杂交母本，很适合福建广大山区农户饲养，全省各地自当年开始批量引进太湖母猪，1991 年永安市为解决商品猪生产基地猪苗自给问题，建立 10 个母猪专业村，引进浙江太湖母猪 134 头、种公猪 30 头。到 1994 年，全省已引进太湖母猪 3 万头，占全省母猪存栏数的 5％。其中三明市通过实施"万头太湖母猪工程"，存栏超过 2 万头，占全市母猪存栏量的 20％，太湖母猪杂一代存栏近 30 万头，覆盖全市 110 个乡镇 600 个行政村，覆盖率分别达到 78％和 35％。

1992 年，继续扩大能繁母猪生产，引进优良公猪，健全三元瘦肉型猪杂交繁育体系。1994 年，全省从省外调进优良种猪 1.5 万头，加速瘦肉型猪良种推广。到 1995 年，全省发证种猪场达到 73 个，二元、三元杂交瘦肉型猪覆盖率已达 60％以上，瘦肉率达到 60％以上。1995 年，福建省最大的集约化养猪场福清东阁机械化养猪场，存栏母猪 1050 头，品种有杜洛克、长白、斯格。随着瘦肉型猪由二元杂交向内三元和外三元杂交发展，1997 年瘦肉型猪普及率已经达到 90％。同年 4 月，省农业厅畜牧局组织从加拿大引进杜洛克、长白猪、大约克 3 个品种 100 头种猪，放在福清双福种猪场饲养。1999 年，仙游县政府为加快种猪良繁体系建设，下发了《全面推进猪良种繁育体系建设实施意见》，规定饲养外二元母猪每头补助 100 元，饲养内二元母猪每头补助 50 元。2000 年 9 月，龙岩龙马畜牧饲料有限公司耗资 78 万元从丹麦引进杜洛克、长白、大约克等原种猪 40 头，引种后扩繁了种猪 300 头，向社会提供种猪累计 2000 头。2000 年，福清市屿兴种猪场从江苏省 PIC 张家港总公司引进英国 PIC 种猪 100 头，每头种猪 1500 元，开展以为杜洛克、长白猪、太湖猪三元杂交母猪为母本，皮大二元杂交公猪为终端父本的五元配套杂交，每年向社会提供三元杂交母猪 2000 多头。2000—2005 年，龙岩欣兴种猪扩繁有限公司从河北斯格种猪有限公司等地引进祖代斯格种猪（23 系，33 系，12 系，36 系）计 9 批 500 多头，向社会推广父母代和五系配套商品代，市场反映父母代母本繁殖性能强，产仔率高，每胎产活仔数 11.5 头，初生重每头 1.3～1.5 千克，21 天断奶时个体重达到 6 千克，但是父母代父本配种能力相对较差。2003 年，省内种猪场提供猪苗实现自给。

1991 年，恢复开展猪人工授精工作，以全省 100 多个人工授精站点为基地推广二元、三元杂交改良。据统计，全省猪人工授精配种达到 84 万头次，瘦肉型猪在出栏肉猪中的比例显著提高，全省瘦肉型猪出栏量达到 510.4 万头，占出栏猪的 60％。到 2000 年初，人工授精技术得到更广泛推广，加快了瘦肉型良种的推广普及。据统计，2001 年，福清市规模猪场大多采用人工授精方法，公、母猪比例由原来的 1∶30～1∶25 提高到 1∶200～1∶150，大幅度减少饲养公猪的成本。2005 年，该市猪人工授精普及率达 45％以上，全市规模化猪场猪人工授精普及率达 80％以上。

2. 肉　牛

从 1991 年开始，省农业厅家畜育种站曾经饲养过利木赞、圣塔鲁迪斯、西门达尔、海福特、夏洛莱、安格斯等世界优秀肉牛种公牛、种母牛。每年生产销售的肉牛颗粒冻精达到 5000～8000 粒，主要提供给南安、漳浦以及三明、南平等地区，用于改良肉牛品种生产性能。

漳州地区于 20 世纪 90 年代初曾引进海福特、西门达尔、夏洛莱、安格斯、圣塔鲁迪斯等品种与当地黄牛杂交，因海福特、西门达尔杂交后代头顶有白毛，在当地民间认为是"头戴孝"，不吉利，不受欢迎；夏洛莱与本地黄牛杂交后代难产率达到 4％～6％，圣塔鲁迪斯的杂交后代适应性差，也不受欢迎。

1991 年以来，晋江市畜牧兽医站安海牛改冷配点从福建农业科学院牧医系引进乳肉兼用型丹麦红牛冷冻精液改良闽南黄牛，每年配种头数在 600～800 头之间，情期受胎率60%～70%。所产杂交一代（丹闽 F1）产奶量和日增重比闽南黄牛分别提高 110% 和85%，乳脂率达 5.2%～5.3%，杂种优势显著，牛奶风味鲜美。杂交一代泌乳高峰期日产奶量 25～30 斤，泌乳高峰约 4 个月，以后逐渐下降，至怀孕 6～7 个月日泌乳量 5～6 斤。丹闽杂交一代产犊 1 个月即可发情，一年可产一胎，利用年限为 7～8 年。主要是缺点是生殖系统疾病比较多（子宫肌瘤、子宫颈肥大等），不易受胎，未达利用年限即被迫淘汰。通过不断改良，已杂交 3～4 代，全市存栏有 2000 多头，还辐射周边的石狮市、南安市及鲤城区的部分乡镇。据晋江市测定，闽南黄牛屠宰率 45%～48%，净肉率 27%，丹闽 F1则分别为 51%～52% 和 30%。据 1995 年福建农林大学测定，丹闽 F1 生长发育快，体格较大，体型呈乳肉役兼用型，母牛被毛有枣红色和棕红色，公牛多为黑褐色。眼圈和嘴围有浅色毛环，鼻镜、蹄壳一般为黑色。其初生至 36 月龄各阶段体重、体高、体斜长、胸围分别比同龄闽南黄牛显著提高，尤以 36 月龄的丹闽 F1 母牛体尺、体重增长最为明显，其体重、体高、体斜长、胸围分别比同龄闽南黄牛增加 80.0%、15.3%、18.9%、23.0%。丹闽 F1 在农家粗放的饲养条件下，第一胎产乳量为 1500～1700 千克，泌乳高峰期日产 10～12 千克，最高个体可达 20 千克，平均泌乳期 210 天，乳脂率 5.3%，乳浓味香，在当地，其牛奶售价比黑白花牛略高。在南安官桥泗溪牛场随机抽取 4 头 15～18 月龄丹闽牛 F1 公牛，在日喂 2.0 千克混合料、3 千克氨化稻草的饲养条件下，进行肉用性能测定，平均屠宰率为 53.9%，净肉率 43.6%，胴体产肉率 81.5%，眼肌面积 56.2 平方厘米。丹麦红牛品种成为改良沿海城镇闽南黄牛较受欢迎的杂交组合之一。

1993—1995 年，福建农林大学动物科学学院开展"黄牛杂交改良的研究利用"，应用现代冷冻精液人工授精先进技术，引用沙希瓦、丹麦红及利木赞良种冻精杂交改良本地黄牛，获得各杂交组合改良牛累计 25000 多头。晋江一带还大量直接引进河南、山东、安徽等地的当地黄牛与西门达尔、夏洛莱等杂交架子牛进行肥育提供牛肉。从 1996 年起，长泰县投资 1.6 万元从四川引进 1 头利木赞公牛，每年与当地 400～500 头本地黄牛本交，后代产肉性能良好，毛色深红，颇受当地老百姓欢迎。三明市试点黄牛改良，宁化县畜牧水产局 1996—2005 年累计从河南省种公牛站引进利木赞牛冻精 3 万支、皮埃蒙特牛冻精5000 支，购精金额 7 万元。2002 年底，顺昌县大干镇成立宏牛牧业公司，从闽西调进本地黄牛 27 头，同时从上海引进澳洲"南德温"肉牛冻精，杂交改良本地黄牛，取得成功，2003 年底开始陆续产下杂一代肉牛 20 多头，2004 年上半年存栏达到 50 多头。

3. 奶　牛

从 1991 年开始，省家畜育种站主要饲养丹麦、联邦德国等国引进的高产荷斯坦奶牛种公牛和种母牛，每年生产销售的奶牛颗粒冻精达到 3 万～4 万粒，主要提供给南平、莆田、泉州、厦门等地，每年生产奶牛常温精液2.5万瓶，主要供应福州市郊区。福州郊区、莆田、仙游、泉州等地的奶牛品种得到改良。1997年省家畜育种站停止饲养种公牛后，所有高产奶牛精液都由省外购入。

20世纪90年代初期至中期，南平乳牛良种繁殖场良种奶牛存栏量都为1000多头，南平地区的奶牛良种主要由乳牛良种繁殖场引进的德国、丹麦高产奶牛提供。

2002年，省畜牧兽医总站实施农业部"高产奶牛品种示范推广"丰收计划，延平、莆田、仙游等项目点累计推广奶牛8387头，平均奶牛单产提高到4498千克，平均乳脂率达到3.57%，奶量与精料比为2.66：1。根据农业部畜牧兽医局《关于实施2003年农业部"万枚高产奶牛胚胎移植富民工程"项目的通知》要求，福建省被列入南方唯一的项目省，承担农业部2003年科技推广项目"万枚高产奶牛胚胎移植富民工程"1/10的任务。福建大乘乳业股份有限公司承担该任务，并与农业部签订了项目合同书。

20世纪90年代后，漳州地区从广西畜禽品种改良站引进摩拉水牛冻精与本地水牛杂交。1991—1997年共引进冻精2.1万支，每胎配3支冻精，按产犊率30%计，留下杂交母牛约1050头。

4. 羊

福清山羊和戴云山羊体型小，生长速度慢。为提高地方山羊生长速度，各地尝试从四川引进南江黄羊和成都麻羊等毛色深、体型较大的山羊品种与本地品种开展杂交。经过多次筛选比较，南江黄羊已成为各地普遍接受的杂交父本。福州市农业局1992年从成都引进成都麻羊40多头在连江玉泉山建立成都麻羊纯繁场——连江县畜牧兽医技术服务中心试验羊场，扩繁成都麻羊100多头，以该场为核心每年向外提供种羊60多头，年推广杂交羊2万头。1992年9月，清流县灵地草场斥资29.6万元引进南江黄羊约450头。1995年，顺昌大干镇引进南江黄羊150多头。1998年，尤溪县畜牧水产局投入近20万元从原产地调入南江黄羊近200头。同年，顺昌县畜牧水产局开展了南江黄羊与本地山羊杂交改良试验及推广工作。2001—2003年，又先后5次引进南江黄羊1000只，充实核心群。2003年5月，顺昌县筹资16万元成立金富羊业发展有限公司，注册"金富"品牌，建成一个核心种羊场，9个种羊场，存栏南江黄羊4000只、杂交黄羊1万多只，年可提供种羊4000只、商品羊1.5万只。同年，清流县七星岩种羊场购买南江黄羊78头。至2005年，清流县山羊饲养量达7.19万头，其中南江黄羊及其杂交后代占80%以上，成为省内较为成功的南江黄羊扩繁基地。从2005年开始，福州市主要推广采用成都麻羊或南江黄羊为父本、福清山羊为母本的肉羊杂交改良模式，杂交羊生长速度得到提高，9月龄公羊体重可达25千克以上，母羊可达20千克，同时保持了福清山羊的肉质。

从1995年开始，福州、南平、三明等地相继从南非和澳大利亚以及国内种羊场引进波尔山羊，种羊每头价格1万～2万元。由于杂交后代肉质系水力差，风味和皮肤毛色不适应省内羊肉的消费习惯，始终没有形成大规模的市场需求，这一时期引种目的多是炒种。福建超大畜牧有限公司1997年从南非引进肉羊优良品种波尔山羊270头，到2003年已繁殖扩大到2000多头。从2000年开始，南平延平、邵武、武夷山、顺昌等县、市、区都有少量引进。2001年5月，宁德古田县畜牧兽医站、周宁县畜牧兽医站从四川省波尔山羊种羊场分别引进波尔山羊1公1母和1公4母。2003年12月，三明市永安大展牲畜有限公司引进澳大利亚波尔山羊原种羊109头，经两年扩繁，该公司波尔山羊种群数量达到580多头。

超大集团羊场2001年还从陕西引进莎能奶山羊300多头。2004年从山东省东营引进杜泊羊公羊10多头，小尾寒羊母羊100多头，开展杂交试验，生产商品肉羊，杂交一代，生长速度快，6个月体重达50千克左右。

5. 肉 鸡

20世纪90年代初，福建省商品肉鸡生产仍以国外引进的快长型配套系为主。福建榕泉种鸡场先后从法国、加拿大、以色列等国引进祖代快长型红黄羽肉种鸡，并向各地市县推广，形成了种畜禽生产中最早的省级祖代场—各县市父母代场—全社会专业商品代饲养场的肉鸡三级良种繁育体系。1996年6月，通过验收核发种畜禽生产经营许可证的红羽肉种鸡祖代场1个，存栏祖代种鸡6979套，年供父母代种苗13万～14万套；肉种鸡父母代场29个，存栏肉种鸡28.2万套，供苗量2642.9万只。其中，有色羽肉种鸡9.58万套，分布全省各地，白羽肉种鸡18.62万套，主要集中在福州、厦门、南平、龙岩和泉州。有色羽肉种鸡场普遍规模小、分散，生产水平较低，在社会上生产量大，但取得种畜禽生产经营许可证的数量少。以后的种鸡场数量虽然没有增加，但种鸡饲养更加集中，每户饲养规模加大。

1991—1997年，福建榕泉种鸡场相继从法国引进安康红、新安康红、红布罗祖代种鸡，1994年，从以色列等国引进安纳克等祖代肉种鸡2.5万只，累计向全省各地和华东华南以及西部十几个省推广父母代种鸡苗90多万套，实现了向全社会提供商品代鸡苗10800万只的生产能力。1997年后，榕泉种鸡场转向饲养海兰蛋鸡父母代。福建省饲养的白羽肉鸡品种为艾维茵、爱拔益加等，主要集中在福州大福公司种鸡场、厦门正大集团种鸡场、福建圣农集团有限公司、福建森宝食品集团股份有限公司等大规模集约化肉鸡企业。福州大福有限公司种鸡场先后从北京引进艾维茵父母代种鸡6万套，从青岛、深圳引种，年向社会提供商品代肉鸡苗900万羽，主要销往省内和江西等地。福建圣农集团有限公司和福建森宝食品集团股份有限公司是集饲料加工、父母代种鸡饲养、商品代肉鸡饲养、屠宰加工为一体的产业化经营企业，以肯德基、麦当劳、德克士等快餐业为肉鸡产品主要市场。福建圣农发展股份有限公司每年向北京家禽育种有限公司引进艾维茵白羽肉种鸡父母代，1987年达5000套，以后引种数量稳步增加，2005年存栏种鸡20万套。福建森宝食品集团股份有限公司公司通过多年发展，2005 年存栏种鸡也达到 10 万套。

1993 年以来，以永安市贡川一带为代表，利用山区广阔的丘陵山地果园养鸡在福建省山区悄然兴起，种苗大都是自行引进隐性白和江西的崇仁麻鸡同本地土鸡杂交生产的青脚麻羽鸡，快速型的 50～60 天上市，中速型的 70～90 天上市，优质型的 100～120 天上市，上市体重母鸡可达到 1.25～1.5 千克，公鸡可达 1.5～2 千克，饲料转化率 2.6：1～3.5：1。到 1997 年，全省出栏的 8196 万只肉鸡中的 70% 左右是仿土鸡或地方品种土鸡。福建省缺少自主选育的优质鸡，杂交土鸡种苗大多是来自广东的康达尔黄鸡、江村黄鸡、石歧杂、新兴黄、粤黄 882 以及来自江苏的苏禽 96 黄鸡等。这些杂交组合虽然没有经过培育品种审定，但由于在毛色、体型上迎合了肉鸡消费者的感官需求，市场售价也可达每千克 16 元。2000 年，永安的青脚麻羽肉种鸡存栏就达 20 万套，向省内外供应鸡苗 1800 万只，年出栏达到 600 万只，2005 年种鸡存栏达到 40 万套，向省内外提供种苗 4000 万只。20 世纪 90 年代中期以来，长汀县的杂交河田鸡，年饲养量也达到 200 万只，鲜活鸡和加工产品打入了福州、厦门、泉州和漳州等大中城市的酒楼、宾馆。但杂交后的肉质风味俱降。

6. 蛋　鸡

20 世纪 90 年代以来，福建省先后引进伊沙、罗曼和海兰等配套系父母代蛋种鸡。蛋鸡全部采用配套系繁育的供种模式。1996 年经验收合格的蛋种鸡场 9 个，存栏蛋种鸡 86844 套，供苗量 642 万只。最大祖代蛋种鸡场福建省闽清种鸡场存栏罗曼父母代种鸡 8800 套，年向社会提供商品代蛋鸡苗 80 万只。从 1997 年开始大面积推广海兰蛋鸡，通过实施引进蛋鸡良种"丰收计划"，促进蛋鸡良种繁育体系建设，其商品代蛋鸡年平均产蛋重 20 千克，该品种适应性广、抗逆行强、产蛋性能高，1998 年已成为福建省蛋鸡当家品种。福清种鸡场存栏伊沙父母代种鸡 6000 套，年向社会提供商品代蛋鸡苗 50 万只。2005 年，全省最大蛋用种鸡场福州市农工商种禽公司存栏海兰父母代 3.5 万套，年供种能力 300 万只。到 2005 年，全省获证的蛋种鸡场数量没有增加，但单体存栏规模加大。

7. 水　禽

1990—1995 年，引进法国番鸭，发展利用番鸭和金定鸭、樱桃谷等为杂交亲本的二元、三元半番生产，推广半番鸭人工授精技术。利用金定鸭体型大、蛋粒重的特点，1991 年选用 10 万只金定鸭为杂交母本，开展二元、三元半番鸭生产。漳州、龙岩、莆田等地群众以金定鸭、樱桃谷为母本与番鸭杂交生产"番金""番樱金"等一系列不同生长速度的二元、三元半番鸭，生产的不同体重的半番鸭十分盛行。1993 年，福建省科学技术委员会、福建省农村工作委员会、省农业厅、福建省农业科学院、省外贸、福建省农业银行等单位领导和专家多次开展《关于发展我省水禽生产的意见》与《1993 年度我省水禽发展项目》等专题研讨，并对全省水禽生产的总体布局和发展的可行性进行论证。省农业厅畜牧局与福州市畜牧兽医技术服务中心共同承担水禽综合开发项目，组建"福建省金利发水禽发展公司"，在长乐征地 50 亩，建成白番鸭核心种鸭场，饲养法国克里莫育种公司新引进的巴巴里白番鸭种鸭 4000 多只，并形成了 3 万只麻鸭种鸭的规模。

福建省半番鸭的人工授精率达到 80％，好的可以达到 90％。以莆田为代表的民间孵化技术人员在长期的实践中研制出水温为主、电热为辅的鸭蛋孵化设备，性能稳定，将种蛋的孵化成本降低到每枚 0.05 元，增强了禽苗的市场竞争力。涌现出大批的半番鸭、番鸭养殖孵化专业村，2002 年，全省销往全国各地的番鸭、半番鸭苗近 2 亿只，仅莆田新度禽苗基地销往全国的半番苗就达 3000 万只，番鸭苗达到 8000 万只。

1992—2000 年，省农业科学院畜牧兽医研究所在国内率先选育成功中型白羽半番鸭母本专门化品系，与白番鸭杂交，后代白羽半番鸭白羽率达 97.26％，8 周龄平均活重 2280克、肉料比 1：2.88，比传统的黑麻羽半番鸭分别提高 39％和 8％，母本种鸭平均年产蛋量 251 枚，种蛋合格率 92％，授精率 68％～70％，受精蛋孵化率 85％。至 2000 年底，全省白羽半番鸭饲养量占半番鸭饲养总量的 1/10。2000—2001 年，省畜牧兽医局组织实施了以该技术为核心的首批省农业科技跨越计划项目"白羽半番鸭的选育示范推广"，两年中共向社会提供白羽半番鸭母本 4 万只，在龙岩、三明、漳州、广东部分县市建立了种鸭场，年提供白羽半番苗 420 万只。这一时期核心技术得到进一步熟化，白羽半番鸭 1～3级白羽率达到 99.1％，白羽半番鸭 56 日龄体重达到 2.5 千克。从 2000 年开始，省半番鸭生产场开始引进法国克里莫公司的 M14 种鸭作为生产白羽半番鸭的母本，与 R51 白番鸭杂交生产大型白羽半番鸭，其生产性能优于传统半番鸭，60 日龄，体重可达 3.3 千克。料肉比 2.6：1，白羽率近 100％。2003 年，省畜牧兽医总站主持丰收计划项目"优质白羽半番鸭及其配套技术的推广"，推广白羽半番鸭数量大、范围广，使半番鸭产品得到更新，实现了半番鸭产品的白羽化、优质化。2003—2004 年，向各地市及周边各省推广白羽半番鸭苗 4892.8 万只。其中 2003 年推广量达到 3065.5 万只，作为福建省半番鸭苗主产区的新罗等四个县区提供的白羽半番鸭苗 100％实现了白羽化和优质化。到 2004 年，福建省的传统黑褐羽半番鸭基本被白羽半番鸭取代。

1995 年 1 月至 1996 年 12 月，省畜牧局组织实施了农业部丰收计划项目"良种家禽及配套技术（高产优良蛋鸭）推广"，在金定鸭原产地之一的龙海市、山麻鸭原产地新罗区以原种场、扩繁场、孵化场等为供种龙头，开展种选、蛋选、苗选，根据不同品种高产蛋鸭的生物学特性制定了相应配套技术，推广全价配合颗粒饲料，两年内共推广高产蛋鸭142.7 万只，增产鸭蛋 991.5 万千克。1994—2000 年，经 6 个世代选育出的山麻鸭高产系，开产日龄 108 天，开产体重 1.3～1.4 千克。300 日龄平均蛋重 66.6 克。500 日龄产蛋数 299.2 枚，比原来增加了 40.2 枚；产蛋总重 19.92 千克，比原来增加了 4.92 千克。从1998 年开始，山麻鸭高产系陆续在省内外推广，年推广量从 1998 年的 5 万只增加到 2000

年的 80 万只。加上当地鸭农自行繁殖的种鸭，2000 年向龙岩、漳州、厦门、三明、南平、福州，外省的广东、江西、浙江、上海、湖北等地推广高产山麻鸭苗量 1500 万～2000 万只。山麻鸭高产系的选育成功，使山麻鸭不仅成为福建省蛋鸭当家品种，还成为国内蛋鸭主产省的当家品种，在全国的存栏量达到 3 亿只。

从 2002 年开始，龙岩山麻鸭原种场和省畜牧兽医总站联合开展了山麻鸭配套系的选育工作，项目通过以国内外高产蛋鸭品种和品系的杂交与配合力测定，筛选出最佳的三系配套组，合 500 日龄产蛋总数达到 345.4 枚，产蛋总重 25.1 千克、料蛋比 2.60∶1，为国内蛋鸭生产性能最高水平，率先建立了以山麻鸭为主体的蛋鸭配套系良种繁育体系。项目承担单位和示范基地场父母代种鸭存栏量达到 1.6 万套，形成年提供商品蛋鸭 157 万只的生产能力。

1993 年，福州市金利发种鸭场首次从法国克里莫公司引进法国番鸭 R51 父母代 3000 套，并向全省推广，使小体型的本地番鸭逐步杂交，体型变大，长速加快，深受养殖户欢迎。法国克里莫公司 1998 年在莆田江口建立种鸭场，1998 年之后，各地的法国番鸭均直接从莆田引进。法国番鸭的引进一方面改良了本地白番鸭，另一方面作为生产半番鸭的父本，提高了后代半番鸭的生长速度和饲料报酬。

1992 年，在全省范围内建立了 10 多个丽佳鸭父母代和商品代生产基地，为在全省推广快长型北京鸭类型肉鸭进行了有益的尝试。

（三）农业部畜禽良种工程项目建设

1998—2005 年，省内 9 个项目得到农业部良种繁育体系建设项目扶持，完成良种繁育场及相关设施建设 3728.9 万元，其中，中央财政投入 2300 万元，地方财政及建设单位配套资金 1428.9 万元。

1. 连城白鸭良种场

2000—2001 年，连城县畜牧水产局承担农业部连城白鸭良种繁育项目，总投资 197.32 万元，中央投资 100 万元，其他投资 97.32 万元；新建鸭舍、孵化厅、办公楼、饲料仓库、配电房等土建工程 4000 平方米，投入 165 万元；购置孵化机、通风机、自动饮水器等仪器设备，投入 32 万元；购置了运输车和引水、供电设备等。2002—2003 年，连城白鸭原种场再一次完成了总投资为 296.7 万元的连城白鸭原种场建设，其中中央投资 150 万元，其他投资 146.7 万元。

2. 石狮金定鸭良种繁育工程

2001—2002 年，国有石狮金定鸭原种场承担了该项目的建设，新建鸭舍 2600 平方米，家系性能测定舍 3600 平方米，孵化厅及配套用房 300 平方米，饲料加工及料库 400 平方米，以及兽医室、管理房等配套附属设施等。购置饲料加工、孵化设备及运粪车、变压器等。建立了 40 个金定鸭保种家系。总投资 348.32 万元，中央投资 200 万元，其他投资

148.32 万元。

3. 上杭槐猪资源保护

2002—2003 年，上杭县畜牧局承担该项目建设，共建成猪舍 12 栋（4883 平方米）、办公生活楼一座（266 平方米）、饲料加工房一栋（305 平方米）、配种站（743 平方米），大门、围墙、沼气池一个、水泥道路等附属设施，购置供电、饲料加工等相关配套设备。总投资 331 万元，中央投资 150 万元，其他投资 181 万元。

4. 福建农业科学院种猪场建设

2002 年，福建农业科学院种猪场承担该项目的建设，建成猪舍 14 座 7500 平方米、饲料加工厂 1 座 300 平方米、生物有机肥车间 1 座 500 平方米、粪污固液分离舍 1 座 20 平方米、人工授精室 35 平方米、三层框架结构办公室 1 座 450 平方米、二层框架结构生活楼 1 座（200 平方米）、配电房 20 平方米、值班室 100 平方米、厌氧发酵沼气池 2 座（1500 立方米）、生物氧化池 3 个（2500 立方米）、水泥路 370 米、围墙 800 米，以及赶猪道及出猪台、种猪观察室等，并购置整套机械化养猪设备、摄像监控系统、人工授精整套仪器、饲料加工设备、污水处理设施、水电设备等相关配套生产设备及仪器。总投资 650.34 万元，中央投资 250 万元，其他投资 400.34 万元。

5. 福建仁锋种猪场扩建项目

2003—2004 年，福州市晋安区岭头乡福建仁锋种猪场承担了项目的建设，总投资 490 万元，中央投资 200 万元，其他投资 290 万元，建猪舍 6000 平方米，围墙 3000 米，沼气池 300 立方米，沉淀池 1000 立方米，引进种猪，购置相关仪器设备。

6. 福建南平乳牛良种核心群建设项目

2003—2004 年．南平市乳牛良种繁殖场在南平市延平区大横镇承担该项目建设，完成牛舍及附属设施 3 座 2103 平方米，双跨牛舍 1 座 936 平方米，钢架牛舍及附属设施 2 座 2013 平方米，仓库 2 座 1169 平方米，挤奶房 410 平方米，奶牛运动场 4 个 3131 平方米等建设，购置设备 12 台（套），购买胚胎 800 枚。总投资 808.35 万元，其中中央投资 480 万元，其他投资 328.35 万元。

7. 漳州斗鸡品种资源保护场建设项目

2004 年，农业部下达中央预算内专项资金投资计划。2004 年，漳州斗鸡品种资源保护场建设项目获得农业部立项，该项目总投资 260.21 万元，其中中央国债投资 170 万元，地方投资 90.21 万元，批复的建设内容包括家系保种舍 2 幢，成年鸡舍 1 幢，育雏鸡舍 2 幢，面积总计 2586 平方米。

8. 国家水禽品种资源基因库建设项目

该项目是 2004 年由省农业厅组织向农业部申报的中央预算内投资建设项目。2004 年 6 月，通过现场勘查和会议答辩质疑，《国家水禽基因库项目建设可行性研究报告》通过农业部组织的由国家畜禽遗传资源委员会专家组成的专家组的论证。2005 年，农业部下发文件《关于下达 2005 年中央预算内农业投资计划的通知》，对《国家水禽基因库项目可行性研究报告》进行批复。根据批复，国家水禽品种资源基因库计划建设成为中国水禽地方品种原产地保存的备份库。根据中国水禽地方品种的保种状况和开发利用情况，基因库将收集保存中国濒危的、富有地方特色和遗传多样性丰富的鸭品种 20 个，对纳入基因库保护的水禽品种资源进行调查、收集、整理、继代繁育保存，实现对中国水禽地方品种资源的永久性保护，为水禽育种提供遗传素材。批复的建设内容包括：水禽研究所 1000 平方米，保种舍 4930 平方米（包括 2 栋育雏舍和 12 栋保种舍），运动场 11363 平方米，购置仪器设备 27 台（套）。项目建设期为 2005 年和 2006 年两年。总投资 450 万元，其中中央预算内投资 400 万元、地方配套 50 万元。实际地方配套 200 万元。

第二章 饲 料

截至 2005 年，全省有 21 家饲料工业企业通过 ISO 9000 质量管理体系认证，12 家企业通过饲料产品认证，2 家企业通过 ISO 14000 环境管理体系认证，1 家企业通过 HACCP 食品安全管理体系认证，14 家企业 259 个产品获得无公害饲料产品认定。混合饲料逐渐退出市场，配合饲料、浓缩饲料、添加剂预混合饲料快速发展。饲料生产企业通过推广饲养管理和疫病防治技术，开展多种形式的技术服务活动以及普遍采用的赊销模式，为养殖业提供了配套的技术服务和资金支持，实现饲料业和养殖业的双赢。这一时期，饲草资源开发利用经历了牧草品种引种试验、区域适应性试验和草地牧业综合发展示范试验三个阶段，并探索开发利用草地资源和种草养畜生产模式。

第一节 饲草资源开发利用

一、农作物秸秆资源及其开发利用

（一）建立示范县

秸秆养畜示范县建设分为国家级和省级。国家级的示范县建设其资金来源是国家农业综合开发办，省级示范县资金来源是省财政的畜牧专项。

1. 国家级秸秆养牛示范县

1993 年，南安市列入"国家级秸秆养牛示范县"。该项目设计总投资 200 万元，实际投入 480.03 万元，其中中央财政 80 万元、省级财政 10 万元、地级财政 0.5 万元、县级财政 24 万元、农牧部门自筹 10 万元、副食品基地建设 15.03 万元、农户自筹 228 万元、农行贷款 112.5 万元。项目经过两年的实施建设，超额完成项目设计的各项指标任务，于 1995 年通过农业部专家组现场验收。

1996 年，漳浦县列入"国家级秸秆养牛示范县"。该项目设计总投资 200 万元，实际投入 760 万元，其中中央财政 100 万元、地方配套 100 万元、农业银行贷款 100 万元、农户自筹 460 万元。截至 1998 年底全面完成项目设计的各项指标任务，于 1999 年通过农业部委托的专家组现场验收。

2. 省级秸秆养畜示范县

为落实《国务院办公厅转发农业部〈关于大力开发秸秆资源发展农区草食家畜报告的通知〉》和3次全国农区发展畜牧业座谈会精神，省农业厅于1994年和1995年先后在惠安、尤溪、福清、安溪、同安、长泰、永定、上杭、霞浦、莆田、宁化、漳浦、芗城、建阳、福安、南安等县（市、区），建立16个省级秸秆养畜（牛、羊）示范县。1994年，省农业厅制定、发布了《关于大力推广秸秆过腹还田技术的实施意见》，提出了从1994年至2000年的7年发展规划。

（二）宣传工作

1995年6月，省农业厅畜牧局饲料饲草站编印并向全省各级农牧部门单位、个人发放了《发展草食家畜生产思路 对策 措施》一书，书中收集了《国务院办公厅转发农业部关于大力开发秸秆资源发展农区草食家畜报告的通知》，国务委员陈俊生《走有中国特色发展畜牧业的道路》，国务院、农业部领导在第一、第二、第三次全国农区发展畜牧业座谈会的讲话以及省农业厅厅长尤珩《秸秆养牛 一举数得》等有关发展农区发展畜牧业生产的思路与对策的文献文章25篇。并以此书为内容结合相关培训班和现场会以及报刊等，在全省开展开发稻秆资源、大力发展秸秆养畜的宣传发动工作，调动农户发展秸秆养畜生产的积极性。

（三）技术培训与推广

1. 培训工作

举办培训班 1993年，省畜牧局饲草站在南安市举办"首期秸秆养牛培训班"，开展氨化、青贮（含微贮）饲料加工技术、肉牛育肥技术等相关内容培训，80多人次参训。此外，各有关市、县均为农户举办各类实用性、可操作性强的技术培训班。1992—1998年，全省共举办培训班近80期，受训人数超过2000人次。

编写、印发技术资料 省畜牧局饲草站将牛羊催肥与人工授精技术、尿素氨化秸秆技术、秸秆微贮制作技术、青贮饲料制作及其饲喂技术、牧草栽培技术编入《发展草食家畜生产思路 对策 措施》一书和《福建省畜牧兽医实用技术手册》（1996年4月编印）；各级示范县也将各有关单项技术制作成图文并茂的"明白纸"或简明手册等，帮助农户学习秸秆养畜技术。

制作与滚动播放技术专题片 1992年11月，省畜牧局与省直党工委电教室联合制作《氨化与青贮饲料加工技术》专题片，在省电视台滚动播放；同时，省直党工委还将此片发放到各地，作为基层党员轮训的必修课目。

2. 组织召开现场会

1995年，全省畜牧工作会议在南安召开。参会代表包括各地市农业局分管局长和畜牧站站长、兽医站站长，以及各县（市、区）畜牧兽医站站长。会议期间，参会代表参观了官桥"南山牛场"等5个秸秆养牛规模场。1996年，省畜牧局在龙岩市召开全省秸秆养牛现场会。参会代表是各地市农业局分管局长和畜牧站站长，以及11个省级示范县的畜牧兽医站站长，会议期间参观了"董邦牛场"等3个秸秆养牛规模场。

3. 推广黄牛改良技术

在建设国家级秸秆养牛示范县期间，南安市建立了一支由43名黄牛改良冷配能手组成的专业队伍，在10个冷配站常年开展冻精工作；同时，还择优选取100头杂种公牛，投放到边远山区，用于本交配种。采用冻精冷配与杂种公牛本交的方法，加速了南安市黄牛的改良进展。宁化县从1996年9月开始，引进利木赞肉用种公牛细管冻精，对自然发情的本地黄母牛进行冷配。漳浦县先后在沙西、旧镇、杜浔、官浔、佛昙、盘陀建立6个冷配点，县畜牧中心派6位科技人员常驻，为农户提供全日制服务。龙岩地区1994年全区确定17个黄改试点乡镇，投入资金85万元；配种母牛3158头，生产杂交犊牛510头。

（四）出台扶持优惠政策

1994年、1995年，省畜牧局从财政专项经费安排160万元，重点扶持16个"省级秸秆养牛（羊）示范县"，平均每个示范县补助10万元；各地也相应制定了各种扶持优惠政策和措施，龙岩市在《关于实施黄牛改良和推广秸秆氨化促进养牛业发展的意见》中明确规定了具体的扶持办法。对于中心示范场由市财政补助5万元，低息贷款5万元作为周转金；对于育肥牛达标专业户每户贴息1万元；对于母牛达标专业户，每头母牛年贴息120元，连续补贴2年；对于"本交"试点村，每村补助1万元；对于"冷配"站，每个站补助2万元。漳浦县制定"三优先一免费一奖励"优惠政策，即优先为秸秆养牛户提供场地，免征土地使用税和城镇建设配套费，对自建自用场地均视为农业用地，不用报批；优先扶持贷款，部分贴息，重点扶持养牛大户的发展；优先为秸秆养牛户提供技术服务、资料和信息；免费为冷配点提供配种架、液氮罐、液氮和细管精液，"冷配"黄牛每受孕1头奖励10元。

从"九五"末期开始，秸秆养畜比较效益下降，许多饲养场入不敷出，甚至出现严重亏损。截至2005年，全省原有的规模化秸秆养畜养牛场、养羊场分别由2000年的67个和33个减少到28个和19个。

二、草地资源开发利用

（一）牧草新品种引进与筛选

1990—2005年，全省各地共引进200多个牧草新品种，经各种相关试验后，筛选出20多个品种，其中禾本科品种15个，豆科品种11个。

1. 禾本科牧草

（1）卓越多年生黑麦草

1995年，省畜牧局饲草站从北京克劳沃草业技术开发中心引进。为多年生疏丛型禾草，四倍体；建植迅速、再生能力强，持久性好；当年生长快、产草量高；综合抗病能力强，高抗锈病，抗倒伏；叶量丰富、草质柔嫩、适口性好，各种畜禽及食草鱼类均喜食。年干草产量约为13吨/公顷。适宜于调制干草、青饲和放牧。适应省内中亚热带海拔800米以上的大部分山区种植。秋播。

（2）热研4号王草

1995年，省畜牧局饲草站从中国热带农业科学院热带作物品种资源研究所引进。属多年生丛生性高秆禾草，株高1.5～4.5米。一般不抽穗开花。对土壤的适应性广泛，在酸性红壤或轻度盐碱土生长良好，但以土层深厚、有机质丰富的壤土至黏土生长最盛。12月至翌年2月部分植株抽穗，但在刈割及施肥条件下则无抽穗开花现象。年产干物质一般在60吨/公顷左右。适口性好，适于饲喂各种畜、禽及食草鱼类。适应全省各地种植，但在南亚热带地区种植效果更好。春播为主。

（3）摩特矮象草

1996年5月，省畜牧局饲料饲草站从广东引进。矮象草是禾本科狼尾草属多年生草本植物。先后在诏安、长泰等地种植。适合于各种草食畜禽、食草鱼类等饲用。鲜草产量在120吨/公顷左右。矮象草具有广泛的生态适应性，在省内海拔1000米以下、年极端低温－5℃以上的地区均可种植。

（4）特高德多花黑麦草

1997年，省畜牧局饲草站从百绿（北京）种子集团公司引进，先后在诏安、长泰、大田、清流、武夷山、周宁、福清、长乐、涵江、同安等地冬闲田试种，在此基础上在全省大面积推广种植。鲜草产量一般在75吨/公顷以上，各种畜禽和草食性鱼类均喜食，在省内各地均可种植，以秋播为宜。已成为全省冬春季节的高产优质牧草。

（5）闽引象草

该品种系福建农林大学动物科学学院1997年从台湾省畜产试验所恒春分所引进的品种。在漳州市芗城区和厦门市集美区开展为期3年的适应性试验后，从2003年2月底开始到2005年底，省畜牧兽医总站先后在全省各个不同气候、不同土壤类型区域设点进行区域性试验，与此同时，也开展了猪、羊、牛等生产性试验。上述一系列试验结果表明，该品种在全省各地具有良好的适应性，产量高，营养生长期长，品质与适口性均比华南象草好。经与中国农业科学院牧草专家商定，初步命名为"闽引象草"。该品种适合于全省各地种植，在南亚热带地区种植效果最好。春播为主。

（6）热研6号珊状臂形草

1999年，省畜牧局饲草站从中国热带农业科学院热带牧草研究中心引进。多年生丛生型禾草。具根状茎或匍匐茎。耐酸性土壤，在pH值4.5～5.0的强酸性土壤上生长良好。侵占性强，触地各节生根，能迅速扩展。耐践踏和重牧，冬、春季保持青绿。耐火烧，草地火烧后存活率大于 95％。分蘖力强，适口性好，牛羊喜食。干草产量可达 14 吨/公顷。适合在省内的南亚热带地区、海拔 500 米以下区域种植。

（7）热研 14 号网脉臂形草

1999 年，省畜牧局饲草站从中国热带农业科学院热带牧草研究中心引进。多年生匍匐型禾草。适应性广，抗逆性强，特别耐干旱和酸性土壤，在 pH 值 4.5～5.0 的强酸性土壤和极贫瘠的砂质土壤上生长良好。侵占性强，触地各节均可生根，扩展迅速，耐践踏和重牧。年均干草产量为 9 吨/公顷。适合在省内的南亚热带地区、海拔 500 米以下区域种植。

（8）热研 15 号刚果臂形草

1999 年，省畜牧局饲草站从中国热带农业科学院热带牧草研究中心引进。多年生丛生型匍匐禾草。喜湿润的热带气候，最适生长温度为 20℃～35℃，不耐霜冻，轻霜后春季再生速度很慢。耐干旱力强，可耐冬春季 5 个月（12 月至翌年 4 月）以上的干旱。耐酸瘦土壤，在 pH 值 4.5～5.0 的强酸性土壤和极贫瘠的土壤上持久生长。侵占性强，触地各节生根，能与飞机草等恶性杂草竞争。年均干草产量为 10 吨/公顷以上。适应在省内南亚热带地区种植，可用于草地改良、固土护坡、刈割或放牧利用。

（9）热研 8 号坚尼草

1999 年，省畜牧局饲草站从中国热带农业科学院热带作物品种资源研究所引进。多年生丛生型禾草。喜湿润的热带气候，耐干旱，耐酸性瘦土，在 pH 值 5.0 左右的滨海沙土上仍茂盛生长。耐阴，在省内闽南地区秋冬季仍保持青绿。耐阴，在各种种植园中间作仍可获得较高产草量。叶量丰富，适口性好。年干草产量约为 14 吨/公顷。适应省内南亚热带、海拔 500 米以下地区种植。

（10）赣引百喜草（巴哈雀稗）

2000 年，省畜牧局饲草站从江西省引进。多年生匍匐型禾草。根系发达，节间短密，分蘖多，各节生根，可紧密地固结土壤。抗逆性和适应性强，耐旱、耐热、耐瘠、耐践踏，土壤适应范围广，但不耐寒，长时间 0℃ 以下低温即不能存活。气温 28℃～33℃ 生长良好，低于 10℃ 即停止生长。初霜后，叶色枯黄休眠。年干草产量达 13～19 吨/公顷。适应全省各地种植，尤为适于低山丘陵山地种植。以春播为主。

（11）桂牧 1 号杂交象草

2001 年，南平市农科所从广西畜牧研究所引进。系禾本科狼尾草属多年生草本植物。一般年鲜草产量达 175～250 吨/公顷。在南亚热带地区冬季仍然保持青绿，可自然越冬，在中亚热带地区冬季呈宿根状态，翌年春季返青。适合在全省各地种植。以春播为主。

（12）"花单"玉米

2002 年，南平市畜牧水产局从广西引进。春播生育期 110～115 天，秋播生育期 90～

100 天，幼苗长势旺盛，中期长势强，株高 280 厘米左右，持绿性强，抗倒性强。种植密度以 52500 株/公顷左右为宜。鲜草产量 75 吨/公顷以上。主要病虫害有纹枯病，大、小叶斑病，玉米螟和蚜虫等。适应全省各地种植。早季在 3 月播种，晚季在 7 月底 8 月初播种。

（13）"白顶一号"玉米

2002 年，南平市畜牧水产局从广西引进。株高 280～300 厘米，在正常气候和中等肥水管理条件下，鲜草产量能达到 60 吨/公顷以上。春播籽粒产量 4.5 吨/公顷左右。耐肥性强，但该品种的缺点是耐湿性差。水稻田种植，要求深沟配套、灌排畅通，严防渍害。主要病虫害有纹枯病，大、小叶斑病，玉米螟和蚜虫等。适应全省各地种植。以春播为主，也可在 7 月底 8 月初播种。

（14）乐食高粱—苏丹草杂交种

2003 年，省畜牧兽医总站从百绿（天津）国际草业有限公司引进。一年生草本。株高 250～400 厘米。茎秆纤细，叶茎比高。籽粒扁卵圆形，红褐色，光滑，硬质，千粒重 15～18 克。晚熟品种，春季生长速度慢，夏季高温季节生长迅速。可多次刈割，鲜草产量可达 105 吨/公顷。适用于全省各地种植。以春播为主。

（15）大力士饲用高粱

2003 年，省畜牧兽医总站从百绿（天津）国际草业有限公司引进。一年生草本，株高 300～400 厘米，有分蘖 3～8 个。晚熟品种，营养生长时间长，在全省各地不能开花结实，抽穗前全株干物质中含粗蛋白质 13.30%，茎秆含糖量 6%。适口性好。在株高 70 厘米以上刈割，不含氰氢酸。鲜草产量 150 吨/公顷。适应全省各地种植。以早春播种为宜。

2. 豆科牧草

（1）海法白三叶

1983 年，云南省肉牛和牧草研究中心从澳大利亚引进，2002 年 12 月通过全国牧草品种审定委员会审定。1999 年由省畜牧局饲草站引进。豆科多年生草本植物。主根较短，侧根和不定根发育旺盛。草质优良，适口性好。与非洲狗尾草、东非狼尾草混播共生持久。生长年限长，产量稳定。在中亚热带海拔 500 米以上地区种植，年均干草产量为 2.5 吨/公顷左右。放牧家畜过量采食易引起鼓胀病。适应在省内山区高海拔地区种植。秋播。

（2）阿玛瑞罗平托落花生

1990 年，省农业科学院农业生态研究所、福建省山地草业工程技术研究中心从澳大利亚引进，2003 年 12 月通过全国牧草品种审定委员会审定。多年生匍匐型、蔓生性草本植物。具有耐酸、耐瘠薄、耐铝、耐旱、抗热等特点，有较强的耐阴能力，适应果园套种。适口性好，消化率高。结实率及种子产量较低，主要以无性繁殖为主。适宜作为地被植物使用，也可用于果茶园套种。但由于鲜草产量低，很少用于建植人工牧草草地。适应省内南亚热带地区种植。春播为主。

（3）迈尔斯罗顿豆

该品种系中国农业科学院土壤肥料研究所祁阳红壤实验站1993年从澳大利亚热带农业研究所引进中国，2001年12月通过全国牧草品种审定委员会审定。多年生豆科热带草本。直根系，侧根发达，匍匐茎节上也能长出发达的根系。2000年由省畜牧局饲草站引进省内，并于云霄县等地种植。耐酸、耐瘠薄，在pH值4.5、未施氮肥的荒地上生长良好。较耐高温干旱，抗霜冻。能与多种禾本科牧草混播，同时具有良好的水土保持能力。在云霄县的幼龄枇杷园生产试验中，干草产量为7吨/公顷以上。适口性好，牛、羊、猪、兔、鹅均喜食。适应全省丘陵坡地红黄壤地区。春播为主。

（4）闽引羽叶决明

1996年，福建省农业科学院农业生态研究所、福建省山地草业工程技术研究中心从澳大利亚引进，2001年12月通过全国牧草品种审定委员会审定。多年生直立型热带草本植物。喜高温，耐旱、耐瘠薄、耐酸、耐高铝，无病虫害，根部有效根瘤多且固氮活性强。冬季初霜后地上部分逐渐干枯死亡，在中亚热带及其以南地区可自然越冬和越夏。干草产量为14.5吨/公顷左右。结荚前的鲜草牛、羊、猪、鹅、鱼喜食，对兔适口性较差。结荚后茎易老化，影响适口性与饲喂效果，可作水土保持或绿肥利用。适应省内中亚热带、南亚热带地区种植。春播为主。

（5）闽引圆叶决明

1996年，福建省农业科学院农业生态研究所、福建省山地草业工程技术研究中心从澳大利亚引进。2005年11月通过全国牧草品种审定委员会审定。多年生草本。直根系，侧根发达。喜高温，极耐旱、耐瘠薄、耐酸、耐高铝，抗热，基本无病虫害。种子产量高，落地种子自然萌发再生能力强。冬季初霜后地上部分逐渐死亡、干枯，表现出一年生性状，次年要靠落地种子萌发繁殖。干物质年产量为9.5吨/公顷左右。适宜于饲用和作为水土保持植物利用。适应省内各地红壤坡地种植。春播为主。

（6）西卡柱花草

1996年，省畜牧局饲草站从中国热带农业科学院热带牧草研究中心引进，并在诏安、长泰、芗城等地种植。多年生亚灌木状草本植物。喜湿润的热带气候，因根系发达而比较耐干旱。耐酸瘦土壤，在pH值4.0～4.5的酸性土壤和滨海沙地种植可茂盛生长。耐牧、耐踩踏。抗柱花草炭疽病。年刈割3～4次，年产鲜草16吨/公顷左右。可与臂形草、大翼豆等混播，建立改良草地或人工草地，适宜放牧，牛羊喜食；但植株容易老化，很大程度上影响了适口性。适应省内南亚热带低山丘陵坡地种植。春播。

（7）热研5号柱花草

1999年，省畜牧局饲草站从中国热带农业科学院热带牧草研究中心引进。多年生直立草本，株高130～180厘米，多分枝。耐酸性瘦土，在pH值4.5左右的强酸性土壤上能茂盛生长。较耐寒，在闽南冬季 5℃～10℃ 低温下保持青绿；10 月底开花，11 月底种子成熟，种子产量约 300 千克/公顷。每年可刈割 3～4 次，鲜草年产量 37～55 吨/公顷。可青饲或晒制干草。适应省内南亚热带低山丘陵地区种植。春播。

（8）热研 7 号柱花草

1999 年，省畜牧局饲草站从中国热带农业科学院热带牧草研究中心引进。豆科多年生直立草本植物。株高 140～180 厘米，冠幅 100～150 厘米，多分枝。喜湿润热带气候，耐酸性瘦土，抗炭疽病能力强。生长旺盛，产量高，种植当年可刈割 1～2 次，次年可刈割 3～4 次，年均鲜草产量约为 42 吨/公顷。可用作青饲或调制干草。适应省内南亚热带低山丘陵地区种植。春播。

（9）热研 10 号柱花草

1999 年，省畜牧局饲草站从中国热带农业科学院热带牧草研究中心引进。多年生直立草本，株高 100～130 厘米，分枝数中等。喜湿润的热带气候，耐干旱，耐酸性贫瘠土，耐寒，在云霄县冬季仍保持青绿。鲜草产量为 30 吨/公顷左右。可作为省内南亚热带地区禽畜青饲料，在草粉加工、果园间作覆盖及绿肥作物、放牧等方面推广应用。适应省内南亚热带低山丘陵坡地种植。春播。

（10）热研 12 号平托落花生

该品种 2000 年由省农业科学院农业生态研究所、省山地草业工程技术研究中心从中国热带农业科学院热带作物品种资源研究所引进。多年生草本植物。茎贴地生长，草层高 20 厘米，全株被稀疏茸毛。易于用种子或无性繁殖建成草地，特别是花期长，开花时一片金黄，具有良好的园林绿化效果，为草坪与牧草兼用型品种。由于鲜草产量低，很少用于建植人工草地；主要作为地被植物。适应省内南亚热带地区种植。春播为主。

（11）威恩圆叶决明

该品种由中国农业科学院土壤肥料研究所祁阳红壤实验站从澳大利亚引进中国，2001 年 12 月通过全国牧草品种审定委员会审定。2002 年由省农业科学院引进省内。为短期多年生热带牧草。种子硬实率高达 80%。喜酸，土壤 pH 值低于 4.7 时生长良好。耐旱性强，耐瘠薄，耐重牧，耐践踏，适于粗放管理。具有一定的耐阴性，适于果园间套种。不耐霜冻，只有在轻霜区或无霜区才能安全越冬。固氮能力强，每公顷可固氮 180 千克以上。在红壤荒地旱地及幼龄橘园下种植，干草年产量平均为 7 吨/公顷左右。可一年播种多年利用。能与大多数禾本科牧草混播。适应省内各地丘陵坡地红黄壤地区种植。春播。

3. 其他品种

（1）苜蓿属品种

从 2000 年开始，南平市畜牧水产局在三年多时间内共引进试种紫花苜蓿品种 32 个，经历 2003 年历史上罕见的高温干旱天气的考验后，初步筛选出得龙、维多利亚、盛世、

WL525HQ等4个品种（品系）。2000年以后，全市共示范种植紫花苜蓿609.87公顷。据南平市畜牧站2004年5月开展的种草养畜调查统计，全市紫花苜蓿保留面积426.54公顷，其中：得龙42.4公顷，盛世105.8公顷，WL525HQ16.67公顷，维多利亚261.67公顷。尽管如此，夏季高温、地下水位高、土壤酸性强等始终是制约苜蓿属品种在省内"安家落户"的重要因素。

（2）普那菊苣

1998年，省畜牧局饲草站从北京绿洲草业科技开发中心引进，在南平市、漳州市设点试种。普那菊苣系菊科菊苣属多年生草本植物。莲座叶丛型，主根粗壮、肥厚，肉质根深达20～30厘米。叶片互生，25～38片，叶长32～50厘米，宽9～13厘米。生育期150天左右。喜温暖湿润气候，温度达5℃时能正常生长发育。抗寒能力强，幼苗能耐-8℃的低温。对土壤适应力强，耐瘠薄，再生能力强，喜肥水。在干旱的夏季只要保障水肥供应，在闽北、闽东海拔在800米以上的山区都能自然越夏，而在平原地区种植夏季高温季节前实施刈割，越夏率也可达80％以上。播种后第一年产量较低，平均产量仅有150吨/公顷，第二、三年迅速上升，平均产量分别为190吨/公顷、270吨/公顷，第四年开始下降。夏季高温高湿天气时，基部叶片易发生根腐病、黑斑病和心叶腐烂等现象。可用作青饲、青贮。适应省内中亚热带海拔500米以上区域种植。以秋播为主。

（二）种草养畜生产

1. "十边地"种草

"八五"期间，农户"十边地"种植的牧草品种仍以象草为主，其他品种极为少见。从"九五"后期开始，在"十边地"上推广种植热研4号王草、桂牧1号杂交象草、闽引象草等狼尾草属品种和多花黑麦草、饲用玉米、墨西哥类玉米、苏丹草等品种。截至2005年底，全省"十边地"种草面积达到1.15万公顷。

2. 竹林种草

省内用于竹林草地补播改良的当家牧草品种主要有：宽叶雀稗、高羊茅、鸡脚草、白三叶和部分多年生黑麦草等。

"八五"后期，尤溪县等地开始对竹林草地资源进行改良利用。全县15个乡镇249个村有14个乡镇208个村开展竹林种草养羊，饲养万只羊以上的乡镇6个，全县养羊专业户有1700多户，单这一项，每户年均增加纯收入3000元以上，有的高达1.5万元。1995年，全县竹林种草养羊12.52万只，其中存栏数7.08万只，比1990年增长6倍。在发展过程中，尤溪县畜牧部门做了大量的配套推广服务，先后引进四川南江优良种羊600只，建立了一个一级原种羊繁育场和10个肉羊杂交改良示范点；同时抓好技术培训，为农民提供饲养、疫病防治等技术；成立了县畜牧开发总公司，发挥龙头企业作用，1994年为养羊户销售肉羊近万只，初步形成"市场牵公司、公司联基地、基地带农户"的产业化经营格局。在尤溪县竹林种草养羊经验带动下，先后出现了漳平、顺昌、明溪、永安、清流等地开展竹林种草养羊。

3. 农田种草

农田种草是"九五"后期开始大面积推广的种草养畜技术，也是福建省草地资源开发利用的重点工作。全省农田种草面积由"八五"初期的 0.12 万公顷增加到"十五"末期的 3.7 万公顷。其中南平市农田种草扩增最为明显，该市 2003 年全市种草面积 1.23 万公顷，饲养奶牛 4.5 万多头，扣除养羊、养兔、养鹅种草等用地，平均每头奶牛拥有饲用玉米草田面积 0.16 公顷以上，平均每个奶牛场拥有种草基地 113 公顷；农田种草比 1990 年增加 1.2 万公顷以上，面积扩大 40 倍，成为省内种草养畜最为重要的生产基地。

4. 果园种草

"八五"时期，果园种草得到政府相关部门，尤其是土壤、肥料、农业生态和畜牧等学科科技工作者的重视，推广草地畜牧业优化生产模式，运用生态学和生物学原理，以南方优质高产牧草品种及其优化组合建植技术，与优质果树套种建立生态果园。人工草地成为生态系统中的优化生产者，量化利用优质牧草配套养殖畜、禽、鱼取得低耗高效的效果，优化的畜群结构成为生态系统中的消费者。使植物、动物和微生物在生态系统中进行可持续发展的良性循环。目前，已在省内南亚热带丘陵地果园、水土流失区建植人工草地1670 公顷。

5. "草山草坡综合开发示范工程"项目建设

"草山草坡综合开发示范工程"1998 年立项，项目建设期为 2 年。项目总投资1200 多万元，其中中央投资 600 万元，仙游、云霄两个项目县各投资 300 万元。截至2001 年完成项目总投资 1820 万元，其中中央项目建设资金 600 万元，地方配套资金420 万元，农户自筹资金 800 万元；建设期内累计完成建植各类草地 2000 公顷、新建畜（羊、鹅）舍 4.1 万平方米、技术服务中心及草地管理房 1500 多平方米，铺设交通道路、牧道、喷灌设施等 50 多千米，累计养羊、养鹅 24 万个单位。项目建设计划任务基本完成。2001 年通过农业部委托的由省发改委、省农业厅共同组织的专家组现场验收。

第二节　饲料工业

1991—2005 年，福建省饲料产量稳步提高，饲料产品由 80 年代的猪用、鸡用等少数几个品种发展到所有养殖动物，包括畜禽、水生动物、观赏动物、特种经济动物等在内的几十个系列 200 多个品种，蛋鸭饲料在全国负有盛名。有的饲料产品远销海内外，其中水产饲料销往东南亚、澳洲及日本、韩国、斯里兰卡等国；饲料添加剂产品销往全国各地，并出口至东南亚、欧洲及美国、韩国、加拿大、南非等国；宠物用饲料远销欧美、东南亚及日本等国。

在饲料工业发展初期，饲料加工企业使用的饲料添加剂原料，比如微量元素矿物质大多是工业级产品。随着饲料加工业的发展，逐渐出现了饲料添加剂专业生产企业，2005年，全省有饲料添加剂生产企业25家。主要生产维生素、氨基酸、微生物制剂、微量元素、酶制剂、α-淀粉等十几个品种。厦门金达威维生素有限公司生产的维生素 A 和维生素 D_3 在国内占有一定的市场份额，还销往30多个国家和地区。

省内用于生产饲料的大宗饲料原料如玉米、大豆、麦麸等均需外购。泉州福海粮油工业有限公司、莆田市华港制油有限公司等油脂生产企业 2004 年建成投产后，豆粕实现了自给有余，部分产品销往外省。动物源性饲料产品主要有鱼粉、鱼油、水解羽毛粉以及水产加工副产品（如鱿鱼膏、鱼溶浆等）。

一、饲料加工工业

（一）饲料产量和产值

1991 年末，饲料双班生产能力达到了 145 万吨，饲料生产能力大大超过了实际产量。从 1991 年至 2005 年，饲料总产量年均增长 9.0％，配合饲料年均增长8.5％（见表2－1）。

表 2－1　　　　　　　　　　**1991—2005 年饲料产量及产值情况表**

年份	总产量(万吨)	总产值(万元)	配合饲料(万吨)	浓缩饲料(万吨)	添加剂预混料(万吨)
1991	71.7	39619	70.0	0.04	0.65
1992	83.6	—	82.8	0.19	0.61
1993	91.4	—	90.5	0.20	0.64
1994	109.4	—	108.1	0.24	1.09
1995	122.1	—	120.1	0.76	1.22
1996	124.2	—	123.4	0.26	0.53
1997	121.2	341150	120.2	0.55	0.49
1998	124.1	336364	121.4	1.85	0.88
1999	133.6	379200	127.0	1.80	4.86
2000	148.4	498943	139.9	—	6.76
2001	149.4	478808	138.8	2.42	11.49
2002	163.3	626762	154.8	1.04	7.47
2003	169.6	546505	158.1	3.07	8.37
2004	199.4	716774	186.1	2.75	10.51
2005	238.9	877892	219.3	4.96	14.65

（二）饲料加工企业数量和生产规模

1992—2005 年，福建省饲料加工企业大、中、小规模并举（见表 2—2、表 2—3）。

福建省华龙集团饲料有限公司、福建省莆田莆港饲料有限公司等大中型企业在省内设立多家饲料生产企业。一些外省饲料生产企业到福建省投资设厂，如北京大北农科技集团股份有限公司、四川通威饲料有限公司、希望饲料集团等。2001 年，福州海马饲料有限公司、福建高龙实业有限公司、福建省海新集团有限公司、厦门正大农牧有限公司、福州大昌盛饲料有限公司、厦门金达威维生素股份有限公司、厦门银祥实业有限公司、福建省华龙集团饲料有限公司等 8 家企业入选全国饲料行业百强企业。2005 年，福州开发区高龙饲料有限公司、厦门百穗行实业有限公司被中国饲料工业协会公布入选全国三十强饲料企业。

表 2—2 　　　　　　　　　　　　若干年份饲料加工企业数量情况表

单位：家

年份	饲料加工企业	其中时产≥5 吨企业	年产 1 万吨以上企业（"三资"企业）
1992	181	22	—
1997	220	42	24(10)
1998	227	—	—
2001	—	47	34(10)
2002	270	49	41(11)
2003	237	41	44(11)
2004	231	43	48(13)
2005	251	43	53(15)

（三）饲料加工企业经济类型

饲料企业的资本结构，由 20 世纪 80 年代占主导地位的国有企业逐步向股份制企业、民营企业和"三资"企业转化。1992 年，全民所有制企业 76 家，集体企业 86 家，"三资"企业 13 家。2005 年，国有企业 7 家，集体企业 10 家，私营企业 121 家，联营企业 2 家，股份制企业 18 家，"三资"企业 52 家，其他类型企业 41 家。

表 2—3 　　　　　　　　　2005 年年产量 5 万吨以上饲料生产企业情况表

序号	企业名称	产品类型	产量(吨)	总产值(万元)
1	福建省海新集团有限公司	畜禽、水产	242318	53925
2	福建省华龙集团饲料有限公司	畜禽、水产	140263	28326
3	厦门百穗行实业有限公司	畜禽、水产	138818	25796
4	厦门银祥集团有限公司	畜禽、水产	118738	33201

续表 2—3

序号	企业名称	产品类型	产量（吨）	总产值（万元）
5	厦门浦头饲料有限公司	畜禽、水产	93624	25326
6	厦门正大农牧有限公司	畜禽、水产	80324	24329
7	金钱（漳州）实业有限公司	畜禽	79711	19336
8	福州海马饲料有限公司	水产	78154	47992
9	福州大福有限公司	畜禽、水产	70746	17889
10	厦门通威饲料有限公司	畜禽、水产	64712	15394
11	龙岩宝顺畜禽科技有限公司	畜禽	63475	14205
12	厦门强大农业有限公司	畜禽、水产	60000	33000

（四）饲料产品结构

1991—2005 年，水产饲料中以鳗鱼、鳖、虾、罗非鱼、大黄鱼以及四大家鱼等饲料为主，此外有鲍鱼等其他种类饲料。1999 年，鳗鱼饲料产量已占全国一半以上。观赏动物用饲料主要有观赏鱼饲料、宠物猫犬类饲料等；特种经济动物用饲料有毛皮动物、鸽子、牛蛙等。福建省水产饲料的比重高于全国平均水平，2001—2005 年全国水产饲料占饲料总产量分别为 10％、10.8％、10.9％、11.2％和 12.7％，同期福建省都在 19％以上（见表 2—4）。

表 2—4 **1991—2005 年配合饲料产品结构情况表**

单位：万吨，％

年份	猪料		蛋禽料		肉禽料		水产料		其他
	产量	比重	产量	比重	产量	比重	产量	比重	
1991	23.6	33.8	11.8	16.9	8.9	12.7	10.6	15.1	4.1
1992	30.5	36.8	17.3	20.9	7.8	9.4	3.9	4.7	0.3
1993	28.9	31.9	17.0	18.8	8.8	9.7	5.7	6.3	0.4
1994	45.0	41.6	24.4	22.6	8.8	8.2	4.5	4.2	0.4
1995	48.5	40.4	26.7	22.2	10.5	8.7	8.1	6.7	1.4
1996	62.9	51.0	27.2	22.0	14.8	12.0	17.6	14.3	0.9
1997	61.1	50.8	30.0	25.0	14.4	12.0	12.8	10.7	1.7
1998	42.9	35.3	34.2	28.2	27.4	22.6	14.3	11.8	2.5
1999	43.3	34.1	34.8	27.4	27.6	21.7	14.9	11.7	6.3
2000	42.2	30.2	33.2	23.7	45.0	32.2	11.5	8.2	7.9
2001	43.4	31.2	29.9	21.5	29.7	21.4	30.2	21.8	5.6
2002	43.1	27.8	33.2	21.4	43.2	27.9	33.6	21.7	1.7
2003	45.3	28.7	35.2	22.3	43.7	27.6	30.3	19.2	3.6
2004	51.5	27.7	33.2	17.8	53.6	28.8	40.8	21.9	7.1
2005	68.2	31.1	32.6	14.8	62.3	28.4	53.4	24.4	2.8

二、饲料添加剂工业

（一）氨基酸

饲料级赖氨酸（赖氨酸盐酸盐）："六五"末期，国家在泉州建设年产1000吨的赖氨酸生产企业。1989年，福建泉州赖氨酸厂与泰国正大集团合资改名为泉州大泉赖氨酸有限公司，利用国外技术，以淀粉为原料，年产量由1000吨扩大到3000吨，之后又扩大到6000吨。福建省麦丹生物集团有限公司于2003年开始生产赖氨酸，但是产量不大。1997年至2005年饲料级赖氨酸产量分别为5388吨、6425吨、5505吨、6300吨、6946吨、8672吨、10860吨、15860吨、13749吨。

饲料级苏氨酸：福州味精厂2002年被长春大成集团并购后更名为福州富成味精食品有限公司。2004年开始生产饲料级L-苏氨酸，当年产量850吨，产值7748万元。2005年产量360吨，产值1400万元。

（二）维生素

厦门金达威维生素股份有限公司成立于1997年11月，生产维生素A油、维生素A粉、维生素D_3粉等，生产能力为年产维生素A粉（50万IU/kg）1000吨，维生素D_3粉（50万IU/kg）1200吨；2001年总产量981吨，产值13262万元；2005年总产量1789吨，产值17852万元。

（三）调味剂

厦门牡丹饲料科技发展有限公司是福建省唯一的饲料调味剂生产企业，其主要产品有饲料级液体香精、饲料香味剂、水产饲料诱食剂、饲料甜味剂等产品。2005年产量为320吨，产值为480万元。

（四）酸化剂

厦门牡丹饲料科技发展有限公司生产的酸化剂主要为磷酸、乳酸、柠檬酸、丁酸等几种成分混合配制的剂型；新奥（厦门）农牧发展有限公司研制成功的"丁壮素"，主要成分为丁酸钠，加工工艺获得国家专利证书，技术水平处于国内领先，2005年产量约500吨，产值约1500万元。

（五）α-淀粉

福建省鳗鱼养殖高峰期，α-淀粉年需求超过4万吨。1996年之前主要依靠进口，1997年福建怡昌生化科技股份有限公司投产，当年生产α-淀粉3000吨。此后陆续有企业投入生产，产能超过4万吨，产量3万吨。2005年，α-淀粉生产企业还有聚祥（厦门）淀粉有限公司、福建三华东物淀粉有限公司、福建省连江亚和发展有限公司、福清三华轻工有限公司、福清市丰联饲料发展有限公司、福州富通贸易有限公司、福建衡盛淀粉有限公司、福州大冶淀粉厂、仙游县吉昌饲料厂等。

（六）酶制剂

福建福大百特科技发展有限公司成立于 1999 年，年生产酶制剂能力达 600 吨，其产品技术性能和生产工艺技术达到国内先进水平，产品的稳定性较好，主要产品有饲用植酸酶、饲料级木聚糖酶、β-甘露聚糖酶、β-葡聚糖酶、脂肪酶、酸性蛋白酶、α-淀粉酶、纤维素酶。2005 年公司产量 458 吨，产值 1597 万元。

（七）益生菌

福建博大生物工程有限公司和厦门开盛生物药业有限公司生产枯草芽孢杆菌粉剂，新奥（厦门）农牧发展有限公司生产乳酸杆菌。福建博大生物工程有限公司 2004 年生产 560 吨，产值 526 万元；2005 年生产 310 吨，产值 391 万元。

（八）烟酸铬

由福建农业大学实验兽药厂开发，获得 2002 年国家新饲料添加剂证书，2003 年获福建省科学技术二等奖。该产品销量不大，2005 年饲料添加剂许可证到期之前便已停止生产。

三、饲料原料工业

（一）粮油加工副产品

主要有大豆饼（粕）、花生饼（粕）、细糠、谷壳糠等。细糠、谷壳糠为稻谷加工中的副产品，饼粕类为粮油加工中的副产品。豆粕生产企业主要有福建田源生物蛋白科技有限公司，2005 年产量 15 万吨；泉州福海粮油工业有限公司，成立于 2002 年，2004 年下半年投产，2005 年产量 44.05 万吨；莆田市华港制油有限公司，2004 年投产，2005 年产量 40 万吨。

（二）饲料原料的再加工

产品有饲用干爆熟玉米粉、全脂大豆粉、膨化全脂大豆等。膨化全脂大豆用大豆直接生产，未去除豆油，品质比较稳定，在配合饲料中可以直接替代豆粕和油脂，简化了饲料生产工艺，因此，发展较快，1990 年起有企业开始试用，2003 年开始大量使用，2005 年产量达 1 万吨，超过 10 家企业生产。其中福建华龙集团永安黎明饲料有限公司年产约 2000 吨，福建省龙岩市华龙饲料有限公司年产约 2500 吨。

（三）发酵副产品

主要有啤酒酵母、酒糟等。莆田市糖厂 2000 年改为福建珍奥核酸有限公司，年产糖蜜酵母 1000 吨左右。莆田雪津啤酒有限公司年产啤酒干酵母 600 吨左右，2005 年生产啤酒麦糟，产量约 500 吨。

（四）鱼粉、鱼油

福建水产养殖量大，对鱼粉需求量大。鱼粉的生产主要有两种方式，一种是利用渔品加工厂的下脚料和海洋捕捞的小杂鱼加工成饲料用鱼粉，主要分布在长乐、龙海等地，年产量约 2 万吨；另一种是从南美等鱼粉产国进口鱼粉原料，进行再加工，主要生产厂家有福建高龙实业有限公司，2005年该公司鱼粉产量7万吨。饲用鱼油主要采用进口的原料生产，主要生产企业有福建高龙实业有限公司、厦门星鲨动物保健品厂等。2004年产量为4700吨，2005年产量为6700吨。

（五）肉骨粉

生产企业有晋江市青阳骨粉有限公司等。1994年产量120吨，1996年产量250吨，1998年产量50吨，2000年产量1150吨，2001年产量650吨，2002年产量1900吨，2005年产量1674吨。

（六）水产加工副产品

主要有乌贼粉（膏）。生产企业主要有福建融鑫海生物技术有限公司，2003—2005年，每年产量3000吨左右，主要用于高档水产饲料。

四、饲料机械工业

福建省只有小型机械厂研制和生产饲料机械，大多供给小型禽畜和水产饲料加工企业，或为饲料生产企业提供一些饲料机械配件。主要的研制单位有福建省农业机械化研究所（省机械科学研究院饲料机械开发中心）、福州市榕粮机械有限公司、长乐市槐南机械有限公司等，生产饲料粉碎机、混合机、制粒机以及清理、输送设备等辅助配套机械。承接小型禽畜饲料厂及水产饲料厂设备的制造、安装任务。1999年全省共生产各种饲料机械单机539台（套）。

福建省农业机械化研究所于20世纪80年代以后开始研制水产饲料加工机械，其主要成果CWF系列三级超微粉碎机成为最早替代进口的机型之一。

五、饲料工业人员结构

福建省饲料业在发展的过程中，一批畜牧、兽医技术人才从事饲料生产、研究、经营和推广工作（见表2—5、表2—6）。

表2—5　　　　　　　　　　**1995—2000年饲料企业各类人员表**

单位：人

年份	职工总数	工人	技术人员		管理人员	
			小计	大专以上	小计	大专以上
1995	7805	4905	901	457	957	532
1997	8381	5775	690	316	1377	917
1998	9232	5792	1142	976	1895	987
1999	9628	6449	1198	1032	1981	1312
2000	9185	5778	1476	—	1931	—

表 2—6   **2002—2005 年饲料企业职工学历结构表**

单位：人

年份	职工总数	其中职工学历构成			
		博士	硕士	大学本科	大学专科
2002	8835	29	70	1008	1296
2003	9421	37	72	887	1154
2004	9704	37	85	1018	1337
2005	13407	43	118	1373	2055

六、饲料管理

（一）饲料行政许可

1999 年《饲料和饲料添加剂管理条例》（以下简称《条例》）颁布实施，省饲料工业办公室组织全省饲料企业和市、县、区饲料管理人员参加《条例》学习班。《条例》规定饲料添加剂、添加剂预混合饲料生产企业必须获得农业部颁发的生产许可证和省级饲料管理部门核发的产品批准文号，方可从事饲料添加剂和添加剂预混合饲料生产，此项工作自2000 年开展以来，先后有 24 家企业获得农业部颁发的"饲料添加剂生产许可证"、有 100家企业获得农业部颁发的"添加剂预混合饲料生产许可证"。省饲料工业办公室负责核发饲料添加剂和添加剂预混合饲料产品批准文号工作，其中 2000—2002 年核发了 857 个饲料添加剂和添加剂预混合饲料产品批准文号，2005 年当年核发的饲料添加剂和添加剂预混合饲料产品批准文号共计 225 个。

（二）饲料产品质量标准管理

2001 年以前，饲料生产企业产品标准的监管工作，饲料管理部门没有介入，由省、市、县的技术监督部门负责。2001 年，根据《标准化法》和《饲料和饲料添加剂管理条例》的规定，省质量技术监督局和省农业厅联合下发《关于加强饲料产品标准化工作的通知》，对饲料生产企业标准化工作提出明确要求：饲料生产企业应加强标准化工作，对于没有现行标准的，企业必须制定企业产品标准，作为组织生产和交货的依据，企业制定的标准应严于国家标准、行业标准和地方标准。饲料添加剂、添加剂预混合饲料和动物源性饲料产品的标准备案工作由省质量技术监督局和省农业厅共同负责。配合饲料、浓缩饲料、单一饲料的产品标准备案工作由设区市级质量技术监督局和农业（畜牧兽医）局负责。

2004 年，省质量技术监督局发布地方标准 DB 35/562—2004《猪用饲料安全质量要求》，对福建省猪用饲料安全质量作了规定，在全国首次以地方强制性标准的形式规定了在猪饲料中使用铜、锌、硒微量元素的最高限量，禁止在猪饲料中使用有机胂制剂。通过地方标准实施，控制饲料中有毒有害物质含量，改善动物性食品质量，减少养殖过程污染物的排放，维护人体健康。限制使用高铜、高锌和禁用有机胂制剂后，每年全省可节约饲料成本1亿多元。2005年对该标准进行了修订。

2005年，福建省发布了推荐标准 DB 35/T 604—2005《瘦肉型猪配合饲料》，规定了瘦肉型猪配合饲料技术要求。

（三）饲料质量监测

《饲料和饲料添加剂管理条例》颁布实施后，福建省饲料管理机构加强饲料质量安全监督，采取专项整治行动、企业日常监督检查、产品质量抽检等方式，提高饲料质量，保障畜牧业持续健康发展，维护人们身体健康。1998年，在全国统一饲料监督抽查中，全省抽检了12家企业12个产品，全部合格。从2002年起，根据农业部下达的任务，每年进行饲料质量安全监测，抽检范围涵盖了饲料生产、经营企业和动物养殖场（见表2-7）。

表2-7　　　　　　**2002—2005年饲料质量抽检结果情况表**

年份	抽查的企业合格情况			抽查的产品合格情况		
	总数（家）	合格（家）	合格率（%）	总数（个）	合格（个）	合格率（%）
2002	170	14C	82.4	310	274	88.4
2003	91	81	89.0	204	191	93.6
2004	154	143	92.9	353	342	96.9
2005	182	169	92.9	431	418	97.0

第三章　兽　药

福建的兽药产业基础薄弱，生产企业数量少、品种制剂少、产值低，在全国所占分量小。兽药生产落后于畜牧业的发展，外省兽药产品在福建兽药市场上占有主要份额。同时兽药经营企业数量多，但规模小。

第一节　兽药生产

2002 年，兽药生产企业总产值约为 5.8 亿元，其中，年产值超过亿元的企业有 1 家；年产值在 5000 万元至 1 亿元的有 2 家，均为抗生素发酵产品，年产值在 500 万元以下的 13 家，兽用生物制品生产企业 1 家，专业生产鱼药的企业有 2 家。兽药制剂生产企业规模不大，年产值超过 1000 万元的有 1 家。全省兽药生产企业的生产品种有 150 多种，其中鱼药 80 多种。2005 年，兽药产值约为 5 亿元。

一、兽药生产企业

全省兽药生产企业从 1991 年的 10 多家发展到 2004 年的 32 家，产品包括疫苗、抗生素原料及各类兽药制剂。从 2002 年开始，农业部强制实施《兽药生产质量管理规范》（以下简称兽药 GMP），到 2005 年底，9 家企业通过了农业部兽药 GMP 验收，5 家企业向农业部上报了 GMP 验收申请材料，其他未进行 GMP 改造的兽药生产企业自 2006 年 1 月起停止生产（见表 3—1）。

表 3—1　**2004 年福建省兽药生产企业情况表**

序号	企业名称	产品类型	GMP 通过情况
1	福州大北农生物技术有限公司（原福建省生物药品厂）	活疫苗车间（组织毒活疫苗、细胞毒活疫苗、细菌活疫苗）、灭活疫苗车间（胚毒灭活疫苗）；灭活疫苗车间（细胞毒灭活疫苗生产线）	GMP 改造中

续表 3—1

序号	企业名称	产品类型	GMP 通过情况
2	福建省福抗药业股份有限公司	原料药（盐酸金霉素）、饲用金霉素（全发酵）	2005.4
3	浦城正大生化有限公司	饲用金霉素（全发酵）、盐霉素钠预混剂（全发酵）、原料药（盐酸金霉素）	2001.9
4	浦城绿康生化有限公司	杆菌肽锌预混剂（全发酵）	2005.7
5	古田福兴医药有限公司	原料药（硫酸黏菌素、单硫酸卡那霉素、硫酸新霉素）	2005.1
6	厦门金达威维生素股份有限公司	粉剂/预混剂	2005.9
7	福建闽东动物药品厂	粉剂/预混剂/散剂、消毒剂（固体、液体）	2005.12
8	三明三药兽药有限公司（原三明市动物保健品厂）	粉针剂	2005.9
9	漳州回春动物药业有限公司	粉剂/预混剂/散剂、消毒剂（固体、液体）	2005.12
10	福州联丰生物技术开发有限公司	粉剂/散剂/预混剂、固体消毒剂（非氯制剂）、液体消毒剂	2005.9
11	丽珠集团福州福兴医药有限公司（原福州第二抗菌素厂）	原料药（单硫酸卡那霉素、硫酸卡那霉素）	GMP 改造中
12	福建佳星动物保健品有限公司（原福建榕安兽药厂）	注射剂、粉剂/预混剂/散剂	GMP 改造中
13	厦门北大泰普制药有限公司	粉剂/散剂/预混剂、消毒剂（固体、液体）	GMP 改造中
14	厦门星鲨制药有限公司兽药厂	粉剂/预混剂/散剂	GMP 改造中
15	福建泰富康兽药有限公司（原福建兽药厂）	粉剂／预混剂、土霉素钙（全发酵）	未改造
16	厦门海强生科技有限公司	粉剂／散剂／预混剂、液体消毒剂、口服溶液剂	未改造
17	厦门华鼎动物保健品公司	粉剂／散剂／预混剂、消毒剂	未改造
18	漳州科达水产药业有限公司	粉剂／散剂／预混剂、消毒剂	未改造
19	福清市东福兽药厂	粉剂／散剂／预混剂、消毒剂	未改造

续表 3—1

序号	企业名称	产品类型	GMP 通过情况
20	莆田市香江生物技术有限公司	粉剂／散剂／预混剂、消毒剂	未改造
21	福建金谷科技开发有限公司	粉剂／散剂／预混剂、消毒剂	未改造
22	厦门市同安大洲渔业科技开发有限公司	粉剂／散剂／预混剂、消毒剂	未改造
23	福州博奥生物科技有限公司	微生态制剂	未改造
24	福州永荣动物保健品有限公司	粉剂／散剂／预混剂、消毒剂	未改造
25	莆田市秀屿区养兴兽药厂	粉剂／散剂／预混剂、消毒剂	未改造
26	福州荣伟动物保健品厂	粉剂／散剂／预混剂、消毒剂	未改造
27	福建农大实验兽药厂	粉剂／散剂／预混剂、消毒剂	未改造
28	厦门建发制药有限公司兽药厂	粉剂／散剂／预混剂、消毒剂	被合并
29	福建长汀新飞兽药有限公司	粉剂／散剂／预混剂、消毒剂	未改造
30	福州市惠日科技有限公司	粉剂／散剂／预混剂、消毒剂	未改造
31	厦门开盛生物药业有限公司	粉剂／散剂／预混剂、消毒剂	未改造
32	长泰县科泰生化有限公司	粉剂／散剂／预混剂、消毒剂	未改造

二、兽用生物制品生产

福建省生物药品厂是福建省唯一取得"兽药生产许可证"生产疫苗的企业，是农业部定点全国 28 家兽用生物制品生产厂家之一，隶属省农业厅。该厂成立于 1958 年，主要产品有猪瘟疫苗、鸡新城疫疫苗、伪狂犬病疫苗等。1991—2003 年，省生物药品厂年产销量维持在 300 万～500 万元（其中包括省政府每年拨款 160 万元统购省生物药品厂的疫苗，发放给各地市县畜禽防疫部门，用于防控动物疫病），企业每年略有赢利。2003 年，获得农业部核发的生产批准文号 29 种，此外尚有中试产品 3 种。2002 年 6 月后，为进行兽药 GMP 改造，省农业厅组织相关处、室负责人和省生物药品厂领导班子成员组成改制领导小组，专题解决省生物药品厂改制、国有资产转让和职工安置问题。最终选定与北京大北农饲料科技有限公司进行合作，将省生物药品厂有形资产和无形资产转让给北京大北农饲料科技有限公司，所得资金大部分用于企业改制后支付职工的补偿金和缴纳职工 10 年社保企业应付的费用，剩余部分资金合股于 2003 年 5 月成立福州大北农生物技术有限公司，省生物药品厂占 8％股份。改制后公司员工 230 多人，从 2003 年开始，投资 7000 多万元在原址按兽药 GMP 要求，新建活疫苗生产车间、灭活疫苗生产车间和专业独立的猪瘟组织苗生产车间，具有组织毒活疫苗、细胞毒活疫苗、细菌活疫苗三类活疫苗生产线和胚毒灭活疫苗、细胞毒灭活疫苗二类灭活疫苗生产线，以及配套的质检楼、实验动物舍、锅炉房、污水处理系统等附属设施、设备，可年产 50 亿头（羽）份活疫苗、3 亿头（羽）份灭活疫苗。2004 年公司产值 1000 万元，2005 年产值 2000 万元。

三、化学药品生产

（一）抗生素原料（含全发酵产品）生产

主要产品有饲用金霉素（全发酵）、盐酸金霉素、盐霉素钠预混剂（全发酵）、杆菌肽锌预混剂（全发酵）、硫酸黏菌素、单硫酸卡那霉素、硫酸新霉素等。2005 年，福建省发酵抗生素类产品全年总产值达 3 亿多元。

1. 饲用金霉素、盐酸金霉素

饲用金霉素是采用发酵工艺，发酵后不经过提纯，全部发酵液经过浓缩、烘干，混合成适宜规格的产品，有 10％、15％、20％ 三种规格，作为饲料药物添加剂，添加到畜禽饲料中使用；盐酸金霉素是经过提纯的产品，作为兽药原料使用。生产企业有浦城正大生化有限公司、福建省福抗药业股份有限公司 2 家。浦城正大生化有限公司前身为浦城生化有限公司，1995 年由泰国正大集团和浦城生化厂共同出资建立浦城正大生化有限公司，2001 年 9 月公司通过农业部 GMP 检查验收，获得 GMP 证书，连续两次通过美国 FDA 检查，盐酸金霉素产品于 2004 年 6 月获得欧洲药典委员会 COS 证书，产品 90％ 出口美国及欧洲、南美、东南亚等各国市场。2000—2005 年，饲用金霉素产量分别为 13637 吨、14300 吨、17310 吨、18825 吨、17668 吨、17652 吨，盐酸金霉素产量分别为 246 吨、311 吨、318 吨、459 吨、475 吨、576 吨。福建省福抗药业股份有限公司前身为福州抗菌素厂，生产人用药，兼产兽药，兽药产品主要有盐酸金霉素，产品销往海内外，2003—2005 年，产量分别为 56 吨、38 吨、44 吨。

2. 盐霉素钠预混剂

盐霉素钠为畜禽专用饲料药物添加剂，主要用于预防鸡球虫病，有促生长作用。浦城正大生化有限公司在 2003 年 2 月新建发酵车间，项目投资 1000 万元，增加 36 立方米发酵罐 8 套，用于盐霉素钠预混剂产品生产，产能 1000 吨/年。2004 年产量 362 吨，2005 年产量 623 吨。

3. 杆菌肽锌预混剂

杆菌肽锌预混剂是采用发酵工艺，发酵后不经过提纯，全部发酵液经过浓缩、烘干，添加载体混合成适宜规格的产品，是畜禽专用饲料药物添加剂，用于促进畜禽生长。浦城绿康生化有限公司 2003 年 6 月开始投资建设，2004 年通过农业部兽药 GMP 验收，杆菌肽锌预混剂有 10％ 和 15％ 两种规格，2005 年产值 4788 万元，产品销往海内外。

4. 单硫酸卡那霉素、硫酸新霉素、硫酸黏菌素

单硫酸卡那霉素、硫酸新霉素为氨基糖苷类抗生素，主要用于畜禽疾病治疗。硫酸黏菌素为多肽类抗生素，作为饲料药物添加剂使用，具有抑菌促生长作用。古田福兴医药有限公司前身为福建省古田抗菌素厂，创建于 1990 年，于 2004 年 7 月通过了农业部兽药GMP 验收，生产单硫酸卡那霉素、硫酸新霉素和硫酸黏菌素等三个兽药原料。

（二）兽药制剂生产

兽药制剂包括粉针剂、大（小）容量注射剂、粉剂、预混剂、中药散剂、消毒剂等，主要产品为《中国兽药典》和农业部兽药质量标准中收载的产品。

1. 注射剂

粉针剂工艺复杂，投入成本高，仅有少量的企业能够生产。主要产品有注射用青霉素、注射用硫酸链霉素、注射用氨苄西林钠，生产企业有三明三药兽药有限公司、福建佳星动物保健品有限公司。小容量注射剂产品主要有硫酸庆大霉素注射液、安乃近注射液、复方氨基比林注射液、痢菌净注射液、复方磺胺嘧啶钠注射液、恩诺沙星注射液、盐酸林可霉素注射液、甲磺酸培氟沙星注射液等。生产企业有福建佳星动物保健品有限公司、闽东动物药品厂。大容量注射剂有葡萄糖注射液、生理盐水，生产企业有福建佳星动物保健品有限公司。

2. 粉剂、预混剂

粉剂、预混剂生产工艺较为简单，使用方便，品种多，市场销售量大，是福建省兽药制剂生产企业主要剂型。生产品种主要有抗生素类药，如硫酸新霉素可溶性粉、硫氰酸红霉素可溶性粉、诺氟沙星可溶性粉、烟酸诺氟沙星可溶性粉、复方阿莫西林可溶性粉、甲砜霉素散、盐酸环丙沙星可溶性粉、氧氟沙星可溶性粉、痢菌净预混剂、喹乙醇预混剂等；抗寄生虫药，如地克珠利预混剂、磺胺喹噁啉钠可溶性粉、阿维菌素粉等。

3. 片 剂

片剂使用量少，市场销量少。主要产品有土霉素片、盐酸黄连素片、磺胺对甲氧嘧啶二甲氧苄氨嘧啶片等。生产企业有闽东动物药品厂、漳州回春动物药品厂。

4. 消毒剂

福建省水产用消毒剂发展较快。固体消毒剂产品有：三氯异氰脲酸钠粉、鱼用复合亚氯酸钠、聚维酮碘粉、二氯海因消毒剂、溴氯海因消毒剂。液体消毒剂产品有：浓戊二醛溶液、稀戊二醛溶液、新洁尔灭溶液、聚维酮碘溶液、苯扎溴铵溶液、双癸基二甲基溴化铵溶液等产品。生产企业有厦门北大泰普制药有限公司、厦门海强生科技有限公司、福州联丰生物技术开发有限公司、福清市东福兽药厂、福建农大实验兽药厂等企业。

5. 中药散剂

散剂产品有鸡痢灵、止痢散、清瘟败毒散、荆防败毒散、催奶灵散、扶正解毒散、龙胆泻肝散、黄连解毒散、止咳散、激蛋散、万乳康等产品。生产企业有厦门建发制药有限公司兽药厂、闽东动物药品厂等企业。

6. 水产养殖用药

省内共有 13 家企业生产水产用药。水产养殖用药除了消毒剂以外，还有粉剂预混剂、散剂等产品，主要有抗生素类药、驱虫药和中药散剂，如诺氟沙星盐酸小檗碱预混剂（鳖用）、诺氟沙星盐酸小檗碱预混剂（鳗用）、维生素 C 磷酸酯镁盐酸环丙沙星预混剂、鱼用氯硝柳胺预混剂、丙硫苯咪唑粉、甲苯咪唑粉、复方敌百虫、虾蟹脱壳促长散、大黄末等。主要生产企业有福建农大实验兽药厂、福州联丰生物技术开发有限公司、厦门北大泰普制药有限公司、厦门华鼎动物保健品有限公司。

7. 微生态生物兽药

产品有噬菌蛭弧菌制剂，由福州博奥生物科技有限公司生产。

第二节　新兽药研发

兽用生物制品研发机构有福建省生物药品厂和福建省农业科学院畜牧兽医研究所，化学药品研发机构主要有福建农林大学，也有企业通过和省外科研机构合作，开发新兽药产品。

一、生物制品研发

福建省农业科学院畜牧兽医研究所在国内外率先分离鉴定了雏番鸭细小病毒，建立了快速简便的以单克隆抗体为核心的诊断方法，2000 年研制成检测雏番鸭细小病毒病原和抗体的"雏番鸭细小病毒病乳胶凝集试验和凝集抑制试验抗原、单抗致敏乳胶和阴阳性血清"和"雏番鸭细小病毒病活疫苗"，并获国家一类新兽药证书。番鸭细小病毒病疫苗是水禽养殖中急需的疫苗产品，该所以中试的方式在莆田等番鸭饲养量大的地区试用。2001 年，应用离心和透析相结合的方法成功地制备了猪伪狂犬病病毒囊膜蛋白免疫刺激复合物，研制了 PRV 新型 ISCOM 疫苗。该疫苗安全性好，与弱毒疫苗比较，不存在潜伏感染及毒力返强的问题，克服了油乳剂灭活苗常见的刺激性和副作用。该所还进行了禽霍乱荚膜亚单位疫苗、鸭疫巴氏杆菌和大肠杆菌疫苗、番鸭呼肠孤病毒病活疫苗区域试验。

二、化学药品研发

福建农林大学动物科学学院根据中医兽医"内病外治"的理论，研究开发了多种新型透皮吸收制剂，如洛美沙星搽剂、克痢星搽剂、环丙沙星搽剂等，同时研究了透皮吸收制剂的作用机理。

三、中兽药研发

福建农林大学从 1991 年以来较为系统地研究了超微粉碎、超临界萃取、中药多功能提取等加工工艺，研究开发中兽药新剂型，探讨中兽药发挥作用的物质基础，研究作用机理，研制出多种新制剂及系列产品，如中药超微粉制剂、中药浓缩颗粒、中药添加剂、中药散剂、中药免疫调节剂等。1999—2002 年，福建农林大学动物科学学院开展锦草、白头翁的二氧化碳超临界萃取技术研究，探索出了较为成熟的萃取工艺，并将超临界萃取物制备成口服液，取得了防治仔猪大肠杆菌性腹泻（仔猪黄痢、白痢）总有效率 96.4% 的良好效果。2004 年，福建农林大学动物科学学院对中药清热解毒代表方——黄连解毒散进行了超微粉碎技术方面的研究，明确了超微粉体的细胞破壁率达 99%，超微粉中主要有效成分黄芩甙、栀子甙和小檗碱的溶出量比普通细粉大幅度增加；率先在兽医领域开展了中药超微粉体的药代动力学研究，明确了超微粉中黄芩甙、栀子甙和小檗碱的相对生物利用度显著提高，经超微粉碎后传统中药固有的药效学基础物质没有发生质的变化，该成果已通过省科技厅的鉴定，在同类研究中达到了国际先进水平。2005 年，福建农林大学动物科学学院分析了鱼腥草超微粉的组织形态特征和细胞破壁率，并以黄酮类物质和挥发油成分为指标，研究了鱼腥草细粉和超微粉的溶出情况和药代动力学参数，建立鱼腥草超微粉指纹图谱，该研究结果表明，鱼腥草超微粉的细胞破壁率达到 95% 以上，有效成分的溶出率和相对生物利用度均显著提高，首次建立的鱼腥草超微粉指纹图谱，为鱼腥草超微粉产品质量控制提供了切实可行的技术指标。

第三节 兽药监管

1991 年至 2004 年 11 月，根据 1987 年颁布的《兽药管理条例》，县级以上地方人民政府畜牧兽医行政管理部门主管所辖地区的兽药管理工作。省农业厅主管全省兽药生产、经营、使用，新兽药研制、质量监督，以及"兽药生产许可证"审核、兽药批准文号核发等行政管理工作。市、县畜牧兽医行政管理部门主要负责兽药质量监督、"兽药经营许可证"核发等行政管理工作。县级以上畜牧兽医行政管理部门选任兽药监督员。兽药监督员必须由兽药、兽医技术人员担任，凭所在人民政府发给的"兽药监督员证"开展工作。兽药监督员有权依法对辖区内的兽药生产、经营和使用单位的兽药质量进行监督、检查。省农业厅负责兽药监督员的考核培训工作。从 1989 年组建第一支兽药监督员队伍以来，1992 年后又陆续对兽药监督员的队伍进行充实，全省兽药监督员的人数基本保持在 320 人左右，保证每个市、县平均有 3～4 名兽药监督员，初步建立了省、市、县三级兽药监督管理网络。2000 年 2 月，省农业厅成立了省农业执法总队，承担了福建省兽药行政执法和打假工作。2004 年，国务院发布了新的《兽药管理条例》，根据新条例，从 2004 年 11 月 1 日开始，取消兽药监督员制度，兽药生产许可、兽药产品批准文号核发、新兽药制剂审核的权限收归农业部，省农业厅不再进行兽药生产许可、批准文号核发、新兽药制剂审核工作；水产养殖环节中的兽药使用、兽药残留检测和监督管理以及水产养殖过程中违法用药的行政处罚，由县级以上人民政府渔业主管部门及其所属的渔政监督管理机构负责。

一、兽药生产管理

根据 1987 年《兽药管理条例》以及农业部发布的《兽药管理条例实施细则》，省农业厅对兽药生产企业（生物制品除外）的人员、生产条件、质量检验仪器和人员进行审核，符合条件的核发"兽药生产许可证"，负责兽药产品（国家新兽药除外）批准文号的核发工作，并对兽药标签是否符合规定进行审查。2002 年农业部第 202 号公告规定，自 2002 年 6 月 19 日至 2005 年 12 月 31 日为《兽药生产质量管理规范》实施过渡期，自 2006 年 1 月 1 日起强制实施"兽药 GMP"。2003 年以来，省农业厅相关部门协助企业进行 GMP 改造，对企业实施兽药 GMP 进行指导，先后举行两次兽药 GMP 培训班，培训人员近百人次。2005 年，福建省执行国家标准的兽药产品有 305 个，执行地方标准的产品有 158 个，其中执行福建省地方标准 64 个。

二、兽用生物制品供应管理

20 世纪 90 年代初期，福建省生物药品厂主要按计划经济模式，生产畜禽用常规疫苗和中试产品，通过统购分配、订货会和少量零售的方式将各种疫苗发送到全省各地、市、县兽医防疫部门，保证全省防控动物疫病所需的疫苗。1996 年，根据农业部《兽用生物制品管理办法》规定，县级以上动物防疫机构负责组织辖区内预防用生物制品的订购和供应工作，预防用生物制品由县以上动物防疫机构在辖区内组织供应，跨省订购由省级动物防疫机构负责。具备条件的养殖场可以向所在地县级以上人民政府农牧行政管理机关提出自购疫苗的申请。经审查批准后，可以向兽用生物制品生产企业、进口兽用生物制品总代理商和具有供应资格的动物防疫机构订购本场自用的预防用生物制品。20 世纪 90 年代后期，各地兽用疫苗统购统销政策执行力度不一，部分兽药经营企业未按兽用疫苗统购统销规定，代理销售兽用生物制品进行销售。

1998 年，国家开始对口蹄疫实施强制免疫政策，2001 年对高致病性禽流感实施强制免疫政策。强制免疫用生物制品由农业部指定的企业生产，省农业厅依法实行政府采购，逐级分发至全省各地。

三、兽药经营管理

按照《兽药管理条例》，县级以上畜牧兽医行政主管部门对兽药经营企业经营场所、人员条件、设备设施等进行审核，达到条件的核发"兽药经营企业许可证"。兽用生物制品经营许可由福建省农业厅审核。到 2005 年，全省有 2500 多家兽药经营企业。

四、新兽药制剂审批

1987 年的《兽药管理条例》规定，新兽药分为 5 类，省农业厅可以审批第 4、5 类新兽药制剂。到 2004 年，省农业厅共审查批准了 39 种新兽药制剂（见表 3-2），主要为水产用抗生素类药和消毒剂。2004 年 11 月 1 日，根据新《兽药管理条例》，省农业厅不再审批新兽药，原审批的新兽药制剂要按照规定上升为国家标准，未上升为国家标准的不得继续生产。厦门北大泰普制药有限公司、福州联丰生物技术开发有限公司参加了水产药全国协作组的地方标准升国家标准工作，获得了多个地方标准上升为国家标准的鱼用兽药品种生产资质。

表 3-2　　　　　　　**2004 年全省新兽药制剂品种情况表**

序号	标准名称	主要有效成分	生产企业
1	溴氯海因消毒剂	溴氯海因	福建农大实验兽药厂
2	优碘素	碘	
3	强毒净	1227＋双链季胺盐	
4	消毒灵	次氯酸钠	
5	海渔宁Ⅰ（痢菌净预混剂）	痢菌净	
6	海渔宁Ⅱ（盐酸脱氧土霉素预混剂）	盐酸脱氧土霉素	
7	海渔宁Ⅲ（盐酸环丙沙星预混剂）	盐酸环丙沙星	
8	二氯海因消毒剂	二氯海因	
9	洛美沙星	洛美沙星	
10	强力离子交换水质净化剂	硫代硫酸钠	福建农大实验兽药厂/福建金谷科技开发有限公司
11	白底康Ⅰ	蒲公英、茵陈、板蓝根、白头翁、车前草	
12	白底康Ⅱ	蒲公英、茵陈、板蓝根、淮山、甘草	
13	菌毒散	黄芩、黄柏、连翘、陈皮、马齿苋	

续表 3—2

序号	标准名称	主要有效成分	生产企业
14	立可壮	痢菌净	
15	鳗乐灵—Ⅲ	盐酸脱氧土霉素	
16	鳖康素—Ⅲ	盐酸脱氧土霉素	
17	鳖康素—Ⅴ	硫酸新霉素	
18	鳖康素—Ⅱ	硫酸庆大霉素	
19	鳗乐灵—Ⅰ	诺氟沙星	福建金谷科技开发有限公司
20	鳗乐灵—Ⅱ	硫酸庆大霉素	
21	鳗乐灵—Ⅴ	硫酸新霉素	
22	氟哌酸预混剂	诺氟沙星	
23	复方戊二醛消毒剂	戊二醛＋季胺盐	
24	罗红霉素可溶性粉	罗红霉素	
25	黄芩散	黄芩	厦门海强生科技有限公司
26	槟榔散	槟榔	
27	黄连冲剂	黄连	
28	盐酸环丙沙星预混剂	盐酸环丙沙星,5％	
29	盐酸黄连素预混剂	盐酸黄连素	
30	硫酸新霉素预混剂	硫酸新霉素,40％	
31	硫酸新霉素预混剂	硫酸新霉素,20％	
32	硫酸新霉素预混剂	硫酸新霉素,50％	
33	大黄碳酸氢钠粉	大黄、碳酸氢钠	厦门华鼎动物保健品有限公司
34	的欧散	苦参、苦楝、榧子	
35	三黄冲剂	黄连、黄芩、大黄	
36	黄连冲剂	黄连	
37	诺氟沙星预混剂	诺氟沙星,60％	
38	盐酸黄连素预混剂	盐酸黄连素,10％	
39	盐酸环丙沙星预混剂	盐酸环丙沙星,10％	

五、兽药质量监管

1. 质量监测

1992 年，福建省农业厅组织对兽药市场抽查了 29 批产品，合格 4 批，合格率 13.8％。1993 年，对兽药生产、经营企业抽检兽药 22 批，合格 13 批，合格率 59.1％。1997 年，对兽药生产企业抽检 40 批，合格 35 批，合格率 87.5％。1999 年，抽检兽药产品 55 批，合格 29 批，合格率 52.7％。2000 年，抽检兽药产品 60 批，合格率 35.0％。2001 年之后，农业部每年下达兽药抽检任务，省农业厅根据农业部下达的任务，按比例增加抽检数量，制订本省兽药抽检计划。2001 年，抽检兽药 151 批，合格 72 批，合格率

47.7%。2002年，抽检兽药产品139批，合格产品89批，合格率64.0%。2003年，抽检兽药220批，合格133批，合格率60.5%。2004年，全省抽检兽药产品151批，合格117批，合格率77.5%。2005年，抽检兽药313批，合格率72.8%。

2. 监督执法

兽药监督执法由各级兽医行政管理部门负责。1994年4—9月，厦门闽台农业高新技术园区无"兽药生产许可证"生产销售禽霍乱荚膜亚单位疫苗、鸡传染性支气管炎疫苗、小鸭病毒性肝炎高免蛋黄抗体等兽用生物制品4238瓶，省农业厅依法进行了查处，没收非法收入91180元，并处罚款182360元；1995年，龙岩市云川畜牧有限公司制药厂在未取得"兽药生产许可证"的情况下，伪造兽药产品批准文号，非法制售氯霉素、北里霉素、氟哌酸预混剂等9种兽药产品，龙岩市畜牧水产局依法责成该厂停止生产销售兽药，没收非法生产的兽药1327.5箱（袋），没收非法收入6730.5元，罚款508576元。2000年2月省农业厅成立福建省农业执法总队以来，查处兽药行政违法案件1380个，共没收假劣兽药27.8吨。

第四章　动物疫病防控

第一节　主要动物疫病

1991—2005 年，全省累计新增疫病 47 种：猪繁殖与呼吸综合征、猪流感、猪肠道病毒病、猪黏膜病毒病、断奶仔猪多系统衰竭综合征（猪圆环病毒感染）、猪腺病毒病、猪传染性脑脊髓炎、猪皮肤肾病综合征（PV2）、猪脑心肌炎、猪传染性胸膜肺炎、猪传染性皮炎（渗出性皮炎）、猪坏死杆菌病、猪增生性肠炎、猪真菌性皮肤病、猪疥癣、猪附红细胞体病、高致病性禽流感、鸭伪结核病、鸡传染性贫血病、禽网状内皮组织增生病、鸭疱疹病毒 3 型、鹅痘、传染性病毒性腺胃炎、J 亚群禽白血病、鸡矮小综合征、鹅副黏病毒病、鸡包涵体肝炎、鸭呼肠孤病毒感染（肝白点病）、鹅的鸭传染性浆膜炎、雏鹅病毒性肠炎、鸭副黏病毒病、鸡李氏杆菌病、禽沙门氏菌病、鸭李氏杆菌病、牛坏死杆菌病、山羊接触性传染性胸膜肺炎、羊李氏杆菌病、羊伪结核（棒状杆菌病）、兔坏死杆菌病、兔支气管败血波氏菌病、兔链球菌病、兔太泽氏病、犬传染性肝炎、犬冠状病毒病、犬轮状病毒病、传染性支气管炎、犬窝咳（其中猪病 16 种、禽病 18 种、牛病 1 种、羊病 3 种、兔病 4 种、犬病 5 种），而且多病原的混合感染或多重感染普遍存在，呼吸道综合征、繁殖障碍综合征、免疫抑制综合征等问题日益突出，一些疫病还出现非典型症状或病原毒力转强、宿主范围扩大现象，给全省畜牧业生产造成极大危害。据 2003 年统计，全省由于动物疫病造成畜禽死亡的年直接经济损失达 7 亿多元，因病淘汰的畜禽以及由此引起的生产能力下降、饲料转化率降低、人工消耗和治疗费用等造成的间接经济损失超过 13 亿元。

一、畜　病

（一）狂犬病

1. 发生情况

2005 年 6 月 2 日，上杭县临城镇西南村小寨自然村一家犬咬了两位村民，当晚又咬了一个 12 岁的男孩（后送医院医治无效死亡）。此后小寨自然村有 100 多只犬互相咬斗传染，经调查小寨村有 20 多只犬有异常，村民发现有 5 只犬死亡。此后又咬伤 1 名 61 岁男子和 1 名犬的主人，这两人被咬伤后立即注射狂犬病疫苗，未出现症状。

2005 年 7 月，将乐县安仁乡余坑村 1 名 9 岁男孩、1 名 40 岁妇女、2 名 61 岁男子（其中 1 名为犬的主人），先后被犬咬，2 名 61 岁男子被咬伤后立即到医院注射狂犬病疫苗，没有出现狂犬病症状，9 岁男孩和 40 岁妇女没有去医院免疫，一个月后出现神经症状。9 岁男孩发病后 7 天死亡，妇女发病后 10 天死亡。病犬咬人后 3 天死亡。

2. 流行特点

福建农村散养犬为传播狂犬病提供了条件，由于狂犬病病毒潜伏期长，犬到处跑，是发病潜在因素，加上农村的犬免疫注射密度低，对犬的流通检疫管理难，容易传播该病。

3. 防控措施

福州市、厦门市政府分别于 2002 年、2003 年公布了犬类管理办法，要求对犬必须进行有效的免疫，持证领养犬。其他 7 个设区的市还没有对养犬进行管理，但城市养犬的人比较重视犬的免疫注射，农村养的犬免疫注射密度相对较低。

2005 年上杭县和将乐县发生狂犬病后，畜牧水产局采取防控措施：一是把发病自然村饲养的所有犬扑杀，进行无害化处理；对其他自然村所有犬进行狂犬病疫苗免疫处理；整个行政村进行紧急消毒。二是对全县的犬进行调查，发现异常的犬全部扑杀并做无害化处理。

（二）猪伪狂犬病

1. 发生情况

1990 年以前，该病在全省已得到控制。后随着规模化养猪业的发展又蔓延起来，流行趋势是由沿海向山区逐步蔓延。1997 年 6 月和 7 月，厦门市湖里区、集美区灌口镇共有 72 头仔猪发生猪伪狂犬病。1999 年 7 月、2000 年 3 月、2002 年 12 月、2005 年 4 月，平和县、龙海市、漳州市芗城区均发生猪伪狂犬病。1999 年 4 月、2000 年 7 月及 10 月、2003 年 8 月、2004 年 6 月，龙岩市新罗区、上杭县均发生猪伪狂犬病。1999 年 9 月，福州市晋安区 317 头仔猪发生伪狂犬病。2002 年 6—7 月，晋江市对 248 个养猪场进行血清学调查，结果有 31 个养猪场检测为伪狂犬病阳性场。2003 年 3 月、2005 年 4 月，邵武市、南平市延平区夏道镇先后有 138 头母猪和 1511 头仔猪发生伪狂犬病全部死亡。2004 年，厦门市同安区新民镇 5 个种猪场，144 窝仔猪感染猪伪狂犬病。2004—2005 年，对福州、南平、宁德三市 142 个猪场 762 份病料进行病原学检测，阳性 156 份，阳性率达 20.47%。

2. 流行特点

病原主要分布在养猪场，在猪饲养量大的龙岩、漳州、南平等市发生伪狂犬病的病例较多，仔猪发病死亡率为 50%～90%。有 60% 以上是引种引起传播发病的；此外还有母猪自身带毒，垂直传播引起仔猪发病死亡。

3. 防控措施

福建各养猪场都能自觉定期注射猪伪狂犬疫苗，散养户的猪大多没有进行伪狂犬病的免疫。多数的大、中型猪场采用封闭式管理，种猪发现伪狂犬病一般都能淘汰，商品猪采用全进全出的管理方式；对猪场进行定期消毒、灭杀病源。

（三）畜巴氏杆菌病

1. 发生情况

（1）牛巴氏杆菌病

1994 年 5 月下旬至 8 月上旬，长泰县武安、岩溪、枋洋 3 镇 11 个行政村水牛相继发生巴氏杆菌病，共发病 53 头，死亡 25 头，病死率为 47.17%。1996 年 9 月 30 日，顺昌县双溪镇镇西村一头水牛发生牛巴氏杆菌病死亡，10 月 5—10 日，水南镇五里亭村陆续发现 8 头水牛发生牛巴氏杆菌病。1996 年 11 月 17 日至 12 月，将乐县高唐镇高唐村、赖地村先后有 16 头水牛发生牛巴氏杆菌病死亡。1997 年 10 月 13 日，尤溪县西滨镇华兰村同群 16 头水牛发生巴氏杆菌病。

（2）猪巴氏杆菌病（俗称猪肺疫）

1991 年 8 月，顺昌县水泥厂综合养殖场 29 头猪感染猪巴氏杆菌，发生猪肺疫。1993 年 7 月 12 日，仙游县郊尾镇一种猪场 3 头猪发生猪肺疫，此外在 5 个乡镇调查 3691 头猪中 643 头发生猪肺疫。1994 年 12 月 28 日，德化县一猪场 1 头商品猪死于猪肺疫。1999 年 8 月，寿宁县一个体户饲养的 23 头太湖猪发生巴氏杆菌病。1997 年 9 月，福州建新镇一专业户从湖北调进仔猪 576 头发生猪肺疫。2000 年 1 月，福州一猪场存栏 2000 头左右的商品猪，发生猪肺疫。

（3）羊巴氏杆菌病

1994 年 4 月，顺昌县仁寿镇一农户饲养 92 只羊，发生羊巴氏杆菌病。

（4）兔巴氏杆菌病

1997 年 5 月，平和县下寨镇发生败血型兔巴氏杆菌病。1997 年 6 月，古田县大甲乡小甲村一农户饲养的 120 只兔相继发生兔巴氏杆菌病。1999 年 4 月，德化县三班镇三班村饲养的 256 只塞北兔发生巴氏杆菌病。2002 年 8 月、2002 年 12 月至 2003 年 2 月，平和县安厚镇一农户饲养的 215 只大白兔，大溪镇 5 饲养户饲养的 505 只哈白兔，先后发生巴氏杆菌病。2003 年 4 月，大田县石牌镇一专业户饲养的 523 只兔发生巴氏杆菌病。

2. 流行特点

全省牛、羊、猪巴氏杆菌病在山区多发，禽类在沿海平原多发。

3. 防控措施

牛、羊的巴氏杆菌病疫苗在福建较少使用，猪巴氏杆菌病疫苗和禽巴氏杆菌病疫苗在全省已经广泛使用。

（四）链球菌病

1. 发生情况

（1）羊链球菌病

1997 年 3 月下旬，德化县美湖乡阳山村一专业户 60 只山羊发生链球菌病。2001 年 4 月，清流县嵩口镇一饲养户的 26 只羔羊发生链球菌病。2002 年 4 月，尤溪县溪尾乡一专业户饲养的 40 只戴云山羊发生链球菌病。

（2）兔链球菌病

2005 年 3 月 16 日，屏南县一村民饲养的 58 只种母兔发生兔链球菌病。2005 年 9 月 14 日，屏南县一村民饲养的 430 只肉兔发生兔链球菌病。

（3）猪链球菌病

1995 年 8 月 5—10 日，德化县盖德乡一养猪户饲养的 25 头商品猪发生关节炎型猪链球菌病。1996 年 8 月、1998 年 5 月、1999 年 9 月、2002 年，长泰县、南靖县、龙海市共有 172 头猪发生败血性链球病，漳州市芗城区、龙海市共有 655 头猪发生关节炎型链球菌病。1998 年 3 月、1999 年 9 月，闽清县、长乐市两猪场共发生 64 头猪关节炎型链球菌病。2000 年 5 月、2001 年 8 月，建瓯市、邵武市三个养猪场 12 头猪分别发生脑炎型和败血型链球菌病。2001 年 3 月、2003 年 8 月、2005 年 4 月，三明市沙县大洛镇、梅列区小蕉镇和市郊 3 个猪场分别发生 5 头小猪关节炎型，150 头猪脑膜炎型，94 头猪关节炎型链球菌病。2000 年 7 月、2004 年 10 月，龙岩市新罗区江山乡、武平县中山镇老城村共发生 129 头猪败血型链球菌病。2005 年 9 月 10 日，周宁县狮城镇红潭村詹某 10 头 80～100 千克商品猪发生关节炎型猪链球菌病。

2. 流行特点

以养猪业较多的龙岩、南平、漳州、福州等地区多发，呈散发性。

败血型和脑膜炎型多发于仔猪，化脓性淋巴结炎型和关节炎型多发于育肥猪。

3. 防控措施

（1）加强生物安全措施

加强环境卫生和消毒，坚持自繁自养、全进全出的饲养方式及降低饲养密度；引进种猪严格执行隔离观察、检疫，淘汰带菌种猪；严格做好病死猪和带毒猪的无害化处理；严禁屠宰、加工和贩卖病猪；对发生过链球菌病的养猪场进行疫苗免疫预防。

（2）治　疗

早期连续用青霉素、头孢类、喹诺酮类药物等进行治疗效果较好。

（五）猪　瘟

1. 发生情况

1991 年 3 月、1997 年 4 月、1998 年 6 月、1999 年 11 月，南平市延平区、邵武市城郊和沿山镇共2710头猪发生猪瘟。1992年3月、2000年4月、2004年9月，龙岩市新罗区、上杭县、漳平市4个养猪场113头猪发生猪瘟全部死亡。1990年7月、1997年4月、2000年3月、2003年5月，明溪县雪峰镇、永安市城郊、沙县城郊、清流县林畲乡4个猪场共2385头猪发生猪瘟。1997年12月、1999年11月、2004年4月，漳州市芗城区、龙海市3个猪场共1065头猪发生猪瘟。2000年11月，永春县196头仔猪发生猪瘟，后传染到整个猪场的猪发病。2002年10月、2004年8月、2005年7月，福安市湾坞乡、福鼎市山前街道和岩前乡、古田县鹤塘镇4个猪场1026头猪发生猪瘟。2004年3月、2005年7月，福州市晋安区、闽侯县南屿镇2个猪场431头猪发生猪瘟。2005年3月，厦门市同安区119头猪发生猪瘟。猪瘟仍是引起福建省猪群死亡和导致繁殖障碍的主要疫病。

2. 流行特点

省内猪瘟病主要是通过带毒种公猪和母猪垂直传播而引起发病。一是母猪垂直感染给胎儿或仔猪；二是外调种猪时把猪瘟病毒带入；三是一些地方猪没有免疫或免疫剂量不够，或疫苗运输和保存中未进行冷冻保存，疫苗失效，免疫失败；四是免疫程序不当；五是免疫抑制性疾病；六是免疫操作规程不规范等。

3. 防控措施

采用免疫、监测、消毒、净化相结合的综合防控措施。农村散养户春、秋两季由县、乡两级兽医站组织防疫人员入户集中免疫，规模养猪场（户）全面推行按程序免疫。2000年，全省农村散养实行种猪管理制度，专业大户、集约化猪场，以场内兽医实行免疫建档。2004年后，全省实施免疫标识和免疫档案相结合的免疫管理办法，部分大型猪场开始实行猪瘟净化工作，淘汰所有检出阳性的种猪，强化猪场消毒灭源工作。

（六）猪繁殖与呼吸综合征（蓝耳病）

1. 发生情况

1997年，全省普查平均血清阳性率42.08%，其中福清市最高，达83.13%。1998年夏天，福清及莆田县部分猪场母猪爆发"流产风暴"。2002年5月、2003年5月和11月、2005年5月，平潭县、福清市、福州市晋安区8个猪场19头怀孕母猪和1433头仔猪发生蓝耳病，继发其他病，死亡率在50%以上。2004年2月，泉州市永春县某猪场从外地调进15头长大母猪，15天后，3头母猪发生蓝耳病，传染全场106头。2004年2—3月、2004年7—8月，永定县上经村、上杭县中都镇4个猪场，因感染蓝耳病，死亡133头。2004年4月中旬，福鼎市华龙公司松阳猪场从浙江引进长大后备母猪106头，进场3天后发生蓝耳病，随后感染仔猪发病420头。该病已成为母猪繁殖障碍和小猪死亡率高的重要病原。

2. 流行特点

在养猪业发达的福州、漳州、龙岩、南平发病比较多，有养猪的其他地区也时有发病。一年四季均会发生，无明显的季节性。是一种高度接触性传染病，呈地方流行性。

3. 防控措施

主要采取疫苗免疫、免疫监测、检疫、净化、消毒等措施，加强饲养过程生物安全措施。2000—2005 年，开始使用疫苗免疫。

（七）猪圆环病毒病

1. 发生情况

2002 年 5—12 月，福州市仓山区城门镇一猪场出生仔猪 500 多头，发生先天性震颤型仔猪圆环病毒病。2003 年 8 月下旬，龙岩市新罗区一猪场 80 多头猪发生肺炎型猪圆环病毒病。2003 年 10 月，漳平县 40～80 日龄的 100 多头猪发生肺炎型猪圆环病毒病。2004 年 4 月，闽侯县祥谦镇一猪场发生衰竭综合型猪圆环病毒病。2005 年 8 月，漳州市芗城区一猪场发生肠炎型猪圆环病毒病。本病流行面广，已成为猪群疫病混合感染的主要病原。

2. 流行特点

病猪和带毒猪是主要的传染源。可通过胎盘垂直传播。只感染猪，各种年龄、不同性别的猪都可感染，但大猪不一定会表现出发病症状。主要发生在哺乳期和保育期的仔猪，尤其是 5—12 周龄的仔猪，一般于断奶后 7 天以内最易发病，该病刚传入福建省时，仔猪发病死亡率达 50％以上。

3. 防控措施

在全省养猪场中加强饲养管理，提高猪群营养水平和采用药物预防，加强监测、检疫，实施准调证制度，消毒灭源等综合防治措施。疫苗没有获得国家批准，只进行中试试验。

（八）猪流行性感冒

1. 发生情况

1998 年 5 月、1999 年 5 月，永定县抚市镇两次共 28 个行政村发生猪流感病，约流行 2 个月，据永定县畜牧兽医站统计，28 个行政村发病猪 6070 头，死亡 65 头，因病母猪流产、早产、死胎的有 62 窝。从 2001 年 8 月 17 日开始，南平市延平区、邵武市、顺昌县、建瓯市、建阳市、政和县、松溪县、浦城县共 32 个乡镇，发生猪流感病并发蓝耳病，累计疫点 36 个，发病生猪 10500 多头，死亡 963 头。2004 年 2 月，惠安县一养猪场发生猪流感病 120 多头。2004 年 8 月 13 日，龙海市海澄镇一猪场 50 头二元后备母猪发生猪流感。另据省农科院畜牧兽医研究所王隆柏等人 2005 年对福州、莆田、泉州、厦门、漳州、龙岩、三明、南平等八市 40 个猪场、600 份血清检测，结果 H1 亚型阳性率为 53.4％，H3 亚型阳性率为 23.74％。

2. 流行特点

在全省各地饲养的猪均会感染，以养猪业发达的龙岩地区、南平地区发生次数多，发生面大。一年四季均可发生，其流行有明显的季节性，天气多变的早春，初秋及冬季较易发生。

3. 防控措施

防控猪流感主要加强饲养过程生物安全措施、监测、检疫，实施准调证制度、消毒等。猪流感病仍没有疫苗预防，治疗无特效药，只能治标，增强其抗病能力。猪流感病防治主要是加强平时饲养管理，增强猪自身抵抗力，建立健全消毒制度；引进猪实行隔离，并进行血清学检测，防止带毒的阳性猪混入猪群；猪场发生该病时严格隔离病猪，用具严格消毒，防止本病扩散，并采取对症治疗，缓解病情，减少死亡。猪流感具有重要的公共卫生意义，发生期注意人员的防护。

（九）猪流行性腹泻

1. 发生情况

该病是福建省养猪业的常发病。1997年2月中旬，漳州市芗城区一猪场有10多头仔猪发生猪流行性腹泻，7天内传染到全场180多头10～25千克的猪。到3月上旬该场的后备母猪也全部感染。2002年12月下旬，惠安县东岭乡一猪场从省外购进20头后备母猪和100头小猪，到场当天即发现个别小猪腹泻，第三天新购进的120头猪全部发生流行性腹泻，后来感染全场的猪，其中20窝哺乳仔猪全部感染发病。

2. 流行特点

可在猪群中持续存在，病毒多经病猪粪便排出，通过传播媒介，如鞋、带毒工具、鼠类、运输工具等传播。只感染猪，各种年龄、性别、品种的猪均易感染，哺乳仔猪、架子猪和育肥猪发病率可达100%，母猪发病率在15%以上。在饲养管理条件好的猪场较少发生。主要是气候变化、猪抵抗力下降时易暴发该病。

3. 防控措施

全省主要是加强防疫猪场内外卫生工作，严格禁止从疫区购入乳猪。一旦发现病猪，严格隔离封锁，严格消毒猪场、猪舍及用具，紧急接种猪流行性腹泻氢氧化铝灭活疫苗，并对症治疗，可减少死亡率。

（十）猪附红细胞体病

1. 发生情况

1998年4月、2001年8月、2004年8月、2005年6月，福州市晋安区、福清市渔溪镇、仓山区城门镇4个猪场2400多头猪发生猪附红细胞体病。2000年10月、2003年7月，武夷山市崇安镇、邵武市的城丰村2个猪场44头猪发生猪附红细胞体病。2001年9月初，莆田江口镇一猪场保育舍猪发生猪附红细胞体病。2001年10月、2003年8月，龙岩市新罗区、上杭县湖洋乡2个猪场共118头猪发生附红细胞体病。2002年5月、2004年9月，福安市城阳乡洋面村和社口镇2个猪场55头仔猪发生猪附红细胞体病。2002年7月，厦门集美区灌口镇2个猪场380头猪发生附红细胞体病；2002年8月底至2004年12月，漳州市芗城区、龙文区 3 个猪场 340 头猪和一个中型猪场整个场发生猪附红细胞体病。2003 年 4—5 月，泉州泉港区南埔镇、仙境村、天湖村、塘头村等 10 个行政村的 115 户养猪户的 40～50 天仔猪发生猪附红细胞体病，另有 3 个规模养猪场发生附红细胞体病。2005 年 3—5 月，建宁县里心镇里心村、花排村、上黎村、靖安村、汪家村、滩角村和代家村等 13 个行政村发生猪附红细胞体病，6 月 11 日该病在溪口镇、黄埠乡、客坊乡 3 个乡镇蔓延。

2. 流行特点

1998 年因调种传入福建省，通过接触、血液、交配、垂直及媒介昆虫（蚊、虫叮咬）等多种途径传播。如通过动物之间舔咬伤口、相互斗咬，或通过污染的血液、尿液、注射器、手术器械等进行传播，也可通过污染的精液感染母猪和胎盘进而感染仔猪。病猪、隐性感染带菌猪是主要传染源，隐性感染带菌猪在有应激因素存在时出现明显临床症状。对各年龄、性别、品种的家养猪均易感，但仔猪和母猪多发病。主要分布在福州、南平、漳州、龙岩等养猪多的地区，无明显的地区分布界限。一年四季都会发生，但多发于夏、秋和雨水多的季节。

3. 防控措施

福建省主要采取监测、检疫、实施准调证制度、消毒等综合防治措施。加强饲养管理，饲喂高营养全价饲料，保持舍内良好温度、湿度、通风，消除应激因素，灭蝇灭蜱等吸血昆虫，并严格消毒，注射要一猪一针头，降低感染机会和感染率，药物预防可在饲料中选用添加预防量的阿散酸、土霉素、四环素、金霉素、强力霉素等，选用四环素等抗生素治疗效果好。

（十一）猪细小病毒病

1. 发生情况

1990 年 4 月和 2005 年 6 月，龙岩市新罗区曹溪镇后隔村、上杭县通贤乡的一猪场和 3 个专业户养殖的生猪发生猪细小病毒病。1993 年 9 月，古田县大桥镇一猪场，有 7 头母猪发生细小病毒病。1998 年 9—10 月、2003 年 10 月，闽侯县南屿镇、青口镇、福清市海口镇有 26 头经产母猪发生细小病毒病。2003 年 11 月、2004 年 6 月，南平市延平区夏道镇、塔前镇 2 个猪场发生细小病毒病。2003 年 11 月，晋江市安海镇一猪场 3 头母猪发生细小病毒病。

2. 流行特点

猪细小病毒病在养猪场较为常见，不同年龄、性别、品系的猪均可感染，呈地方性流行，猪感染后终生带毒。新生仔猪感染后死亡率高。

3. 防控措施

福建省畜牧兽医局 1993 年向全省推荐的免疫程序为母猪配种前 1 个月进行细小病毒病免疫接种，种猪约在 5 月龄左右第一次免疫接种，间隔 1 个月后再加强免疫一次。

（十二）兔瘟（兔病毒性出血症）

1. 发生情况

各级畜牧兽医主管部门和养兔专业户（养兔散养户）对兔瘟防治十分重视，兔瘟的免疫率达到动态 98％，所以基本上得到控制，病例明显下降。

2. 流行特点

新发病的兔场发病多呈暴发性流行，死亡快，死亡率高。老疫区多呈散发性流行。冬、春两季易发生。

3. 防控措施

福建省主要防控措施是加强免疫接种，强化兔群饲养管理，舍内饲养密度不能过高；平时搞好卫生、通风和消毒。2005 年前一直广泛使用的兔瘟组织灭活疫苗，免疫效果非常好，断乳后家兔每只皮下注射 1 毫升，每半年免疫一次。发现兔瘟病对病兔立即隔离，对未发病兔进行紧急免疫和严格消毒。

（十三）兔大肠杆菌病（兔黏液性肠炎）

1. 发生情况

1994 年 3 月，浦城县一兔场 85 只 1—3 月龄塞北兔发生兔大肠杆菌病，50 只獭兔发生兔大肠杆菌病。2003 年 7 月，武平县中山镇新城村一农户饲养的兔有 124 只发生兔大肠杆菌病。2004 年 4 月，连城县一农户饲养的 307 只肉兔发生兔大肠杆菌病。2005 年 4 月，南平市延平区夏道镇一兔场 57 只兔发生兔大肠杆菌病。

2. 流行特点

在饲养管理差、卫生条件不良和气候变化等原因使肠道内的正常菌群发生变化时，容易暴发本病。群养的兔发病率高于笼养的兔，高产毛用兔的发病率高于皮用兔。本病常与兔球虫病混合感染，此时下痢更为严重，病死率也高。兔场一旦发生该病，常因场地和兔笼的污染而引起大流行造成仔兔大量死亡，第一胎仔兔发病率高于其他胎次。主要发生于 4～9 月龄仔兔。

3. 防控措施

该病还没有正式批准的疫苗，对该病防控主要是保持兔场良好的卫生环境，减少各种应激因素。仔兔断乳前后逐步改变饲料。治疗主要选用链霉素、庆大霉素、磺胺脒等，并注意防止因腹泻脱水死亡。

（十四）兔球虫病

1. 发生情况

几乎每个养兔专业户兔场都有发生过兔球虫病。此病在福建省养兔业中比较常见，但各地都没有上报该病情况，所以资料比较少。

2. 流行特点

各种品种的家兔对球虫病均有易感性，断奶后 3 月龄幼兔感染最为严重，死亡率也高。多在温暖多雨的季节流行，在福建多发生在每年 4—7 月。

3. 防控措施

发病后再治疗效果不佳。重点应放在预防上，预防主要采取以下措施：一是兔场建造在高燥向阳地点，合理安排繁殖期，使幼兔不在梅雨季节断乳，成年兔对球虫有较强的抵抗力，但带虫卵，因此断乳后幼兔与青年兔、成年兔分开饲养，减少感染机会。二是平时加强环境卫生，将兔粪、污物堆积发酵；定期消毒兔舍、兔笼，有条件的兔场，笼养非木质的选用空笼火焰消毒法；严禁饲喂被粪污染的饲料和饮用水，引进种兔须隔离 2 周，并粪检确认无该病后才合群。三是对有球虫病的兔场、兔群在流行季节用氯苯胍、磺胺氯吡嗪、磺胺喹噁啉、磺胺二甲嘧啶、球虫净、克球多等药物预防或治疗。

（十五）牛乳房炎

1. 发生情况

几乎每个场的奶牛都发生过，因该病每年都有一批乳用牛被淘汰。

2. 流行特点

大多为金黄色葡萄球菌入侵损伤乳房发生乳房炎。为零星散发的疾病，通过机械的、物理的、化学的损伤后细菌感染或通过接触传播细菌，接触受污染的物体，如受污染的挤奶机胶垫、挤奶员的手、污染的场地或水源，在生产奶的牛中传播。在哺乳动物均能发生，如牛、羊、猪等母畜哺乳期、干奶期均易发生。奶牛乳房炎要比耕牛、肉用牛的发病率高，产奶量高的奶牛更易发生。

3. 防控措施

挤乳前用温水清洗乳房，产奶量高的牛要增加挤奶次数，并保持牛舍卫生，防止细菌感染，采用正确的挤奶姿势；正确组织停奶期，停奶后要多观察牛的乳房，发现乳房炎症及时治疗；严防机械挤奶损伤并发乳房炎，对发生乳房炎的牛进行热敷和按摩，根据乳汁化验找出病原菌，选择抗菌素进行乳房注射治疗。

（十六）牛流行热

1. 发生情况

1991 年 7 月 5 日至 10 月 3 日，莆田、仙游、涵江、城厢等 4 个县（区）40 个乡镇；漳州市芗城、龙海、长泰、南靖、诏安、漳浦等 6 个县（市、区），31 个乡镇 283 个行政村；福州地区所辖的福清、长乐、平潭、闽侯、马尾、晋安、仓山等 7 个县（市、区）70 个乡镇，2 个奶牛场；1991 年 7 月初至 9 月底，泉州市所辖的南安、晋江、惠安、石狮、泉港等沿海 5 个县（市、区）52 个乡（镇）；厦门市所辖的同安、集美、杏林、湖里等 4

个区的 19 个乡镇，8 个农林场；南平大横奶牛场发生奶牛流行热病。全省共发生牛的流行热 72677 头，其中黄牛 39305 头，水牛 28528 头，奶牛 4844 头。

表 4—1　　　　　**1991 年全省 4 个奶牛场发生牛流行热情况表**

单位：头

奶牛场	存栏奶牛数	发病数	流产数	瘫痪牛数	死亡牛数
北门奶牛场	213	135	15	—	9
福州农业厅家畜育种站	32	19	3	1	3
南平大横奶牛场	310	61	1	—	6
长乐文武砂奶牛场	302	154	—	1	14
合　计	857	369	19	2	32

1992 年、1994 年、1996 年 6 月、1997 年 6—9 月、1998 年 8 月、2002 年 8—10 月，长泰县枋洋镇共 50 个村次，1747 头牛发生牛流行热，其中黄牛 1581 头，水牛发生 166 头。1999 年 8 月，邵武市洪墩镇 11 头青壮年黄牛发生牛流行热病。2002 年 6—9 月，南平市长富牛奶公司所属的 11 个牧场先后有 2061 头奶牛发生牛流行热病。

2. 流行特点

病毒可由吸血昆虫，如蚊、蜱、蠓螨等在体内增殖，吸血昆虫活动盛期传播本病。自然感染仅见于牛。主要侵害乳牛和役用黄牛，水牛与肉用牛较少发病。不同品种、性别、年龄的牛均易感，犊牛和怀孕牛及强壮牛发病症状严重。本病发生季节性强，多在每年的 6—10 月。

3. 防控措施

发病季节要做好牛舍的通风，灭杀吸血昆虫如蜱、蚊等，定期进行消毒。对发生该病的牛主要是加强护理，及时治疗，对症治疗以解热镇痛、清热解毒为主，辅以渗湿利水，祛风散气，强心，缓解呼吸困难，结合抗菌素防止继发感染。其中，解热肌肉注射复方氨基比林，解毒以静脉滴注葡萄糖生理盐水，强心肌肉注射樟脑油或安钠加。根据全省各地治疗该病的经验，最好结合中药治疗，原则为清热解毒，中药可选葛根柴胡汤，羌活汤加碱。对患病牛及时隔离饲养，结合防风吹、防潮湿。

二、禽　病

（一）新城疫

1. 发生情况

1998 年，南平建阳市徐市镇一饲养户饲养的 480 只 25 日龄肉鸡发生新城疫病，3 天后开始出现死亡，8 天内共死亡 81 只，死亡率 16.9%。同年，厦门市同安区一养鸽场 1000 只 4 岁龄种鸽和南安水头镇一鸽场 2000 只 4 岁龄种鸽与从外地分别引进的 192 只、200 只 1 月龄种鸽放在一起，引进种鸽在进场后 3 天开始发病，1 个月内全部发病死亡；原场内的种鸽也有部分发病，产蛋率下降、种蛋孵化率降低、出壳的雏鸽 6 天内 100% 死亡，两个种鸽场原种鸽各死亡 200 只和 300 只，死亡率分别为 20%、15%，经实验室诊断为新城疫。

2003 年以来，省农业科学院畜牧兽医研究所通过病原学研究发现，福州、莆田、漳州等地的雏番鸭、雏半番鸭发生禽 1 型副黏病毒感染，发病率 10%～35%，病死率 23%～40%，但随着日龄的增长，其发病率、病死率明显下降。

2. 流行特点

在自然条件下，该病可发生于鸡、鸽、火鸡等家禽和多种野鸟。各种日龄的禽鸟均可感染发病，以幼禽最易感。但自 20 世纪 90 年代以来，典型鸡新城疫见于农村散养户非免疫鸡群或免疫力较低的鸡群，而规模化、集约化程度较高的鸡场甚少发生典型症状。由于农村鸡、鸭、鹅混养严重，鸭、鹅发生新城疫的病例增加。发生鸡新城疫的鸡群多并发或继发病毒性疫病（如鸡传染性法氏囊病）或细菌性疫病（如大肠杆菌病）。该病一年四季均可发生，但以春、秋两季多发。

3. 防控措施

福建省主要采取加强饲养管理和免疫预防本病的重要措施，不同日龄鸡、不同用途鸡不应混养，建立健全严格的卫生消毒制度和全进全出制。鸡新城疫疫苗有两类，一类为活疫苗，其中有中等毒力疫苗（如Ⅰ系疫苗）和弱毒疫苗（如Ⅳ系苗、Ⅱ系苗和克隆－30等）。另一类为油佐剂灭活苗。肉鸡一般在 7～10 日龄时以弱毒疫苗滴鼻点眼，30～35 日龄时以Ⅰ系疫苗进行第二次免疫。种（蛋）鸡，在 7～10 日龄时以弱毒疫苗滴鼻点眼，25 日龄时以同样疫苗进行第二次免疫，并同时注射油佐剂灭活苗，开产前 1～2 周再进行一次油佐剂灭活苗加强免疫。尚无水禽专用的禽 1 型副黏病毒疫苗。在禽群发生新城疫时，将病死禽进行深埋或焚烧等无害化处理，严格消毒场地、物品和用具等。

（二）鸡马立克氏病

1. 发生情况

马立克氏病在全省各地普遍存在。1990 年初，南安、晋江等县的哈克、依沙、罗斯等品种后备蛋鸡于 3 月龄先后发病。1994 年 7—8 月间，福州一种鸡场的贵姬鸡，在 4～5 月龄时陆续发病。1995 年 5 月，省家畜育种站饲养的珍珠鸡先后发病，最后全部淘汰，无害化处理。1997 年 9 月，南平市延平区的土种肉鸡于 58 日龄开始发病，2001 年，晋江市绿壳蛋鸡于 140 日龄开始发病、海兰蛋鸡于 100 日龄开始发病。

2. 流行特点

不同品种或品系的鸡均能感染马立克氏病毒（MDV），感染时鸡的年龄对发病有很大影响，早期感染可导致很高的发病率和死亡率。年龄大的鸡感染大多不发病，病毒可在体内复制，并随脱落的羽囊皮屑排出体外，使鸡舍内的灰尘成年累月保持传染性。很多外表健康的鸡可长期持续带毒排毒，于性成熟时几乎全部感染。

3. 防控措施

疫苗接种是防治本病的关键，以防止出雏室和育雏室早期感染为中心的综合性防治措施对提高免疫效果和减少损失亦起重要作用。疫苗有三种：人工致弱的 1 型 MDV（如 CVI－988）、自然不致瘤的 2 型 MDV（如 SB1、Z4）和 3 型 MDV（HVT，如 FC126）。多价疫苗主要由 2 型和 3 型或 1 型和 3 型病毒组成。

（三）传染性法氏囊病

1. 发生情况

1991 年、1994 年漳州市，1996 年、1997 年古田县，1998 年建阳市、泰宁县、武平县、晋江市，1999 年龙岩市，2000 年漳州市、邵武市，2001 年闽清县，2002 年南平市延平区，2005 年厦门市同安区，先后发生地方流行性鸡传染性法氏囊病。

2. 流行特点

通过直接接触或污染饲料、饮水、垫料、尘埃、用具、车辆、人员、衣物、鼠类、甲虫等间接传播，经呼吸道、消化道传染造成流行，还可通过污染的种蛋传染。

鸡和火鸡易感，鸭、鹅、鹌鹑不感染。无明显季节性，在饲养条件差、卫生环境差、雏鸡饲养密度高的鸡舍易发生。

3. 防控措施

福建省采取加强环境卫生和消毒工作来控制该病，消毒措施贯穿种蛋、孵化、育雏的全过程，选用有效消毒药对育雏舍、用具、鸡笼等进行喷洒消毒，间隔4～6小时，反复消毒2～3次，有效防止雏鸡的早期感染。生产中应用油乳剂灭活苗接种种鸡，提高种鸡的母源抗体水平，能保护雏鸡至2～3周龄，避免早期感染。对雏鸡进行免疫接种，常用疫苗有活疫苗或灭活疫苗，保护率高，疫苗有 Cu－IM、D78、TAD、B87、BJ836 等种类。

鸡群发病时采用的措施主要有：一是在饮水中加 5％的糖或 0.1％的盐，供应充足的饮水，或在饮水中加入口服补盐液，有利于减少对鸡肾脏的损害；同时投服抗生素，防止继发感染。二是对与病鸡同群的鸡使用双倍剂量的中等毒力的活疫苗进行紧急免疫接种。三是立即扑杀病鸡、病死鸡，并进行深埋或焚烧等无害化处理。选择合适的消毒药对鸡舍、鸡体表、周围环境进行严格彻底消毒。

（四）禽呼肠孤病毒病

1. 发生情况

1996 年，莆田、福清、长乐等县市的部分地区番鸭出现不明原因的死亡，2000 年仅莆田县，因该病死亡番鸭即运 2000 万只以上，病死番鸭的病理变化主要表现为肝、脾等多种实质器官出现黄白色坏死点。

2. 流行特点

病禽、带毒禽（隐性感染）排毒后，通过呼吸道和消化道侵入健康禽体后，会迅速在群体中传播，也可垂直传播，潜伏期长短取决于宿主种类、年龄、病毒的致病型。

不同品种、年龄的鸭鸡都易感，年龄不同本病临床表现不一，成年禽感染该病多表现为隐性。主要分布在莆田市、福州市、泉州市辖区内。无严格的季节区分，高温季节、产蛋高峰和应激大的地方相对高发。

3. 防控措施

福建省主要采取加强饲养管理和免疫控制该病，禽呼肠孤病毒几乎存在于所有的禽场，该病毒对环境的抵抗力强，既可垂直传播又可水平传播，使各地消除病毒的感染十分困难。部分禽场采用灭活疫苗接种种禽以控制该病的发生被证明是有效的，该方法不仅通过母源抗体保护 1 日龄雏禽，而且对垂直传播有限制作用。市场上有鸡用活疫苗和灭活疫苗供应。

（五）鸡产蛋下降综合征

1. 发生情况

1991 年，分离到病毒证实有本病存在，省内部分鸡场临床上曾出现产蛋量骤降和蛋壳质量下降的现象，血清学检查阳性，但未见病原分离成功的报道。

2. 流行特点

产蛋鸡带病毒是主要的传染源，主要是受精卵垂直传播。病毒亦可经水平传播，病鸡的输卵管、泄殖腔、粪便、肠内容物都能分离到病毒，它可向外排毒经水平传播给易感鸡。当病毒侵入鸡体后，在性成熟前对鸡不表现致病性，产蛋鸡群在产蛋初期感染不表现症状，直到鸡群感染率达 50%，且达产蛋高峰时，病毒迅速传播或于产蛋初期受应激反应时，病毒活化而使产蛋鸡发病。

除鸡易感外，自然宿主为鸭、鹅和野鸭。鸡的品种不同对 EDS76 病毒易感性有差异，产褐色蛋母鸡最易感，病毒广泛分布于鸡的内脏器官，以输卵管、消化道、呼吸道和肝、脾的病毒滴度最高。

3. 防控措施

主要采用油佐剂灭活苗，在种鸡开产前进行接种以预防鸡产蛋下降综合征，效果很好，免疫期 10～12 个月。市场上常见的灭活疫苗是鸡产蛋下降综合征与鸡新城疫和传染性支气管炎组成的三联油乳剂灭活疫苗。

（六）雏番鸭细小病毒病

1. 发生情况

1991—1996 年，雏番鸭细小病毒病是危害省内番鸭业的最为严重的传染病。1996 年，莆田荔城区因免疫剂量不够，大面积发生该病。1994 年由福建省农业科学院畜牧兽医研究所研制的雏番鸭细小病毒弱毒活疫苗应用后，雏番鸭细小病毒病得到明显控制，只有未免疫的番鸭群或农家散养番鸭发病，发病率一般为27%～62%，而病死率多为22%～43%，且随着日龄的增长其发病率及病死率随之下降，病愈鸭大多成为僵鸭。

2. 流行特点

该病流行是病鸭、带菌鸭的排泄物污染雏鸭饲料、水源、饲养工具、运输工具及人员传播给易感雏番鸭，或排泄物污染种蛋蛋壳把病毒传给刚出壳雏鸭，引起孵场内传播。1995年后该病与细菌性疫病（如鸭传染性浆膜炎、鸭大肠杆菌病、鸭沙门氏菌病等）混合感染病例增多，导致发病番鸭群病死率升高，发病日龄增大。

在自然条件下只有雏番鸭、雏鹅发病，其他品种鸭、其他禽类未见感染发病。无明显的季节性。但冬季和春季由于气温低，育雏室空气流通不畅，空气中二氧化碳和氨浓度高，发病率和病死率也高。

3. 防控措施

福建省主要采取鸭饲养管理及种蛋、孵坊和孵化机消毒等措施，不同日龄番鸭、不同用途番鸭不混养，建立健全严格的卫生消毒制度和全进全出制度。同时，一是加强免疫工作来保护雏番鸭，即在有该病流行的地区于种番鸭开产前1个月皮下或肌肉注射雏番鸭细小病毒弱毒活疫苗，开产前10天以油佐剂疫苗再次免疫，第二次免疫后15天至4个月内种番鸭所产蛋孵化的雏番鸭在10日龄内一般能抵抗自然感染。二是直接免疫雏番鸭，即对未免疫雏番鸭细小病毒疫苗的种番鸭所产蛋孵化的雏番鸭，于出壳后1天内以雏番鸭细小病毒弱毒活疫苗进行免疫接种。

（七）鸭病毒性肝炎

1. 发生情况

1991年7月，厦门市同安区西柯乡阳宅村一农户饲养56日龄麻鸭发生鸭病毒性肝炎150多只。1992年11月、1995年11月，永春县仰贤村饲养的1200多只白番鸭两次发生鸭病毒性肝炎，死亡290多只。1997年4—7月、2003年11月、2005年9月，宁德市蕉城区、寿宁县斜滩镇、福鼎市城关镇西门村等4个番鸭场（户）饲养的3491只雏番鸭，于16日龄时开始发生鸭病毒性肝炎，共病死2159只，病死率高达61.8%。1997年1月，南平市延平区水南街道一番鸭场发生鸭病毒性肝炎，死亡330只雏鸭。2004年9—11月，诏安县四都镇田美村一养殖户饲养的4批雏鸭均于3日龄时发生急性死亡，发病率75%，病死率为48%。2005年12月25日，长泰县武安镇金里村一饲养户饲养的3000多只樱桃谷鸭4日龄发生鸭病毒性肝炎，死亡300多只。

2. 流行特点

鸭病毒性肝炎主要侵害7～35日龄各品种雏鸭，雏鸭发生病毒性肝炎的日龄明显提前，甚至有的雏鸭群于2～3日龄就发生该病，致使病死率提高达80%以上。对成年鸭无致病性，其他禽类不感染发病。该病易与大肠杆菌病、鸭传染性浆膜炎、番鸭细小病毒病等混合或继发感染，从而使病死率升高、损失加大。

该病一年四季都可发生。主要取决于育雏时间。在福建麻鸭为春季中后期育雏，肉鸭一年四季育雏。

3. 防控措施

福建省主要采取两项措施预防雏鸭发生病毒性肝炎，一种是对无母源抗体的雏鸭（种鸭在开产前未接种过疫苗），在1～3日龄内接种一次雏鸭病毒性肝炎弱毒疫苗可产生良好的免疫保护。另一种是通过免疫种鸭来保护雏鸭，具体做法为种鸭于开产前先接种雏鸭病毒性肝炎弱毒疫苗，间隔15天左右后注射雏鸭病毒性肝炎灭活油佐剂疫苗，然后在产蛋高峰期后再免疫1～2次，可使雏鸭具有较高的母源抗体，母源抗体对10日龄以内的雏鸭具有良好的保护作用。

（八）小鹅瘟

1. 发生情况

1991年以来，该病在雏鹅、雏番鸭中的发生愈来愈严重。

自1991年以后，漳州地区雏鹅发生小鹅瘟对该地区养鹅业危害极大。1996年3月，诏安县金星农场一养殖户购入刚出壳雏鹅37只，于7日龄发生小鹅瘟，3天内死亡36只，死亡率97.3％。

2. 流行特点

小鹅瘟病毒通过消化道的排泄物排出病毒引起雏鹅发病。白鹅、灰鹅、狮头鹅等各种鹅的雏鹅和雏番鸭均有发病。发病率、病死率与发病雏鹅或雏番鸭日龄直接相关，发病鹅日龄愈小，其发病率、病死率愈高，10日龄内的雏鹅病死率为95％～100％。一年四季均有发生，主要是春末雏鹅孵出多的时节。小鹅瘟流行有一定周期性，在大流行后，当年余下的鹅群都获得主动免疫，使次年的雏鹅具有天然被动免疫力，因此该病不会在同一地区连续两年发生大流行。

3. 防控措施

主要是加强孵坊的消毒和育雏的饲养管理等工作，不向疫区引进种鹅（番鸭）和雏鹅（番鸭）。同时，采取免疫接种方式，对出壳1～2天雏鹅（番鸭）注射小鹅瘟弱毒疫苗。也可通过免疫种鹅或种番鸭（即于产蛋前2～3周间隔15天先后注射接种小鹅瘟弱毒疫苗、灭活油佐剂疫苗）来保护雏鹅或雏番鸭。

雏鹅或雏番鸭一旦发生该病，应尽快将病雏与健康雏分开，及时注射高免血清，同时使用抗菌药物3～4天，以防止继发感染。

（九）鸭　瘟

1. 发生情况

1995年9月，大田县均溪镇一饲养户饲养的母鸭1200多只发生鸭瘟。1995年，诏安县 20 日龄以上鹅和成年鹅发生鸭瘟。1998 年，厦门集美区灌口镇及其邻近乡镇农家散养鸭发生鸭瘟。1999 年 5 月，浦城县石坡镇黄垱村 3 户农民合计饲养的 3800 只半番鸭发生鸭瘟，4 天内全部死亡。2000 年 4 月，厦门集美区灌口镇半番鸭、番鸭和产蛋鸭发生鸭瘟，发病率为 15％，病死率为 25％。

全省水禽养殖业中广泛推广应用鸭瘟弱毒疫苗，鸭或鹅发生鸭瘟的病例逐渐减少，总体上得到有效控制，但仍有散发。

2. 流行特点

水源污染和调种水禽是该病发生主要原因。

鸭群易发病，其次是感染鹅和雁，其他禽类不被感染。没有明显的季节性，以夏、秋两季多发生。

3. 防控措施

福建省主要采取综合措施，禁止从疫区引种，加强饲养管理，建立卫生与消毒制度，采取"全进全出"的饲养方式，对粪便、污物和垫料实行集中堆积发酵、消毒等无害化处理。同时，采取免疫接种，鸭瘟疫苗免疫程序是于 5～7 日龄进行首次免疫，35～40 日龄时进行二次免疫，种（蛋）鸭在开产前以 3 倍雏鸭预防量疫苗免疫一次，可获得很强的免疫力。对于鹅，免疫剂量为鸭的 3～5 倍量。

鸭群或鹅群一旦发生鸭瘟，应迅速进行隔离、消毒，对病鸭（鹅）全部扑杀，对病死鸭（鹅）进行无害化处理，对发病禽舍及其场所进行彻底消毒，对周围养殖户的鸭或鹅紧急免疫接种，防止感染。

（十）鸭出血症

1. 发生情况

1991 年秋，在福州市郊一鸭场 42 日龄 1100 只肉用番鸭首次暴发以双翅羽毛管淤血呈紫黑色为特征的疫病，发病后一周内共病死 815 只，病死率 74.1％。后其邻近的几家养鸭场的中、大番鸭也先后发病。

1991—1998 年，经临床流行病学调查和送检病例中发现，福建省主要养鸭区的番鸭、樱桃谷鸭、半番鸭、麻鸭、北京鸭、野鸭等均有该病发生。1999 年后，该病的单一发生减少，多并发于其他鸭病。

2. 流行特点

主要是病鸭或病愈鸭排泄物通过污染水源传播，易感鸭经消化道感染该病。该病易并发或继发细菌性疾病（如鸭传染性浆膜炎、鸭大肠杆菌病等）。

主要发生在鸭，番鸭、半番鸭、麻鸭、北京鸭、樱桃谷鸭、野鸭、丽佳鸭、枫叶鸭、克里莫鸭等均感染发病过，但以番鸭最易感，随着日龄的增长，病死率也减少。一年四季均有散发发生，但在气温骤降或阴雨寒冷天气发病较多。

3. 防控措施

福建省主要采取加强管理和消毒来防控该病，不同鸭场可根据其不同的发病特点采取不同的预防措施。有的鸭场该病的发生多集中于某一日龄段（如10～25日龄），而其他日龄少见或不发病，对于这种情形，仅需于易感日龄前2～3天注射鸭出血症高免抗体（1.0～1.5毫升/只）即可。而有的鸭场在某一日龄（如30日龄）以上发病，对于这种情形则需于20日龄，即在易感日龄前7～10天颈部背侧皮下或腿部腹股沟皮下注射鸭出血症弱毒疫苗0.5～1.0毫升/只即可预防本病。在鸭群发生本病时，应尽早使用抗病毒药物，同时投用广谱抗菌药物以防继发细菌性疾病。

（十一）水禽传染性浆膜炎

1. 发生情况

在省内，该病的发生、流行及其危害日益严重，已成为制约养鸭业发展的大敌，发病水禽有白番鸭、山麻鸭、樱桃谷鸭、野鸭和鹅。

2. 流行特点

该病仅侵害雏鸭、雏鹅，鸭易感日龄为7～45日龄，鹅易感日龄为12～35日龄。近几年来，鸭或鹅发生本病时，有小日龄鸭发病的趋势。成年鸭、鹅感染不表现症状，但带菌。无明显的季节性。但在福建省春、秋两季是雏鸭（鹅）孵化季节，较多发生。

3. 防控措施

福建省主要采取保持合适的饲养密度和改善卫生条件方式防控本病。首先是育雏舍注意通风、保持地面干燥、及时清粪，地面育雏时要勤换垫料，采取"全进全出"的饲养方式，进行空舍彻底消毒。其次是采取疫苗接种，雏鸭于4～7日龄接种鸭传染性浆膜炎油佐剂疫苗（0.3～0.5毫升/只）可有效地预防本病的发生，商品肉鸭接种一次后其免疫力可维持到上市日龄。对鸭疫里默氏菌较敏感的药物有先锋类药物、丁胺卡那霉素、林可霉素、利福平、磺胺类药物等。

表4—2　　　　**1991—2005年福建省水禽传染性浆膜炎发生情况表**

年份	发病地点	宿主	饲养数量（只）	发病日龄（天）	发病率（％）	病死率（％）
1994	莆田	野鸭	400	15	70	30
1995	福安	麻鸭、番鸭、半番鸭	—	7～56	—	5～80
1995	宁德	番鸭	11000	21	40	21
1995	福鼎	番鸭	1000	25	70	9.3
1996	福清	白雏番鸭	16400	16	60～90	10～30
1997	顺昌	山麻鸭	5621	—	9.1	77.8

续表 4—2

年份	发病地点	宿主	饲养数量（只）	发病日龄（天）	发病率（％）	病死率（％）
2001	长泰	鹅	700	18	—	22.8
2001	长泰	鹅	1500	20	—	17.2
2001	莆田	番鸭	500	20	35	50
2001	闽侯	番鸭	1200	12	—	—
2001	永定	杂交肉鸭	1800	43	30.6	18.2
2002	上杭	番鸭	225	49	14.7	63.6
2002	闽侯	长乐灰鹅	200	12	16	37.5
2003	龙海	樱桃谷鸭	800	18	46.9	22.7
2005	连城	番鸭	2200	18	13.6	16.7

（十二）禽大肠杆菌病

1. 发生情况

1992年、1998年、2001年，厦门市1个养鸡场、1个番鸭场、1个山鸡场的红波罗肉鸡、山鸡和雏番鸭发生大肠杆菌病。1992年、1996年、2003年，漳州市芗城区、龙海市红宝肉鸡、火鸡发生禽大肠杆菌病，发病率为60％。1992年、2001年、2005年，龙岩市新罗区、长汀县、武平县的番鸭、鸡、河田鸡发生禽大肠杆菌病，发病率在60％左右，病死率在30％左右。1996年，泉州市洛江区、安溪县饲养的艾维因雏鸡和18日龄山鸡发生大肠杆菌病，发病率70％，病死率31.4％。1997年、1998年，三明市三元区、尤溪县一个鹌鹑饲养场和养鸡场分别发生大肠杆菌病，病死率达37％。1997年、2003年、2005年，顺昌县、武夷山市1个山麻鸭场、1个土鸡场、1个海兰蛋鸡场发生大肠杆菌病。1997年、1998年、2005年，闽侯县、仓山区、连江县1个樱桃谷鸭场、2个番鸭场的雏番鸭发生大肠杆菌病，发病率31.23％，病死率84.98％。2000年、2005年，莆田市荔城区1个蛋鸭场、1个三黄鸡场发生禽大肠杆菌病。2003年，福安市多家专业户饲养的蛋鸭发生大肠杆菌病，产蛋量均有不同程度的下降。

水禽临床发生大肠杆菌病有逐年增多的趋势，不同日龄、不同品种的水禽均可受到病原性大肠杆菌的感染，并表现出复杂多样的临床和病理变化。

2. 流行特点

污染的饲料、水源经消化道感染禽类；沾有本菌的空气、尘埃经呼吸道后入侵禽类血液致其发病；蛋壳污染后大肠杆菌易穿透蛋壳进入蛋内，孵化后期引起死胚或孵出禽发生该病；患有大肠杆菌病的母鸡，在输卵管的蛋形成过程中造成垂直传播，交配也易感本病；此外用具、垫草、昆虫、啮齿动物、鸟类也能传播。

鸡、鸭、鹅都有易感性。饲养密度大、环境污染严重的地方随时可发生本病。一年四季均可发生，雏禽在阴冷季节保温不良时多发，成年禽则以温暖和梅雨季节多发。禽大肠杆菌病一般呈地方性流行。

3. 防控措施

福建省主要采取综合防控措施。一是强化饲养管理工作，提高禽群的抵抗力；加强消毒措施，减少致病性大肠杆菌对环境的污染程度，尽量为家禽提供一个舒适的养殖环境。二是药物预防和治疗：在雏禽养殖过程中，对家禽间歇性地给予适量抗菌素，对控制禽大肠杆菌病的发生具有很好的作用。现实养殖环境中存在大量的耐药性菌株，病禽在治疗用药前最好分离菌株做药敏试验，以选择最为有效的药物进行治疗。三是针对本地（场）流行的大肠杆菌血清型用多价灭活疫苗接种，在预防种禽大肠杆菌病的同时，可使雏禽获得一定水平的被动免疫。

（十三）禽霍乱

1. 发生情况

1991 年以前，禽霍乱的发生与流行十分严重，曾对养禽业造成巨大经济损失。随着禽霍乱疫苗的应用及禽饲养条件的改善，情况明显好转，仅多见于饲养条件较差的养禽场或农村散养户，鸡霍乱的病例大为减少，但鸭霍乱仍时有发生，主要是水域污染。1992 年 5 月 13 日，福州市郊一农户饲养的 2000 只白羽番鸭发生禽霍乱。1998 年 7 月 27 日，晋江市一鸭场饲养的 4300 只白羽番鸭发生禽霍乱。1998 年，三明一种鸭场的 4300 只种番鸭于开产后 20 天发生本病，产蛋率下降 10％，但病死率不高。2001 年 9 月，龙岩新罗区一山麻鸭场，45 日龄山麻鸭 100 多只发生禽霍乱。2002 年 12 月，龙海市一饲料厂在水库鸭场饲养的 10000 只白羽番鸭发生禽霍乱。2003 年 3 月 1 日，龙海市金定村饲养的 362 只樱桃谷鸭发生禽霍乱。2004 年 5 月 14 日，闽侯县荆溪镇关东村一蛋鸭场饲养的 1000 只蛋鸭发生禽霍乱。

2. 流行特点

主要通过呼吸道、消化道黏膜或外伤的皮肤感染。病禽的尸体、粪便、分泌物，被污染的工具、土壤、饲料、饮水是传播源，吸血昆虫、鼠、猫等是传播媒介。饲养管理不当，禽舍潮湿拥挤，气候突变，营养不良，缺乏维生素、矿物质时易发生。

各种家禽都易感，家禽中以鸡、火鸡、鸭、鹅、鹌鹑最易感。无明显季节性，但多于5—9 月，阴雨连绵、天气闷热、气候骤变、台风发生前后等天气变化大时发病。

3. 防控措施

首先，平时做好场地、饮水、工具等卫生消毒工作，杜绝多杀性巴氏杆菌入侵禽舍。

养禽场内最好饲养单一品种禽类，不要混养鸡、鸭、鹅等不同品种禽类。对于有本病病史的养禽场，定期使用广谱抗生素进行预防，尤其在遇到天气转变或淋雨、长途运输时，要及时添加一些广谱抗生素进行预防。

其次，采取免疫接种，免疫的疫苗有禽霍乱弱毒疫苗、灭活疫苗和禽霍乱荚膜亚单位疫苗。选用疫苗时应考虑当地流行的禽多杀性巴氏杆菌的血清型。

对于发生本病的禽群，应及时使用敏感的抗菌药物治疗。青霉素、链霉素、土霉素、四环素、金霉素、磺胺类、氟哌酸、喹乙醇等可用于禽霍乱，疗效都较好。

（十四）鸡球虫病

1. 发生情况

几乎所有鸡场均有本病原的存在，其中柔嫩爱美耳球虫最为常见，致病力最强，危害性也最大。其他如巨型爱美耳球虫、和缓爱美耳球虫、堆型爱美耳球虫散在分布。临床一般表现为两种以上球虫混合感染。由于该病流行普遍，基层没有做详细记录。

2. 流行特点

球虫卵囊随粪便排出体外，污染饲料、饮水、土壤、用具等，成为本病的传播源。该病的发生与饲养方式密切相关，养鸡场采用网上平养、笼养，比平地饲养发病少，在饲养量较少的散养鸡场多发生。一年四季均有发生，特别是6—7月阴雨、潮湿、温暖季节时多发。

3. 防控措施

福建省主要采取疫苗接种和环境治理来防控本病。加强饲养管理，保持垫料干燥，采用网上平养或笼养可有效地减少鸡球虫病的发生。药物预防和治疗，有效控制了鸡球虫病的暴发。鸡球虫病活疫苗在福建省集约化鸡场中已经得到应用，初步证明通过疫苗免疫控制预防球虫病是有效的。

第二节　动物免疫与疫病监测

1991年以来，福建省畜牧行政管理部门把动物免疫作为预防、控制和扑灭动物疫病的一项最重要的措施，贯彻"预防为主"的方针，全面推行动物强制免疫、监测工作。同时加大动物防疫基础设施建设，1996—2005年，累计投入资金14145万元，重点建设国家动物疫情测报站、无规定动物疫病区、动物防疫体系、省际动物防疫监督检查站、乡镇站等基础设施。

一、动物免疫

（一）免疫工作

1991—1997 年，贯彻实施《家畜家禽条例》。主要抓计划免疫工作，做好基层畜禽疫病防疫，制订并组织实施防疫规章制度和防疫计划，逐步推行免疫程序，提高免疫密度和免疫质量，如猪瘟由原来一年分春防、秋防两次定期免疫，改为常年免疫和春防秋防集中免疫相结合的免疫方式，并将畜禽防疫任务纳入政府和业务部门领导岗位责任，使动物免疫工作做到有领导、有组织、有计划、有制度、有标准、有监督检查。1998 年后，国家和省政府出台了一系列有关动物免疫的法律、法规、规章和政策。从 1998 年开始，实施《中华人民共和国动物防疫法》，对严重危害养殖业生产和人体健康的动物疫病，实行计划免疫和强制免疫相结合的方针。2001 年，对口蹄疫、高致病性禽流感免疫实行国家政策经费补贴，实施强制免疫，同时对其他动物疫病实施计划免疫。2002 年执行农业部颁布的《动物免疫标识管理办法》，推行动物免疫标识管理，强制实施统一的免疫耳标和建立免疫档案。全省推行动物免疫后佩带免疫卡，乡镇畜牧兽医站建立免疫档案，饲养户保存免疫卡，做到县不漏乡、乡不漏村、村不漏户、户不漏畜（禽）、畜（禽）不漏针，并在免疫后全国每年组织两次大检查的基础上，省级再组织每年两次免疫情况大检查和免疫抗体检测，确保动物强制免疫落实到位，保证免疫质量。2005 年，执行农业部出台的《兽用生物制品管理办法》，强制免疫的兽用生物制品实行"计划订购、产销直供、冷链储存、封闭运行、逐级发放、统一使用"的管理秩序，省内实施免疫疫苗"由省级统一调拨，设区市计划供给，县（市、区）发放，乡镇使用"的管理办法。

（二）免疫病种

全省免疫病种有：口蹄疫（1997 年开始计划免疫，2001 年开始对 O 型口蹄疫强制免疫，2005 年对牛羊 I 型口蹄疫强制免疫）、猪瘟（要求 90％以上免疫）、猪丹毒、猪肺疫、羊传染性胸膜肺炎、羊痘、猪乙型脑膜炎、猪传染性胸膜炎、猪伪狂犬病、猪细小病毒病、猪大肠杆菌病（仔猪白痢、仔猪黄痢）、仔猪红痢、仔猪副伤寒、猪链球菌病、猪流行性腹泻、猪支原体病、猪繁殖与呼吸障碍综合征（2004 年开始免疫，2005 年开始强制免疫）、猪圆环病毒病（2004 年开始免疫）、鸡马立克氏病、鸡法氏囊病、鸡新城疫（要求 90％以上免疫）、鸡痘、鸡减蛋综合征、鸡传染性支气管炎、鸭病毒性肝炎、高致病性禽流感（2001 年开始强制免疫）、小鹅瘟、鸭瘟、禽巴氏杆菌病、禽大肠杆菌病、雏番鸭细小病毒病、鸡传染性喉气管炎、兔瘟、兔魏氏梭菌病、兔巴氏杆菌病、狂犬病、犬瘟热、犬细小病毒病、犬传染性肝炎等。

（三）免疫范围

免疫范围为规模饲养和农村散养的猪、牛、羊、兔、鸡、鸭、鹅、鸽子以及野生驯养的动物和禽类。

强制免疫在畜禽饲养场全面推行，同时加强农村散养户、小规模场的畜禽免疫工作。规模饲养场的免疫工作，由场内兽医负责免疫，建立免疫卡，向辖区县上报免疫情况，县级畜牧兽医管理部门监督免疫情况，并报上一级主管部门；散养户的免疫工作由乡镇兽医员和村级防疫员负责免疫，建立免疫档案，实施免疫卡制，并将免疫情况上报县级畜牧兽医主管部门。2003年以后开始实施免疫标识，并建立免疫档案。猪、牛、羊口蹄疫，高致病性禽流感，高致病性猪蓝耳病等强制免疫的病种要求达到100％免疫。同时牛、羊口蹄疫除免疫O型疫苗外，2005年还增加了牛羊亚洲I型的疫苗。猪瘟、新城疫等免疫密度要求达98％以上。

（四）消毒灭源

省级畜牧兽医主管部门要求各地畜牧兽医主管部门和大中型饲养场根据当地实际情况制定消毒程序，做到消毒灭源与预防免疫并重。省畜牧兽医主管部门每年都部署夏季和灾害后消毒灭源工作，并下拨消毒剂，要求基层做好消毒灭源工作，消毒剂发放最高的年份为250吨，发放少的年份为80吨，经费列入当年财政预算。

（五）疫苗补贴

1991—2003年，每年由省财政拨出160万元作为免疫疫苗补贴，补贴方法为全省各地到省生物药品厂（省生物药品厂为农业厅下属的一个单位，2003年后由大北农接管）采购的各类疫苗比到省外采购的同类疫苗，价格下降20％。《中华人民共和国动物防疫法》出台后，国家建立了动物疫病强制免疫补贴制度。2001年，财政部、农业部出台了《牲畜口蹄疫防治经费管理的若干规定》，对口蹄疫强制免疫补贴做了明确规定。牲畜口蹄疫疫苗费用全部由国家承担，其中，中央给福建省补贴30％，省级财政为沿海地区补贴40％，山区县补贴50％，市县级财政为沿海补贴30％，山区补贴20％；猪瘟疫苗、猪蓝耳病疫苗、禽流感疫苗，分别由中央补贴20％，省级财政补贴50％，市县财政补贴30％。

（六）强制免疫

1. 牲畜口蹄疫

2001年5月4日，省政府转发国务院《关于进一步加强动物防疫工作的通知》。通知提出：对牲畜口蹄疫的免疫，总的要求是所有地区猪、牛、羊的免疫率达到100％，全省各地实际免疫率平均为98％左右。当年各地共调拨牲畜口蹄疫O型疫苗5793.7万毫升，确保所有易感动物都实施免疫。

2005年4月，部分省份奶牛发生亚洲I型口蹄疫疫情后，根据农业部的统一部署，福建省对牛羊使用亚洲Ⅰ型疫苗进行强制免疫，下半年以后使用O型－亚洲Ⅰ型双价疫苗进行免疫。

表4－3　　　　　　　　　　**福建省牲畜口蹄疫免疫情况一览表**

单位：万毫升

免疫年份		免疫畜种	免疫疫苗种类	免疫量
2001		猪、牛、羊	O型疫苗	5793.70
2002		猪、牛、羊	O型疫苗	5386.31
2003		猪、牛、羊	O型疫苗	5474.30
2004		猪、牛、羊	O型疫苗	7367.50
2005	上半年	猪、牛、羊	O型疫苗	4309.21
		牛、羊	亚洲Ⅰ型疫苗	160.00
	下半年	猪、牛、羊	O型－亚洲Ⅰ型双价疫苗	2700.13

2. 高致病性禽流感

2004年1月，按照国家统一部署，福建省开始对重点养禽场、户进行禽流感疫苗的免疫注射，迅速建立免疫带。当年，对省内61家持有"种畜禽生产经营许可证"的重点种禽场进行禽流感疫苗（H5N2亚型）强制免疫。为保护大型养禽场光泽福建圣农集团有限公司、龙岩森宝集团养禽业的生产安全，分别拨给南平光泽县、龙岩新罗区两县（区）各22.5万毫升、25万毫升禽流感疫苗，用于建立免疫带。

2005年，全省部署对种禽和水网地区水禽进行强制免疫，其中种禽使用H5N2亚型疫苗、水禽使用H5N1亚型疫苗、商品禽使用禽流感鸡痘病毒载体活疫苗进行免疫，并尽可能扩大家禽免疫的覆盖面。2005年11月初，根据国务院、省政府防控高致病性禽流感工作电视电话会议的要求，福建决定将禽流感强制免疫范围扩大至所有家禽，要求全省家禽免疫密度达到100％。

表4－4　　　　　　　　　　**福建省高致病性禽流感免疫情况一览表**

单位：万毫升

免疫年份	免疫禽种	免疫类型	免疫疫苗种类	免疫数量
2004	种禽	强制	H5N2亚型疫苗	263.20
	其他禽	非强制	H5N2亚型疫苗	1234.68

续表4—4

免疫年份	免疫禽种	免疫类型	免疫疫苗种类	免疫数量
2005	种禽	强制	H5N2亚型疫苗	2610.925
	水禽		H5N1亚型疫苗	8355.15
	商品禽		鸡痘病毒载体活疫苗	5448.50

二、动物疫病监测

（一）畜病监测

1. 家畜布鲁氏菌病监测

监测任务：自1991年开始，在省内每年开展一次家畜布鲁氏菌病抗体监测。

监测方法：样品采用琥红平板凝集试验筛选，阳性样品再用试管凝集反应或补体结合试验进行复核。

监测范围：所有乳用牛以及种畜场牛、羊、猪；各地根据实际情况，安排对其他易感动物进行抽检。

监测情况：1991—1992年共监测58个县，检测猪、牛、羊总数为34431份，用琥红平板凝集试验检测阳性数223份，阳性率0.6%，补体反应阳性数21份。其中检测猪样品14651份，补体反应阳性9份（公猪样品2526份，补体反应阳性4份；母猪样品10795份，补体反应阳性5份；育肥猪样品1330份，全部阴性）。

1997年上半年，共监测24个县，检测猪样品数3209头份，阳性数255份，阳性率7.9%。1997年5月，漳州市龙文区朝阳镇书厅村黄稻川猪场发生一例疑似病例，6月23日和8月18日，两次到该点随机抽样16份母猪血清检测，阳性数13份。

1998—2005年，共监测样品154900份，抗体阳性880份，阳性率0.57%。

2. 口蹄疫监测

监测任务：1991—1996年没有采样监测。1997—2005年每年春、秋两次集中采样监测，春季集中监测在5月底前完成，秋季集中监测在11月底前完成。日常监测由各地根据实际情况安排，发现可疑病例，随时采样，及时送省畜牧兽医总站动物疫病诊断中心检测。各设区市每次集中监测采集大部分种畜场（血清样品≥15头份/场）、10个家畜饲养场（血清样品≥15头份/场）、5个屠宰场（血清样品≥10头份/场）以及10个村散养户的猪、牛、羊血清样品（血清样品≥5头份/村/畜种），样品采集总量根据本地实际牲畜饲养数量确定，要求最低不少于400头份。

监测方法：免疫抗体检测方法采用正向间接血凝、ELISA和免疫胶体金标快速检测

1991—2005 年福建省动物布鲁氏菌病抗体监测汇总表

表 4—5

单位：头、份、%

年份	总计			福州			宁德			南平			三明		
	检测数	阳性数	阳性率	检测数	阳性数	阳性率	检测数	阳性数	阳性率	检测数	阳性数	阳性率	检测数	阳性数	阳性率
1991	272	0	0	—	—	—	70	0	0	—	—	—	202	0	0
1992	39188	248	0.63	4705	25	0.53	70	0	0	—	—	—	—	—	—
1993	15491	79	0.51	—	—	—	60	0	0	—	—	—	—	—	—
1994	13275	67	0.50	—	—	—	65	0	0	—	—	—	—	—	—
1995	10318	63	0.61	635	102	16.06	70	0	0	—	—	—	10	0	0
1996	8834	43	0.49	1443	40	2.77	60	0	0	—	—	—	10	0	0
1997	3914	357	9.12	—	—	—	60	0	0	—	—	—	10	0	0
1998	9873	286	2.90	—	—	—	65	0	0	—	—	—	5	0	0
1999	4240	31	0.73	—	—	—	70	0	0	—	—	—	6	0	0
2000	3324	31	0.93	—	—	—	80	0	0	—	—	—	377	0	0
2001	3920	36	0.92	1247	0	0	150	0	0	—	—	—	479	0	0
2002	3708	32	0.86	664	3	0.45	200	0	0	—	—	—	846	0	0
2003	37239	249	0.67	1156	6	0.52	220	0	0	32089	240	0.75	1779	0	0
2004	57909	137	0.24	844	0	0	230	0	0	53160	118	0.22	1517	0	0
2005	34687	78	0.22	1909	35	1.83	551	0	0	26885	0	0	1683	0	0
合计	246192	1497	0.71	12603	211	1.67	2021	0	0	112134	358	0.32	6924	0	0

续表4—5

年份	龙岩			漳州			泉州			莆田			省级		
	检测数	阳性数	阳性率	检测数	阳性数	阳性率	检测数	阳性数	阳性率	检测数	阳性数	阳性率	检测数	阳性数	阳性率
1991	—	—	—	—	—	—	—	—	—	—	—	—	—	—	—
1992	—	—	—	—	—	—	—	—	—	—	—	—	34413	223	0.65
1993	—	—	—	—	—	—	—	—	—	—	—	—	15431	79	0.51
1994	—	—	—	—	—	—	—	—	—	—	—	—	13210	67	0.51
1995	—	—	—	—	—	—	—	—	—	—	—	—	10238	63	0.62
1996	—	—	—	—	—	—	—	—	—	—	—	—	8764	43	0.49
1997	—	—	—	—	—	—	—	—	—	—	—	—	3209	255	7.95
1998	—	—	—	—	—	—	—	—	—	600	6	1.00	7760	240	3.09
1999	—	—	—	—	—	—	—	—	—	400	5	1.25	3764	26	0.69
2000	235	0	0	—	—	—	—	—	—	500	0	0	2132	31	1.45
2001	190	0	0	—	—	—	—	—	—	500	0	0	1354	36	2.66
2002	220	0	0	—	—	—	—	—	—	500	0	0	1278	29	2.27
2003	360	0	0	50	0	0	—	—	—	500	3	0.60	1085	0	0
2004	341	0	0	100	0	0	—	—	—	500	0	0	1217	19	1.56
2005	77	0	0	102	0	0	621	0	0	500	0	0	2359	43	1.82
合 计	1423	0	0	252	0	0	621	0	0	4000	14	0.35	106214	1154	1.09

表 4—5

1991—2005 年福建省动物布鲁氏菌病抗体监测汇总表

单位：头、份、%

年份	总计			福州			宁德			南平			三明		
	检测数	阳性数	阳性率	检测数	阳性数	阳性率	检测数	阳性数	阳性率	检测数	阳性数	阳性率	检测数	阳性数	阳性率
1991	272	0	0	—	—	—	70	0	0	—	—	—	202	0	0
1992	39188	248	0.63	4705	25	0.53	70	0	0	—	—	—	—	—	—
1993	15491	79	0.51	—	—	—	60	0	0	—	—	—	—	—	—
1994	13275	67	0.50	—	—	—	65	0	0	—	—	—	—	—	—
1995	10318	63	0.61	—	—	—	70	0	0	—	—	—	10	0	0
1996	8834	43	0.49	—	—	—	60	0	0	—	—	—	10	0	0
1997	3914	357	9.12	635	102	16.06	60	0	0	—	—	—	10	0	0
1998	9873	286	2.90	1443	40	2.77	65	0	0	—	—	—	5	0	0
1999	4240	31	0.73	—	—	—	70	0	0	—	—	—	6	0	0
2000	3324	31	0.93	1247	0	0	80	0	0	—	—	—	377	0	0
2001	3920	36	0.92	664	3	0.45	150	0	0	—	—	—	479	0	0
2002	3708	32	0.86	1156	6	0.52	200	0	0	—	—	—	846	0	0
2003	37239	249	0.67	844	0	0	220	0	0	32089	240	0.75	1779	0	0
2004	57909	137	0.24	1909	35	1.83	230	0	0	53160	118	0.22	1517	0	0
2005	34687	78	0.22	—	—	—	551	0	0	26885	0	0	1683	0	0
合　计	246192	1497	0.71	12603	211	1.67	2021	0	0	112134	358	0.32	6924	0	0

续表 4—5

年份	龙岩 检测数	龙岩 阳性数	龙岩 阳性率	漳州 检测数	漳州 阳性数	漳州 阳性率	泉州 检测数	泉州 阳性数	泉州 阳性率	莆田 检测数	莆田 阳性数	莆田 阳性率	省级 检测数	省级 阳性数	省级 阳性率
1991	—	—	—	—	—	—	—	—	—	—	—	—	—	—	—
1992	—	—	—	—	—	—	—	—	—	—	—	—	34413	223	0.65
1993	—	—	—	—	—	—	—	—	—	—	—	—	15431	79	0.51
1994	—	—	—	—	—	—	—	—	—	—	—	—	13210	67	0.51
1995	—	—	—	—	—	—	—	—	—	—	—	—	10238	63	0.62
1996	—	—	—	—	—	—	—	—	—	—	—	—	8764	43	0.49
1997	—	—	—	—	—	—	—	—	—	—	—	—	3209	255	7.95
1998	—	—	—	—	—	—	—	—	—	600	6	1.00	7760	240	3.09
1999	—	—	—	—	—	—	—	—	—	400	5	1.25	3764	26	0.69
2000	235	0	0	—	—	—	—	—	—	500	0	0	2132	31	1.45
2001	190	0	0	—	—	—	—	—	—	500	0	0	1354	36	2.66
2002	220	0	0	—	—	—	—	—	—	500	0	0	1278	29	2.27
2003	360	0	0	50	0	0	—	—	—	500	3	0.60	1085	0	0
2004	341	0	0	100	0	0	—	—	—	500	0	0	1217	19	1.56
2005	77	0	0	102	0	0	621	0	0	500	0	0	2359	43	1.82
合 计	1423	0	0	252	0	0	621	0	0	4000	14	0.35	106214	1154	1.09

表 4—6

1991—2005 年福建省动物口蹄疫免疫抗体监测汇总表

单位：头、份、%

年份	总计 检测数	总计 合格数	总计 合格率	福州 检测数	福州 合格数	福州 合格率	宁德 检测数	宁德 合格数	宁德 合格率	南平 检测数	南平 合格数	南平 合格率	三明 检测数	三明 合格数	三明 合格率	龙岩 检测数	龙岩 合格数	龙岩 合格率
1991	4643	3273	70.49	—	—	—	120	61	50.83	—	—	—	—	—	—	—	—	—
1992	4761	3280	68.89	—	—	—	126	63	50.00	—	—	—	—	—	—	—	—	—
1993	4697	3174	67.58	—	—	—	130	68	52.31	—	—	—	—	—	—	—	—	—
1994	4762	3400	71.40	—	—	—	150	72	48.00	—	—	—	—	—	—	—	—	—
1995	1506	941	62.48	—	—	—	160	85	53.13	—	—	—	—	—	—	—	—	—
1996	2464	1827	74.15	—	—	—	215	118	54.88	—	—	—	82	67	81.71	—	—	—
1997	3528	2509	71.12	—	—	—	230	129	56.09	—	—	—	80	68	85.00	—	—	—
1998	4422	3102	70.15	—	—	—	220	132	60.00	—	—	—	80	62	77.50	—	—	—
1999	2482	1668	67.20	—	—	—	230	143	62.17	—	—	—	109	94	86.24	—	—	—
2000	3388	2466	72.79	—	—	—	260	169	65.00	—	—	—	274	213	77.74	—	—	—
2001	2388	1718	71.94	—	—	—	346	242	69.94	—	—	—	264	202	76.52	—	—	—
2002	5245	3766	71.80	293	115	39.25	492	369	75.00	—	—	—	984	841	85.47	—	—	—
2003	8790	4727	53.78	1108	433	39.08	567	501	88.36	—	—	—	914	629	68.82	1540	832	54.03
2004	12266	8147	66.42	941	434	46.12	665	570	85.71	—	—	—	1146	901	78.62	2141	1574	73.52
2005	14630	11035	75.43	533	396	74.30	494	405	81.98	892	467	52.35	1991	1686	84.68	1221	970	79.44
合计	79972	55033	68.81	2875	1378	47.93	4405	3127	70.99	892	467	52.36	5924	4763	80.40	4902	3376	68.87

续表4-6

年度	漳州			厦门			泉州			莆田			省级		
	检测数	合格数	合格率	检测数	合格数	合格率	检测数	合格数	合格率	检测数	合格数	合格率	检测数	合格数	合格率
1991	—	—	—	—	—	—	—	—	—	4523	3212	71.01	—	—	—
1992	—	—	—	—	—	—	—	—	—	4635	3217	69.41	—	—	—
1993	—	—	—	—	—	—	—	—	—	4567	3106	68.01	—	—	—
1994	—	—	—	—	—	—	—	—	—	4612	3328	72.16	—	—	—
1995	—	—	—	—	—	—	—	—	—	1346	856	63.60	—	—	—
1996	—	—	—	—	—	—	—	—	—	2167	1642	75.77	—	—	—
1997	—	—	—	—	—	—	—	—	—	3218	2312	71.85	—	—	—
1998	—	—	—	—	—	—	—	—	—	4122	2908	70.55	—	—	—
1999	—	—	—	—	—	—	—	—	—	2143	1431	66.78	—	—	—
2000	—	—	—	—	—	—	500	450	90.00	2354	1634	69.41	—	—	—
2001	—	—	—	—	—	—	500	420	84.00	1278	854	66.82	—	—	—
2002	—	—	—	—	—	—	500	425	85.00	2976	2016	67.74	—	—	—
2003	1383	471	34.06	—	—	—	800	688	86.00	1095	702	64.11	1383	471	34.06
2004	1426	703	49.30	—	—	—	1000	825	82.50	3521	2437	69.21	1426	703	49.30
2005	1455	1114	76.56	856	801	93.57	500	430	86.00	5233	3652	69.79	1455	1114	76.56
合计	4264	2288	53.66	856	801	93.57	3800	3238	85.21	47790	33307	69.69	4264	2288	53.66

方法。间接血凝判定标准 2003 年之前以牛、羊口蹄疫抗体效价≥1∶256，猪口蹄疫抗体效价≥1∶128 判定为免疫合格，2004 年后全部按农业部规定的口蹄疫抗体效价≥1∶64 标准判定为免疫合格；ELISA 免疫合格判定根据试剂盒提供的说明书执行。

监测范围：不同年龄、品种的猪、牛、羊。重点对种畜场、规模饲养场、屠宰场、发生过疫情地区以及省际地区家畜进行监测。

监测情况：各地口蹄疫抗体合格率分布不平衡，基本呈现逐年上升的态势。1991—2001 年，宁德地区口蹄疫抗体合格率逐年升高，但总体仍达不到 70％。莆田地区 1990—2005 年口蹄疫抗体合格率基本在 70％左右徘徊；泉州地区 2001—2005 年口蹄疫抗体水平一直维持在 80％以上。2005 年，除莆田外，各地市口蹄疫抗体合格率都在 70％以上。

3. 猪瘟监测

监测任务：1992—1994 年，安排闽侯、仙游、宁化、大田、上杭、长泰、福安、安溪、建瓯 9 个县免疫监测，总数为 4500 份。1995—2005 年，每年春、秋各设区市两次集中采样免疫抗体监测，春季集中监测在 5 月底前完成，秋季集中监测在 11 月底前完成，日常监测由各地根据实际情况安排。发现可疑病例，随时采样，及时送省畜牧兽医总站动物疫病诊断中心进行病原检测。2001 年，根据省畜牧局《关于在部分地区开展禽流感、鸡新城疫、猪瘟、猪伪狂犬病监测工作的通知》，各设区市每次集中监测至少采集所有种猪场（血清样品≥15 头份/场）、10 个商品猪场（血清样品≥15 头份/场）、10 个村散养户（血清样品≥10 头份/村），样品采集总量不少于 300 份。2003 年以后，在春、秋两次抗体免疫检测同时采集 10～20 个家畜养殖场（户）的病死畜病料样品 50 份（采集脑、胰、肺、脾、心、肝），在 5 月上旬和 11 月上旬集中送省畜牧兽医总站动物疫病诊断中心进行病原学检测。

监测方法：①免疫抗体监测采用 ELISA 抗体检测方法、正向间接血凝和免疫胶体金标抗体快速检测试纸方法。ELISA 免疫合格判定标准根据试剂盒提供的说明书标准判定；间接血凝判定标准为 1∶16 以上为免疫合格；金标免疫合格判定标准为检测线以上。②病原学监测采用免疫荧光抗体染色方法或 RT－PCR、ELISA 方法。

监测范围：全省各地不同年龄、品种的猪，重点对种猪场、规模猪场的猪进行免疫抗体监测。

监测情况：1990 年以来，省内猪瘟免疫抗体总体合格率都在 70％以上。三明、福州、莆田、泉州、南平从有监测记录以来，猪瘟免疫抗体合格率都在 70％以上；宁德从 2002 年、龙岩从 2001 年、厦门从 2004 年开始，至 2005 年，猪瘟免疫抗体水平合格率也基本在 70％以上。漳州从 2001 年至 2005 年，猪瘟免疫抗体合格率一直维持在 70％以下。

表4-7

1991—2005年福建省猪瘟免疫抗体监测汇总表

单位：头、份，%

年份	总计			福州			宁德			南平			三明			龙岩		
	检测数	阳性数	阳性率	检测数	阳性数	阳性率	检测数	阳性数	阳性率	检测数	阳性数	阳性率	检测数	阳性数	阳性率	检测数	阳性数	阳性率
1991	4643	4116	88.6	—	—	—	120	60	50.0	—	—	—	—	—	—	—	—	—
1992	4761	4178	87.8	—	—	—	126	66	52.4	—	—	—	—	—	—	—	—	—
1993	4697	4175	88.9	—	—	—	130	70	53.8	—	—	—	—	—	—	—	—	—
1994	4762	4091	85.9	—	—	—	150	80	53.3	—	—	—	—	—	—	—	—	—
1995	1506	1252	83.1	—	—	—	160	88	55.0	—	—	—	—	—	—	—	—	—
1996	2449	2252	92.0	—	—	—	200	122	61.0	—	—	—	82	65	79.3	—	—	—
1997	3508	3212	91.6	—	—	—	210	135	64.3	—	—	—	80	66	82.5	—	—	—
1998	4407	4092	92.9	—	—	—	205	130	63.4	—	—	—	80	65	81.3	—	—	—
1999	3288	2883	87.7	—	—	—	220	140	63.6	—	—	—	125	98	78.4	—	—	—
2000	4478	3741	83.5	—	—	—	250	142	56.8	—	—	—	254	206	81.1	420	287	68.3
2001	5481	4215	76.9	146	131	89.7	315	189	60.0	—	—	—	292	228	78.1	450	354	78.7
2002	9173	7258	79.1	288	221	76.7	492	360	73.2	—	—	—	873	720	82.5	1063	855	80.4
2003	9939	7442	74.9	907	829	91.4	567	395	69.7	—	—	—	794	575	72.4	1780	1465	82.3
2004	12334	9770	79.2	1273	710	55.8	523	377	72.1	—	—	—	983	757	77.0	2141	1891	88.3
2005	14583	11563	79.3	762	559	73.4	494	361	73.1	608	492	80.9	1559	1343	86.1	1078	952	88.3
合计	90009	74240	82.5	3376	2450	72.6	4162	2715	65.2	608	492	80.9	5122	4123	80.5	6932	5804	83.7

续表 4-7

年份	漳州 检测数	漳州 阳性数	漳州 阳性率	厦门 检测数	厦门 阳性数	厦门 阳性率	泉州 检测数	泉州 阳性数	泉州 阳性率	莆田 检测数	莆田 阳性数	莆田 阳性率	省级 检测数	省级 阳性数	省级 阳性率
1991	—	—	—	—	—	—	—	—	—	—	—	—	4523	4056	89.7
1992	—	—	—	—	—	—	—	—	—	—	—	—	4635	4112	88.7
1993	—	—	—	—	—	—	—	—	—	—	—	—	4567	4105	89.9
1994	—	—	—	—	—	—	—	—	—	—	—	—	4612	4011	87.0
1995	—	—	—	—	—	—	—	—	—	—	—	—	1346	1164	86.5
1996	—	—	—	—	—	—	—	—	—	—	—	—	2167	2065	95.3
1997	—	—	—	—	—	—	—	—	—	—	—	—	3218	3011	93.6
1998	—	—	—	—	—	—	—	—	—	—	—	—	4122	3897	94.5
1999	—	—	—	—	—	—	—	—	—	800	658	82.3	2143	1987	92.7
2000	1000	495	49.5	—	—	—	—	—	—	1200	996	83.0	2354	2110	89.6
2001	981	510	52.0	—	—	—	—	—	—	2000	1720	86.0	1278	1098	85.9
2002	1050	528	50.3	—	—	—	—	—	—	2500	2125	85.0	2976	2467	82.9
2003	1121	550	49.1	1246	502	40.3	—	—	—	2500	2140	85.6	1095	1008	92.1
2004	1376	701	50.9	772	647	83.8	644	615	95.5	2000	1620	81.0	3521	3218	91.4
2005	—	—	—	829	693	83.6	—	—	—	2000	1680	84.0	5233	4167	79.6
合　计	5528	2784	50.4	2847	1842	64.7	644	615	95.5	13000	10939	84.1	47790	42476	88.9

2004年，在福州、南平和龙岩等地开展现场猪瘟病调查，在12个县（市、区）采样检测。收集了3个市发病猪群762份样品（其中南平211份、宁德103份、福州448份），采用RT－PCR检测方法，判定标准以试剂盒提供的说明书标准判定，病原学检测结果阳性数168份（其中南平70份、宁德14份、福州84份）。

4. 牛结核病监测

监测任务：对该病每年进行一次监测，具体监测时间由各地根据实际情况安排。发现可疑病例，随时采样，送省畜牧兽医总站动物疫病诊断中心进行病原学检测。

监测方法：按照国家标准（GB/T18645－2002），应用牛提纯结核菌素皮内变态反应进行检测。

监测范围：所有乳用牛（包括奶水牛）以及种畜场牛。监测情况：1991—2002年，省内牛结核病监测未发现抗体阳性样品，2003—2005年，出现结核病抗体阳性，其中2003年为0.23％，其余几年在0.1％左右。各地市的监测情况显示，福州和南平地区曾检出牛结核病抗体阳性，其中福州2003年和2005年牛结核病抗体阳性率高达1.32％和1.56％。以上检测结果中，对抗体阳性者均已按国家有关规定实施扑杀并做无害化处理。

2004年，在南平一奶牛场采集11份牛鼻腔分泌物，分离培养到3株牛结核病病原菌。

5. 血吸虫病监测

监测任务：每年4—5月、7—8月各监测一次。每个有钉螺分布的县（市、区）每次监测至少采集猪血清100头份、牛血清300头份和羊血清200头份。

检测方法：采用间接血凝方法或Dot－ELISA方法检测，结果为阳性的，用粪检法复检，仍为阳性的，对所在村的全部存栏牛进行化疗。

监测范围：福清市、长乐市、龙海市、漳浦县、霞浦县、秀屿区等有钉螺分布地区的牛、羊、猪等家畜。

监测情况：福建省1986年已彻底消灭血吸虫病，此后开展对易感家畜的抽样监测。监测结果显示，自1991年以来，在省内未发现血吸虫抗体阳性的病例。

6. 猪繁殖与呼吸综合征（俗称蓝耳病）监测

监测任务：从1997年起监测，2003年后每年5月、10月各监测一次。

监测方法：乳胶凝集试验、ELISA抗体检测方法和免疫胶体金标抗体快速检测试纸法。

监测范围：根据1999年省畜牧局《关于开展猪伪狂犬病、猪蓝耳病和禽流感疫情普查的通知》工作布置，监测对象是种猪场、规模猪场不同年龄、品种的猪。

监测情况：1997年，监测漳州等9个地市、县种猪血清1992份，检测阳性数837份，阳性率42.08％，其中福清阳性率最高达83.13％，南平最低为22.82％。

表 4—8

1991—2005 年福建省动物结核病核抗体监测汇总表

单位：头、份、%

年份	总计			福州			宁德			南平			三明			龙岩		
	检测数	阳性数	阳性率	检测数	阳性数	阳性率	检测数	阳性数	阳性率	检测数	阳性数	阳性率	检测数	阳性数	阳性率	检测数	阳性数	阳性率
1991	6	0	0	—	—	—	6	0	0	—	—	—	—	—	—	—	—	—
1992	8	0	0	—	—	—	8	0	0	—	—	—	—	—	—	—	—	—
1993	8	0	0	—	—	—	8	0	0	—	—	—	—	—	—	—	—	—
1994	6	0	0	—	—	—	6	0	0	—	—	—	—	—	—	—	—	—
1995	18	0	0	—	—	—	8	0	0	—	—	—	10	0	0	—	—	—
1996	20	0	0	—	—	—	10	0	0	—	—	—	10	0	0	—	—	—
1997	22	0	0	—	—	—	12	0	0	—	—	—	10	0	0	—	—	—
1998	27	0	0	—	—	—	18	0	0	—	—	—	9	0	0	—	—	—
1999	30	0	0	—	—	—	18	0	0	—	—	—	12	0	0	—	—	—
2000	565	0	0	—	—	—	20	0	0	—	—	—	324	0	0	221	0	0
2001	645	0	0	—	—	—	22	0	0	—	—	—	338	0	0	185	0	0
2002	979	0	0	—	—	—	20	0	0	—	—	—	649	0	0	210	0	0
2003	2870	7	0.24	531	7	1.32	20	0	0	32089	370	1.15	1747	0	0	360	0	0
2004	70227	94	0.13	533	0	0	22	0	0	67922	94	0.14	1298	0	0	352	0	0
2005	80144	83	0.10	643	10	1.56	23	0	0	50617	45	0.09	1406	0	0	366	0	0
合计	155575	184	0.12	1707	17	0.99	221	0	0	150628	509	0.34	5813	0	0	1694	0	0

续表 4—8

年份	漳州 检测数	漳州 阳性数	漳州 阳性率	厦门 检测数	厦门 阳性数	厦门 阳性率	泉州 检测数	泉州 阳性数	泉州 阳性率	莆田 检测数	莆田 阳性数	莆田 阳性率	省级 检测数	省级 阳性数	省级 阳性率
1991	—	—	—	—	—	—	—	—	—	—	—	—	—	—	—
1992	—	—	—	—	—	—	—	—	—	—	—	—	—	—	—
1993	—	—	—	—	—	—	—	—	—	—	—	—	—	—	—
1994	—	—	—	—	—	—	—	—	—	—	—	—	—	—	—
1995	—	—	—	—	—	—	—	—	—	—	—	—	—	—	—
1996	—	—	—	—	—	—	—	—	—	—	—	—	—	—	—
1997	—	—	—	—	—	—	—	—	—	—	—	—	—	—	—
1998	—	—	—	—	—	—	—	—	—	—	—	—	—	—	—
1999	—	—	—	—	—	—	—	—	—	—	—	—	—	—	—
2000	—	—	—	—	—	—	—	—	—	100	0	0	—	—	—
2001	—	—	—	—	—	—	—	—	—	100	0	0	—	—	—
2002	—	—	—	—	—	—	—	—	—	100	0	0	—	—	—
2003	50	0	0	62	0	0	—	—	—	—	—	—	—	—	—
2004	100	0	0	—	—	—	—	—	—	—	—	—	—	—	—
2005	100	0	0	679	0	0	115	0	0	—	—	—	26195	28	0.11
合计	250	0	0	741	0	0	115	0	0	300	0	0	26195	28	0.11

表 4—9　　　　　　　**1991—2005 年福建省动物血吸虫抗体监测汇总表**

单位：头，份，%

年份	检测数	阳性数	阳性率
1991	628	0	0
1992	734	0	0
1993	303	0	0
1994	251	0	0
1995	331	0	0
1996	367	0	0
1997	389	0	0
1998	369	0	0
1999	2369	0	0
2000	4000	0	0
2001	4456	0	0
2002	6586	0	0
2003	9213	0	0
2004	7646	0	0
2005	7649	0	0
合　计	45291	0	0

表 4—10　　　　**1997—2005 年福建省猪繁殖与呼吸综合征抗体监测汇总表**

单位：头，份，%

年份	检测数	阳性数	阳性率
1997	1992	837	42.08
1998	420	195	46.42
1999	760	368	48.24
2000	878	611	69.59
2001	955	601	62.93
2002	1052	693	65.87
2003	3105	1922	61.90
2004	3179	1763	55.45
2005	3228	1820	56.38
合　计	15569	8810	56.59

2004 年，在福州、南平、龙岩等地开展现场猪繁殖与呼吸综合征调查，在 12 个县（市、区）采样检测。采集了 3 个市发病猪群 762 份样品，其中南平 211 份、宁德 103 份、福州 448 份，采用 RT－PCR 检测方法，检测结果蓝耳病阳性数 144 份，阳性率 18.90％。

7. 猪伪狂犬病监测

监测任务：1996 年，开展集中监测，监测数 125 份，阳性数 66 份，阳性率 52.8％；1997—2005 年，每年春、秋进行两次集中监测，春季集中监测在 5 月底前完成，秋季集中监测在 11 月底前完成。

监测方法：抗体检测方法采用乳胶凝集试验、ELISA 抗体检测方法和免疫胶体金标抗体快速检测试纸法，病原学检测采用免疫荧光抗体染色方法、PCR 或 ELISA 方法。

监测范围：不同年龄、品种的猪，重点对种猪场、规模猪场进行监测。

监测情况：1996—2005 年，全省猪伪狂犬病免疫抗体总体阳性率呈上升趋势，其中 1998 年最低（46.27％），2002 年最高（76.24％）。2001 年、2002 年和 2004 年，全省猪伪狂犬病免疫抗体阳性率达到 70％以上。

表 4－11　　　　**1996—2005 年福建省猪伪狂犬病免疫抗体监测汇总表**

单位：头，份，％

年份	检测数	阳性数	阳性率
1996	125	66	52.80
1997	130	68	52.31
1998	2373	1098	46.27
1999	2948	1797	60.96
2000	4728	2605	55.10
2001	5627	4095	72.77
2002	5256	4007	76.24
2003	9931	6373	64.17
2004	10836	7956	73.42
2005	9106	5977	65.64
合　计	51060	34042	66.67

2005 年，在福州、南平、龙岩等地开展猪伪狂犬病调查采样；采集了 3 个设区市发病猪群 762 份样品，其中南平 211 份、宁德 103 份、福州 448 份，采用 PCR 检测方法，结果阳性数 156 份，其中南平 42 头份、龙岩 30 头份、福州 84 头份，平均阳性率 20.47％。

（二）禽病监测

1. 禽流感监测

监测任务：1994 年，执行农业部下发的《全国扑灭禽流感疫情的实施意见》，进行禽流感疫情普查。2004 年、2005 年，农业部兽医局先后制定下发了《禽流感监测计划》《高致病性禽流感和口蹄疫等主要动物疫病监测方案》，扩大了监测范围和监测数量，除对禽流感开展免疫效果监测外，从 2005 年开始，对全省免疫禽场、活禽交易市场、农村散养家禽开展病原学监测。

监测方法：从 1994 年开始，对未免疫家禽采用禽流感琼脂扩散试验（不适用水禽）、血凝和血凝抑制试验进行监测。从 2004 年开始，全省禽流感实行强制免疫，采用血凝和血凝抑制试验监测其免疫效果，用 RT－PCR 对病原进行监测。

监测范围：包括种禽场、商品禽场（包括水禽场）、蛋禽场及农村散养家禽。

监测情况：1994—1998 年。重点对全省父母代种鸡场开展禽流感普查，采用禽流感琼脂扩散试验，血清分型检测由哈尔滨兽医研究所完成。1994 年 10 月至 1995 年 5 月，首次开展禽流感普查，全省共查 15 个种鸡场，其中福州 4 个、泉州 3 个、龙岩 2 个，其余地市各 1 种鸡场。

从 2000 年开始，对禽流感进行分型监测，其中对福清 143 个场进行监测，检出 H9 阳性场 6 个（鸡场 4 个、鸭场 2 个）。

2005 年，禽流感病原学监测 13924 份，其中鸡棉拭子样品 3733 份，鸭棉拭子样品 8239 份，鹅棉拭子样品 312 份，猪棉拭子样品 1640 份，棉拭子样品经禽流感 RT－PCR 检测。

2. 新城疫监测

监测任务：1996 年以来，由于各种新城疫疫苗在全省广泛使用，部分地市开始对新城疫免疫抗体水平进行监测。

监测方法：采用血凝和血凝抑制试验监测血清中的免疫抗体。

监测范围：包括种鸡场、商品鸡场。

监测情况：各地新城疫免疫抗体合格率不平衡，如宁德市 1996—2000 年监测免疫抗体合格率分别为 70％、65％、66％、68％、65％，免疫抗体合格率基本低于 70％；三明市 1998—2000 年监测免疫抗体合格率分别为 87％、82.7％、80.5％；龙岩市 2000 年监测免疫抗体合格率为 76.7％。

表 4—12　　　　　　　　**2001—2005 年新城疫免疫抗体监测统计表**

单位：只，份，%

年份	福州			宁德			三明		
	检测数	合格数	合格率	检测数	合格数	合格率	检测数	合格数	合格率
2001	270	270	100.0	150	96	64.0	515	448	87.0
2002	382	282	73.8	175	120	68.6	736	662	90.0
2003	317	259	81.7	302	221	73.2	1372	1117	81.4
2004	844	733	86.8	640	166	25.9	1588	1372	86.4
2005	313	283	90.4	750	555	74.0	2498	2168	86.8

年份	龙岩			厦门			漳州		
	检测数	合格数	合格率	检测数	合格数	合格率	检测数	合格数	合格率
2001	450	390	86.7	—	—	—	—	—	—
2002	5597	4243	75.8	—	—	—	—	—	—
2003	3205	2615	81.6	880	542	61.6	—	—	—
2004	355	317	89.3	621	236	38	—	—	—
2005	3892	3468	89.1	253	172	68	590	460	78

3. 鸡白痢监测

监测任务：从 1999 年开始，部分地市对鸡白痢开展监测。

监测方法：主要采用全血（血清）平板凝集实验。

监测范围：包括有出口任务的养禽场、原种、祖代、父母代养禽场、商品代养禽场。

监测情况：1999 年，由福州市畜牧兽医站对福州市部分种鸡场开展监测。

2003 年，由省畜牧兽医总站动物疫病诊断中心实验室对福州榕泉种鸡场进行鸡白痢监测，监测 62 份鸡血清样品，检出阳性 22 份，阳性率达 35.5%；圣农实业有限公司种鸡场 110 份鸡血清样品，检出阳性 9 份，阳性率达 8.2%；龙岩森宝种鸡场 221 份鸡血清样品，检出阳性 158 份，阳性率达 71.5%。

2004 年，三明市对辖区内 19 个养禽场进行鸡白痢监测，监测 908 份鸡血清，检出阳性 115 份，阳性率达 12.7%；同安区对采自西柯、大同、汀溪 3 个镇、6 个行政村 40 户养鸡户的 271 份鸡血样采用平板凝集试验，共检出阳性 116 份，阳性率达 42.8%。

2005 年，宁德对辖区内 2 个县 6 个养鸡场进行鸡白痢监测，监测鸡血清 76 份，检出阳性 18 份，阳性率达 23.7%；福州对辖区内 1 个县的 7 个养禽场 83 份血清进行鸡白痢监测，检出阳性 32 份，阳性率达 38.6%。

表 4—13　　　　**1999 年福建鸡白痢—伤寒血清学检测结果统计表**

场名	品种	日龄（日）	监测数（只）	阳性数（份）	阳性率（%）
福州某种鸡场	海兰	80	59	0	0
	海兰	254	67	2	2.99
	海兰	575	50	3	6.00
闽侯某种鸡场	艾维因	147	51	2	3.90
	艾维因	147	54	3	5.56
	艾维因	420	53	11	20.75
	艾维因	420	47	10	21.28
罗源县泰凤山鸡场	七彩山鸡	270	30	3	10.00
罗源县三八山鸡场	七彩山鸡	210	28	12	42.86
福清市某种鸡场	海兰	400	123	21	17.07
福清融峰种鸡场	本地土鸡	85	59	18	30.51
	本地土鸡	115	22	8	36.36
	本地土鸡	270	18	4	22.22
福清幸福种禽场	本地土鸡	110	91	30	32.97
福清龙田种鸡场	海兰	175	37	14	37.84
福清融安种鸡场	罗曼	60	46	1	2.17
福清峰盛种禽场	本地土鸡	260	54	17	31.48

三、防疫基础设施建设

（一）国家投入项目

1. 部级动物疫情测报站建设

1996—2002 年，农业部批准福建省 10 个部级动物疫情测报站建设，其中福安市、上杭县、邵武市、大田县、宁化县、龙海市、诏安县 7 个部级动物疫情测报站每站总投资 50 万元，其中农业部投资 25 万元，县级配套 25 万元，计 350 万元；仙游县、惠安县、福清市 3 个部级动物疫情测报站于 1998 年 11 月 12 日批准无规定疫病区建设，疫情测报站项目仪器设备、化验室要求与无规定动物疫病区项目相同，不再重复投入。

每个部级动物疫情测报站建设内容主要是进行化验室装修改造和购置仪器设备，每个测报站仪器设备配备有自动高压灭菌器、通风柜、纯水机、恒温振荡摇床、生物安全柜（Ⅱ级）、体视显微镜（带相机）、荧光显微镜（带相机）、高速组织匀浆机、单道可调微量加样器、多道可调微量加样器、酶标仪、自动酶标洗板机、混合器（感应式）、细菌过滤器、红外测温仪、机动消毒器、小型冷藏运输车、UPS 电源、分析天平（千分之一）、超净工作台、自动菌落计数器、酸度计、台式高速离心机、小型离心机、恒温培养箱、教学培训设备（微机、投影仪、VCD机等）、备用发电机、实验室恒温设备、抑菌圈测定仪、半自动细菌鉴定仪等。10个部级动物疫情测报站于1999年全部投入使用。

2. 无规定动物疫病区建设

1998年，福建省被列入全国首批10个无规定动物疫病区建设项目省份之一。11月12日，农业部下达《关于福建省畜禽无规定动物疫病区建设项目可行性研究报告的批复》和《关于下达1998年农业项目财政预算内专项资金计划的通知》，批复福建省第一批无规定动物疫病区项目建设，建设单位为福州、莆田、泉州、漳州、宁德、厦门6个设区市及所辖晋安区、平潭县、福清市、闽侯县、连江县、罗源县、长乐县、涵江区、荔城区、仙游县、丰泽区、洛江区、南安市、晋江市、石狮市、惠安县、芗城区、龙文区、龙海市、长泰县、同安区、湖里区、蕉城区、福安市，共24个县（市、区）。

1999年8月26日，农业部下达《关于福建省无规定动物疫病区扩建项目可行性研究报告的批复》，第二批无规定动物疫病区建设（扩建）项目建设单位为南平市、三明市、龙岩市3个设区市及闽清县、延平区、沙县、永泰县、新罗区、南靖县、漳浦县、云霄县、诏安县、秀屿区、霞浦县、福鼎市12个县（市、区）。

36个县（市、区）的无规定动物疫病区共到位项目资金5319万元，其中中央专项资金880万元，地方债券1956万元，省、市、县配套资金2483万元。项目建设内容为扩建装修化验室和购置必备仪器设备。每个无规定动物疫病区建设项目县配备气相色谱仪、高速离心机、高速冷冻离心机、小型离心机、电脑、荧光显微镜、冷冻恒温切片机、荧光分光光度计、细菌快速测定仪、电泳仪、多功能高倍显微镜、超声波处理机、pH计、组织切片机、血液分析仪、自动菌落计数器、冰柜、冰箱、超低温冰柜、电子天平、蒸馏水器、酶标仪、自动酶标洗板机、超净工作台、单道可调移液加样器、多道可调加样器、恒温振荡摇床、纯水机、通风柜、生物安全柜、高速组织匀浆机、电子天平（万分之一）、恒温培养箱、抑菌圈测定仪、传真机、教学培训设备等各一台。项目于2001年底全部完成，并投入使用。

3. 省际动物防疫监督检查体系建设

2002年10月8日、2003年12月18日、2004年12月，农业部和省政府分别批准设立了省直属管理的福鼎高速公路、诏安高速公路省际动物防疫监督检查站和28个属地管理省际公路动物防疫检疫监督检查站：福鼎市贯岭、福鼎市前岐、寿宁县武溪、寿宁县大安、柘荣县背阳山、松溪县横垅、松溪县长巷、武夷山市大安、政和县铁山、浦城县庙湾、浦城县富岭、邵武市沿山、邵武市朱洋高速、光泽县册下、长汀县古城、武平县岩前、武平县东留、武平县象洞、武平县下坝、永定县下洋、永定县仙师、上杭县中都、上杭县下都、建宁县里心、宁化县石壁、泰宁县新桥、平和县九峰、诏安县雨亭。

2004 年，农业部批准福建省省际动物防疫监督检查站基础设施建设，总投资 1560 万元，其中农业部投资 120 万元，省级财政投资 1440 万元。福鼎、诏安 2 个高速公路省际动物防疫监督检查站，每个站投资 100 万元；6 个国道公路省际动物防疫监督检查站，每个站投入 60 万元；11 个省道公路省际动物防疫监督检查站，每个站投资 50 万元；11 个县道公路省际动物防疫监督检查站，每个站投资 40 万元。建设内容为值班站房、消毒设施、无害化处理设施、动物隔离场、快速检疫箱、高速离心机、生物显微镜、粪尿血取样设备、电脑、传真机、数码照相机、数码摄录像机、录音笔、对讲机、监视器、连续注射器、红外线测温仪等。

4. 县级动物防疫体系建设

2002 年 10 月 8 日，农业部下达《关于 2002 年东中部畜产品主产省份地县级动物防疫体系畜产品安全检测项目可行性研究报告的批复》，批准福建省动物防疫体系建设，建设县为平和、安溪、德化、永春、永安、上杭、建瓯 7 个县（市），每个县建设投资为 80 万元，其中，中央投资 40 万元，地方配套 40 万元，仪器设备配备和无规定动物疫病区建设项目配备相同。

2003 年 12 月 18 日，农业部下达《关于 2003 年东中部畜产品主产省（市）动物防疫站基础设施项目建设可行性研究报告的批复》，批准福建省动物防疫基础设施建设项目，建设内容为购置必备的仪器设备。建设单位：省兽药饲料监察所基础设施项目，总投资 300 万元，其中中央预算内专项资金 150 万元，地方配套 150 万元；县级动物防疫基础设施项目有城厢区、东山县、泉港区、华安县、秀屿区、长汀县、永定县、漳平市、武平县、泰宁县、鲤城区、集美区、翔安区等 13 个畜牧兽医站基础设施项目建设，每个县级兽医站总投资 80 万元，其中中央预算内专项资金 40 万元；地方配套资金 40 万元，省级畜牧兽医站化验室基础设施项目建设，总投资 120 万元，其中中央预算内资金 60 万元，地方配套 60 万元。项目建设于 2004 年底建成，2005 年初投入使用。

2004 年 12 月 10 日，农业部下达《关于 2004 年基层动物防疫基础设施建设项目可行性研究报告的批复》，批准建设单位有平潭县、仓山区、鼓楼区、台江区、三元区、梅列区、将乐县、建宁县、清流县、明溪县、尤溪县、光泽县、浦城县、武夷山市、建阳市、顺昌县、政和县、松溪县、古田县、柘荣县。2005 年，国家发改委和农业部下达《关于下达 2005 年动物防疫项目中央预算内专项资金投资计划的通知》，又增加屏南县、周宁县、寿宁县、连城县，合计 24 个县的动物防疫基础设施项目总投资 2880 万元，其中中央预算内专项资金 1152 万元，地方配套资金 1728 万元，主要扩建 24 个县实验室 4800 平方米（每个县 200 平方米），购置仪器设备 1800 台（每个县 75 台）。项目大多于 2005 年底建成投入使用。

5. 县级动物检疫监督所建设

2004年12月18日，农业部下达《关于2004年基层动物检疫监督基础设施建设项目可行性研究报告的批复》，批复福建省县级动物检疫监督基础设施建设，建设单位有闽侯县、福清市、连江县、长乐市、福安市、霞浦县、福鼎市、涵江区、仙游县、石狮市、晋江市、南安市、惠安县、龙海市、漳浦县、新罗区、延平区、沙县、上杭县19个县（市、区）的动物卫生监督所及所辖的114个乡（镇），项目建设内容主要为购置检疫监督必备的仪器设备。每个乡镇，仪器设备有快速检疫工具、应急灯、红外线测温仪、显微镜，监督设备有摄像机、照相机、录音笔、手提电脑、对讲机、监视器等，总投资1520万元，中央预算内专项资金150万元，地方配套资金1370万元。

（二）省级投入项目

1. 乡镇畜牧兽医站站房建设

1997—2001年，乡镇畜牧兽医站站房由省农业厅畜牧局批准建设，总投资540万元，其中1997年、1998年、1999年每年各下拨100万元，三年共支持99个乡镇畜牧兽医站建设；2000年和2001年每年各下拨120万元，每年各支持40个乡镇畜牧兽医站建设。

表 4-14　　**1997—2001 年福建省乡镇畜牧兽医站站房建设投入情况表**

地点＼年份	1997	1998	1999	2000	2001
福州市	闽侯县尚干镇，延坪乡；长乐市潭头镇，江天镇	闽侯县鸿尾乡；连江县下宫乡；闽清县下祝乡；永泰县长庆镇	永泰县樟城镇；晋安区鼓山镇；闽清县白樟镇；平潭县中楼镇	平潭县澳前镇；闽清县桔林乡；晋安区宦溪乡；仓山区城门镇	闽侯县南屿镇；永泰县城峰镇；平潭县北厝镇；闽清县白中镇
莆田市	荔城区新县镇，大洋乡；仙游县象溪镇、枫亭镇；北岸区湄洲镇	荔城区南日镇；仙游县龙华镇；北岸区月塘镇	北岸区笏石镇；荔城区庄边乡；仙游县度尾镇	荔城区东桥镇；城厢区城南乡；北岸区东埔乡	北岸区山亭镇；仙游县赖店乡
泉州市	安溪县魁斗镇，蓬莱镇；惠安县张板镇；南安市向阳乡；德化县盖得乡	德化县水口乡；永春县锦斗乡；安溪县感德镇	洛江区双阳镇；肖厝区山腰镇；德化县龙门滩镇；安溪县官桥镇	德化县美湖乡；南安市乐峰镇；永春县外山乡；安溪县兰田乡；石狮市祥芝镇	洛江区河市镇；永春县苏坑镇；南安市省新镇；安溪县桃舟乡

续表 4—14

年份 地点	1997	1998	1999	2000	2001
厦门市	—	—	集美区后溪镇；杏林区东孚镇；同安区西柯镇	同安区内厝镇，新店镇，大帽山乡	同安区洪塘镇，祥桥镇
漳州市	—	龙文区步文镇；平和县山格镇；华安县仙都镇	平和县九峰镇；华安县华丰镇；南靖县靖城镇；诏安县秀篆镇	东山县西埔镇；平和县小溪镇；漳浦县盘陀镇；华安县沙建镇	漳浦县前亭镇；龙海市隆教乡；芗城区石亭镇；诏安县白洋镇
龙岩市	漳平市吾祠镇；武平县武东乡，东留乡；上杭县旧县；永定县堂堡乡	上杭县通贤乡；连城县朋口乡；新罗区城关镇；长汀县河田乡；永定县龙漂乡	长汀县策武镇；武平县中山乡；上杭县蛟洋乡；漳平市溪南镇；连城县四堡乡；永定县峰市乡	新罗区红坊镇；长汀县红山镇；上杭县临城镇；武平县永平乡；漳平市新桥镇	连城县隔乡镇；上杭县稔田乡；永定县下洋镇；长汀县铁长镇；漳平市桂林镇；武平县象洞乡
三明市	大田县太华镇；清流县龙津镇，嵩口镇；宁化县淮土镇；明溪县城关镇	梅列区陈大镇；永安市贡川镇；沙县富口镇；尤溪县坂面乡；宁化县城南；大田县文江乡	建宁县金溪乡；三元区岩前镇；将乐县光明乡；永安市安砂镇；大田县均溪镇；清流县林畲乡	尤溪县中仙乡；明溪县胡坊镇；泰宁县新桥乡；建宁县溪源乡；大田县石碑乡；永安市小陶镇	尤溪县台溪乡；将乐县白莲镇；泰宁县开善乡；永安市大湖镇；清流县长校镇；大田县华兴乡
南平市	延平区南山镇；邵武市水北镇；政和县镇前镇；建瓯市城关镇	光泽县寨里镇；政和县熊山镇；松溪县松源镇；邵武市和平镇；建瓯市顺阳镇	建瓯市迪口镇；武夷山市兴田乡；延平区巨口乡；顺昌县大干镇；建阳市麻沙镇；政和县杨源乡	邵武市大埠岗乡；顺昌县高阳乡；松溪县花桥镇；浦城县忠信镇；政和县澄源乡；建阳市回龙乡	光泽县李坊乡；武夷山市五夫镇；建阳市莒口镇；邵武市下沙镇；浦城县鼓楼乡；政和县石屯镇
宁德市	福安市城阳镇，甘棠镇；古田县湖滨镇；蕉城区洋中镇；霞浦县三沙镇	古田县鹤塘镇；福安市穆阳镇；福鼎市秦屿镇；蕉城区七都镇	柘荣县宅中乡；屏南县古峰镇；福鼎市硖汀乡；古田县大桥镇	寿宁县斜滩镇；屏南县甘棠乡；周宁县泗桥乡	福安市下白石镇；霞浦县海岛乡；寿宁县大安乡；福鼎市店下镇；屏南县棠口乡；古田县松吉乡

2. 县级畜牧兽医站基础设施建设

2003 年省财政拨款 1500 万元，投入 41 个县动物防疫基础设施建设。建设单位为平和县、永春县、德化县、安溪县、上杭县、永安市、建瓯市的畜牧兽医站（以上 7 个县市因农业部与省财政已经投资 80 万元，故每个县省财政再投入 20 万元）；连城县、武夷山市、尤溪县、城厢区、东山县、泉港区、华安县、秀屿区、长汀县、永定县、漳平市、武平县、泰宁县、鲤城区、集美区、翔安区、明溪县、清流县、邵武市、光泽县、浦城县、古田县、柘荣县、将乐县、宁化县、大田县、建宁县、屏南县、周宁县、寿宁县、建阳市、顺昌县、政和县、松溪县等县畜牧兽医站，每个县省财政投入 40 万元。项目主要建设内容为扩建、装修实验室，购置实验室必备的仪器设备。仪器设备有：恒温培养箱、干燥灭菌箱、电冰箱、高压蒸气灭菌器、蒸馏水器、快速混匀器、普通光学显微镜、分析天平、药用天平、超净工作台、恒温水浴箱、酶标仪、自动酶标洗板机、电脑、传真机、pH 计、U 形微量反应板、高速离心机、分光光度计、微量离心机、多道可调移液器、单道可调移液器等各一台。项目建设于 2005 年初建成，投入使用。

（三）市县级投入项目

龙岩市畜牧水产局：2003 年，龙岩市畜牧水产局集资 600 多万元，建设畜牧水产局、畜牧兽医站办公大楼、畜牧兽医实验室和购置仪器设备。

三明市畜牧水产局：1996 年，三明市畜牧水产局投入 8 万元，2004 年，三明市畜牧水产局投入 6 万元为三明市辖区省际边境检查站购置检疫、消毒和监督设备；投入 50 万元作为办公大楼地基建设；2005 年，投入 2 万元建设三明市兽医站化验室。

南平市畜牧水产局：2001—2005 年，南平市 10 个县市共投入 59 万元作为化验室装修费；2003 年，南平市兽医站投入 300 多万元，购置化验室房产，以及购置仪器设备和化验室装修。

（四）基础设施防疫能力

1998—2005 年，福建省动物防疫基础设施建设有中央投资、地方配套的动物防疫基础设施建设项目，有省级投入的动物防疫基础设施建设项目，有市、县级投入的动物防疫基础设施建设，共建设 84 个实验室，其中省级实验室 1 个、设区市级实验室 9 个、县级实验室 74 个。合计面积达 19800 平方米。

省级动物防疫机构实验室基本能承担病毒病、细菌病、寄生虫病、中毒病、代谢病的诊断和细菌分离工作，病毒定型，对动物各种疫病进行监测和免疫抗体监测及对重点疫病进行研究。

设区市级动物防疫机构实验室初步具备了承担常发的病毒病、细菌病、中毒病及寄生虫病的诊断和细菌分离工作，对本地区动物疫病能进行监测和预报，对重点动物疫病的免疫抗体进行监测及药物残留检测。

县级动物疫病预防控制实验室建成后，具备承担辖区内畜禽抗体监测，数据整理汇总，网络上报，以及样品采集，细菌病及寄生虫病诊断、治疗、药物残留检测等能力。

国家级动物疫情测报站，已具备承担国家要求的动物疫情监测、测报、疫病诊断、流行病学调查、分析、网络上报到国家的工作能力。

第三节　动物疫病控制和扑灭

1991—2005 年，福建省通过建立动物疫病报告制度，成立重大动物疫情应急机构，建立应急预案，储备动物疫情应急物资，建立与演练应急预备队，果断处置动物疫情，使全省动物疫病及时得到有效的控制和扑灭，重大动物疫情保持稳定控制。影响较大的口蹄疫、高致病性禽流感、蓝耳病和奶牛结核病、布鲁氏菌病等重大动物疫情得到迅速控制和扑灭。

一、疫情报告

（一）报告制度

1990 年 1 月，全省各地开始正式上报动物疫情月报表（不含口蹄疫、禽流感）。

1999 年 6 月，省农业厅畜牧局下发《关于兽医业务报表评比和统一表格的通知》，随后又转发了农业部《关于印发〈动物疫情报告管理办法〉的通知》，规定报表的种类、格式及制定了一些规范和评比制度。要求各级动物防检疫部门配备专职疫情管理人员，实行站长负责制。

从 2001 年 1 月开始，根据全国畜牧兽医总站《关于调整动物疫情报表的通知》要求，重新调整了动物疫情报表的格式和种类。

2003 年 3 月 18 日，省畜牧兽医总站下发《关于进一步规范兽医报表工作的通知》，要求各地在兽医业务报表统计的质量和时效上要有明显的提高，要有固定的兽医报表统计人员。

从 2004 年 5 月 10 日开始，动物疫情一律从网络传输上报动物疫情。

（二）报告内容

报表分为快报、月报和年报。上报的动物疫病包括口蹄疫、猪瘟、猪水泡病、蓝舌病、山羊痘、绵羊痘、禽流感、鸡新城疫、猪丹毒、猪肺疫、猪细小病毒病、猪链球菌病、猪传染性萎缩性鼻炎、猪繁殖与呼吸障碍综合征、猪乙型脑炎、旋毛虫病、猪支原体肺炎、猪囊尾蚴病、鸡传染性喉气管炎、鸡传染性支气管炎、鸡传染性法氏囊病、鸡马立克氏病、鸡产蛋下降综合征、鸡白痢、禽白血病、禽痘、禽霍乱、鸡球虫病、鸭瘟、鸭病毒性肝炎、小鹅瘟、马传染性贫血、马鼻疽、兔病毒性出血症、日本血吸虫病、牛出血性败血症、牛结核病、牛焦虫病、牛锥虫病、伪狂犬病、狂犬病、炭疽、布鲁氏菌病、弓形虫、棘球蚴病等45种动物疫病。

从1989年6月开始，在全省推广实行动物疫情月报制度，动物疫情月报要求各地在每月的10日前上报《动物疫情月报表》，上报的动物疫病涉及口蹄疫、猪瘟、猪水泡病、猪丹毒、猪肺疫、蓝舌病、猪囊虫病、鸡新城疫、禽流感、鸡马立克氏病、传染性囊病、禽霍乱、鸡白痢、布氏杆菌病、日本血吸虫病、马传染性贫血、猝死症、羊痘、炭疽、鸭瘟、奶牛结核、兔病毒性出血症等22种常见动物疫病。

2003年5月9日，省畜牧兽医总站转发全国畜牧兽医总站下发的《关于加强动物疫情报告工作的通知》，要求各地从5月9日起，增加鸡传染性支气管炎、猪传染性胃肠炎、猪流行性腹泻病，实行临时性周报制度，每周一上午上报上周疫情。该周报制度截至8月15日停止上报。同时在《动物疫情月报表》中增加了猪传染性胃肠炎、猪流行性腹泻病、新生犊牛腹泻、犬瘟热等病。

从2004年5月10日开始，县级以上的动物防疫监督机构（即动物疫病预防控制中心）实现了除牲畜口蹄疫、高致病性禽流感以外的其他动物疫情一律从网络传输上报动物疫情。动物疫情网络化传输包括动物疫情月报表、动物疫情快报表、无疫情月报表。

二、应急准备

（一）应急机构

1990年10月9日，省政府下发《关于调整省防治牲畜五号病指挥部领导成员的通知》，指挥长由副省长苏昌培担任，省农业厅原厅长肖更旺、省农业厅厅长尤珩、省工商行政管理局局长张华、省政府副秘书长吴建华任副指挥长；成员由省经贸委、省公安厅、省财政厅、省农业厅、省林业厅、省卫生厅、省工商行政管理局、省出入境检疫局、民航福建省管理局、福州铁路局、福州海关等11个厅局级单位的负责人组成。办公室设在农业厅畜牧局，尤珩兼主任。

1993年3月29日，省政府下发《关于调整省防治牲畜五号病指挥部领导成员的通知》，调整指挥长、副指挥长，指挥长由副省长童万亨担任，肖更旺、尤珩、吴建华和省经委副主任陈光普任副指挥长，成员单位不变。

1998年2月，省政府调整指挥长、副指挥长，省防治牲畜五号病指挥部领导成员调整如下：指挥长由副省长丘广钟担任，尤珩、省政府副秘书长刘启力和省经贸委副主任林祥忠任副指挥长，成员单位不变。

1999年11月，省政府调整指挥长、副指挥长，省防治牲畜五号病指挥部领导成员调整如下：指挥长由丘广钟担任，省政府副秘书长黄琪玉、省农业厅巡视员尤珩、省农业厅副厅长叶恩发和林祥忠任副指挥长,成员单位不变。

2001年6月14日,省政府成立福建省重大动物疫情应急控制指挥部,原福建省防治牲畜五号病指挥部同时撤销,指挥长由丘广钟担任(后一段时间由副省长曹德淦担任),黄琪玉、吴建华、省发展计划委员会副主任郑勇、省财政厅副厅长俞传尧、省公安厅副厅长傅镛塑和叶恩发任副指挥长。成员由省经贸委、省计委、省公安厅、省交通厅、省外经贸厅、省财政厅、省农业厅、省林业厅、省卫生厅、省工商行政管理局、省出入境检疫局、民航福建省管理局、福州海关、福州铁路局等14个厅局级单位的负责人组成。办公室设在农业厅,叶恩发兼任办公室主任。

2002年8月27日,省政府成立福建省重大动植物疫情防治指挥部,原福建省重大动物疫情应急控制指挥部同时撤销,指挥长由副省长刘德章担任,黄琪玉、吴建华、省林业厅厅长黄建兴和省海洋与渔业局副局长张国胜任副指挥长。成员由省军区后勤部、武警福建省总队后勤部、省发展计划委员会、省经贸委、省科技厅、省公安厅、省民政厅、省司法厅、省财政厅、省交通厅、省农业厅、省林业厅、省外经贸厅、省卫生厅、省工商行政管理局、省海洋与渔业局、省质量技术监督局、福州海关、省出入境检验检疫局、民航福建省管理局、福州铁路局(2004年4月29日又增补省委宣传部、武警福建省边防总队、省纪委监察厅、省广播电影电视局、省物价局、省口岸与海防办、省交警总队、省高速公路有限责任公司为成员单位)等单位的负责人组成。指挥部下设畜牧、农业植物、林业、渔业四个办公室,畜牧办公室挂靠省农业厅,办公室主任由叶恩发兼任,负责日常协调管理工作。

2004年2月1日,福建省重大动植物疫情防治指挥部成立福建省动物高致病性禽流感防治应急工作机构的通知,下设综合办公室、防治组、交通检疫组、科技组、后勤保障组、宣传组和社会治安组。其中综合办公室主任由省政府副秘书长黄琪玉担任,省农业厅厅长吴建华任副主任。

2005年11月8日,省农业厅成立防控高致病性禽流感应急工作中心,省农业厅副厅长叶恩发任中心主任,下设综合组、专家组、监测组、督查组和保障组等5个小组。同时成立福建省高致病性禽流感现场诊断专家组,负责全省动物疫情的现场诊断等工作。

2005年11月12日,福建省重大动植物疫情防治指挥部重新调整充实福建省防控高致病性禽流感应急机构,原福建省动物高致病性禽流感防治应急工作机构同时撤销,应急机构下设单位不变,综合办公室主任由省政府副秘书长刘明担任,省农业厅厅长姜安荣任副主任。

各市、县、区都参照省里机构设置,成立相应的应急机构。

(二)应急预案

2001年6月14日,省政府办公厅印发《福建省重大动物疫情控制应急预案》,该预案共分 5 个部分，分别对疫情的分级、重大动物疫情应急指挥系统和部门职责、疫情的应急反应、保障措施等作出规定。

2004 年 2 月 8 日，省政府印发《福建省高致病性禽流感应急预案》，全文分为 8 章，分别为总则、组织管理、疫情报告确认和公布、应急反应、控制措施、保障措施、奖励与处罚、有关说明。

2005 年 11 月 15 日，对 2001 年出台的应急预案进行修改后，以省政府办公厅名义下发了《福建省突发重大动物疫情应急预案》，新的应急预案分为总则、突发重大动物疫情的确认与分级、应急组织体系及职责、突发重大动物疫情的监测预警与报告、突发重大动物疫情的应急响应、控制措施、应急保障、善后处理、各类具体工作预案的制定、附则等10 章。

同时以省重大动植物疫情防治指挥部及省农业厅的名义制定印发了《猪链球菌病突发疫情应急工作预案》《福建省高致病性禽流感应急实施方案》和《农业（畜牧兽医）部门应对人间发生高致病性禽流感疫情应急实施方案》以及相关技术规范。

（三）应急预备队

2004 年 2 月，省级高致病性禽流感防疫应急预备队建立，具体实施高致病性禽流感疫情应急处理工作。

市、县二级也相应组建了应急预备队，队员由农业（畜牧兽医）、卫生、公安等部门人员组成，负责承担突发重大动物疫情的控制和扑灭任务。应急预备队还适时进行培训和演练。

（四）应急物资储备

2004 年 3 月 8 日，省重大动植物疫情防治指挥部下发《福建省防治高致病性禽流感应急储备物资管理办法》，制定了应急物资储备指导性意见和采购指南，明确了各级应急物资储备的品种、数量。省级按照指南要求，每年应急储备禽流感、口蹄疫等疫苗，消毒剂、防护用品、电动高压消毒机以及部分诊断试剂等；各市、县（区）也按照应急物资储备指导性计划，相应储备疫苗、消毒剂、防护用品及消毒设备等。根据农业部要求，省、市、县三级政府设立了应急储备金，其中省级 1000 万元。部分设区市、县级按要求设立应急储备金。

三、重大动物疫情应急处置

（一）猪繁殖与呼吸综合征（猪蓝耳病）并发猪流感疫情应急处置

2001 年 8 月 17 日，南平市畜牧兽医站接到延平区疫情报告，部分乡镇生猪发生持续高温、皮肤发红、传染快的疫病，接到疫情报告后，省重大动物疫情控制指挥部、省农业厅畜牧兽医局立即派专家到南平市，与南平市及延平区重大动物疫情控制指挥部畜牧兽医技术人员组织调查，摸清了疫情的流行情况、发生范围和发病数量。调查结果认为，疫病为从省外五个县调入的仔猪传播。疫情流行情况：潜伏期1～3天，各年龄、品种猪均有感染，传播迅速，仔猪死亡率较高，除光泽、松溪县外，共有8个县（市、区）32个乡（镇）发生同样症状的疫病，经采样送南平市兽医站化验室和省农业厅防疫检疫站化验室确诊为蓝耳病并发猪流感，发病生猪9885头，发病死亡生猪599头，发病死亡率6.06％。疫情发生后，南平市委、市政府要求农牧部门尽快控制疫情。省农业厅畜牧兽医局和南平市各级重大动物疫情应急控制指挥部和畜牧水产局迅速制定《南平市控制猪流感疫情技术方案》，于8月25日紧急召集养猪协会的主要成员、专业大户、饲料厂厂长、兽医防疫人员等50多人召开会议，通报疫情，布置配合全省、市、区重大动物疫情应急控制指挥部防范和扑灭该疫情的措施。发动市县全体畜牧兽医人员，全力以赴，紧急扑灭疫情，采取如下措施。

一是南平市畜牧水产局先后于8月29日、9月1日下发《关于加强生猪传染性疾病防治工作的通知》《关于加强当前猪传染性疫病综合防治工作的紧急通知》，并多次电话通知各县（市、区）畜牧兽医主管部门及时将疫情向当地主要领导专题汇报；9月2日，以《南平市突发性生猪传染病调查报告》上报省农业厅畜牧兽医局和省重大动物疫情应急控制指挥部；9月5日在疫病得到确诊后，南平市畜牧水产局下发《关于紧急控制我市猪繁殖与呼吸障碍征并发猪流感疫情的通知》，拟订《南平市控制猪蓝耳病并发猪流感疫情技术方案》。

二是紧急免疫。疫情确诊后，迅速从省防检站调剂猪繁殖与呼吸综合征疫苗3.5万头份，立即组织对规模场及母猪紧急预防注射猪繁殖与呼吸综合征疫苗；对疫区及受威胁地区进行紧急免疫。

三是针对病症，及时治疗。组织县、乡兽医技术人员，对患有高热、食欲不振、气喘等症状的生猪进行治疗，稳定疫情。

四是加强防范工作，严防疫情蔓延。严格按照省重大动物疫情应急控制指挥部《关于严禁到浙江省杭州、湖州、绍兴、嘉兴等地调运生猪的紧急通知》，严格执行《福建省动物及动物产品准调证明》制度，防止省外疫情继续传入。浦城、松溪、政和和武夷山省际动物检查站加强对入境动物的检查，防止新的疫情传入；对已发病的生猪一律实行隔离，严密监控，杜绝病猪流动；对死亡的生猪全部进行无害化处理。

五是强化消毒措施。南平市兽医卫生监督检验所统一指定并调拨消毒威、消特灵等消毒药品，对有发病猪的8个县（市、区）开展全面消毒。对疫区实行强制性消毒，对非疫区实行指导性消毒。共调拨消毒药品11450千克。

六是密切关注疫情动态。派专人收集疫情动态及综合防治工作开展情况，每2日快报省重大动物疫情应急控制指挥部一次。市畜牧兽医站和兽医卫生监督所还对各项措施执行落实情况进行督查。及时向市政府汇报疫情动态。

通过采取综合防治措施，至 9 月 14 日，南平市 8 个县蓝耳病并发猪流感疫情得到有效控制。南平市各级重大动物疫情控制指挥部、南平市各级动物防疫监督部门仍继续关注疫情动态，加强疫情监测，强化检疫监督和消毒灭源工作。

（二）人感染禽流感疫情动物防疫部门应急处置

2005 年 12 月 22 日，三明市医院确诊出三明市人感染禽流感，省重大动物疫情应急控制指挥部、三明市重大动物疫情应急控制指挥部、三明市畜牧水产局接到市政府领导通报三明市三明钢铁厂职工宿舍出现人感染 H5N1 亚型禽流感病例后，立即派专家开展应对人间禽流感疫情的各项工作。具体工作如下。

（1）组织人员开展疫情排查。对市区家禽饲养情况、禽流感免疫工作情况以及近期是否有家禽出现异常死亡、禽流感值班记录、免疫档案等情况进行全面核查，未发现家禽异常死亡。

（2）协助卫生部门开展禽流感流行病学调查。据卫生部门提供的患者活动史，对患者居住地及周边的家禽和农贸市场开展调查，掌握死者发病前与家禽及其产品接触情况，进行初步分析，排除了患者与家禽有直接关系。

（3）开展重点区域疫情监测。按照省重大动物疫情应急控制指挥部工作组的要求，对患者居住地 3 千米范围内的农贸市场及养禽户的鸡、鸭和鸽子进行紧急监测。共采集了鸡、鸭、鸽子、猪的棉拭子及血清和病料组织共 259 份，送省动物疫病预防与控制中心，采用 RT－PCR 进行检测，全部样品为阴性。

（4）开展紧急免疫和消毒。从 12 月 24 日开始，组织动物防疫队伍对患者所在地周围 8 公里范围内的家禽和信鸽进行紧急免疫和补免疫，对畜禽栏舍、周边环境、市场摊位进行消毒，共紧急免疫家禽 13.24 万只、信鸽及肉鸽 8431 只，消毒面积达 27320 平方米。

（5）强化禽类及其产品的检疫监管。组织市、区两级动物防疫监督人员进一步加强对活禽的产地检疫，对活禽调运严格实行准调证制度，对辖区内农贸市场的禽类及其产品推行检疫证明公示，并佩戴检疫标识。加强泰宁、宁化、建宁等三个省际动检站的检疫检查和消毒工作。

（6）严格疫情报告和核查工作。进一步完善市、区、乡（镇、街道）、村（社区）四级动物疫情报告网络，分别指定专人负责收集疫情动态，每天按时做好日报告工作。设立举报电话，并要求村级动物疫情观察员每天对本行政村或社区内家禽进行巡查，发现禽类（包括野鸟）异常死亡现象，及时报告。

（7）加强与卫生、工商、林业等有关部门的沟通联系，及时互通情况，加强协作配合，共同做好有关工作。

经过一个多月的排查，农业部确认三明市家禽未发生高致病性禽流感疫情。

第四节　动物和动物产品检疫

一、产地检疫

1991年，福建省畜禽检疫部门依照农业部《家畜家禽防疫条例》关于"家畜出售前，必须经当地农牧部门的畜禽防疫机构（以下简称畜禽防疫机构）或其委托单位实施检疫，并出具检疫证明。凡有条件到饲养户（或饲养单位）检疫的，应到饲养户（或饲养单位）检疫；条件不具备的，到省、自治区、直辖市人民政府规定的地点检疫"的规定，全面开展畜禽检疫检验工作，全省有71个县（市、区）开展产地检疫，占县数的94.7%，并有850多个乡镇开展产地检疫，占全省乡镇数的88%，全省98%的农贸市场开展了检疫检验，当年，全省共检疫生猪872.7万头、牛羊15.2万头、禽2352.7万只，检出病猪3.01万余头、病牛羊2126头、病禽10.6万只。

1998年，为推进福建省动物检疫工作向基层转移，省农业厅专门制定出《关于动物检疫工作具体规定》《关于动物检疫合格验收规定》，要求各地制定出切实可行的实施方案，使检疫工作真正成为政府行为。1998年底，全省860个乡（镇）开展动物检疫，开检率85.6%。

2000年，全省已设立动物、动物产品检疫申报点923个，占应设立数的92%，生猪受检率达70%，全省共检疫畜禽5856.79万头（只），检出各类病害染疫动物25779头（只），全部进行了无害化处理。2002年，全年共检疫生猪1178万头、家禽8546万只，检出病死染疫牲畜1.72万头、家禽15.37万只，病害动物产品1002千克，全部进行无害化处理。

二、屠宰检疫

1991年，全省屠宰检疫猪419.2万头、牛羊8.03万头（只）、禽4435.3万只，检出病猪8443头、病牛羊244头（只）、病禽1.4万只。

从1992年4月起，执行《福建省牲畜屠宰管理办法》，由畜牧兽医部门派驻的兽医检疫人员进行生猪宰前检疫和宰后检验。

1996年，执行《福建省牲畜屠宰管理条例》，规定屠宰牲畜必须由农业行政部门的牲畜检疫机构派驻屠宰场的兽医卫生检验人员在场内依法实施宰前检疫和宰后检验。有条件的大中型屠宰厂、肉类联合加工厂，可以受牲畜检疫机构的委托对屠宰的牲畜实施检疫，接受农业行政主管部门的监督检查。小型屠宰场不得自宰自检。同年5—10月，福州、厦门、莆田、三明、泉州市、宁德和龙岩等七地市均以政府发文，明确畜禽屠宰检疫检验工作由农牧部门负责。福州、厦门、泉州的德化、三明市的宁化、南平市的建瓯、宁德市的福安等市、县逐步执行屠宰先检疫后上市制度，上市肉类的检疫率基本保持在99％。1998年底，全省动物屠宰场（点）数8177个，已开展动物产品检疫的场（点）8176个，开检率99.8％。牲畜定点屠宰检疫数量稳定增长，至2005年，全省牲畜定点屠宰检疫数增加到1000万头，屠宰检疫数已占牲畜年出栏数的40％～50％，染疫病死牲畜检出率为0.5％～1.5％，对检出的染疫病死牲畜，由动物防疫监督机构监督进行无害化处理。

第五节　动物防疫监督

一、省内动物防疫监督检查

1998年，全省有428个动物交易市场、300多个生猪等动物定点屠宰场（点）、1519个农贸市场。各地检疫人员查验进入这些场所的动物免疫证、动物检疫合格证、动物产品检疫合格证等相关证明，市场开检率69.63％（298个）、农贸市场开检率99.4％（1510个）。1999年，先后制定了《福建省动物及其产品收购、交易、调运等监督管理制度》《福建省农业厅关于动物防疫监督员、动物检疫员管理规定》《福建省农业厅关于兽医卫生（动物防疫）监督所职责若干规定》《福建省农业厅关于动物检疫机构职责若干规定》《福建省农业厅关于动物产地检疫工作管理的暂行规定》《福建省农业厅关于动物屠宰场（点）的检疫工作规范》《福建省动物防疫监督员岗位职责》《福建省动物检疫员岗位职责》《福建省农业厅关于动物及动物产品准调证明管理规定》。2000年，加大对城乡农贸市场、交易市场、屠宰场（点）、公路运输环节等畜产品流通交易场所的动物防疫监督检查力度，全省各级动物防疫监督机构共出动2379人次，立案处罚违章案件661件，没收病死及染疫动物525头、动物产品10226千克，就地全部进行无害化处理，罚没款83214元。

二、省际动物防疫监督检查

为防堵省外动物疫情传入，福建省在主要省界口且畜禽集散较多的福鼎、浦城、邵武、长汀、诏安、宁化等6县设立省际动物防疫监督检查站（以下简称动检站），对进出省际的动物和动物产品执行监督检查和检疫消毒工作。对未检动物及动物产品实施补检，防止动物疫病、人畜共患病跨省传播。

1991 年，省际动物防疫监督检查站全年共检疫运输畜禽及其产品的车辆 31768 辆次（其中火车皮 372 个），检疫生猪 143.017 万头、牛 1.9838 万头、家禽 396.64 万只、蜜蜂 2.0605 万箱、种蛋 1455 万枚、冻猪肉 0.51 万吨。

1992 年 5—7 月动检站被暂停三个月期间，自浙、赣、皖等地调入生猪而引起全省 57 个县 1286 个乡（镇）暴发牲畜口蹄疫，发病猪达 21000 多头。

1993 年，从各动检站进省的生猪 346 万头、禽 1300 万只、各种动物产品 24 万吨，补检生猪 42 万头、禽苗 24 万只、动物产品 9.2 万吨，对检出的 1782 头病猪、1.2 万只病禽做了无害化处理。

1998 年 2 月 5 日，省政府决定省际动物防疫监督检查站恢复执行临时性动物防疫监督任务到 10 月 31 日止。12 月 18 日，省政府再次批复省农业厅，省际动检站延长临时检查期限至 1999 年 10 月底。为了加强省际动物防疫监督联防制度，把好疫情传播关，1999 年 4—5 月，省农业厅邀请江西省、浙江省畜牧兽医部门领导到闽共商联防并达成一致意见，即共同加强检疫票证的监督管理，发现不符合《动物防疫法》规定的做法，应及时通报，并依法进行处理，杜绝通过人情开假证事件。江西、浙江两省畜牧兽医部门协助福建省实施《福建省动物及动物产品准调证明》制度，共同拦截没有"福建准调证明"的运畜车辆。据统计，到 1999 年 10 月底，省际动检站共查验运输动物及动物产品车辆 2.5 万辆，其中消毒入境车辆 1.9 万辆，查验进省或过境动物 804 万头（只）等，并对检出病死动物 5543 头（只）和检出来自荷兰疫区走私的猪产品 32.1 吨（价值 28.8 万元），在动植物检疫局等部门监督下，进行就地深埋、烧毁等无害化处理。共处理违章调运动物、动物产品案件 345 件（结案率 100%）。1999 年，省政府明确农业厅可根据重大动物疫情自行决定上路检查。

2002 年上半年，查出病死和染疫动物 1969 头（只），染疫动物产品 17.98 吨，全部进行无害化处理。其中省属福鼎省际动物防疫监督检查站于 4 月 15 日截获来自疫区国巴西的病害非法入境冻禽内脏 5.18 吨（419 件），在省、市动物防疫监督机构和出入境检验检疫局支持配合下，全部就地予以无害化处理。全年累计查验消毒运输动物和动物产品车辆 3.8 万次，累计查验牲畜 383 万头（只），禽 2235 万只，动物产品 3.45 万吨，皮张 63.47 万张；对 508 万头（只）猪、牛、羊等牲畜，493 万只禽以及 1.72 万吨动物产品和 36.04 万张皮张实施复检。

2003 年底到 2005 年，亚洲和国内部分地区遭遇了一场大面积的高致病性禽流感疫情，福建省毗邻的广东、江西、浙江、台湾等周边地区均发生了高致病性禽流感疫情。2005 年 1 月，省委机构编制委员会办公室批准在原有省际动物防疫监督检查站的基础上进行整合，成立福建省省际动物防疫监督总站，总站下设福鼎、诏安 2 个高速公路检查站，其余的检查站全部划归属地直接管理，省际动物防疫监督总站负责业务指导。为强化禽类检疫监督检查，4月30日省政府同意设立28个临时省际动检站，分别位于福鼎分水关、诏安分水关（高速公路同三线）、诏安雨亭、平和九峰、泰宁新桥、浦城庙湾、浦城富岭、光泽册下、武夷山大安、政和铁山、建宁里心、松溪横垅、松溪长巷、邵武金坑、长汀古城、武平岩前、武平东留、武平象洞、宁化石壁、永定下洋、永定仙师、上杭中都、上杭下都、福鼎贯岭、福鼎前岐、寿宁武溪、寿宁大安、柘荣背阳山等地。

第五章　动物产品安全监督管理

1991—2005 年，全省加强对饲料、兽药、生长调节剂等畜牧业投入品的监管，加大对违法案件的查处力度。农业部门以实施"无公害食品行动计划"为主线，以推动农业标准化生产为基础，强化动物产品产前、产中、产后全程监管，全面加强动物产品质量安全管理。"十五"期间，通过实施治理"餐桌污染"、建设"食品放心工程"和全面推进"无公害食品行动计划"，逐步建立了以省、市、县三级无公害动物产品、绿色食品管理机构为基础的动物产品质量安全管理体系。

第一节　立法与制定标准

一、地方法律体系建设

1992 年，省政府颁布实施《福建省生猪定点屠宰管理办法》，规定除自宰自食的生猪外，在城镇屠宰的生猪经营单位和个人必须遵循定点屠宰、集中检验管理原则，将生猪集中到指定的屠宰场（点）屠宰。1996 年 1 月 28 日，省八届人大常委会第二十一次会议通过了《福建省牲畜屠宰管理条例》，农牧行政部门主管牲畜屠宰检疫工作。

1997 年 7 月 3 日，《中华人民共和国动物防疫法》颁布。此后农业部先后出台了《动物检疫管理办法》《动物免疫标识管理办法》等配套规章和规范性文件。2002 年 1 月 15 日，省政府颁布实施《福建省动物防疫和动物产品安全管理办法》，对动物产品安全的科学研究、检测和安全使用兽药、饲料添加剂及使用记录等做了规定，并设立相应的法律责任。福建省在动物产品安全地方立法中，走在全国各省份的前列。

2003 年 5 月 28 日，省十届人大常委会第三次会议对《福建省牲畜屠宰管理条例》（以下简称《条例》）进行修订。《条例》进一步规定，除农村地区个人自宰自食的外，猪、牛、羊等上市牲畜屠宰必须在依照法定条件设立的定点屠宰厂（场）进行。定点屠宰厂（场）屠宰牲畜，必须由动物防疫监督机构驻厂（场）的动物检疫员依法同步实施牲畜产品检疫。未经检疫或者经检疫不合格的牲畜产品，不得出厂（场）。经检疫不合格的牲畜产品，应当在动物检疫员的监督下，按照国家有关规定处理。

同时，在相关法律法规和农业部颁布的行业标准及规范的基础上，相继制定和出台了《福建省绿色食品年检实施办法》（2000年）、《福建省绿色食品无公害食品产业"十五"发展规划》（2002年）、《治理畜牧业产品污染"十五"计划》（2002年）、《福建省绿色食品生产监督管理规定》（2002年）、《福建省无公害农产品管理暂行规定》（2002年）、《无公害食品认证管理办法》（2002年）、《福建省无公害食品产地环境检测实施细则》（2002年）和《福建省无公害农产品监督检查若干规定》（2004年）等，其中都对动物产品安全管理的相关内容做了明确的规定。

二、动物产品安全标准的制定

2000年后，福建省除执行有关畜牧业的国家标准和农业行业标准外，还制定了一些地方性的标准来保证动物产品的安全。强制性地方标准有：《DB35/413－2000家畜屠宰检疫技术规范》《DB35/414－2000家禽屠宰检疫技术规范》《DB35/430－2001肉、蛋、奶安全质量要求》《DB35/562－2004猪用饲料安全质量要求》等。推荐性地方标准有：《DB35/T112.8－2001瘦肉型猪标准综合体——饲养管理技术规范》《DB35/T 112.9－2001瘦肉型猪标准综合体——猪场卫生防疫技术规范》《DB35/T 117.4－2001长汀河田鸡标准综合体——饲养管理技术规范》《DB35/T 117.5－2001长汀河田鸡标准综合体——卫生防疫技术规范》《DB35/T 120.2－2001沙阳板鸭——原料鸭种苗繁育技术规范》《DB35/T 120.3－2001沙阳板鸭——原料鸭饲养管理技术规范》《DB35/T 124－2001动物尿液中克仑特罗残留量的测定——酶联免疫吸附法》《DB35/T 140－2001无公害肉、蛋、奶产地环境要求》《DB35/T 151.4－2001冻鸡标准综合体——原料用鸡饲养管理技术规范》《DB35/T 154－2001无铅松花皮蛋》《DB35/T 541－2004金定鸭——饲养管理技术规范》《DB35/T 542－2004金定鸭——卫生防疫技术规范》《DB35/T 565－2004连城白鸭饲养管理规范》《DB35/T 566－2004连城白鸭卫生防疫规范》《DB35/T 645－2005福建兔（黄毛系）卫生防疫规范》等。其中，由福州市兽医卫生监督检验所与省技术监督局共同制定的《DB35/T 124－2001动物尿液中克仑特罗残留量的测定——酶联免疫吸附法》为全国第一个"瘦肉精"残留检测标准。

第二节　动物产品安全监控

从2002年起，省兽药饲料监察所根据农业部、卫生部及国家药品监督管理局联合公布的《禁止在饲料和动物饮用水中使用的药物品种目录》，监控五大类40种药物。第一类，肾上腺素受体激动剂：①盐酸克仑特罗，②沙丁胺醇，③硫酸沙丁胺醇，④莱克多巴胺，⑤盐酸多巴胺，⑥西马特罗，⑦硫酸特布他林。第二类，性激素：⑧己烯雌酚，⑨雌二醇，⑩戊酸雌二醇，⑪苯甲酸雌二醇，⑫氯烯雌醚，⑬炔诺醇，⑭炔诺醚，⑮醋酸氯地孕酮，⑯左炔诺孕酮，⑰炔诺酮，⑱绒毛膜促性腺激素，⑲促卵泡生长激素。第三类，蛋白同化激素：⑳碘化酪蛋白，㉑苯丙酸诺龙及苯丙酸诺龙注射液。第四类，精神药品：㉒（盐酸）氯丙嗪，㉓盐酸异丙嗪，㉔安定（地西泮），㉕苯巴比妥，㉖苯巴比妥钠，㉗巴比妥，㉘异戊巴比妥，㉙异戊巴比妥钠，㉚利血平，㉛艾司唑仑，㉜甲丙氨脂，㉝咪达唑仑，㉞硝西泮，㉟奥沙西泮，㊱匹莫林，㊲三唑仑，㊳唑吡旦，㊴其他国家管制的精神药品。第五类，各种抗生素滤渣：㊵抗生素滤渣，该类物质是抗生素类产品生产过程中产生的工业"三废"，因含有微量抗生素成分，在饲料和饲养过程中使用后对动物有一定的促生长作用。但对养殖业的危害很大，一是容易引起耐药性；二是由于未做安全性试验，存在各种安全隐患。制定《食用动物禁用的兽药及其化合物清单》，共有21种兽药及其化合物。配合省农业厅制订、完成年度兽药、饲料、动物产品抽检计划，对投入品及动物产品的生产、经营、使用（消费）三个环节进行抽检。

表5-1　　　　　　　**食用动物禁用的兽药及其化合物清单**

序号	兽药及其化合物名称	禁止用途	禁用动物
1	β-兴奋剂类：克仑特罗（Clenbuterol）、沙丁胺醇（Salbutamol）、西马特罗（Cimaterol）及其盐、酯及制剂	所有用途	所有食品动物
2	性激素类：己烯雌酚（Diethylstilbestrol）及其盐、酯及制剂	所有用途	所有食品动物
3	具有雌激素作用的物质：玉米赤霉醇（Zeranol）、去甲雄三烯醇酮（Trenbolone）、醋酸甲羟孕酮（Medroxyprogesterone Acetate）及制剂	所有用途	所有食品动物
4	氯霉素（Chloramphenicol）及其盐、酯〔包括：琥珀氯霉素（Chloramphenicol Succinate）〕及制剂	所有用途	所有食品动物
5	氨苯砜（Dapsone）及制剂	所有用途	所有食品动物
6	硝基呋喃类：呋喃唑酮（Furazolidone）、呋喃它酮（Furaltadone）、呋喃苯烯酸钠（Nifurstyrenate Sodium）及制剂	所有用途	所有食品动物
7	硝基化合物：硝基酚钠（Sodium Nitrophenolate）、硝呋烯腙（Nitrovin）及制剂	所有用途	所有食品动物

续表 5—1

序号	兽药及其化合物名称	禁止用途	禁用动物
8	催眠、镇静类：安眠酮（Methaqualone）及制剂	所有用途	所有食品动物
9	林丹（丙体六六六）（Lindane）	杀虫剂	水生食品动物
10	毒杀芬（氯化烯）（Camahechlor）	杀虫剂、清塘剂	水生食品动物
11	呋喃丹（克百威）（Carbofuran）	杀虫剂	水生食品动物
12	杀虫脒（克死螨）（Chlordimeform）	杀虫剂	水生食品动物
13	双甲脒（Amitraz）	杀虫剂	水生食品动物
14	酒石酸锑钾（Antimony Potassium Tartrate）	杀虫剂	水生食品动物
15	锥虫胂胺（Tryparsamide）	杀虫剂	水生食品动物
16	孔雀石绿（Malachite Green）	抗菌、杀虫剂	水生食品动物
17	五氯酚酸钠（Pentachlorophenol Sodium）	杀螺剂	水生食品动物
18	各种汞制剂：氯化亚汞（甘汞）（Calomel）、硝酸亚汞（Mercurous Nitrate）、醋酸汞（Mercurous Acetate）、吡啶基醋酸汞（Pyridyl Mercurous Acetate）	杀虫剂	动物
19	性激素类：甲基睾丸酮（Methyltestosterone）、丙酸睾酮（Testosterone Propionate）、苯丙酸诺龙（Nandrolone Phenylpropionate）、苯甲酸雌二醇（Estradiol Benzoate）及其盐、酯及制剂	促生长	所有食品动物
20	催眠、镇静类：氯丙嗪（Chlorpromazine）、地西泮（安定）（Diazepam）及其盐、酯及制剂	促生长	所有食品动物
21	硝基咪唑类：甲硝唑（Metronidazole）、地美硝唑（Dimetronidazole）及其盐、酯及制剂	促生长	所有食品动物

一、兽药残留检测

2001 年，兽药残留抽样完成 7088 份，其中 50 份猪肝进行磺胺类药物残留检测，结果阳性样品 5 份；完成猪尿中克仑特罗酶联免疫法检测 7048 份，阳性样品 95 份。

从 2002 年起，福州、厦门、南平、三明、漳州市开展规模奶牛养殖场鲜牛奶中青霉素检测，省农业厅还发出紧急通知，要求上述城市对辖区内的规模奶牛饲养场要登记造册，规模奶牛饲养场应对动物饲养中所使用的兽药、饲料添加剂进行详细记录，并接受监督检查。

同年，对 152 份猪肝样品进行磺胺类药物、二甲硝咪唑/甲硝咪唑残留检测，阳性样品 1 份；对 100 份鸡蛋样品进行磺胺类药物、呋喃唑酮残留检测，无阳性样品；对 306 份鸡肝样品进行呋喃唑酮、二甲硝咪唑/甲硝咪唑、氯霉素残留检测，阳性样品 10 份；对 210 份牛奶样品进行磺胺类药物、氯霉素、青霉素类、链霉素残留检测，阳性样品 11 份。

2003 年，对 140 份猪肝、鸡肝、牛奶样品进行青霉素、氯霉素、磺胺类药物、四环素类药物残留检测，无阳性样品。农业部下达给福建省药物残留抽检任务 150 份，其中，鸡肝 50 份，牛奶 50 份，猪尿 50 份，实际完成 158 份，完成任务量的 105%，经分别对氯霉素、青霉素和盐酸克仑特罗药物残留检测，结果均为阴性。

2004 年，完成农业部下达的当年动物源性食品中兽药残留监控计划，对 50 份猪肉进行磺胺二甲嘧啶残留检测，猪尿中瘦肉精检测，鸡肝、鸭肝中土霉素、磺胺类药物残留检测，未经加工的鲜奶中青霉素残留检测样品也达 140 多份。

2005 年，兽药残留检测 232 批，完成检测"瘦肉精"600 批次。

二、兽药检测

2001 年，全省共检测兽药样品 268 份。

2002 年，全省共抽检兽药产品 152 份，其中，未索取到兽药地方标准 5 份，未经审批的产品 7 份，非兽药产品 1 份，其余产品合格 89 份，不合格 50 份，合格率为 58.6%，合格率比上年提高约 11 个百分点。

2003 年，农业部下达给福建省兽药产品抽样任务 220 份，实际完成 225 份，其中有 9 份产品未索取到质量标准，其余样品经检验，合格产品为 133 份。

2004 年，完成农业部下达的兽药质量监督抽检计划，对 150 份样品约 1000 项项目进行检测；完成兽药质量委托检验样品 40 份，检测项目约 240 项；完成兽药审批检验样品 180 份，检测项目约 1170 项。

2005 年，完成了农业部下达给福建省兽药产品质量抽检 300 批，完成兽药质量委托检验样品 189 批。

三、饲料及饲料添加剂检测

2001 年，全省抽样检测饲料添加剂样品 168 份，并对规模养猪场和养鸡场 40 份饲料和水的样品进行土霉素、β—兴奋剂和磺胺类药物含量检测，检测结果有 5 家饲养场共 5 个饲料样品出现土霉素含量超标，超标量为国家标准的 1～10 倍不等。

2002 年，共检测饲料和饲料添加剂（包括畜禽饮用水）样品 1525 份，其中农业部下达的抽样任务有1348份。

2003年，共抽检91家饲料生产企业和养殖单位，抽到饲料样品（含尿样）204份，经检测，合格191份，合格率为93.6％。配合饲料和浓缩饲料样品中，猪配合饲料样品31份，禽配合饲料样品35份，水产饲料样品6份，浓缩饲料样品5份，检测结果全部合格。预混合饲料样品中，维生素预混合饲料样品1份，检测结果合格；微量元素预混合饲料样品1份，检测结果为不合格；复合预混合饲料样品29份，合格率为89.6％；动物性饲料鱼粉样品11份，合格率100％。"饲料/水"中配合饲料（含尿样）样品74份，其中禽配合饲料样品8份，猪配合饲料样品33份，猪尿样品33份，检测结果均合格。检查的91家企业中，合格81家，企业合格率为89.0％。养殖场采尿样11家，合格11家，合格率为100％。检查的68个饲料标签（"饲料/水"除外）中，合格46个，合格率为67.65％。

2004年，对省内8个市的143个生产和经营企业进行监督抽样，共抽取各类饲料及饲料添加剂样品353份，检测结果合格345份，合格率97.7％。还完成292份各类饲料样品委托检验，检测结果合格率达96.2％；配合中国质量认证中心（CQC）参与对两家饲料企业饲料产品认证审核及饲料产品的检测工作。

2005年，完成了对省内182个生产和经营企业的监督抽样工作，共抽取各类饲料产品431批次，超额完成41批次。其中饲料和饲料添加剂生产企业116批次，动物源性饲料产品40批次，饲料/水211批次，饲料经营企业64批次。总的检测结果合格418批次，合格率96.98％。

第三节　动物产品认证

从1998年开始，按照省委、省政府"治理'餐桌污染'、建设'食品放心工程'"的要求，结合畜牧业发展的实际情况，全省加快了动物产品标准化生产基地建设，制定相关的规范，严格认证制度，做到"三规范、三统一"，即"规范检查""规范检测""规范管理"，实行"认证标准统一""认证程序统一""认证要求统一"，提高认证的规范化水平和认证工作效率。

一、动物产品绿色食品认证

福建省动物产品绿色食品认证工作始于1998年，华安县志毅蜂业有限公司生产的"甲子峰"荔枝蜜和"甲子峰"荔枝蜂王浆是福建省首批获得绿色食品标识使用权的产品。1999年，福建长富乳业集团股份有限公司生产的"长富"牛奶和福建大乘乳品有限公司生产的"九峰"消毒牛奶也相继获得了绿色食品标识使用权。

2001—2005年，省人大代表、政协委员提出了两个关于保护环境、减少污染、开发绿色食品的提案；省长习近平在《政府工作报告》中提出要大力发展名特优新产品和绿色食品，提高农业的综合效益；福建长富乳业集团股份有限公司董事长代表10个绿色食品企业宣读了"福建绿色食品生产企业3·15绿色宣言"，均涉及绿色食品认证。福建省连江玉华山自然生态试验场生产的"玉华山"福建黄兔肉和福建长富乳业集团股份有限公司生产的"长富"100％纯鲜灭菌奶、100％纯鲜消毒牛奶均获得了绿色食品标识使用权。

二、动物产品无公害认证

2001年，根据习近平关于"餐桌污染"问题的批示精神，省政府成立了由21个成员单位组成的"治理'餐桌污染'、建设'食品放心工程'"联席会议，省农业厅承担着工作方案规定的近半的专项治理任务。据此，省农业厅厅长办公会议确定由省绿色食品发展中心负责牵头协调本厅各处室开展治理"餐桌污染"工作。

2002年，福建省全面开展无公害农产品认证的各项工作。首批有35个农产品通过了福建省无公害农产品认证，其中2002年7月31日，厦门银祥食品有限公司生产的"银祥猪肉"是省内第一个通过无公害农产品认证的动物产品，2002年8月2日，漳州市南靖丰田山边丰侨良种场是省内第一个通过无公害农产品产地认定的动物产品产地。

2003年，根据《福建省绿色食品无公害食品产业"十五"发展规划》，省绿色食品发展中心制定《全面推进福建省无公害食品行动计划的实施意见》，全面开展无公害农产品认证工作，当年，根据动物产品发展实际情况，有针对地抓"三重点"，即重点区域、重点产品和重点对象，发挥地域产品和政策优势，推动动物产品认证发展：明确出台相关扶持政策的地区为动物产品认证工作的重点区域，如泉州市政府于2003年7月17日出台了《关于建设"4121"无公害农产品示范基地的实施意见》，明确提出至2005年，建设10个年出栏万头无公害养猪场、10个年饲养5万只无公害养鸡养鸭场的目标，并制定了《泉州市无公害农产品、绿色食品、有机产品、原产地产品、环境标识产品奖励暂行规定》，对获得认证的动物产品进行资金扶持。全省确定生猪作为动物产品认证发展的重点产品，仅龙岩市新罗区生猪产业协会就带动25家会员猪场通过无公害农产品产地认定，认证的无公害生猪年出栏达18.28万头。全省认证无公害生猪出栏近155万头。以龙头企业为重点对象，确保认证产品数量和质量，依托大型龙头企业、经合组织，以协会带企业、企业建基地、基地连养殖户的连片认证模式等为重点，突出主导产品，采取产地环境整治、生产投入品管理、标准化生产等措施，扩大产地认定规模，引导品牌意识强、具有区域优势的畜牧生产企业，如福建长富乳业集团股份有限公司、福建省圣农实业有限公司等申请动物产品认证。在动物产品认证工作上，坚持"数量与质量并重、认证与监管同步"的工作方针，加强动物产品认证监管。在开展认证工作的同时，推进年度检查、监督抽检、无公害农产品复查换证和绿色食品续展工作，抓产地投入品使用和获证产品的监督管理，强化认证动物产品的质量安全。同时，开展主要农畜认证产品抽检工作，每年都对获证动物产品开展抽检工作，当年就抽检了84家获证企业的产品，及时发现并纠正了企业在生产过程中的不规范行为。

2004年，省经济贸易委员会（以下简称"省经贸委"）出台《省级城市副食品基地管理暂行办法》，规定列入省级城市副食品基地的生猪和禽蛋生产基地都必须获得无公害农产品产地认定。至2005年，全省有100个省级生猪生产基地和15个禽蛋生产基地通过无公害农产品产地认定和产品认证。累计有239家动物产品生产企业通过无公害农产品产地认定253个，通过无公害农产品和绿色食品产品认证277个，认证产品涉及生猪、猪肉、肉禽、禽蛋、乳制品、肉兔、蜂产品等。其中，通过认证的生猪年出栏达323万头，约占当年全省肉猪年出栏量的15%；通过认证的无公害猪肉年产量63200吨，约占当年全省猪肉年产量的4%；通过认证的肉用禽年出栏达3972万只，约占当年全省肉用禽年出栏量的13.8%；通过认证的禽蛋年产量达12000吨，约占当年全省禽蛋产量的2.7%；通过认证的牛奶年产量达32000吨，约占当年全省牛奶产量的16.5%；通过认证的肉用兔年产量30吨，约占当年全省肉用兔年产量的0.2%。

表5—2　　　　　　　**福建省动物产品质量认证情况表（一）**

单位：个

认证情况 年份	无公害农产品			绿色食品	
	企业数	产地数	产品数	企业数	产品数
1998	—	—	—	1	2
1999	—	—	—	2	2
2001	—	—	—	2	2
2002	6	5	9	—	—
2003	114	111	123	2	3
2004	188	203	218	—	—
2005	233	253	268	—	—

表 5—3　　　　　　　**福建省动物产品质量认证情况表（二）**

认证情况 年份	生猪（万头）	猪肉（万吨）	肉禽（万只）	禽蛋（吨）	牛奶（吨）	肉兔（只）	蜂产品（吨）
1998	—	—	—	—	—	—	308
1999	—	—	—	—	7320	—	308
2000	—	—	—	—	7320	—	308
2001	—	—	—	—	8860	—	—
2002	11.05	1.3	—	—	1540	—	—
2003	155	5.12	2224	6395	33540	30	—
2004	212	6.32	3962	10038	33540	30	—
2005	323	6.32	3972	12038	32000	30	—

省绿色食品发展中心在出台《福建省绿色食品年检实施办法》《福建省无公害农产品监督检查若干规定》等相关管理制度的基础上，联合畜牧主管部门先后下发了《关于加强无公害畜产品认证管理监督工作的通知》和《福建省农业厅关于加强动物免疫标识管理的通知》，要求认证动物产品生产企业进一步加强动物疫病防控、监测和动物免疫标识管理工作。

第四节　动物产品污染治理

进入 20 世纪 90 年代后，福建省个别兽药（饲料添加剂）生产、销售者非法生产、销售和使用 β—肾上腺素能兴奋剂类饲料添加剂。1997 年，省农业厅发文《关于禁止生产、销售和使用 β—肾上腺素能兴奋剂类饲料添加剂的通知》，重申对饲料药物添加剂的生产、使用严格执行农业部有关规定，凡《饲料药物添加剂允许使用品种目录》中未收载或农业部未批准使用的饲料药物添加剂品种，任何单位或个人均不得擅自生产、销售和使用。

1999 年，为执行农业部下发的《关于查处生产、使用违禁药物的紧急通知》，省农业厅组织人员对全省饲料药物添加剂生产企业进行全面突击检查，抽检了 27 家猪用饲料药物添加剂生产企业的 52 份样品，抽检率达 93.1%。经检测，有 5 家企业生产的 5 种猪用饲料药物添加剂中加有违禁药品盐酸克仑特罗，占抽检产品总数的 9.6%，占抽检厂家总数的 18.5%。省农业厅对这 5 家企业做出了相应的行政处罚。

2000 年 11 月 20 日，省委、省政府批准省农业厅提出把城市"放心肉工程"列为 2001 年度为民办实事项目的请求。根据省长办公会议的要求，由省农业厅负责实施对福州、厦门、莆田、泉州、漳州、龙岩、三明、南平、宁德、晋江、石狮、南安、龙海、漳平、永安、武夷山、邵武、建阳、建瓯、福安、福鼎、长乐、福清等 23 个城市城区定点屠宰场的生猪"瘦肉精"检测工作。

2001 年上半年，省农业厅在福州、厦门两市启动了"放心肉""安全肉"工程，率先在城区定点屠宰场开展"瘦肉精"检测。4 月，福州市兽医卫生监督检验所与省技术监督局共同制定了全国第一个"瘦肉精"残留检测标准《DB35/T 124—2001 动物尿液中克仑特罗残留量的测定——酶联免疫吸附法》，福州市还出台了《福州市关于禁止生产销售和使用瘦肉精管理办法》，全面启动禁用"瘦肉精"养猪监控工作，当年就实现检测仪器、化验环境、检测人员、检测方法全部到位。同时对定点屠宰生猪实行"准入制"，即从 4 月开始全市所有进入牲畜定点屠宰场的生猪必须有《"瘦肉精"残留检测合格证明》，经两次通过随机"瘦肉精"残留检测的猪场才能持有该证明。同时，进入牲畜定点屠宰场的每车生猪还要进行"瘦肉精"残留尿样检测。一旦一批生猪中有两头查验不合格，整批生猪都将被无害化处理。福州市区、长乐市、福清市以及连江县执行"准入制"的工作力度超过了其他的县（市、区）。同年，在省内 21 个城市进行"瘦肉精"检测项目建设，省级财政投入 210 万元，项目单位配套 210 万元，配备了用于"瘦肉精"检测的酶标仪等仪器设备。省兽药饲料监察所专门举办了两期"瘦肉精"检测方法培训班，共培训市、县两级检测人员 60 多人。10 月 25 日，福州市共检测生猪尿样 1018 批次，检出"瘦肉精"阳性 58 批次，阳性率 5.7%，厦门市的阳性检出率则在 5% 以下。从 11 月起，23 个城市的动物防疫监督机构开始在城区所在地生猪定点屠宰场开展生猪尿样中盐酸克仑特罗残留检测。据统计，2001 年，23 个城市定点屠宰场共检测生猪尿样 3079 批次，检出"瘦肉精"残留阳性的为 230 批次，阳性率为 7.47%；生产和流通领域共检测生猪尿样 3969 批次，检出"瘦肉精"残留阳性的为 313 批次，阳性率为 7.89%，达到了省政府规定的全年阳性率控制在 10% 以下的治理目标。但这项工作开展情况不平衡，除福州市和厦门市外，其他 21 个城市的检出阳性率为 12%，其中有些城市的阳性率还比较高。例如，2001 年 9 月，省农业厅对包括 21 个城市（23 个城市除福州、厦门以外）在内的 37 个市、县（区）的待宰生猪尿样进行一次抽查，共检测 211 个样品，结果显示阳性率高达 65.4%。

2002 年第一季度，采用酶联免疫法检测生猪尿样 6727 份，检出"瘦肉精"残留阳性的为 427 份，阳性率为 6.35%。5 月 22 日，《新华每日电讯》以《"抽检"存在漏洞，警惕激素"瘦肉精"猪肉卷土重来》为题，对厦门和龙岩两市"瘦肉精"检测工作存在的问题进行了报道。副省长黄小晶批示要求省经贸委与省农业厅对此事进行查处，省经贸委、省农业厅、省卫生厅、省工商行政管理局、省公安厅立即下发了《关于进一步加强治理"瘦肉精"污染工作的紧急通知》。随后，省农业厅开展了饲料生产及经营企业的饲料质量抽查、生猪饲养场户饲料和饮用水违禁药品检查，还对猪场进行了 2 次"瘦肉精"突击检查，抽查的 150 个企业 821 个饲料样品、170 个生猪饲养户的饲料和饮水 527 个样品未发现添加、使用"瘦肉精"的情况，但是龙岩市新罗区抽查的 57 头生猪有 3 头检出"瘦肉精"阳性，另外还有 17 个生猪饲养场被检出使用违禁药品"安定"，对每个违法使用违禁药品的猪场罚款 1000 元。当年，省农业厅建立了"瘦肉精"检测报告制度，要求各设区市畜牧兽医主管部门负责于每月 5 日前将本辖区内的"瘦肉精"检测报表报送省动物防疫监督所。6 月 14—17 日，农业部到龙岩市新罗区进行"瘦肉精"拉网式检查，检测 1032 头生猪尿样，阳性 28 份，阳性率 2.7％；6 月 18 日，在厦门屠宰场检测了 40 份生猪尿样，阳性 3 份，阳性率 7.5％。2002 年，全省共检测生猪尿样 17096 份，"瘦肉精"阳性样品 172 份，阳性率 1％，另外还检测猪肝样品 58 份，"瘦肉精"阳性样品 3 份。

2002 年 11 月 21 日，福建宣判全省首例"瘦肉精"案。南平市延平区 2 名兽药店店主和 5 名个体养猪户为牟取非法利益，于 2002 年先后非法销售、使用（喂养生猪）"瘦肉精"共达 50 千克，南平市延平区法院以生产有毒食品罪分别判处被告人拘役 5 个月，并处罚金 3000 元。

2003 年 9 月，福建省协助农业部派出的"瘦肉精"专项整治小组对福州、莆田两市的部分规模猪场（户）及屠宰场进行了突击抽检，共抽检生猪尿样 225 份，猪肝 50 份，经对"瘦肉精"检测，结果均为阴性。当年全省采用酶联免疫法检测猪尿样 4428 份，"瘦肉精"阳性样品 22 份。

随着无公害食品行动计划的逐渐深入，各地探索创建动物产品市场准入机制。龙岩市等一些生猪主产区为把好生猪质量关，杜绝违法使用"瘦肉精"的现象，与厦门、泉州签订生猪调运协议，对调往市境外的生猪，一律凭"四证一标"（出县境动物检疫合格证明、动物及动物产品运载工具消毒证明、瘦肉精检测合格证明、福建省动物及动物产品准调证明，耳标）出市境。厦门市从 2004 年开始推行无公害生猪市场准入制度，岛内所有上市生猪必须来自无公害猪场，有效保障上市猪肉食品安全。全省还加强了对外省调入的"瘦肉精"监控工作，规定如发现外省调入生猪有饲喂"瘦肉精"的，要做出记录，同时与江西、浙江两省签订了《动物检疫和动物产品安全购销协议》，最大限度地保障福建外调生猪的安全。

至 2005 年，福州市"瘦肉精"残留阳性率从 2001 年的 76.6％下降到 2005 年的 0.1％，全省"瘦肉精"检出阳性率也从 2001 年的 70％下降到 2005 年的 0.6％。

第六章　科技教育与合作交流

1991—2005 年，全省畜牧兽医高等教育、中等教育以及畜牧兽医专业技术培训等都有较大发展。同时，各院校和科研机构开展畜禽良种良法、动物疫病防治、牧草饲料营养等各项科学技术研究，取得了一批科研成果。各畜牧兽医学会、协会根据行业特点，有计划地开展各项活动。还与许多国家和中国台湾等地区在畜牧业发展方面开展了交流与合作。

第一节　教　育

1991—2005 年，从事畜牧兽医高等教育的学校从 2 所发展到 4 所，开设的专业从 3 个发展到 10 个；从事畜牧兽医中等教育的学校从 5 所发展到 6 所，开设的专业从 1 个发展到 2 个。同时还增设了 3 个硕士点。共培养畜牧兽医类中专以上的毕业生 14273 名，其中硕士生 55 名、本科生 1063 名、专科生 586 名、中专生 12569 名。同时举办了广播电视教育、函授教育、干部培训以及农民技术培训，培训畜牧兽医专业技术人员 2686 人次，开展畜牧兽医职业技能培训鉴定 4254 人次，培训农民 333.73 万人次。13.56 万名农民获得"绿色证书"，2.81 万名农民获得农民技术员职称，2.13 万名农民通过职业技能鉴定。

一、学校教育

（一）高等教育

1. 福建农林大学动物科学学院

1991 年，福建农学院畜牧兽医系在编教职工 87 名，其中具有正高级职称的 1 名，副高级职称的 6 名，中级职称的 7 名。1994 年，福建农学院畜牧兽医系更名为福建农业大学畜牧兽医系，1996 年，更名为福建农业大学动物科学学院。2000 年，动物科学学院在编教职工 62 名，其中具有正高级职称的 4 名，副高级职称的 24 名，中级职称的 22 名。有已取得博士学位的教师 1 名，硕士学位的教师 11 名。2000 年 10 月，福建农业大学、福建林学院合并组建福建农林大学，福建农业大学动物科学学院更名为福建农林大学动物科学学院。动物科学学院设有动物科学基础教研室、动物医学基础教研室、动物生产教研室、动物医学教研室等 4 个教研室；设有奶牛研究所、动物保健研究所、动物遗传育种与繁殖研究所、动物科技研究所等 4 个研究所和牧草研究室 1 个；设有动物科学基础实验室、动物科学实验室、动物医学实验室等 3 个实验室和实验中心 1 个。设有动物遗传育种与繁殖学、临床兽医学、基础兽医学等 3 个硕士点；设有兽医硕士和农业推广（养殖方向）硕士等 2 个专业学位硕士点；有动物科学（原畜牧专业）、动物医学（原兽医专业）和水产养殖学（2003 年开办）等 3 个本科专业；有动物医学本科和畜牧兽医专科 2 个函授专业。

2005 年，动物科学学院在编教职工 65 名，其中具有正高级职称的 11 名，副高级职称的 23 名；有已取得博士学位的教师 4 名，在职攻读博士学位的教师 2 名；有省优秀专家 1 名，享受政府特殊津贴的专家 5 名，福建省"百千万人才工程"人选 4 名；有在岗博士生导师 1 名，硕士生导师 15 名。

1991—2005 年，动物科学学院共培养专科以上的毕业生 1594 名。培养硕士研究生 55 名，其中临床兽医学专业 31 名，动物遗传育种与繁殖学专业 24 名；培养本科毕业生 997 名，其中动物科学专业 204 名，动物医学专业 237 名，动物营养和饲料加工专业 253 名，畜牧兽医专业 303 名；培养专科毕业生 542 名，其中畜牧兽医专业 141 名，淡水养殖师资班 88 名，生物专业师资班 56 名，兽医卫生检验专业 179 名，药政药学专业 78 名。

2. 仰恩大学动物科学系

仰恩大学动物科学系开设动物营养和饲料加工本科专业，学制四年。1988 年招收第一届本科生，1990 年招生 80 名、1991 年招生 60 名、1992 年招生 60 名。1993 年有专职教师 7 名，其中副教授 3 名，讲师 2 名，助教 2 名。该年底，在校生全部转到福建农学院畜牧兽医系就读，该专业停办。1991—1993 年，共培养本科毕业生 66 名。

3. 龙岩学院生命科学学院

2001 年，龙岩学院生命科学学院（原生物系）设立畜牧兽医专科专业，畜牧兽医方向的教职员工 4 名，其中副教授 1 名、讲师 2 名、实验师 1 名。2002 年，学院成立了龙岩学院动物医学研究所，常年接待养殖企业及养殖户的送检和技术咨询。2005 年，畜牧兽医方向的教职员工 8 名，其中教授 1 名、讲师 2 名、中级实验师 2 名、助教 2 名、助理实验师 1 名。学院有包括福建森宝食品集团有限公司、福建金和饲料有限公司、福建科佳崎迈生物工程有限公司等在内的 7 家产学研基地。2001—2005 年，累计招收畜牧兽医专科新生 114 名，其中毕业生 44 名。

4. 福建农业职业技术学院动物科学系

2003 年 8 月，福建农业职业技术学院成立动物科学系，设有畜牧和兽医两个教研室。动物科学系开设畜牧兽医（原动物科学）、动物检疫与检验和兽医三个专科专业，学制三年，其中畜牧兽医专业是学院重点建设专业。有教师 9 名，其中高级职称 2 名、中级职称 5 名、初级职称 2 名。秋季招收首届动物科学专业新生 119 名。2004 年，招收动物科学专业 60 名，动物检疫与检验专业 29 名。2005 年，动物科学系有教师 13 名，其中高级职称 6

名，中级职称 3 名，初级职称 4 名；硕士研究生以上学历教师 3 名，双师型教师 5 名；另有客座教授 3 人，校外兼职教师（含校外实践指导教师）12 人。2005 年，招收畜牧兽医专业 57 名、兽医专业 37 名。2003—2005 年，在校专科生共 302 名。另有畜牧兽医专业的五年专科学生 21 名。

（二）中等专业教育

1. 农业学校

福州市、龙岩市、南平市、漳州市、三明市农业学校开设畜牧兽医系，从 1997 年开始，漳州市农业学校增设动物防疫检验系。1999 年，福建省农业学校开设了动植物检疫检验系。1991—2005 年，六所农校共招生 6671 名，毕业生 4964 名。

（1）福州市农业学校

福州市农业学校设畜牧兽医系，教学实践场所有养猪场 1882 平方米、蛋鸡场 3000 平方米和一个兽医门诊部，校外实训基地有福清雄都牛场 200 亩、寨山养猪场 150 亩和宏英养鸡场 120 亩。1991 年，有畜牧兽医专业教师 12 名，其中高级 1 名、中级 4 名、初级 7 名。2002 年底，有畜牧兽医专业教师 7 名，其中高级 2 名、中级 4 名、初级 1 名。1991—2002 年，畜牧兽医系共招生 740 名，其中毕业生 588 名。2003 年 2 月，该校与福建省农业学校合并，组建福建农业职业技术学院，畜牧兽医系并入学院的动物科学系。

（2）龙岩市农业学校

龙岩市农业学校设畜牧兽医系，以培养生猪产业化生产与经营方面的人才为主，被列为省级重点专业和市级示范专业。1991 年，学校有畜牧兽医专业教师 10 名，其中高级 3 名，中级 6 名，初级 1 名。2005 年，学校有畜牧兽医专业教师 11 名，其中高级 4 名，中级 4 名，初级 3 名。1991—2005 年，共招生 1968 名，毕业生 1089 名。毕业生就业率平均达 97% 以上。该校先后与龙岩山麻鸭原种场、龙岩市龙马种猪场和森宝（龙岩）集团（禽业）开展校企联合办学，在当地开展畜牧兽医技术培训，培训专门技术人员 3555 人。

（3）南平市农业学校

南平市农业学校设畜牧兽医系。教学实践场所有：种猪场、小动物饲养区、饲料加工厂、兽医门诊部等。校外实训基地有：福建圣农发展股份有限公司、福建大禾农牧发展有限公司、福建一春农业发展有限公司、建瓯市种猪育种有限公司、南平市种猪场、福建长富乳业集团股份有限公司、福建大乘乳业股份有限公司、福建丙午绿洲兔业发展有限公司等。1991 年，学校有畜牧兽医专业教师 12 名，其中高级 1 名，中级 4 名，初级 7 名。2005 年，学校有畜牧兽医专业教师 16 名，其中高级 3 名，中级 11 名，初级 2 名。1991—2005 年，共招生 1920 名，毕业生 1678 名。

（4）漳州市农业学校

漳州市农业学校畜牧兽医系是省级重点专业和福建省实训示范基地，1997 年，增设动物防疫检验专业。校内教学实践场所有猪场、牛场、饲料检验中心和兽医门诊部，校外有6个实训基地：福建海新集团、温氏集团福建分公司、大北农福建分公司、漳州天禾畜牧发展有限公司、龙海苗圃畜牧公司、厦门同安振裕饲料有限公司。1991年，学校有畜牧兽医专业教师12名，其中高级4名，中级5名，初级3名。2005年，学校有畜牧兽医专业教师7名，其中高级1名，中级4名，初级2名。1991—2005年，共招生1455名，毕业生1251名。

该校2001年开始实行毕业生双证制，所有学生必须获得职业技能证书后方能毕业。有饲养工、饲料检验化验员、动物疫病防治员和动物检疫防疫员四个工种供学生选择。学生根据自己的意愿选择两个以上工种，通过训练考试获得相应的职业技能资格证书，已有近千人参加考试，获得近2000本职业技能证书。

（5）三明市农业学校

三明市农业学校设畜牧兽医系，校内建有化学实验室、微生物实验室、两个牧医实验室和一个实训基地，校外建有牧医室外教学实习场（养猪场、养牛场等实习基地）。同时，与沙县养猪协会签订长期协议，定点两个养猪场作为校外实训基地，完成畜牧生产、繁育、畜病诊疗、环境卫生检测等实训项目。1991年，学校有畜牧兽医专业教师2名，其中高级1名，中级1名。2005年，学校有畜牧兽医专业教师9名，其中高级2名，中级3名，初级4名。1991—2005年，该校畜牧兽医专业共招生406名，毕业生176名，其中有173名就业。2004—2005年，该校为部队举办两期畜牧兽医培训班，培训81名。

（6）福建省农业学校

1999年，福建省农业学校开设动植物检疫检验专业。2002年，学校有畜牧兽医专业教师2名，其中中级1名、初级1名。1999—2002年，共招生182名，毕业生182名。

2. 福建省农业广播电视学校

1991—2005年，福建省农业广播电视学校有7所设区市级和46所设县（市、区）级农广校分校。共培养畜牧兽医中专毕业生1657人。

3. 农业职业高中

1991年，全省有13所农业职业高中，至2005年剩4所。15年来，农业职业高中畜牧兽医班共招生2121人，毕业生1963人。此外，有一部分综合性职业高中学校也开设畜牧兽医班，共招生4698人，毕业生3985人。

二、专业技术人员培训

（一）干部培训

1991—2005年，福建省农业干部学校根据福建省职称改革工作办公室和福建省农业技术职称改革领导小组的有关文件规定，不具备规定学历的农业技术人员申报中级、初级专业技术职务，经考试合格者可以参评技术职务。1991年、1994年和1998年，分别为不具备规定学历的畜牧兽医专业技术人员举办畜牧考前辅导班3期，培训103人次；举办兽医考前班4期，培训452人次。1993年，还举办招聘乡镇畜牧兽医站干部考前辅导班1期，培训172人次。1999年，举办动物检疫检验专业考前辅导班1期，培训10人次。1991—1999年，共举办各类考前辅导班9期，培训737人次（见表6—1）。

1997年，开办全省畜牧专业技术人员高级研修班，至2005年共举办9期（每期10～12天），培训856人次。1999—2005年，举办畜牧兽医专业技术班8期，培训519人次。2000年，举办畜牧电脑班1期，培训62人次；2002年，与农业部联办"全国饲料工业统计人员培训班"1期，培训学员108名。1991—2005年，福建省农业干部学校举办畜牧兽医类各种培训班28期，培训2282人次。

表6—1　　　　**若干年份福建省农业干部学校举办畜牧兽医**

考前辅导班情况一览表

单位：期，人

类型＼年份人数	1991		1993		1994		1998		1999		累计	
	期数	人数	期数	人数	期数	人数	期数	人数	期数	人数	期数	人数
中级职称理论考试畜牧专业考前辅导班	1	7	—	—	1	46	1	50	—	—	3	103
中级职称理论考试兽医专业考前辅导班	1	32	—	—	1	163	2	257	—	—	4	452
招聘乡镇牧医站干部考前辅导班	—	—	1	172	—	—	—	—	—	—	1	172
动物检疫检验专业考前辅导班	—	—	—	—	—	—	—	—	1	10	1	10
合　计	2	39	1	172	2	209	3	307	1	10	9	737

（二）专业技术工种考核培训

1996—1999年，福建省农业干部学校举办了畜牧工人技术等级考核考前辅导班14期，培训404人次。

（三）专业技能鉴定培训

1997—2002年，全省共成立了4个畜牧兽医职业技能鉴定站，即福建省饲料工业协会职业技能鉴定站（1997年成立）、福建省畜牧兽医局职业技能鉴定站（1997年成立）、福

表 6－2

1991—2005 年福建省农业干部学校举办畜牧兽医专业各类培训班情况一览表

单位：期，人

年份 \ 类型 人数	畜牧兽医高研班		畜牧兽医技术班		畜牧兽医考前辅导		畜牧电脑		饲料工业统计		合计	
	期数	人数	期数	人数	期数	人数	期数	人数	期数	人数	期数	人数
1991	—	—	—	—	2	39	—	—	—	—	2	39
1993	—	—	—	—	1	172	—	—	—	—	1	172
1994	—	—	—	—	2	209	—	—	—	—	2	209
1997	1	45	—	—	—	—	—	—	—	—	1	45
1998	1	60	—	—	3	307	—	—	—	—	4	367
1999	1	83	5	343	1	10	—	—	—	—	7	436
2000	1	88	—	—	—	—	1	62	—	—	2	150
2001	1	135	—	—	—	—	—	—	—	—	1	135
2002	1	122	—	—	—	—	—	—	1	108	2	230
2003	1	124	1	100	—	—	—	—	—	—	2	224
2004	1	82	—	—	—	—	—	—	—	—	1	82
2005	1	117	2	76	—	—	—	—	—	—	3	193
合 计	9	856	8	519	9	737	1	62	1	108	28	2282

表 6－3

1996—1999 年福建省农业干部学校举办畜牧兽医工人等级考核班情况一览表

单位：人

序号	名称	1996 年	1997 年	1998 年	1999 年	合计
1	家畜工班	—	20	20	26	66
2	家禽工班	—	15	5	7	27
3	兽医防治员班	—	49	5	41	95
4	动物检疫检验员班	—	63	12	49	124
5	兽用生物制品制造工班	80	12	—	—	92
	合 计	80	159	42	123	404

建省农业广播电视学校职业技能鉴定站（2000 年成立）、福建省农业干部学校职业技能鉴定站（2002 年成立，2004 年更名福建农业职业技术学院职业技能鉴定站）。4 个职业技能鉴定站开展培训鉴定的专业工种有：动物检疫员、兽医防治员、饲料化验员和饲料厂中央控制室操作员以及设备维修工。1999 年 12 月，受农业部委托，福建省农业厅在厦门市同

安区举办一期全国畜牧兽医职业技能鉴定考评员培训论证班，参加人数为155人，其中福建省148人。2000年6月，福建省农业广播电视学校受农业部的委托，在邵武市举办全国农业广播电视学校系统农业职业技能鉴定考评员培训论证班，参加培训论证的有75人，其中福建省55人。2004年12月，福建省农业厅协助农业部在厦门市举办了一期农业职业技能鉴定质量督导员培训论证班，参加培训班的有来自全国各地的135名职业技能鉴定专家和管理人员。2001—2005年，4个职业技能鉴定站共培训4254人次。

表6—4　　　　　2001—2005年畜牧兽医行业职业技能鉴定培训情况一览表

年份	鉴定站名称	鉴定培训工种	培训人数
2001	省农广校站	动物检疫员、兽医防治员	122
	省畜牧兽医总站	动物检疫员	699
	省饲料工业职业技能鉴定站	厂中央控制室操作员、饲料化验员	137
2002	省畜牧兽医总站	动物检疫员	1430
	省饲料工业职业技能鉴定站	厂中央控制室操作员、设备维修工、饲料化验员	167
2003	省农广校站	动物检疫员、兽医防治员	50
	省畜牧兽医总站	动物检疫员	202
	省饲料工业职业技能鉴定站	设备维修工、饲料化验员	206
	福建农业职业技术学院	动物检疫员	73
2004	省畜牧兽医总站	动物检疫员	147
	省饲料工业职业技能鉴定站	厂中央控制室操作员、设备维修工、饲料化验员	161
	福建农业职业技术学院	动物检疫员、兽医防治员	96
2005	省畜牧兽医总站	兽医防治员	275
	省饲料工业职业技能鉴定站	厂中央控制室操作员、设备维修工、饲料化验员	193
	福建农业职业技术学院	动物检疫员、兽医防治员	296
合　　计			4254

三、农民教育

1991—2000年，全省实施"百万农民技术员培训计划""绿色证书工程""农村青年实用技术培训计划"，开展农民科技培训。在各类培训中，畜禽饲养技术和疫病防治知识是培训内容之一，使受训农民懂得畜禽饲养和防疫技术。1991—1995年，全省培训农民技术员100.13万人次。1996—2000年，全省培训农民技术员133.6万人次（妇女占31.1％），其中"绿色证书"培训23.3万人次（妇女占38.6％），获得绿色证书5.56万人（妇女占36.8％）。2001—2005年，在全省30个县（市、区）组织实施部级、省级"跨世纪青年农民科技培训工程"和"新型农民科技培训工程"，编印了地方培训教材、"口袋书"等通俗易懂的农技图书 500 多万册以及防控禽流感等宣传挂图，并制作了多套音像教材，举办培训班 11000 多期，培训内容涉及农牧业的生产、养殖、加工、营销以及政策法规等知识，培训农民 100 多万人次，其中，8 万多名农民获得"绿色证书"，2.81 万名农民获得农民技术员职称，其中，动物防疫员 15000 多人，2.13 万名农民通过职业技能鉴定。

第二节　科　技

科学研究的内容有畜禽的良种培育、饲养、推广与动物疫病防治，牧草饲料营养，畜产品加工、安全生产等。

一、科研机构

（一）福建省农业科学院畜牧兽医研究所

福建省农业科学院畜牧兽医研究所主要从事动物营养、动物遗传育种和畜禽疫病防治研究。2005 年在职人员 143 名，其中研究员 9 名，副研究员 9 名，高级畜牧师和高级兽医师 10 名，中级职称人员 28 名，博士 2 名，硕士 16 名。设有动物营养研究室、畜禽遗传育种研究室、动物病毒研究室、禽病研究室、畜病研究室、畜禽疫病防治工程技术研究中心、动物生物安全三级实验室、省兽医生物安全三级实验室（BSL3）、省畜禽疫病防治工程技术研究中心和省畜禽分子遗传育种实验室、办公室、信息化研究室、开发科、红龙禽业有限公司水禽育种基地、福建优康种猪开发有限公司基地、畜禽水产疫病诊疗中心、《福建畜牧兽医》（双月刊）编辑部、省兽用生物制品 GMP 车间、省动物防治技术信息服务系统等科室。

（二）设区市级科研机构

福州市农业科学研究所畜牧兽医研究室 2005 年有专业技术人员 21 名，其中正高级职称 1 名、副高级职称 4 名。有 550 平方米鸭场、100 平方米孵化车间和 50 平方米饲料车间，以及 PCR 仪、超净工作台和各种显微镜等实验室仪器。

南平市农业科学研究所畜牧兽医研究室 2005 年有专业技术人员 8 名，其中高级职称 3 名，中级职称 2 名，初级职称 3 名。主要进行地方畜禽种质资源保护和开发利用研究，同时也进行牧草引进和开发利用研究。

宁德市农业科学研究所畜牧兽医研究室 2005 年有专业技术人员 7 名，其中高级职称 3 名，中级职称 2 名，初级职称 2 名。

三明市农业科学研究所畜牧兽医研究室，有专业技术人员 4 名，其中助理研究员 1 名，研究实习员 1 名，助理畜牧师 1 名，助理兽医师 1 名。

莆田市农业科学研究所畜牧兽医研究室，有专业技术人员 3 名，辅助人员 2 名。

泉州市农业科学研究所原有畜牧兽医研究室，有设备先进的试验鸡场。2005 年该研究室已撤销。

（三）院校科研机构

福建农林大学动物科学学院 2005 年设有奶牛研究所、动物保健研究所、动物遗传育种与繁殖研究所、动物科技研究所、牧草研究室、动物科学基础实验室、动物科学实验室、动物医学实验室和实验中心。在从事畜牧兽医科研与教学的人员中，具有正高级职称的 11 名，副高级职称的 23 名。主要研究成果涉及畜禽良种选育及繁殖饲养配套新技术、动物营养、草业工程、动物药物研究和开发、畜禽疾病与保健等方面。成果获农业部、福建省科技二等奖、三等奖 12 项，研发产品获国家新兽药证书 1 项，国家新饲料添加剂证书 1 项。龙岩学院设立 1 个研究所。

二、主要成果

（一）畜禽良种良法

1. 鸭

1991 年，福建农林大学动物科学学院王光瑛等开展"优质白番鸭杂交组合筛选"研究。1992 年通过省级鉴定。

1994—2000 年，龙岩山麻鸭原种场林如龙、福建省农业科学院畜牧兽医研究所檀俊秩等人开展省科技项目"山麻鸭高产系选育"，采用"家系选育结合家系内个体选育"的方法，对山麻鸭进行闭锁选育，经六个世代选育出的山麻鸭高产系，开产日龄 108 天，开产体重 1.3～1.4 千克，300 日龄平均蛋重 66.6 千克，500 日龄产蛋数 299.2 枚，产蛋总重 19.92 千克，分别比原来的 259 枚、15 千克增加 40.2 枚和 4.92 千克。

1996 年，福建省农业科学院畜牧兽医研究所檀俊秩等开展"半番鸭白色羽毛遗传及其应用研究"，2000 年通过省级鉴定。

1998 年，连城白鸭原种场实施福建省科技计划项目"连城白鸭良种选育与开发技术研究"，使连城白鸭的生产性能得到有效提高。

2000 年，福建省农业科学院畜牧兽医研究所陈晖等开展"小型白羽半番鸭母本选育"的研究，2004 年通过省级鉴定。

2002 年，龙岩山麻鸭原种场再次获得福建省科技重大专项立项，开展了"山麻鸭配套系选育"，筛选出的山麻鸭最佳三系配套组合 500 日龄的产蛋量达 345.4 枚，产蛋重 25.12 千克，饲料报酬 2.6∶1，达到国内最高水平。

2003—2005 年，福建省农业厅畜牧兽医总站江宵兵等承担省科技项目"蛋鸭无公害生产的综合配套技术"研究，实现了蛋鸭的无水面无公害饲养。

2003 年，福建省农业厅畜牧兽医总站江宵兵等承担省丰收计划项目"优质白羽半番鸭及其配套技术的推广"，更新和优化了半番鸭产品。2003—2004 年，在各地市及周边各省推广白羽半番鸭苗 4892.8 万只，推广数量居全国之首。

2. 兔

1991 年，福建省农业科学院畜牧兽医研究所林和官等开展"福建兔（黄毛系）的选育"研究，2001 年通过省级鉴定。

3. 鸡

2001 年，福建农林大学动物科学学院李昂、福建圣农实业有限公司等开展"肉鸡屠宰废水及下脚料综合治理"研究，2004 年通过省级鉴定。

从 2005 年 1 月开始，莆田荔城区农业局实施福建省科技项目"福建省丝羽乌骨鸡（白绒乌骨鸡）保种选育"，开展四个世代资源的整理、选育，每个世代选留符合品种外貌特征的核心群 600 只以上，保种群恢复了标准的"十全"外貌特征。

4. 猪

1991 年，福建农林大学动物科学学院陈强、福清东阁华侨机械化养猪场等开展"福建供港商品猪——瘦肉型杜斯猪的生产"研究。当年通过省级鉴定。

2003 年 3 月，莆田黑猪保种场开始承担福建省重点科技项目"莆田黑猪的保种选育与开发利用"，除建立保种核心群外，还对杂交组合进行了筛选，为开发利用奠定了基础。

2005 年，顺昌闽北花猪保种场实施省科技项目"闽北花猪保种与选育"，开展闽北花猪保种选育研究。

5. 牛

1991 年，福建农林大学动物科学学院邹霞青等开展"黄牛杂交改良的研究与利用"，应用现代冷冻精液人工授精先进技术，引用沙希瓦、丹麦红及利木赞良种冻精杂交改良本地黄牛。获得各杂交组合改良牛合计 25000 多头，1995 年通过省级鉴定。

2000 年，福建省农业厅畜牧兽医局种畜禽站承担的农业部丰收计划"奶牛品种推广"项目，在延平区、仙游县、莆田县 3 个县区实施。2000—2001 年，推广中国荷斯坦牛总数达 8378 头。2001—2002 年，福建省农业厅畜牧局承担农业部丰收计划"良种奶牛扩繁及其饲养管理技术"项目，30 多位技术人员参加该项目的研究，在福州、永安、邵武的 3 个农场实施，推广规模 5000 多头。

2003 年 8 月，福安市畜牧兽医站开始实施福建省科技厅"福安水牛保种与选育"项目，开展福安水牛的保护和基础测定研究工作。福建省科技厅重点科研项目"金湖乌凤鸡保种选育"在 2003 年 3 月通过福建省科技厅项目验收。

6. 羊

1994—1998 年，福清冠兴农业综合开发基地开展省科技项目"福清山羊本品种选育与杂交改良"，通过项目实施建立福清山羊繁育基地，开展本品种选育，同时引进南江黄羊、马头羊、成都麻羊进行杂交组合试验，筛选最佳杂交组合，并推广。

（二）动物疫病防治

1991年，福建省农业科学院畜牧兽医研究所林世棠等开展了"禽霍乱荚膜抗原新型疫苗的研究"，魏振明等开展了"伪狂犬病弱毒疫苗株选育的研究"，程由铨等开展了"雏番鸭细小病毒病病原发现、鉴定和诊断研究"。福建农林大学动物科学学院周金泰等开展了"兽用透皮吸收新型制剂——克痢星搽剂研制"，1993年通过省级鉴定。1995年在省内推广应用治疗哺乳仔猪肠型大肠杆菌病20万余例。

1992年，福建省农业科学院畜牧兽医研究所程由铨等开展了"鸡五种主要病毒性疾病单克隆抗体特性和快速诊断技术"研究。

1994年，福建省农业科学院畜牧兽医研究所程由铨开展了"雏番鸭细小病毒病活疫苗和快速诊断试剂研究"，2000年通过省级鉴定。

2000年，福建农林大学动物科学学院黄一帆等开展了"新型透皮吸收制剂——洛美沙星搽剂的研究与应用"的研究，其成果丰富了兽医给药途径及透皮吸收理论。2001—2004年洛美沙星搽剂在福州市、莆田市、南平市、漳州市、厦门市等地的良种猪场应用推广。2003年通过省级鉴定。

2002年，福建省农业厅畜牧兽医总站、厦门出入境检验检疫局、厦门大学生命科学院联合开展了"猪瘟、猪口蹄疫抗体免疫金标试纸条研究和应用"的研究，2004年通过省级鉴定。

2003年，福建省农业厅畜牧兽医总站与农业部国家动物流行病学中心共同承担动物重大疫病的预警预报、猪群疾病流行病学的调查与监测国家重大课题的研究。2004年，福建省农业厅畜牧兽医总站与厦门出入境检验检疫局、厦门大学联合开展了"猪伪狂犬病、猪繁殖障碍与呼吸综合征抗体免疫金标的研制与研究"。

（三）牧草饲料营养

1991年，福建农林大学动物科学学院牧草研究室苏水金等开展了"我国亚热带草山草坡种草养畜综合配套技术""南方六省草山草坡改良及利用技术""南亚热带丘陵山地草、果、牧和食用菌综合配套技术"研究。福建省农业科学院畜牧兽医研究所冯玉兰等开展了"天然复合矿物饲料的开发与应用研究"。

1996年，福建省农业科学院畜牧兽医研究所董志岩等开展了"猪全程饲养饲料添加剂配套利用技术的研究"，1999年通过省级鉴定。

1998年，福建农林大学动物科学学院陈强等开展了"烟酸铬及其应用技术的研究"，开发出烟酸铬饲料添加剂，2000年通过省级鉴定。

1999年，福建省农业科学院畜牧兽医研究所李忠荣等开展了"河田鸡（肉鸡）营养需要的研究及专用饲料的开发"研究，2002 年通过省级鉴定。谢新东开展了"饲用复合酶添加剂的研究和开发应用研究"，2002 年通过省级鉴定。

（四）安全生产与流通

1995 年，福建农业大学经济管理学院陈良珠等开展了"畜产品市场学"的研究。

1995 年，福建农业大学经济管理学院巫国兴等开展了"深化流通体制改革，培育完善畜产品市场体系"的研究。

1996 年，福建省农业科学院畜牧兽医研究所钱午巧等开展了"ZWD 型沼气池研究与应用"，2000 年通过省级鉴定。

2000 年，福建农林大学动物科学学院、中国科学院福建物质结构研究所、福建金谷科技开发有限公司开展了"戊二醛药物生产技术及其消毒产品的研究开发"，开发了戊二醛消毒剂产品，取得了生产批号。2003 年通过省级鉴定。

2001 年，福建农林大学动物科学学院陈强开展了"新型高效消毒剂——复方溴氯海因的研制"，综合技术指标和应用效能达国内领先水平，产品已获得新兽药证书和生产批号。2005 年通过省级鉴定。

表 6—5　**1991—2005 年福建省畜牧兽医科研成果获奖情况一览表**

序号	项　目	获奖年份	获奖单位及主要完成人	奖项和证书
一、国家奖				
1	莆田黑鸭高产系的选育	1991	福建省农科院畜牧兽医所檀俊秩等	国家科技进步三等奖
2	禽霍乱荚膜抗原新型疫苗的研究	1991	福建省农业科学院畜牧兽医所林世棠等	国家科技进步三等奖
3	南方六省草山草坡改良及利用技术	1992	福建省农林大学动物科学学院牧草研究室苏水金等	国家科技进步二等奖
4	雏番鸭细小病毒病活疫苗	2000	福建省农科院畜牧兽医所程由铨等	国家一类兽药证书
5	雏番鸭细小病毒病乳胶凝集试验和凝集抑制试验抗原、单抗致敏乳胶和阴阳性血清	2000	福建省农科院畜牧兽医所程由铨等	国家一类兽药证书
6	雏番鸭细小病毒病病原发现、诊断和防治	2002	福建省农科院畜牧兽医所程由铨等	国家科学技术进步二等奖

续表6—5

序号	项　目	获奖年份	获奖单位及主要完成人	奖项和证书
二、农业部奖				
1	我国亚热带草山草坡种草养畜综合配套技术	1991	福建农林大学动物科学学院牧草研究室苏水金等	农业部科技进步二等奖
2	南亚热带丘陵山地草、果、牧和食用菌综合配套技术	1997	福建农林大学动物科学学院牧草研究室苏水金等	农业部科技进步二等奖
3	良种家禽及配套技术	1997	福建省农业厅畜牧局种畜禽站杨邦钊等	农业部丰收奖三等奖
4	优质白羽半番鸭及其配套技术的推广	2004	福建省农业厅畜牧兽医总站江宵兵等	农业部丰收奖二等奖
三、省人民政府奖				
1	福建供港商品猪——瘦肉型杜斯猪的生产	1991	福建农林大学动物科学学院、福清东阁华侨机械化养猪场	省人民政府星火三等奖
2	"100"乳猪饲料的研究	1991	福建省农业科学院畜牧兽医所冯玉兰等	省科技进步三等奖
3	伪狂犬病弱毒疫苗株选育的研究	1991	福建省农业科学院畜牧兽医所魏振明等	省科技进步三等奖
4	雏番鸭细小病毒病病原发现、鉴定和诊断研究	1993	福建省农业科学院畜牧兽医所程由铨等	省科技进步二等奖
5	优质白番鸭杂交组合的筛选	1993	福建农林大学动物科学学院王光瑛等	省科技进步三等奖
6	天然复合矿物饲料的开发与应用研究	1994	福建省农业科学院畜牧兽医所冯玉兰等	省科技进步三等奖
7	福建农区农牧结合综合研究（第二主持单位）	1994	福建省农业科学院畜牧兽医所郑金贵等	省科技进步三等奖
8	兽用透皮吸收新型制剂——克痢星搽剂研制	1995	福建农林大学动物科学学院周金泰等	省科技进步三等奖

续表 6－5

序号	项　目	获奖年份	获奖单位及主要完成人	奖项和证书
9	鸡五种主要病毒性疾病单克隆抗体特性和快速诊断技术	1995	福建省农业科学院畜牧兽医所程由铨等	省科技进步三等奖
10	对一阿散酸饲料添加剂研制应用（第二主持单位）	1996	福建省农业科学院畜牧兽医所张在珍等	省科技进步三等奖
11	黄牛杂交改良的研究与利用	1996	福建农林大学动物科学学院邹霞青等	省科技进步三等奖
12	猪全程饲养饲料添加剂配套利用技术的研究	2000	福建省农业科学院畜牧兽医所董志岩等	省科技进步三等奖
13	半番鸭白色羽毛遗传及其应用研究	2001	福建省农业科学院畜牧兽医所檀俊秩等	省科技进步三等奖
14	雏番鸭细小病毒病活疫苗和快速诊断试剂研究	2001	福建省农业科学院畜牧兽医所程由铨等	省科技进步一等奖
15	ZWD 型沼气池研究与应用	2002	福建省农业科学院畜牧兽医所钱午巧等	省科技进步三等奖
16	河田鸡（肉鸡）营养需要的研究及专用饲料的开发	2003	福建省农业科学院畜牧兽医所李忠荣等	省科学技术奖三等奖
17	烟酸铬及其应用技术的研究	2003	福建农林大学动物科学学院陈强等	省科学技术奖二等奖
18	新型透皮吸收制剂——洛美沙星搽剂的研究与应用	2004	福建农林大学动物科学学院黄一帆等	省科学技术奖二等奖
19	饲用复合酶添加剂的研究和开发应用	2004	福建省农业科学院畜牧兽医所谢新东等	省科学技术奖三等奖
20	戊二醛药物生产技术及其消毒产品的研究开发	2004	福建农林大学、中国科学院福建物质结构研究所、福建金谷科技开发有限公司	省科学技术奖三等奖
21	新型高效消毒剂——复方溴氯海因的研制	2005	福建农林大学动物科学学院陈强等	省科学技术奖三等奖
22	小型白羽半番鸭母本选育	2005	福建省农业科学院畜牧兽医所陈晖等	省科学技术奖二等奖
23	猪瘟、猪口蹄疫抗体免疫金标试纸条研究和应用	2005	福建省农业厅畜牧兽医总站、厦门大学生命科学院、厦门出入境检验检疫局	省科学技术奖三等奖

第三节　合作交流

一、国际合作与交流

（一）考察交流

1992年12月，福建省农业厅省畜牧兽医局郑鸿钧、黄纪、王纪茂、江宵兵等应以色列 P.B.U. 公司邀请赴以色列参加为期14天的种鸡改良选育培训。

1995年7月，福建省畜牧兽医学会养猪专业委员会秘书长陈体铮赴法国考察畜牧业。先后听取了法国养猪联合会和养猪技术所关于养猪业发展情况和猪的遗传育种工作方面的介绍，参观了法国农业合作社"CANA"及肉类加工企业、家禽育种公司、饲料厂等。1995年8月23日，福建省农业厅派出考察团赴荷兰考察畜禽屠宰加工技术。

1996年9月，中国家禽协会组团，福建省农业厅畜牧局林溪东、杨邦钊参加赴印度考察家禽业，并在新德里参观第二十届世界家禽博览会。

1997年5月，应美国食品和药物管理局（FDA）邀请，农业部组团，福建省农业厅畜牧局梁全顺参加赴美国考察兽药饲料业，并在亚利桑那州参加世界养猪博览会。

1997年5月，福建农林大学教授林藩平、副教授陈强参加在美国举行的阿尔泰克（Alltech）第十三届学术年会。1997年和1998年，福建农林大学先后两次接待美国谷物协会驻京办事处主任马国达、美国大豆协会上海办事处主任卜东华及其随行人员的来访。

1998年，林藩平被邀参加在美国举行的阿尔泰克（Alltech）第十四届学术年会。

2003年5月，农业部组团，福建省农业厅畜牧局金颜辉赴法国、德国进行生物安全实验室技术交流。9月21—28日，福建省农业科学院生物所研究员黄勤赴日本参加第六届国际海洋生物技术大会暨第五届亚太地区海洋生物技术大会。

2004年4月，梁全顺赴法国、意大利考察生物安全实验室。

（二）学术交流与科技合作

1993年8月16—20日，福建省农业厅畜牧兽医局研究员程由铨、程道祥、林世棠参加在澳大利亚悉尼举行的第十届世界禽病大会暨第三届亚太地区禽病会议，程由铨在大会上作《雏番鸭细小病毒病的研究》学术报告。11月，应香港政府渔农处的邀请，福建农林大学组团参加香港嘉年华农展会，观摩和参展国内外畜禽良种及配套科技产品并交流信息。

1995 年 9 月 8 日，应福建省畜牧兽医学会与福建省农业科学院畜牧兽医所的邀请，美籍华人、禽病专家方菊生教授在福州作《当今世界鸡马立克氏病防治研究概况及今后研究方向》的学术报告，有 140 多人参会。

1996 年 5 月 27—29 日，应福建省畜牧兽医学会和美国大豆协会的邀请，美国康奈尔大学博士、教授一行 4 人，在福州举办一期肉鸭讲习班。主要专题有鸭的基础营养、生长与胴体发育、鸭场卫生与鸭病防治及养鸭生产新进展等，省内主要水禽县市和重点饲养场、专业户及科技人员 70 多人参加。8 月，福建省畜牧兽医学会副理事长程由铨参加在美国召开的国际鸡马立克氏病防治会议，并在会上进行学术交流。

1997 年 5 月，福建省畜牧兽医学会养猪专业委员会分别邀请美国大豆协会养猪技术部主任罗伯特、美国伊利诺爱大学教授伊斯特和德国大荷兰人公司黄敬莱博士到福州、厦门、漳州等地与福建省专家一起作科学养猪讲座，听讲者有 218 人。

1998 年 3 月，邀请荷兰奶牛饲养专家举办荷兰奶牛生产和管理讲座。

1999 年 7 月 13—14 日，在福州召开了福建省畜牧兽医学会饲料牧草动物营养专业委员会第一届三次学术研讨会，邀请美国、瑞士、西班牙等国外公司和科研单位的专家在会上交流他们的研究成果和开发业绩，探讨了当今国内外饲料、牧草、动物营养研究、开发的热点、难点及其突破的方略问题。

2000 年 5 月，福建省畜牧兽医学会养猪专业委员会与美国大豆协会共同邀请美国专家、教授 6 人在漳州市举办培训班，内容包括养猪与环境、猪的育种与改良、饲料与营养、疫病诊断与防治等，参加听讲的有 150 多人。

2002 年 3 月 20 日，福建省饲料工业协会与美国谷物协会北京办事处等国外驻华机构在福州联合举办"入世对中国饲料谷物市场的影响座谈会"，省内 20 多家饲料企业 40 多位代表出席了座谈会。

2003 年 3 月 17—18 日，应福建省畜牧兽医学会养猪专业委员会、福建光华实业公司和美国温洛克国际农业发展中心、美国普渡大学农学院的邀请，美国普渡大学和俄克拉荷玛州立大学的 4 位教授在福州作科学养猪的学术报告，参加听讲的有 86 人。

2004 年 3 月 6—7 日，美国大豆协会、中国饲料工业协会、福建省饲料工业协会在福州联合举办"猪饲料营养与管理技术讲座"。7 月 19—20 日，美国健康中心 N1H 疟疾基因组实验室主任苏新专研究员，到福建省农业科学院畜牧兽医研究所进行学术交流，并作题为《疟原虫》的研究报告。11 月，福建省农业厅畜牧兽医总站江宵兵随农业部组团赴美参加为期 21 天的畜禽品种选育改良培训。当年，应福建省畜牧兽医学会养猪专业委员会和饲料牧草动物营养专业委员会的邀请，美国大豆协会 5 位美国专家作学术报告，对猪的育种、营养和疾病防治作深入的探讨与交流。2004—2005 年，美国大豆协会与福清永诚畜牧有限公司联合举办两期养猪高级培训班，重点培训养猪经理人员，邀请外籍教授授课。第一期培训班由美国大豆协会的施学仕博士就猪场管理与营养作详细报告。第二期培训班由美国南达科他州立大学的兽医博士就7种猪病的预防与控制进行讲解。

2005年3月24日，美国谷物协会北京办事处、福建省饲料工业协会、大连商品交易所、福建省饲料工业公司在福州联合举办了"玉米供求和期货市场研讨会"。4月，联合国粮农组织冼敏思一行3人，到福建省农业厅畜牧兽医总站、福清畜牧兽医站、晋江畜牧兽医站进行为期10天的禽流感检测技术交流。6月7日，福建省饲料工业协会与美国大豆协会北京办事处在福州举办了"挤压膨化与颗粒饲料加工技术讲座"。10月21—23日，福建省畜牧兽医学会在龙岩举办全省畜禽传染病防治与食品安全学术研讨会，邀请新加坡百奥明公司亚洲区技术经理陈松林博士作《霉菌毒素的危害与防制措施》的学术报告。

（三）商务往来

1993年3月至1995年3月，福建省农业厅畜牧局齐光华到哥伦比亚国阿劳卡省参加援助畜牧兽医项目建设，在该国建成了首个牛细管冷冻精液生产线，选育改良乳肉兼用牛357头，改良优质牧草场13公顷。培养84名人工授精员，17名公牛采精员，11名冻精化验室生产型人员，23名兽医人员。

1996年7月18日，福建省农业厅组团赴加拿大选购种猪。

2005年3月，莆田优利可农牧发展有限公司在全国最先引进日本洛东免冲洗零排放养猪技术，并于当年4月18日开始参照该技术规范建造80平方米猪舍进行试验。11月再次改建保育猪舍200平方米。

二、闽台合作与交流

（一）考察交流

1996年7月2—11日，应台湾财团法人农村发展基金会的邀请，福建省农业厅尤珩参加中国农业交流协会肉类加工技术考察团，赴台参观考察台湾畜牧业发展情况，商谈合作事宜。1996年，福建省畜牧兽医学会和美国大豆协会联合邀请美国康乃尔大学迪安教授和台湾大学陈保基教授到福州举办"养鸭生产讲习班"。

2000年2月，应台湾省畜牧兽医学会的邀请，以福州农业局周和平为团长共12人，赴台进行畜禽生产管理和动物疫病防治技术措施等方面的考察和交流活动。6月9—16日，应台湾省畜牧养猪发展协会的邀请，组织畜牧业考察团赴台湾进行考察和交流活动。10月2日，台湾养猪协会会长洪良仁和畜牧事业发展协会理事长等17人，赴厦门考察畜牧业发展情况。

2002年3月11—19日，应台湾省畜牧事业发展协会的邀请，福建省农业厅叶恩发率领福建省畜牧业考察团一行 10 人，赴台湾考察台湾省畜产会、畜产试验所、农畜发展基金会、高雄农会及养猪场、饲料加工厂、活猪拍卖市场、肉品市场等企业和团体，同时就畜牧业技术合作和引资项目等达成初步意向。

2004 年 4 月，台湾福昌企业种猪改良公司杨正宏董事长等 3 人到闽考察，并在福建省农业科学院召开座谈会，交流种猪肉质改良的措施。

（二）学术交流与科技合作

1991 年 1 月 31 日至 2 月 3 日，应福建农林大学和福建省畜牧兽医学会的邀请，台湾大学、台湾中兴大学等 5 位专家、学者到福建农林大学作关于"畜禽、水产养殖及疾病防治"专题演讲会，参会者 80 多人。同年 2 月，台湾省福昌公司董事长杨正宏带领台湾大学刘瑞生、刘正美、赖秀穗等 6 位教授与省养猪界专家共 67 人参加学术交流，之后福昌企业家杨正宏等台湾养猪界专家多次到闽投资考察，进行信息交流和业务洽谈。

1993 年 9 月，台湾省牛病专家到福建讲学，并进行学术交流活动。

1995 年 4 月 25 日，福建省畜牧兽医学会与台湾派斯德公司联合在福清召开全省养禽与禽病防治技术研讨会，派斯德公司董事长林村源在会上介绍该公司发展情况，消毒剂与保健品的作用机理和特性以及百毒杀、胺基维他等系列新产品的功用，150 多位代表与会。

1998 年，福建省作为主办单位，在武夷山举办了"第五届两岸三地（大陆、台湾、香港）优质鸡改良生产暨发展研讨会"，参加会议的有台湾学者与业界同仁 30 多人。

2000 年 5 月，应福州市畜牧兽医学会的邀请，在福州国际招商月期间，省、市畜牧业专家与前来招商的杨正宏及台东、台南同行专家就闽台畜牧兽医工作广泛座谈交流。11 月 4 日，杨正宏一行到福州举办台湾种猪育种与改良学术报告会，共有 110 多人参加。

2001 年，福建农林大学动物科学学院组团参加了在台湾大学举办的"第六届两岸三地优质鸡改良生产暨发展研讨会"，参观考察了台湾大学、中兴大学畜牧兽医教育与科技情况，出席养殖场和苗栗县优质鸡产销班。8 月，应漳州市畜牧兽医学会的邀请，台湾省养猪研究所陈太平博士到漳州作科学养猪学术报告。

2002 年 5 月 20—22 日，由福建省畜牧兽医学会主办，上海、山东、江苏、安徽、浙江、江西、福建六省一市家禽业协会协办的"第十二届华东地区家禽交易暨福建省畜牧业博览会"在福州市福建经贸会展中心举行，台湾省畜牧事业发展协会理事长王逢明、总干事苏朝鹏带领台湾 14 家协会和企业代表共 22 人参加博览会。其间，台湾省畜牧事业发展协会与福建省畜牧兽医学会签订了《关于加强和促进闽台两地畜牧业合作交流协议》。

2003 年 9 月 27—29 日，福建省畜牧兽医学会第九次会员代表大会暨创建精品畜牧业学术年会在漳州召开，邀请苏朝鹏参加并在会上祝词，高级兽医师林安顶在大会上作题为《生物技术在台湾畜牧界的应用》的学术报告。

2004年7月，应福建省畜牧兽医学会的邀请，台湾省台扬生态农业开发有限公司总经理林昱良和技术总监到福州市晋安区泉头农场召开畜禽废弃物"零排放"技术研讨会，双方从环保角度发表了实施环节所需改进的建议，并肯定了该公司推广的畜禽干式粪便零排放技术的先进性。

2005年1月17日，应福建省畜牧兽医学会与福建农林大学动物科学学院的邀请，台湾中兴大学兽医学系主任林子恩教授和兽医学博士黄鸿坚教授到福建农林大学作题为《禽流感研究动态》与《动物传染病模型研究动态》的学术报告，参加听讲的有86人。8月14—16日，第十一届海峡两岸中国现代化学术研讨会的第二专题"扩大发展两岸畜牧业、渔业合作研究"会议在厦门召开。8月15日，福建省畜牧兽医学会领导与台湾立胺酵素股份有限公司华南地区副总经理郭恒彰，洽谈合作推广"保力胺—S"复合酵素添加剂，该技术已在南平、福州等6个猪场推广应用。

（三）商务往来

1998年，厦门国寿种猪开发有限公司（台湾独资企业）总投资2000多万元，占地面积150亩，年存栏台系杜洛克、挪威系长白、瑞典系大白原种母猪1000多头，出栏种猪15000头。公司运用电脑化生产管理、负压式猪舍设计、SEW式猪群生产运作、电视实时监控生产等新技术。场内建有人工授精化验室、无菌疾病检测室、病死猪无害化处理系统、污水处理系统、种猪生产性能测定系统等配套设施。公司聘请了中国农业大学和福建农林大学的专家、教授作为品种选育、疾病控制、饲料营养等技术顾问，指导生产，并依托台湾动物科学研究所先进的育种技术，培育性能优良、体型健壮的优良种猪。国寿种猪行销到广东、广西、福建、浙江、江西、湖南、湖北、云南、四川、上海、安徽、河南、山东、河北、北京、黑龙江、吉林、新疆等省、区、直辖市。

2000年4月，泉州市华丰果牧开发有限公司引进省内第一部台湾畜禽污水处理新型技术设备（台湾专利号：90420）——"练盛牌"LK—120水切楔型固液分离机。10月，该公司通过台湾同普有限公司引进省内第一套畜禽污水处理系统——"红泥塑料厌氧覆皮"的新型厌氧发酵设施。

2003年5月，在中国畜牧兽医学会养猪学分会举办的"顺义杯"全国首届种猪擂台邀请赛中，国寿种猪获得长白第二名、杜洛克第三名的优异成绩，并被评为厦门市种猪生产基地和无公害种畜生产基地。

2004年，福清市丰泽农牧科技开发有限公司引进台湾红泥塑料沼气技术应用于猪场粪尿处理，建成的红泥塑料沼气环保工程，利用山体的自然落差，建设配套沼液灌溉系统，无动力运行，用于种植果树、经济林、生态林。

第四节　学会（协会）活动

一、福建省畜牧兽医学会

（一）组　织

1994年11月4—6日，在武夷山市召开第七次会员代表大会，选举产生由54名理事组成的第七届理事会。理事长：尤珩；副理事长：林潘平、林溪东、程由铨、李国平、郑锡恩。

1999年6月22—25日，在长乐市召开第八次会员代表大会，选举产生由52名理事组成的理事会。理事长：林溪东；副理事长：程由铨、黄一帆、林天龙、李国平、程道祥。

2003年9月27—29日，在漳州市召开第九次会员代表大会，选举产生由75人（后来又陆续增补7人）组成的理事会。理事长：林其伟；副理事长：程由铨、黄一帆、林天龙、李国平、梁全顺。

学会下设11个专业委员会：兽医外科专业委员会、家禽专业委员会、奶牛专业委员会、中兽医专业委员会、畜禽传染病防制专业委员会、养猪专业委员会、寄生虫病防治专业委员会、宠物专业委员会、饲料牧草与动物营养专业委员会、养兔专业委员会、动物保健品专业委员会。

至2005年，学会拥有1226名个人会员和21个团体会员。

（二）主要活动

1. 学术交流

1991—2005年，先后召开全省性大型学术会议12次，小型专业性学术交流会81次，有9680多人次参加，共提交论文1683篇，邀请33位国内外（其中国外10位）专家到会作学术报告。

从2001年开始，福建省畜牧兽医学会每年都围绕畜牧生产中的突出问题，以不同主题召开一次全省性大型学术年会，作为福建省科学技术协会学术年会卫星会议，各地设有分会场，已举办5届。根据2002年5月20日学会与台湾省畜牧事业发展协会签订的《关于加强和促进闽台两地畜牧业合作交流协议》，学会先后共邀请台湾省畜牧事业协会代表团8批次到福建省访问考察，学会也先后组团3批到台湾访问考察。

2. 科技宣传

学会组织科技人员和专家参加"科技宣传周""世界减灾日""农林科普宣传团"等科

普宣传活动。15年来，共举办科普讲座96场，听众8900多人次；编写技术资料13种，13700多份；编写畜禽饲养和疾病防治技术图书15种，由福建省科协普及部刊印并向全省发行。此外，还组织科技下乡158次，下乡人员410多人次。

3. 专业咨询

1996年2月，学会成立福建省农牧渔业科技咨询部，当年为基层免费咨询380多次。至2005年底，学会共开展各种科技咨询1790多次；举办各种培训班34次，受训人员达3640多人次。先后组织16位专家参加福建省政府和福建省科学技术协会召开的"科技月谈会"，为领导决策建言献策。

4. 技术服务

学会重视在企业中发展团体会员，吸收信誉好、实力强、贡献大的团体会员作为本会副理事长或常务理事。同时以各种方式为企业提供技术服务。2001—2005年，已为莆田市莆兴农牧发展基地、厦门大北农饲料有限公司、台商企业厦门国寿种猪开发有限公司等单位提供形式多样的技术服务。

5. 出版期刊

《福建畜牧兽医》由福建省农业科学院畜牧兽医研究所、福建省畜牧兽医学会、福建省农业厅畜牧兽医局、福建农林大学动物科学学院主办，具有CN和ISSN两种向国内、国际发行的刊号。1996—2005年，发行量均在万份以上。

二、福建省饲料工业协会

（一）组 织

1994年12月14日，在福州召开福建省饲料工业协会成立大会，选举产生由86名理事（其中常务理事43名、特邀顾问7名）组成的第一届理事会。会长：卢增荣（省计委副主任）；副会长：陈光普、余长继、赵定、尤珩、庄飞云、陈志良、冯玉兰、康桂章、陈林峰、林国源。

1999年12月，以通信方式选举产生由61名理事（其中常务理事22名）组成的第二届理事会。名誉会长：陈光普；会长：郑勇（省计委副主任）；常务副会长：冯玉兰；副会长：庄飞云、陈启发、曾丽莉、杨人燧。

2001年5月，协会改为挂靠福建省农业厅。

2002年1月，经协会第二届第三、第四次常务理事会研究通过并以通信形式选举叶恩发为会长。

2004年3月24日，省饲料工业协会第三次会员代表大会在福州召开，选举产生了由59位理事（其中常务理事20名）组成的第三届理事会。会长：叶恩发；副会长：冯玉兰、兰坪亮、陈启发、曾丽莉、翁建顺、陈瑞琛、陈莲香。同时，理事会决定聘请庄飞云、邹霞青、黄秀芳为第三届理事会顾问。

（二）主要活动

1. 调查研究

协会通过组织专题调查，召开各种形式的座谈会、研讨会和讲座，协助政府做好行业各项优惠政策落实的工作。2002年、2003年、2004年，分别派人深入企业了解实际情况，向会员企业单位发出调查表，将企业反映上来的问题向有关部门反映，并提出了解决问题的看法和意见。针对多数企业反映强烈的相关管理部门对饲料企业进行的多头检查、重复检查收费、企业负担过重等问题，建议有关行政管理部门加强协调，统一计划，避免出现多头抽检、重复检查的现象。

2. 宣传教育

1994年12月15日，协会召开了"饲料标签"标准的宣传贯彻专题座谈会。1995年9月26—27日，与福建省标准化协会在福州联合举办了宣传贯彻《饲料标签》标准培训班，全省各地的技术监督所、畜牧兽医站及饲料企业等39家单位的50余人参加了培训。

2000年、2001年10月和2003年11月，协会三次组织福建省技术监督局标准化处、监督处和各饲料监测站负责人及标准化工作开展较好的企业代表参加"华东地区标准化协作网年会"，交流《饲料和饲料添加剂管理条例》及GB10648－1999《饲料标签》标准颁布以来的实施情况。协会还组织协调制定了蛋鸭、肉鸡、鳗鱼、对虾、鳖饲料等多项省地方标准。

2002年10月9日，在福州举办了"福建饲料安全宣言"新闻发布会，组织36家饲料生产企业参加这次活动，36家饲料企业在新闻发布会上向全社会做出承诺：在饲料生产中严格依法生产和经营，不制假，不售假，绝不在生产的饲料产品中添加"瘦肉精"等违禁药品。《福建日报》、福建电视台等13家新闻单位报道了新闻发布会的情况。协会还对饲料安全承诺活动进行跟踪督促检查和宣传工作。组织有关部门对承诺单位履行承诺书的情况进行督促检查，对检查情况进行总结分析。

2004年3月24日，对履行承诺活动的33家饲料企业进行表彰，颁发了牌匾和证书。4月13日，与福建省饲料办和福建省技术监督局标准化处配合，组织召开了"饲料标签"标准宣传贯彻会议，邀请中国饲料工业协会领导和专家授课讲解，对标签标准实施的意义、饲料标签的制作和标本、饲料产品标准的备案等问题进行了详细讲述，2005年12月，在福州举办了饲料工业科技发展技术讲座，有160多人参加了讲座。

1995—2005年，协会编印、发行《福建饲料工业信息》，每季度一期，免费为省内饲料企业及饲料工作者提供信息和政策咨询服务。11年来，共编辑出版了40期。2005年每期《福建省饲料工业信息》的发行量已近千册。

3. 学术交流

1995年3月2—22日，协会与福建省饲料牧草与动物营养研究会联合举办家禽饲料营养技术学术研讨会，全省与饲料行业有关的管理、科研、质检单位和饲料企业代表参加了研讨会。

1999年3月5—15日，组织9人赴台考察台湾省的养殖业、饲料和食品加工业。7月13—14日，与福建省饲料牧草与动物营养研究会第二次联合举办家禽饲料营养技术学术研讨会。

2002年8月，与中国海洋报《水产周刊》在福州共同举办"饲料安全与绿色饲料添加剂研讨会"。

2002年12月，与福建省水产饲料研究会在厦门共同举办"福建省第五次水产饲料研讨会"，省内外133名代表出席了会议，大会收到学术论文摘要49篇，在会上报告交流达18人。12月，邀请中国饲料工业协会信息中心专家，在第二届第二次理事（扩大）会议上做了题为《加入WTO后我国饲料工业发展前景》的专题讲座。

2003年3月26日，与福建省饲料牧草与动物营养研究会第三次联合举办家禽饲料营养技术学术研讨会。

2004年10月，与江苏牧羊集团联合举办了"2004饲料加工工艺设备技术研讨会"，50多家企业100多人到会。10月，还与大连商品交易所联合举办了"2004玉米市场论坛"，分析饲料企业如何研究玉米期货市场甚至参与玉米期货市场。

4. 技能鉴定

1997年1月22日，协会根据中国饲料工业协会的要求，联系福建省劳动局职能鉴定指导中心等有关部门召开会议，研究成立福建省饲料工业职业技能鉴定站。1998年1月8日，劳动部职业技能开发司为福建省饲料工业职业技能鉴定站发放许可证。

2001年，协会组织人员实地考察广东省和上海市职能鉴定站，学习借鉴他们的考评经验。根据国家对职业技能鉴定的要求，考查选定了5个考评点，制定福建省饲料工业职业技能鉴定8个管理工作规程。

2001年6月，举办了首期检验化验员的鉴定考评工作。此后，"饲料厂中心控制室操作工"和"饲料加工设备维修工"两个特殊工种的职业技能鉴定工作也相继展开。2004年12月，与福建东南标准认证中心办了首期质量管理内审员培训班。为保证职业技能培训、鉴定考评质量，实行考培分离制度，选择了省中心检验所、省分析测试中心、福建省农业科学院中心实验室、福建工贸学校等作为中初级饲料检验化验员考评点；福建省机械研究院农机所作为饲料厂中初级中央控制室操作工和饲料加工设备初级维修工考评点；福建省工贸学校作为实行学生毕业证书和职业资格证书"双证制"的试点单位。

到2005年底，全省共有864人接受了职业技能鉴定，其中，有816人获得了农业部颁发的职业资格证书；全省有 29 人参加全国饲料工业职业技能鉴定考评员、督导员培训，并取得相应资格证书。

5. 服务企业

1996 年 5 月 5—7 日，组织省内 23 家饲料企业 65 位代表参加在北京举行的"首届中国饲料工业博览会"，有 20 个产品获全国首届饲料工业博览会认定产品奖，协会也获大会组织工作一等奖。

2001 年 5 月，与福建省水产饲料研究会、福建省牧草、饲料动物营养研究会及中国海洋报《水产周刊》等单位举办"第二届饲料工业、畜牧业、水产养殖加工技术（福建）展览会"，省内外 150 多家饲料生产企业、经营企业参加了展览会。2001 年，组织省内 6 家饲料企业共 40 多人参加大连举办的"2001 中国畜牧业暨饲料工业展览会"。

2003 年，组织省内 9 家企业 50 余人参加在南京举办的"2003 中国畜牧业暨饲料工业交易会"。

2005 年 4 月 9—11 日，由中国饲料工业协会、福建省农业厅、福州市政府联合主办，福建省饲料工作办公室、福建省饲料工业协会、福州经济技术开发区管理委员会协办，在福州国际展览中心金山新展城举办 2005 中国饲料工业展示交易会，全国 26 个省、自治区、直辖市和计划单列市组团参加，参展厂商达 420 多家，展位数达 820 多个，除国内厂商参展外，还有来自美国、荷兰、德国等 12 个国家和地区的 20 多家外国厂商参加展览。省内共有 39 家饲料企业参加了展示交易会，展位数达 85 个。

三、福建省家禽业协会

（一）组　织

1993 年，成立福建省家禽业协会，主管部门是福建省农业委员会。1999 年 10 月 10 日，根据福建省民政厅《关于社会团体重新登记的通知》进行重新登记。

（二）主要活动

举办和组织参加交易会。2002 年 5 月 18—22 日，与福建省农业厅畜牧兽医局在福建经济贸易会展中心举办第十二届华东家禽交易会暨海峡两岸畜牧业博览会，共招展位 243 个，来自全国 16 个省和台湾地区的 2000 多人参加大会。交易会上首次举办了水禽业发展论坛。本届交易会也是首届海峡两岸畜牧业技术交流与贸易洽谈会，台湾首次组团参展，参展展位 20 个，参展企业 15 家。另外，协会还组织全省家禽及相关企业参加了中国家禽业协会和中国畜牧业协会举办的全国家禽交易会和全国畜牧业及饲料工业博览会以及华东地区家禽交易会。

举办培训班。2001 年 3 月，举办养禽与禽病防治培训班，有 70 多人参加。聘请专家为企业讲学。协会专家还经常接受全省家禽企业的技术咨询，解决实际生产中的技术问题。

开展专题调研。2004年和2005年，部分省市发生高致病性禽流感，禽产品滞销，企业亏损严重，协会及时了解省内家禽企业损失情况，向中国家禽业协会和农业部、福建省政府汇报，为各级政府部门出台扶持家禽企业政策提供依据。2005年，开展了福建省蛋品加工企业受禽流感影响情况专题调研。

组织学术交流。1998年，组织省内家禽企业参加在武夷山市举办的"两岸三地优质鸡研讨会"。2004年10月，组织法国著名水禽育种专家罗杰博士与福建省农业科学院水禽育种专家就白羽半番鸭羽色遗传问题进行学术探讨。

第七章 机构与队伍

第一节 省 级

一、行政管理机构与队伍

（一）福建省农业厅畜牧（兽医）局

1991—2000年，省农业厅畜牧局为正处级畜牧兽医行政管理机构，行政与事业混合编制。其中行政编制5名，设正局长1人，副局长2人，主任科员2人。行政科室有：畜牧科3人，学历均为大学本科，职称为推广研究员1人，中级职称2人；秘书科5人（包括财务2人），学历为硕士1人、大学本科3人、中专1人，职称为高级职称1人、中级职称3人、初级职称1人；生产科3人，学历均为大学本科，职称为推广研究员1人、中级职称2人。科员不够的均由事业编制调用。1996年取消生产科。

2000年8月7日，省委办公厅、省政府办公厅下发《福建省农业厅职能配置内设机构和人员编制规定》的通知，将省农业厅畜牧局更名为省农业厅畜牧兽医局。其职责：提出全省畜牧发展规划和重大技术措施，并组织实施；指导全省畜牧业结构和布局调整；执行全省兽医医政、兽药药政管理和药检工作；组织制定兽药标准并监督实施；承担农业部、省政府下达的兽医地方标准的草拟任务，组织实施动物防疫、动物及动物产品的检疫监督管理工作；组织实施畜产资源、草地资源保护工作；畜禽良种、牧草良种的引进开发和畜禽良种繁育体系建设；组织实施种畜禽生产经营监督管理工作；负责兽药、种畜禽产品质量监督、管理和评审。行政科室设秘书科、畜牧科、财务科，科室编制、人员职责不变。

（二）福建省饲料工业办公室

1986年，省政府批准成立福建省饲料工业协调领导小组，下设办公室。办公室没有行政级别，没有人员编制。工作人员从省计划委员会、省农业厅和省粮食厅抽调，办公地点设在省计划委员会。1995年8月，省政府正式批准设立福建省饲料工业办公室，挂靠省计划委员会。为财政全额拨款正处级行政管理机构，编制3名，其中正处级领导职数 1 名。

省饲料工业办公室的主要职责是：贯彻执行党和国家有关饲料工业管理的方针、政策、法律、法规。制订、实施本辖区内饲料工业年度计划和长远规划及重大技术措施。审核饲料工业基本建设、技术改造项目。会同有关部门组织饲料工业科学研究、技术开发及咨询服务。履行行业管理职能。配合技术监督部门对饲料产品质量进行监督，配合工商部门对饲料市场进行管理。做好本辖区内饲料工业统计工作。

1999 年 5 月，执行国务院颁布实施的《饲料和饲料添加剂管理条例》（以下简称《条例》），省饲料工业办公室职责根据该《条例》做了相应调整。2000 年，将原省计划委员会承担的饲料行政管理职能交给省农业厅管理，机构名称更名为福建省饲料工作办公室，仍为正处级行政机构，编制 3 名，设正处级领导职数 1 名。省饲料工作办公室的主要职责是：研究并提出饲料行业的发展规划并组织实施，主管饲料、饲料添加剂的管理工作，协调并拟定本行业政策法规；承担农业部、省政府下达的饲料和饲料添加剂行业标准和地方标准的草拟任务，负责审核发放饲料、饲料添加剂及添加剂预混合饲料产品批准文号及产品质量的监督管理。

二、事业机构与队伍

1991 年至 2001 年 8 月，省级畜牧兽医事业机构有省兽药饲料监察所、省农业厅畜牧防疫检疫站、省农业厅兽医卫生监督检验所、省农业厅家畜育种站、省农业厅饲料饲草站，福鼎贯岭、浦城南浦（原浦城九牧）、诏安分水关、宁化禾口、邵武铁路（后改到邵武铁关）、长汀古城 6 个省际动植物防疫监督检查站。1991 年至 2000 年 8 月，上述科级事业单位归省农业厅畜牧局管理。2000 年 8 月至 2001 年 8 月，省农业厅畜牧局更名为省农业厅畜牧兽医局，上述科级事业单位归省农业厅畜牧兽医局管理。

2001 年 8 月，机构改革将行政机构与事业单位分设，上述科级事业单位整合成立正处级事业单位，机构名称为福建省畜牧兽医总站。

（一）福建省兽药饲料监察所

1994 年 2 月，福建省兽药检验所更名为福建省兽药饲料监察所，为省财政全额拨款正科级事业单位。2003 年 9 月，省兽药饲料监察所合并到省农业厅农产品质量检测检验中心，保留福建省兽药饲料监察所牌子。其职责：承担福建省兽药饲料生产企业产品报批检验工作，承担农业部下达的兽药饲料产品质量抽检任务，兽药残留监控和省内兽药质量监督检验任务。省兽药饲料监察所 2001 年通过省计量认证，2004 年通过农业部省级兽药监察所资格认证和国家实验室认可。2005 年，在职人员 10 人，其中研究生 1 人、大学本科 6 人、大专 3 人，职称为高级职称 3 人、中级职称 7 人。

（二）福建省农业厅畜牧防疫检疫站

省农业厅畜牧防疫检疫站为省财政全额拨款正科级事业单位，编制 23 名，1991 年后，在职人员为 12 人，其中研究生 1 人、大学本科 7 人、大专 1 人、中专 3 人；职称为推广研究员 1 人、高级职称 5 人、中级职称 4 人、初级职称 2 人。其职责：负责提出、布置和执行全省动物防疫、检疫、监督工作，执行全省动物疫情控制工作和中央（农业部）、省下达的动物疫病防控工作，承担全省动物疫病诊断和化验任务。

1993 年 3 月，成立福建省兽医卫生监督检验所后，检疫、监督职能划归省兽医卫生监督检验所管理。2001 年 8 月，省农业厅畜牧防疫检疫站并入省畜牧兽医总站。

（三）福建省农业厅家畜育种站

为省财政全额拨款正科级事业单位，编制 20 人。2004 年在职人员 9 人，其中大学本科 2 人，中专 2 人，工人 5 人；职称为高级职称 1 人，中级职称 3 人，高级技工 5 人。主要职责：生产奶牛冷冻精液和液氮，推广人工授精技术和奶牛育种工作。2001 年 8 月 29 日更名为种猪性能测定中心，归省畜牧兽医总站管理。

（四）福建省兽医卫生监督检验所

1993 年 3 月成立，职能从畜牧兽医防疫检疫站分出。为省财政全额拨款正科级事业单位，编制 6 名。1997 年后，在职人员 4 人，大学本科 1 人、中专 3 人，职称为推广研究员 1 人、高级职称 1 人、中级职称 2 人。承担动物检疫、兽医卫生监督与动物产品安全及行政执法工作（2000 年 2 月成立省农业执法总队，兽药行政执法工作归省农业执法总队承担）。2001 年 8 月并入省畜牧兽医总站。

（五）福建省农业厅饲料饲草站

为省财政全额拨款正科级事业单位，编制 5 人。1991 年后，在职人员 3 人，大学本科 2 人、中专 1 人，职称为推广研究员 1 人、高级畜牧师 1 人、畜牧师 1 人。2001 年 8 月 29 日并入省畜牧兽医总站，加挂福建省草地监理所牌子。

（六）福建省边际动物防疫监督总站

1991—2005 年 1 月，福建省省际动植物防疫监督检查站有 6 个：福鼎贯岭省际动植物防疫监督检查站，编制 3 人，在职人员为大专 1 人、中专 2 人，3 人均为中级职称；浦城九牧（后搬迁至浦城南浦）省际动植物防疫监督检查站，编制 3 人，在职人员 3 人均为中专，2 人为中级职称、1 人为初级职称；诏安分水关省际动植物防疫监督检查站，编制 3 人，在职人员 1 人为大学本科、2 人为中专，1 人为高级职称、1 人为中级职称、1 人为初级职称；宁化禾口省际动植物防疫监督检查站，编制 3 人，在职人员 3 人均为中专，1 人为中级职称、2 人为初级职称；邵武铁路动植物防疫监督检查站，编制 3 人，在职人员为大专 1 人、中专 2 人，1 人为高级职称、2 人为中级职称；长汀古城省际动植物防疫监督检查站，编制 3 人，在职人员 3 人均为中专，1 人为中级职称、2 人为初级职称；6 个省际边际动植物防疫监督检查站均为省财政全额拨款正科级事业单位。

2005 年 1 月，将浦城省际动植物检疫站、长汀古城省际动植物检疫站、诏安分水关省际动植物检疫站、宁化禾口省际动植物检疫站、福鼎贯岭省际动植物检疫站、邵武铁路动植物检疫站合并，成立福建省边际动物防疫监督总站，为省财政全额拨款独立核算副处级事业单位。核定编制 18 人，副处级 1 名，正科级 1 名，专业技术人员 14 名，后勤人员 2 人。其职责：依据有关法律、法规承担进出省际的动物及其产品监督检查和消毒；协调省际联动监督；收集和分析动物疫情信息动态，协助判断动物疫情趋势。

福鼎、诏安两个高速公路动物防疫监督检查站为省边际动物防疫监督总站直属机构。光泽县册下、光泽县山头关、浦城县庙湾、浦城县富岭、政和县铁山、武夷山市大安、邵武市沿山、邵武市朱洋高速公路、松溪县横垅、松溪县长巷、永定县下洋、永定县仙师、长汀县古城、上杭县中都、上杭县下都、武平县岩前、武平县东留、武平县象洞、武平县下坝、福鼎市贯岭、福鼎市前岐、柘荣县背阳山、寿宁县武溪、寿宁县大安、泰宁县新桥、宁化县石壁、建宁县里心、平和县九峰、诏安县雨亭等边际公路动物防疫监督检查站为属地管理，省边际动物防疫监督总站负责业务指导和行业管理。

省际动物防疫监督检查站须经省政府批准后方可上路执行公务，具体上路和停止时间由省农业厅根据动物疫情实际情况确定。

（七）福建省畜牧兽医总站

2001 年 8 月，成立福建省畜牧兽医总站，编制 42 人，为省财政全额拨款正处级事业单位。设站长 1 人，副站长 2 人，下设科室有动物防疫科、动物疫病诊断中心、动物卫生监督检验所、种畜禽质量测定中心、畜牧饲料饲草站（加挂草地监理所牌子）。职责：负责提出、布置和执行全省动物防疫、检疫、监督与动物产品安全等行政执法工作；执行全省动物疫情防控工作和中央下达的动物疫病防控工作；承担全省动物疫病诊断化验、免疫抗体检测任务；执行推广家畜家禽育种，保护地方品种；推广冷冻精液，人工配种工作；执行推广饲料配方和牧草新品种推广工作。2005 年，经省编委批准，省畜牧兽医总站加挂"福建省动物疫病预防与控制中心"牌子。

第二节　设区市级

一、行政管理机构与队伍

1991—2005 年，福州、宁德、莆田、泉州、厦门、漳州市（含行署）的农业局为畜牧兽医行政管理机构；南平、三明、龙岩市（含行署）单独设立正处级畜牧水产局，负责畜牧兽医行政管理工作；福州市农业局、厦门市农业局各增设一个畜牧业管理处为副处级单位，各设 1 名处长、1 名副处长（为正科级），福州市畜牧业管理处工作人员 6 名，厦门市畜牧业管理处工作人员 3 名。

二、事业机构与队伍

1. 畜牧兽医站

畜牧兽医站隶属农业局或畜牧水产局管理。为市财政全额拨款正科级事业单位，具体负责辖区县（市、区）动物疫病防控和兽医疫病诊断、免疫抗体检测、药物残留检测、化验等工作。技术人员编制 10～14 名。

2. 兽医卫生监督所

1993 年以后，兽医卫生监督检验所相继从畜牧兽医站独立出来，有的实行一套人员两块牌子，隶属农业局或畜牧水产局管理。为市财政全额拨款正科级事业单位，具体负责辖区内动物产地检疫、屠宰检疫、防疫监督等工作，每个兽医卫生监督所编制从兽医站分出 3～5 名。

3. 市级家畜育种站

宁德、福州、泉州、漳州、龙岩、三明、南平都成立有家畜育种站，莆田、厦门家畜育种站与畜牧兽医站实行一套人马、两个牌子，归农业局或畜牧水产局管理。为市财政全额拨款正科级事业单位，人员编制 3～5 名，具体负责辖区内种畜禽良种保种、引进外来优良畜禽品种、改良本地区的畜禽品种、畜牧技术推广等工作，提出辖区内畜牧业生产规划并组织实施。

第三节　县　　级

一、行政管理机构

全省县级畜牧兽医管理机构（有农牧业的县）共 77 个，其中 29 个为县（含市、区）畜牧水产局管理，48 个为县（含市、区）农业局管理，每个县农业局或县畜牧水产局为县财政全额拨款正科级行政管理机构，配备有正科级局长 1 名，副科级副局长 1～3 名。

二、事业机构

1. 畜牧兽医站

有畜牧业的 77 个县都设有畜牧兽医站，有的为兽医（工作）站。为县财政全额拨款正股级事业单位，设 1 名站长，1 名副站长，配备技术人员 8～12 名，归县农业局或县畜牧水产局管理。县畜牧兽医站职责为：提出县辖区内畜牧业生产规划与实施，畜牧品种改良和本辖区内优良品种的保种、繁育；参与制定兽医防疫和动物疫病的控制规划与实施，执行辖区内动物疫病诊断和免疫抗体检测，负责管理辖区内乡（镇）畜牧兽医站、村级防疫员的管理和技术培训。

2. 兽医卫生监督检验所

1993 年以后，全省 77 个县陆续批准成立兽医卫生监督检验所，为县财政全额拨款正股级事业单位，设 1 名所长、1 名副所长，编制从县级畜牧兽医站的编制中分出 3～4 名，接受县级畜牧兽医站行政管理，负责辖区内兽医产地检疫和屠宰检疫、检疫监督管理、行政执法、乡镇级的代检员管理。

3. 畜牧站

全省 77 个县级畜牧站，大多与县畜牧兽医站一套人马、两个牌子，由一名畜牧兽医站副站长管理县辖区内畜牧生产、规划制定和管理工作。

第四节　乡镇及村级

一、机　构

全省乡镇级畜牧兽医站共 1000 个，1991—1998 年，乡镇畜牧兽医站全部为县畜牧兽医站管理的事业单位。1998—2005 年，全省乡镇畜牧兽医站大部分被下放到乡镇政府管理，只有福清市、清流县、安溪县、石狮市、延平区、晋江市、福安市、上杭县、建瓯市的乡镇畜牧兽医站管理继续归县兽医站管理。

乡镇畜牧兽医站职能：负责辖区内动物疫情调查、监测、动物强制免疫的监督实施，依法承担动物和动物产品检疫、兽药、饲料监督工作；承担公益性畜牧技术推广职能；负责对村级动物防疫员的管理和业务指导。

1998 年，全省乡镇级畜牧兽医站共有编制 2575 名。其中福州市 158 个乡镇畜牧兽医站，编制 438 名；厦门市 21 个乡镇畜牧兽医站，编制 54 名；莆田市 47 个乡镇畜牧兽医站，编制 131 名；三明市 144 个乡镇畜牧兽医站，编制 329 名；泉州市 135 个乡镇畜牧兽医站，编制 336 名；漳州市 110 个乡镇畜牧兽医站，编制 278 名；南平市 132 个乡镇畜牧兽医站，编制 341 名；宁德市 124 个乡镇畜牧兽医站，编制 336 名；龙岩市 129 个乡镇畜牧兽医站，编制 332 名。全省编制内乡镇畜牧兽医站全部由县财政统一拨款，为股级事业单位。此外，全省乡镇畜牧兽医站还有 3773 名为自收自支的集体所有制人员。

二、村级动物防疫员队伍

1991 年至 2004 年 3 月，村级动物防疫工作由乡镇布置，村委会组织民间兽医人员协助乡镇畜牧兽医站工作人员开展防疫工作。

2004 年，省农业厅在上杭县试点设立村级动物防疫员，3 月，省里专门下文部署要求全省每个行政村配备一名村级动物防疫员，省里给予一定津贴。福建成为全国最早设置村级动物防疫员的省份。到 2005 年底，全省 15362 个行政村，共配备 15043 名村级动物防疫员。其中，福州市 2482 个村，配备 3436 名村级防疫员；厦门市 312 个村，配备 343 名村级防疫员；宁德市 2223 个村，配备 1552 名村级防疫员；莆田市 968 个村，配备 925 名村级防疫员；泉州市 2329 个村，配备 1883 名村级防疫员；漳州市 1701 个村，配备 1744 名村级防疫员；龙岩市 1750 个村，配备 2014 名村级防疫员；三明市 1734 个村，配备 1823 名村级防疫员；南平市 1863 个村，配备 1323 名村级防疫员。给予村级防疫员每人每月补贴 50 元，补贴资金由省财政和市财政、县财政按比例分担。

村级动物防疫员岗位职责：协助做好动物防疫法律法规、方针政策和防疫知识宣传工作；负责本区域重大动物疫病强制免疫工作，并建立动物养殖和免疫档案；负责对本区域的动物饲养及发病情况进行巡查，做好疫情观察和报告工作，协助开展疫情巡查、流行病学调查和消毒等防疫活动；把握本村动物出栏、补栏情况，熟知本村饲养环境，了解本地动物多发病、常见病，协助做好本区域的动物产地检疫及其他监管工作；参与重大动物疫情的防控和扑灭等应急工作；做好当地政府和动物防疫机构安排的其他动物防疫工作。

专记 养 蜂

1991—1997 年，蜂螨为害，全省蜂群数量由 1991 年的 22.18 万群下降到 1997 年的 19.33 万群。蜂蜜产量由 1991 年的 0.77 万吨下降到 0.52 万吨。从 1998 年起，蜂群数量上升，2002 年，蜂群数量 25.33 万群，蜂蜜产量 0.65 万吨。2005 年，蜂群数量达到了 35.32 万群，蜂蜜产量 0.85 万吨。

1991—2005 年，福建省养蜂业由以生产蜂蜜为主转变为蜂蜜、蜂王浆、蜂花粉、蜂胶、蜂毒等综合生产利用，蜂王浆生产技术的应用和意大利王浆高产蜂王的引进利用、蜂花粉采集技术和破壁技术应用、蜂毒的采集技术和蜂疗的研究进展以及蜂胶利用等，促进蜂产品的综合生产。蜂产品由初级利用转变为深度加工和开发利用。蜂产品加工企业数量激增，产品多样化，生产加工逐步标准化和规范化，提高了蜂产品的质量。同时开展了闽台蜂业交流。

一、蜂 种

福建蜂种仍以中华蜜蜂（Apis Cerana Fabricius，简称中蜂）和意大利蜜蜂（Apis Mellifera Ligrsticaspin，简称意蜂）为主。2005 年，中华蜜蜂约占全省蜂群总数的 2/3，饲养数达 23.5 万群；意大利蜜蜂约 1/3，饲养数为 11.8 万群，喀尼阿兰蜂数量已经很少，只有山区极个别蜂农饲养。

（一）中华蜜蜂

根据 1991 年后的观察测定，福建的中华蜜蜂可分为三种类型。一是高山型。高山型中蜂体型较大，体色较黑，群势较强；工蜂体长 11～12 毫米，翅宽大，群势可达每群 25000～35000 只，分布在 1000 米以上的高山区。二是丘陵型。丘陵型中蜂体型相对小于高山型，体色偏黄，腹部黑黄相间，群势变幅较大，但小于高山型；工蜂体长 10～11 毫米，分布在 200～1000 米的丘陵区。三是平原型。平原型中蜂体型最小，体色以黄色为主，群势较弱；工蜂体长 9.5～10.5 毫米，分布在 200 米以下的平原区。

1991 年，农业部把莆田市涵江种蜂场列为中华蜜蜂的种蜂场，第一期工程总投资 94.56 万元，于 1992 年 6 月建设完成并通过验收。开展中华蜜蜂种性改良，试行双王群，生产蜂王浆等工作。

（二）意大利蜜蜂

20世纪90年代后，福建省开始大量饲养从浙江省引进的意大利蜜蜂王浆高产蜂种（俗称"浆蜂"）。浆蜂是由意大利蜜蜂选育的高产王浆蜂种，据2001年福建农林大学蜂学学院方文富等用萧山浆蜂和本地意大利蜂对比产浆性能试验，萧山浆蜂每个王台平均产浆量0.6186克，本地意大利蜂每个王台平均产浆量0.3576克，萧山浆蜂的产浆性能优于本地意大利蜂，群总产浆量比本地意大利蜂提高190％。

二、蜜源植物

全省能够提供大宗商品蜂蜜的蜜源植物主要还是荔枝、龙眼、柑橘、乌柏、山乌柏、鹅掌柴、枇杷、柃等。

（一）荔 枝

1991年种植面积30.60万亩，1995年增加到44.84万亩，2001年发展到61.84万亩。2002年后面积有所下降，2005年面积为58.52万亩。荔枝主要分布在省内的漳州、泉州、莆田、宁德、厦门等沿海地区。漳州是荔枝主产区，2005年的面积达54.4万亩，占全省的93％。漳浦14万亩、诏安12.2万亩、云霄9.1万亩、平和6.8万亩、龙海5万亩，约占全省面积的80％，是荔枝主产县。

（二）龙 眼

1991年龙眼种植面积53.70万亩，1995年发展到111.01万亩，1997年最多达到140.34万亩。之后，面积逐年减少，2005年，面积有122.4万亩。龙眼主要分布在泉州、漳州、莆田、厦门等沿海地区，占全省的90％。2005年泉州41.3万亩、漳州37.7万亩、厦门16.2万亩、莆田14.5万亩。南安市和漳浦县的龙眼面积分别达到16.8万亩和11万亩。

（三）枇 杷

1991年枇杷种植面积为15.48万亩，1995年发展到17.77万亩。2000年达为28.64万亩，2005年达到49.1万亩。枇杷分布全省各地，主要分布在莆田、福州、漳州等地，2005年莆田枇杷面积有26.2万亩，占全省的50％多。1991年，福清枇杷面积3万多亩，可采到纯净枇杷蜜。1997年后，枇杷蜜已经形成较大宗的商品蜜，2005年全省枇杷蜜产量超过300吨，其中莆田的枇杷蜜达200多吨。

（四）柑 橘

1991年全省种植206.91万亩，1995年发展到243.25万亩，2005年达255.49万亩，主要分布在漳州、泉州、福州、三明、南平等地。面积较大的有永春、平和、南靖、建瓯、顺昌、尤溪、沙县、永安等地。

（五）其他蜜源植物

闽西北广大山区的多种栲树、柿树、茶仔树、橄榄、木荷、黄瑞木、板栗、岗松、田菁等都是对蜂群繁殖有利的地方性重要蜜源植物。而传统大量种植的油菜、紫云英等因农业种植结构的调整，栽种面积缩小，蜂蜜产量极低，已经不能成为省内的主要蜜源植物。

三、蜂群饲养管理

意大利蜜蜂生产以转地饲养为主。1991—1998 年，意大利蜜蜂饲养以大规模出省流动放蜂为主。1999—2005 年，由于福建省蜜、粉源植物有较大增长，意蜂开始转向省内小转地，科学利用福建省蜜、粉源条件与人工饲料合理搭配，实行以较精细的饲养技术为主的饲养管理。2000 年以后，蜂蜜生产技术向生产成熟优质蜜为主的生产模式发展。意大利蜜蜂主要以生产蜂蜜、蜂王浆、花粉为主，较少生产蜂胶、蜂蜡。中华蜜蜂饲养则以定地结合小转地为主，产品以蜂蜜为主。中华蜜蜂活框饲养技术从 1991 年代初占总饲养量的 70％，发展到 2005 年的 98％以上，还有部分养蜂者沿用传统方法养蜂、取蜜。

四、蜜蜂主要病虫害

福建省意蜂的病害仍以螨害和爬蜂病为主，部分蜂场零星有白垩病发生。中蜂以中蜂囊状幼虫病发病最普遍，欧洲幼虫腐臭病也时有发生。蜜蜂病害会随着蜜蜂的活动与转地放蜂而传播与扩散，防治不当还会给蜂产品带来直接的污染，影响消费者的健康。

（一）蜂　螨

1995—2005 年，全省蜂螨害平均给养蜂生产带来的损失占养蜂整体效益的 10％～15％。蜂螨的防治主要是加强蜂群的饲养管理和药物治疗。药物主要有"灭螨灵"、螨扑（氟氯苯氰菊酯等）、甲酸、草酸和乳酸等。

（二）爬蜂病

爬蜂病是危害意大利蜜蜂的主要蜂病，1990 年后开始流行。1998 年 4 月初，在漳州荔枝产地，大量蜂群发生爬蜂病，福州一养蜂户带意蜂到漳州采荔枝蜜，200 多群意蜂有 63 群出现大量爬蜂病。爬蜂病在许多蜂场都有发生，特别是蜜蜂繁殖期气温突变时，发病率较高，一般多发生在 3—4 月、7—8 月和 11 月间，以福州、莆田、漳州地区居多。引起爬蜂病的原因：蜂群有病，如微孢子虫病、蜂螨等危害；蜂群管理有问题，如饲料营养不当，蜜蜂个体发育不良，体质虚弱；气温突变，影响蜜蜂正常发育。

（三）中蜂囊状幼虫病

2000 年后，沉寂多年的中蜂囊状幼虫病又开始蔓延，省内的大部分中蜂饲养区发生了严重的病害，造成大量中蜂饲养者的经济损失超过 30％。主要防治措施：选育抗病蜂王，更换老王；加强蜂群饲养，保证蜂群具有适宜的生存环境；病群的蜂具消毒；适时取蜜。

（四）中蜂微孢子虫病

中蜂微孢子虫病是中蜂成蜂中发生的一种慢性传染性原虫病，5 月、6 月发病率高，程度严重，其他月份相对较轻。发生中蜂微孢子虫病的蜂群外部无明显症状，但蜂群群势下降，采集力和繁殖力明显减弱，工蜂寿命显著缩短。尚无有效的防治方法。

五、蜂产品生产与加工

（一）蜂产品生产

蜂蜜　1991 年后，全省所有意大利蜜蜂和 80％以上的中华蜜蜂采用活框饲养，以摇蜜机分离采蜜技术，只有闽西、闽北部分山区仍沿用旧法养蜂毁巢取蜜技术。1991 年，全省蜂蜜产量 0.77 万吨，2005 年为 0.81 万吨。

蜂王浆　1991 年后，全省各蜂场大量从浙江引进意大利蜜蜂王浆高产蜂王，蜂王浆产量大幅度提高，至 2005 年高产浆蜂王浆平均群产约 6 千克，是 20 世纪 80 年代的 7～8 倍。2005 年全省蜂王浆总产量约为 60 吨。

蜂花粉　20 世纪 90 年代后，全省意大利蜂群开始普遍生产蜂花粉，至 2005 年，全省蜂花粉产量约 40 吨。

（二）蜂产品加工业

20 世纪 90 年代后，蜂产品加工企业大量成立，加工企业近百家，蜂产品专卖店遍布全省各地。1998 年，华安县志毅蜂业有限公司生产的"甲子峰"荔枝蜜和"甲子峰"荔枝蜂王浆是福建省首批获得绿色食品标志使用权的产品。2005 年，福州市有蜂产品加工企业 17 家，蜂产品专卖店近百家。

莆田市涵江蜂产品开发中心　1984 年建成投产，2000 年度被评为全面质量管理达标单位，2004 年被评为"莆田市先进龙头企业"，2005 年被评为"福建省农牧业产业化龙头企业"，"佩玉蜂产品综合开发"列入国家级星火计划项目。中心建有年产花粉蜜露、蜂蜜酒 360 吨的生产线，下设蜂产品加工厂 1 个，种蜂场 2 个，经营部 1 个，是科研、生产、加工、经营一体化的经济实体，初步形成了蜂产品生产、加工、出口基地。

福建农学院科教蜂产品开发部　1985 年成立，主要从事蜂产品的开发研究，生产蜂蜜露、花粉露、花粉晶、王浆蜜、蜂蜜酒等蜂产品系列饮料，并对蜂胶制品、蜂蜜酿酒工艺、蜂蜜汽水、保健饮料、营养食品、化妆品、饲料添加剂等开展了研制。2005 年，"福桔花"牌蜂产品被商业部评为"中华老字号"，被福建省评为"福建省金牌产品"。

福建省蜂产品加工厂　1985 年成立，1992 年通过省卫生厅、省医药总公司组织的"GMP（药品生产质量管理规范）"验收，核准口服液产品生产线投产，同年批准生产药准字产品蜂蜜、蜂王浆口服液，是全省蜂产品加工行业唯一的药品、食品兼营生产厂。小包装产品直接供应福建省药品市场，大包装蜂蜜、蜂王浆产品作为制药用原料、辅料，专供福建省医药生产企业使用。主要产品有药准字产品蜂蜜、蜂王浆口服液和蜂蜜原料药；食字号产品蜂蜜、蜂王浆、蜂花粉、蜂花粉伴侣、蜂胶、蜂蜜饮料。"圣泉"牌蜂产品共有 30 个规格的包装产品，生产能力达到 3000 吨，销售产值 350 万元。

福建省神蜂科技开发有限公司　1996 年成立，由福建农林大学、广东省拍卖业事务有限公司合资兴办，是专业从事利用蜂产品与传统中医药相结合进行医疗保健的研究、开发、生产和销售的高科技企业。该公司以国内首家省级蜂疗研究所——福建农林大学蜂疗研究为技术支持、以国内首家省级蜂疗医院——福建蜂疗医院为临床中试基地、以福建农林大学蜂疗康复医疗专业为蜂疗人才培训摇篮，研发系列蜂疗高科技产品。2003 年，取得国家出口食品生产企业的资质。2004 年，"神蜂"牌系列蜂产品被中国女排指定为唯一专用蜂产品。2005 年，获得国家药监局的 GMP 药品生产认证。"神蜂"品牌的蜂产品专卖店遍布全国各地，是全国唯一一家集教学、科研、开发、临床、生产、销售为一体的多元化蜂产品加工企业。

福州春源食品有限公司　2003 年成立，该公司结合现代科学工艺酿造、研制、开发出蜂蜜、蜂王浆、蜂花粉、蜂胶软胶囊、蜂王浆软胶囊、蜂胶口喷、蜂胶硬胶囊、蜂王浆硬胶囊等。2004 年 9 月，取得对外出口经营权，产品远销日本、美国、欧盟等国家和地区。

六、蜂疗保健

蜂疗是蜂业界依据中医的经络原理，将蜜蜂产品与针灸、推拿、刮痧等传统中医治疗方法相结合，创造出的新的治疗方法。1992 年初，福建农业大学蜂学系缪晓青讲师利用蜜蜂蜂毒研制"神蜂精"，1993 年 5 月，主持创建省内首家蜂疗研究室——福建农业大学蜂疗研究室，同时，设立全省首家蜂疗门诊部——福建农业大学蜂疗门诊部，1996 年 10 月，成立国内首家省级蜂疗研究所——福建农业大学蜂疗研究所，研究所开发了以蜂毒为主要成分的药剂，在一些疑难病症的治疗方面做了研究，特别是在中医骨科，对颈椎、胸椎骨质增生治疗方面取得成果。1999 年 12 月，经福建省卫生厅批准成立福建蜂疗医院。缪晓青教授任院长。

七、教育与科技

（一）蜂学教育

1988 年，福建农学院养蜂系更名为福建农学院蜂学系，1994 年，福建农学院蜂学系更名为福建农业大学蜂学系，2000 年，福建农业大学和福建林学院合并为福建农林大学后更名为福建农林大学蜂学系，2001 年 4 月，更名为福建农林大学蜂学学院（以下简称"蜂学学院"）。蜂学学院有蜂疗研究所 1 个，有蜂学实践教学基地 2 个，省级蜂产业科技开发公司 1 个（福建省神蜂科技开发有限公司），有省、市级医保定点蜂疗医院 1 个（福建蜂疗医院）。至 2005 年，蜂学学院仍是世界唯一以蜂学学科为主的特色学院。

福建农学院下设蜂学系和蜂产品系，设置蜂学、蜂产品加工贸易学 2 个本科专业方向和蜂学、临床康复医学蜂疗 2 个专科专业。2003 年，设立特种经济昆虫饲养（蜂学）硕士点。2005年，与植物保护学院合作建立有特种经济昆虫饲养方向的博士点，与食品科学学院合作建立农产品加工（包括蜂产品加工）方向的博士点。1991年，蜂学学院有教师科研人员23名，其中正高级职称2名，副高级职称2名，中级职称15名。2005年，蜂学学院有教师科研人员20名，其中正高级职称6名，副高级职称8名，中级职称6名；博士5名，硕士5名，留学回国人员3名。1997年，教学成果"注重基地建设强化蜂学实践教学的探索与实践"，先后获得省教学成果一等奖和国家教学成果二等奖。

1991—2005年，蜂学学院共培养专科以上的毕业生1074名，其中硕士研究生16人，蜂学本科毕业生880人，蜂学专科毕业生12人，蜂疗专科毕业生156人。

根据蜂业发展的需求，为提高蜂农的职业技能，开展了职业教育，省农业厅与福建农林大学蜂学学院合作培训国家职业认证的养蜂工。

（二）蜂业科技

1991—2005年，省内蜂学专家先后主持承担了国家与省部级蜂学科研攻关与产业化项目33项。其中，国家自然基金项目3项，省自然基金3项，国家、省、部重点攻关与产业化项目有12项。获发明专利7项，鉴定为科技成果13项。"王浆、蜂蜜双高产浙农大1号意蜂品种的培育"1995年获国家发明二等奖。

1995年，缪晓青等发明了"QF—1型蜜蜂电子自动取毒器"。该器具有效率高、耗电省、不伤蜂、操作简便、轻巧美观的优点。1996年获国家发明四等奖。

2001年，缪晓青等发明了"双临界自动高效提取纯化浓缩工艺及设备"（发明专利：ZL 01110541.0），2002年获国际尤尼卡发明金奖，2003年获十四届全国发明展览会金奖。同年，缪晓青等发明了"蜂蜜低温无氧喷雾浓缩机"（发明专利：ZL 01123520.9），2003年获十四届全国发明展览会金奖。

（三）蜂业图书

福建农林大学蜂学学院先后出版了《养蜂学》《蜜源植物学》《蜜蜂保护学》《蜜蜂育种学》《蜜蜂饲养管理学》《蜜蜂机具学》《蜂产品加工机械与设备》等高等院校教材，还出版了《怎样饲养蜜蜂》《蜜蜂分类与进化》《新编蜜蜂病虫害防治》等蜂学专著。

八、闽台及国际交流

（一）闽台交流

1991年11月，台湾十四届十大杰出农家、台湾养蜂协会第七届理事长黄深渊率团一行8人到福建进行蜂业考察，与福建蜂业界的专家、学者交流养蜂生产技术。

1997年9月，台湾苗栗蚕蜂改良场林俊彦、吴登祯访问福建农业大学蜂学系。

1998年5月，台湾大学昆虫学系教授何铠光、博士陈裕文，以及台湾博物馆博士安奎等一行4人访问福建农业大学蜂学系，并进行学术交流，福建省养蜂学会赠送对方《养蜂学》教科书和蜂毒新产品"神蜂精"等。

1999年5月，沈德堂率领的台湾省台南县楠西乡养蜂产销第一班大陆访问团访问福建农业大学蜂学系。

1999年5月，缪晓青作为福建省农业专家考察团成员赴台湾进行蜂业考察活动，并与台湾蜂业界交流闽台蜂业发展情况。

2000年7月14—17日，在台湾大学、福建省农业厅、福建省科协、福建农业大学共同倡议下，在台湾苗栗举办首届海峡两岸蜜蜂生物学研讨会，龚一飞、陈震、王建鼎、缪晓青、梁全顺、陈崇羔等6位蜂学专家赴台参加。

2001年10月14—22日，在福州举行第二届"海峡两岸蜜蜂生物学研讨会"，台湾应邀赴会有何铠光、徐尔烈、安奎、陈裕文等9名专家，会议交流学术论文43篇。

2003年1月10—21日，在台北举行第三届"海峡两岸蜜蜂生物学研讨会"，大陆应邀赴会有张复兴、陈盛禄、梁勤、缪晓青等9人，会议交流学术论文26篇，闽台两岸的蜂业交流受到中国蜂业界的高度关注。

2004年，"海峡两岸蜜蜂生物学研讨会"由闽、台两省发展为海峡两岸的蜂业交流，第四届"海峡两岸蜜蜂生物学研讨会"由中国养蜂学会主办，于11月10—12日在武汉举行，台湾应邀赴会34人，会议交流学术论文50篇。会议决定，第五届起更名为"海峡两岸蜜蜂与蜂产品研讨会"。

（二）国际交流

1997年6月，日本藤井株式会社藤井新三一行2人，参观福建农业大学蜂学系教学蜂场。

1999年8月26日，联合国粮农组织顾问、养蜂项目官员博士苏雷什·K.蕾娜（Suresh K. Raina）访问福建农业大学蜂学系。

2002年8月18—23日，以色列农业部技术推广服务局养蜂专家到闽进行养蜂技术交流，与福建农林大学蜂学学院的教师就蜜蜂螨害防治、蜜蜂授粉、机械化养蜂、蜜蜂交尾生物学、养蜂技术推广服务等问题进行研讨，考察了蜂学学院的教学蜂场、实验室、蜂产品加工实践教学车间、蜂疗研究所、蜂疗医院，以及福州地区的一些蜂场。

2003年，日本秋田屋本店株式会社代表到福建农林大学蜂学学院半岭中蜂实习基地考察。

2004年，日本森永药业株式会社代表访问福建农林大学蜂疗研究所。

九、福建省养蜂学会活动

（一）组　织

1993年，选举产生第三届理事会；理事长：龚一飞，副理事长：王建鼎、唐文炎、杨祥安、陈崇羔、肖玉腾。

1999 年，选举产生第四届理事会；理事长：王建鼎，副理事长：刘玉梅、陈崇羔、肖玉腾、缪晓青、黄秉正。

2005 年，选举产生第五届理事会；理事长：缪晓青；副理事长：黄秉正、梁全顺、苏荣茂、肖玉腾、曾清泉。

至 2005 年，协会有团体会员单位 8 个，个人会员 426 名。会员中教学、科研及行政管理人员占约 30％，其中高级职称 23 名，中级职称 60 名；养蜂生产人员占 40％，产品加工生产及市场开发人员占 30％。有福州、三明、南平、漳州等 4 个市级学会和 33 个县级学会。

（二）主要活动

1. 学术交流

1991 年 11 月，福建省养蜂学会与台湾养蜂协会在福建省农学院蜂学系举行"两岸养蜂生产技术交流会"。2000 年，海峡两岸养蜂学会共同倡议，在台湾举办首届"海峡两岸蜜蜂生物学研讨会"，到 2005 年共举办了四届学术会。2005 年 9 月 25 日，中国蜂产品协会会长罗梦传率蜂产品考查团视察省学会，并就蜂王浆品质问题进行了学术讨论。学会曾经三次组织会员参加国际蜂业 AAA 学术交流大会，有十多篇论文在大会交流。1995 年 6 月 28 日，福建省养蜂协会秘书长刘玉梅出席第三十四届国际养蜂大会及博览会。

2. 科普宣传

经常组织相关部门举办蜜蜂与人类健康科普讲座。先后组织拍摄了有关蜜蜂的科普专题片 30 多部，如"走近科学——认识蜂毒""科技博览——救命蜂毒"等央视节目科普宣传片。1999 年，学会被设为"110"报警联动单位，无偿提供排除胡蜂巢威胁市民的服务。2002 年，学会编印的《蜜蜂与人类健康科普展示宣传图》获省科协科普宣传一等奖。2003 年，学会团体会员——福建农林大学蜂疗研究所获得了福建省委宣传部与省科协授予的"福建省科普教育基地"称号。

附　录

一、大事年表

1991 年

1 月 31 日至 2 月 3 日　台湾大学、台湾中兴大学等 5 位专家到福建农业大学作关于"畜禽、水产养殖及疾病防治"专题演讲会。

5 月　省农业厅畜牧局根据农业部的工作布置，对全省血吸虫病、钉螺分布情况进行普查。

是年　根据省农业厅制定的《福建省种畜禽场验收暂行标准》要求，首次向验收合格的 77 个种畜禽场颁发"种畜禽生产经营许可证"，占所有种畜禽场的 56％。

是年　在山麻鸭原产地新罗区建立龙岩山麻鸭原种场。

1992 年

2 月 24 日　省农业厅畜牧局印发《关于加强乡镇畜牧兽医站管理工作的几点意见》，强化乡镇畜牧兽医站的工作管理和人员技术培训工作。

3 月 3 日　省农业厅畜牧局部署全省开展家畜布鲁氏杆菌病大普查。普查结果全省未发现家畜布鲁氏杆菌病。

7 月　福建省长汀县河田鸡保种场成立，为财政拨款事业单位。

8 月 13 日　省农业厅畜牧局成立福建省畜牧兽医技术开发部。其主要工作是对养殖专业户、农户开展技术咨询，推介仪器设备、兽药、饲料等。

1993 年

3 月 15—18 日　全省畜牧工作会议在泉州市鲤城区召开，总结 1992 年的工作，布置 1993 年的工作。

4 月 14 日　省农业厅开始实施 1993 年度福建省水禽发展项目，重点开发沿海海岸线滩涂及纵横交错的江河水面发展水禽生产。

5 月 10 日　福安市被农业部指定为农民畜牧兽医技术培训持"绿色证书"上岗的工作试点县（市）。

9 月 7 日　省农业厅畜牧局《转发农业部畜牧兽医司〈关于贯彻落实稳定农业技术推广体系的通知〉的通知》，要求做好畜牧兽医技术推广体系定性、定编、定员等工作。

9 月 8 日　省民政厅批复同意成立省家禽业协会。

1994 年

2 月 21 日　福建省兽药饲料检验所更名为"福建省兽药饲料监察所"。

4 月 1 日　福建省畜牧工作会议在福州市召开，部署 1994 年的工作，提出围绕抓好"菜篮子"中的肉、蛋、奶生产，加快福建省秸秆养牛步伐，发展秸秆养牛生产的实施方案。

7 月 30 日　省农业厅《转发农业部〈畜禽检疫委托管理办法〉的通知》，要求乡镇级畜禽检疫工作由县级畜牧兽医主管部门委托乡镇代检员后，乡镇级代检员才能实施检疫工作。

8 月 24 日　省农业厅畜牧局执行农业部《饲料药物添加剂允许使用品种目录》规定，饲料药物添加剂使用范围不得超出该目录规定的品种和用量。

10 月 16 日　省农业厅畜牧局印发《关于防止禽流感传入我省的紧急通知》，要求各地不能到发生过禽流感地区调运种禽、商品禽及其产品；进入省内的动物及其产品要加强入境检疫监督及消毒，进入市场的禽类产品要加强检疫监督工作。

10 月 31 日　省农业厅畜牧局经过一年推广秸秆养牛经验，对秸秆养牛（羊）的示范县项目进行评估验收，并写出了评估验收情况报告，上报农业部。

11 月 10 日　省农业厅畜牧局印发《关于猪瘟免疫监测点送检血清通知》，第一次对全省猪瘟免疫抗体情况进行监测。

11 月 16 日　省农业厅畜牧局文件转发《农业部关于迅速扑灭禽流感疫情的通知》，要求全省各地迅速开展禽流感疫情普查，发现阳性禽立即扑杀并进行无害化处理。

11 月　省畜牧兽医学会在武夷山市召开第七次会员代表大会，选举产生第七届理事会，尤珩为理事长。

12 月 8 日　省政府办公厅转发福建省防治五号病指挥部《关于认真做好今冬明春防治牲畜口蹄疫工作部署紧急报告的通知》。在全省开展五号病全面检查和免疫工作。

12 月 14 日　福建省饲料工业协会成立。

12 月 16 日　省农业厅根据农业部的部署，按照《全国普查扑灭禽流感疫情实施意见的通知》在全省进行禽流感疫情普查。

12月26日　省农业厅印发《关于进一步加强屠宰畜禽及畜禽产品卫生管理的通知》，为保障元旦、春节期间动物食品安全，根据文件精神，省畜牧兽医局对各地的屠宰场和市场进行了明察暗访。

1995 年

1月21日　农业部对福建省进行兽医卫生证照大检查。

1月23日　省农业厅按农业部要求，分组对全省规模猪场和屠宰厂（场）防控口蹄疫情况进行检查。

2月7日　省农业厅畜牧局开始执行种禽场每年一次禽流感监测，检测无禽流感阳性的种禽场发给无禽流感证书。

2月11日　省农业厅畜牧局向农业部报送福建省第一批祖代、父母代种鸡场禽流感普查情况。

3月13日　省养猪协会组织人员赴美国参加养猪技术考察。

3月21日　省饲料工业协会和福建省饲料、牧草与动物营养研究会联合举办家禽饲料学术研讨会。

3月　省农业厅印发《福建省畜禽场验收定级有关评定标准规定》。

6月16日　省农业厅布置开展《家畜家禽防疫条例》宣传月活动，要求全省各地全面认真宣传，做到家喻户晓。

6月28日　省养蜂协会秘书长刘玉梅出席第三十四届国际养蜂大会及博览会。

8月23日　省农业厅派出培训考察团赴荷兰培训考察畜禽屠宰加工技术。

8月　"福建省饲料工业协调领导小组"更名"福建省饲料工业办公室"，列入行政编制，挂靠省计划委员会，作为全省饲料行业的宏观管理和协调机构。

11月3日　省农业厅畜牧局开始分组对全省各县兽医工作情况进行大检查。

1996 年

1月15日　省农业厅畜牧局实施《猪瘟综合防治项目实施方案》。该项目实施地点为闽侯县、仙游县、安溪县、长泰县、宁化县、大田县、建瓯县、福安市、上杭县。

1月19日　省农业厅印发《关于进一步加强畜禽屠宰检疫管理工作的紧急通知》，要求全省各畜禽屠宰场检疫工作及屠宰检疫管理部门要进一步加强畜禽屠宰检疫，确保上市畜禽产品的安全。

1月28日　省第八届人民代表大会常务委员会第二十一次会议通过并颁布施行《福建省牲畜屠宰管理条例》。

3月11日　省农业厅畜牧局印发《关于落实乡镇畜牧兽医站"三定"工作方案》，对乡镇级畜牧兽医站进行定性、定编、定员工作，乡镇畜牧兽医站定性为全民所有制全额拨款单位，编制核定为2~3名。

3月21日　省农业厅印发《福建省兽医卫生监督员、兽医卫生检疫员管理办法》。对全省监督员、检疫员实施规范化管理，并对"两员"工作情况进行明察暗访。

4月24—27日　全省畜牧工作会议在福清市召开，会议总结"八五"期间工作经验，研究部署实施"九五"发展规划。

6月28日　省农业厅在全省执行农业部《兽用生物制品管理办法》，规定全省兽用生物制品执行由省级统一采购和管理、设区市统一调配、县级统一发放、乡镇使用的逐级供应的办法。

7月11日　省农业厅畜牧局派林溪东等2人赴印度参加世界家禽博览会。

12月6日　农业部在厦门市展览馆举办的首届中国畜牧业暨饲料工业交易会开幕。

1997年

3月12日　省农业厅畜牧局根据农业部的部署，全省开展猪繁殖与呼吸综合征疫情调查。

3月27日　省农业厅成立福建灰鹅良种中心。

7月15日　省农业厅畜牧局成立"绿色证书"制度工作领导小组，组织在全省实施"科教兴牧"普及畜牧兽医知识活动，主要面对农村和农民技术员进行技术培训和科学普及，提高他们的基础知识和科学知识。

11月4日　省农业厅畜牧局印发关于对诏安县"飞播种草养鹅项目设计任务书"的批复。

11月18—20日　福建省兽医工作暨第十五次防治牲畜口蹄疫工作会议在福州召开。会议总结近年来兽医暨防治牲畜口蹄疫工作的成功经验和教训，部署下阶段工作。

1998年

1月13日　省农业厅根据省政府领导的批示精神，再次对全省进行禽流感普查、监测，省级负责一级种禽场普查监测，设区市负责二级种禽场普查监测，县级负责三级种禽场及肉用禽场的普查监测。

1月　成立福建省饲料工业职业技能鉴定指导站，挂靠在省饲料工业协会。

3月26日　省农业厅、省贸易厅印发《关于加强生猪等动物定点屠宰集中检疫工作的通知》，要求各地认真实行"定点屠宰、集中检疫"，使全省动物疫病控制实施从生产环节、出栏地产地检疫到屠宰检疫的规范化管理。

4月8日　《福建省农业厅动物检疫工作具体规定》和《福建省农业厅动物检疫合格

验收规定》颁布实施。

4 月 15 日　省农业厅畜牧局在全省开始实行种畜禽生产经营申报、审批和发证制度。

6 月 14 日　福建省漳州市信华食品有限公司通过日本农林水省兽医官员检查认证，获准猪肉产品出口日本国。

6 月 30 日　实施省农业厅、省财政厅印发《福建省动物及动物产品检疫费用管理规定》，动物、动物产品检疫所收的费用一律上缴财政，管理费用由财政审核后返还。

9 月 14 日　福建省被农业部列为全国 10 个首批计划内建设无规定动物疫病区项目的省份之一。

10 月 20 日　省农业厅畜牧局转发国家家畜禽遗传资源管理委员会《关于颁布畜禽品种（配套系）审定标准（试行）的通知》，对全省家畜家禽的遗传资源进行开发、审定和保护。

11 月 18 日　省农业厅下达福建省无规定动物疫病区建设项目实施方案，该实施方案对指导思想、建设内容、建设进度、保障措施和项目区与非项目区交界处的动物疫病控制等技术性措施做了具体的说明和规定。

12 月 12 日　农业部批准福州、莆田、泉州、漳州、宁德、厦门 6 个地市所辖的 24 个县（市、区）为建设无规定动物疫病区建设项目，总投资 2870 万元。

是年　省饲料工业职业技能鉴定站建站，由省饲料工业协会承担。

1999 年

1 月 7 日　省农业厅颁布《关于印发〈省际边境动植物检疫工作管理暂行规定〉的通知》，该通知为贯彻落实《中华人民共和国动物防疫法》和《动植物检疫条例》，规范全省省际边境动植物检疫工作而制定。

4 月 2 日　省农业厅核批全省 496 人为动物防疫监督员。

4 月 22 日　省农业厅畜牧局与江西省畜牧兽医局在福州召开"关于两省动物防疫监督联防和杜绝口蹄疫猪进入流通"工作会议，会上两省签订了联防合作协议书。

4 月 23 日　省农业厅开展动物防疫监督检查，检查内容有：动物防疫执法人员执法工作质量，动物防疫执法主体情况，检疫收费标准和手续是否规范。从全省 8 个设区市抽调 16 名人员、省级抽调 8 名人员组成 8 个组分别下到各县进行监督互检。

4 月 29 日　省农业厅和省工商行政管理局颁布实施《福建省种畜禽场建场审批管理规定》。

5 月 4 日　省政府要求严格执行准调证制度，严禁疫区的偶蹄动物及其产品进入省内。

5 月 19 日　省农业厅开展乡镇农业"三站"情况统计调查，要求调查了解全省乡镇畜牧兽医站、农技站、经管站队伍现状，并将调查情况报告省政府。

5 月 20 日　省政府办公厅转发省副食品生产供应协调领导小组关于颁布实施《福建省城市生猪蛋禽直控生产基地管理试行办法》《福建省城市蔬菜直控基地管理试行办法》的通知。

6 月 22 日　省畜牧兽医学会在长乐市召开第八次会员代表大会，选举产生第八届理事会，林溪东为理事长。

7 月 5 日　在南安市召开省防治牲畜口蹄疫指挥长紧急会议。会议强调实施"三个强制"，即强制免疫、强制消毒、强制检疫。

8 月 21 日　省农业厅下发《关于印发〈动物饲养场防疫检疫管理规定〉的通知》。规定饲养场防疫情况必须报当地县畜牧兽医主管部门，饲养场出售的畜禽及其产品必须由当地动物卫生监督机构检疫合格后方可出栏。

8 月 26 日　农业部批准建设福建省第二批无规定动物疫病区扩建项目建设，批准建设单位为南平市、三明市、龙岩市及闽侯县、延平区、沙县、永泰县、新罗区、南靖县、漳浦县、云霄县、诏安县、秀屿区、霞浦县、福鼎市等 12 个县（市、区）。

10 月 19 日　开始执行农业部《关于印发〈动物疫情报告管理办法〉的通知》。动物疫情报告实行快报、月报、年报制度。

11 月 16 日　省农业厅畜牧局开展全省动物屠宰检疫技能操作大比武决赛。在福州市屠宰场举行技能操作决赛，在省农业厅举行笔试决赛，厦门、福州、泉州市分获集体前三名，并评出甲等检疫员 10 名。

12 月 30 日　全省种畜禽企业开始实施"种畜禽生产经营许可证"制度。

2000 年

1 月 5—14 日　省农业厅畜牧局对 9 个设区市及部分所辖县落实 1999 年度"九五"动物防疫目标管理情况进行考核。

2 月 23 日　《福建中兽医验方选编》汇集完成，该书共收载验方 2190 首，共编入 236 个病种。

3 月 13 日　开始在全省推广草食动物饲养和良种草食动物。

6 月 15 日　省农业厅畜牧局下发《关于做好禽流感病监测的紧急通知》，通知要求对所有禽场 2000 只以上按 1‰采样监测，小型禽场采样不得少于 50 只份。

8 月 7 日　省农业厅畜牧局更名为福建省农业厅畜牧兽医局。

8 月 15 日　省农业厅、省海洋与渔业局、省委编办、省人事厅、省财政厅联合下发《福建省人民政府办公厅转发省农业厅等部门〈关于进一步稳定基层农业技术推广体系的意见〉的通知》。

8 月 25 日　省农业厅畜牧局印发《关于加紧建设国家级草山草坡综合开发示范工程项

目的意见》。仙游县、云霄县定为该项目综合开发示范工程项目县。

8月28日 省农业厅下发实施《关于全省畜牧业生产结构调整的意见》。

11月1日 省质量技术监督局发布实施《家禽屠宰检疫规范》（DB35/414－2000）、《家畜屠宰检疫规范》（DB35/413－2000）。

12月3—4日 省饲料工业协会和省水产饲料研究会在厦门大学国际会议中心举办"福建省第五次水产饲料研讨会"。

12月4日 省农业厅畜牧兽医局重点对全省奶牛全部进行布氏杆菌检测，对全省种畜禽场和县级以上商品场进行禽流感疫情监测。

12月14日 省农业厅畜牧兽医局印发《关于印发2000年全省动物防疫目标管理考核的通知》，对各地区落实2000年度"九五"动物防疫目标管理的情况进行考核。

12月19日 省农业厅畜牧兽医局转发《全国畜牧兽医总站关于认真做好屠宰检疫和市场监督工作的紧急通知》。

是年 厦门牡丹饲料科技发展有限公司获得农业部颁发的生产许可证，该公司是省内第一个饲料调味剂生产企业。

是年 福建饲料管理部门机构改革，省饲料工业办公室挂靠省农业厅。

2001 年

2月17日 漳州市信华食品有限公司通过 ISO 9002 认证。

3月2日 福建省漳州市信华食品有限公司通过日本农林水省兽医官员的第二次检查，获准猪肉产品继续出口日本。

4月30日 省农业厅指示省天马种猪场在厦门集美区境内，其产地检疫应由辖区内动物防疫监督机构实施。

8月14日 福建省漳州市信华食品有限公司通过省级 HACCP 认证。

8月16日 省农业厅畜牧兽医局开展畜牧兽医行业职业技能鉴定工作。对全省饲养员、兽医员、检疫员进行职业技能鉴定考试，合格者发职业技能合格证书并聘用。

8月29日 省委编办同意将福建省农业厅畜牧防疫检疫站、福建省家畜育种站、福建省兽医卫生监督所等单位合并成立福建省畜牧兽医总站，为农业厅直属事业单位。

9月26—27日 省饲料工业协会主办，省水产饲料研究会，省牧草、饲料与动物营养研究会及中国海洋报《水产周刊》协办，在厦门举办"第二届饲料工业、畜牧养殖、水产养殖加工技术（福建）展览会"。

11月5日 在部分县开始试点实施《动物免疫标识》，2002年5月全省全面铺开实施《动物免疫标识》。

11月7日 省农业厅下发福建省高致病性禽流感防治应急预案。

11 月 18—24 日　由省政府办公厅、省计划委员会、省农业厅、省经济贸易委员会、省财政厅、省工商局、省交通厅等单位组成的省政府动物防疫工作督查组，分别由省计委、省财政厅、省农业厅领导带队。对全省动物防疫工作进行督查，并形成督查报告。

是年　省质量技术监督局和省农业厅联合下发《关于加强饲料产品标准化工作的通知》，对饲料生产企业产品质量标准备案提出相关要求。

2002 年

1 月 8 日　漳浦县马坪康兴畜牧有限公司首批肉用活牛 1033 头，经检疫合格出口到马来西亚。

1 月 15 日　省政府发布《福建省动物和动物产品安全管理办法》。

3 月 20 日　省饲料工业协会与美国谷物协会北京办事处等国外驻华机构在福州联合举办"'入世'对中国饲料谷物市场的影响座谈会"。

4 月 1 日　省农业厅下发《关于动物防疫合格证管理的规定》《关于动物诊疗许可证管理的规定》和《关于动物和动物产品准调证管理的规定》的通知。

4 月 26 日　省农业厅要求各处编报畜禽品种资源保护计划与措施。

5 月 20—25 日　省畜牧兽医学会在福州经贸会展中心举办"第十二届华东地区家禽交易会及福建省畜牧业博览会"。

5 月 22 日　省农业厅、省环境保护局联合下发《福建省畜禽养殖污染防治管理办法实施细则》。

5 月 24 日　在全省开始实施农业部《动物免疫标识管理办法》《动物检疫管理办法》《动物防疫条例审核管理办法》。

8 月 27 日　省政府办公厅批准成立福建省重大动植物疫情防治指挥部，指挥长由分管农业副省长担任。指挥部下设畜牧、农业植物、林业、渔业四个办公室。每个办公室由主管副厅长任主任，主管处（局）长任副主任。

8 月　省饲料工业协会与中国海洋报《水产周刊》共同举办了"饲料安全与绿色饲料添加剂研讨会"。

9 月 5 日　福建省漳州市信华食品有限公司在省农业厅畜牧兽医局及漳州市农业局专家协助下，再一次通过日本农林水省兽医官员复查。

10 月 9 日　"福建饲料工业安全宣言"新闻发布会在福州举行，36 家饲料生产企业参加这次活动。向社会承诺："远离违禁添加物，确保饲料安全。"

11 月 27 日　省农业厅转发全国畜牧兽医总站《国家动物疫情测报工作实施办法》《动物疫情测报中心（站）管理制度》。

12 月 24 日　福建省漳州市漳浦县马坪康兴畜牧有限公司第二批活牛 2069 头经检疫合

格后出口马来西亚。

是年　福州海马饲料有限公司、福建省华龙饲料技术开发集团公司、福建省海新集团有限公司、福建高龙饲料有限公司、厦门正大农牧有限公司、福州大昌盛饲料有限公司、厦门金达威维生素有限公司、厦门银祥实业有限公司等8家企业入选"2001年全国饲料行业百强企业"。

2003 年

1月5日　省政府颁发《福建省人民政府关于加快畜牧业发展的意见》。

3月18日　全省开展对猪附红细胞体病、猪圆环病毒病、猪繁殖与呼吸障碍综合征、马传染性贫血病、马鼻疽、布鲁氏杆菌病、结核病、炭疽病、狂犬病等重点动物疫病的调查，并分析流行趋势。

3月26日　省饲料工业协会、省畜牧兽医学会饲料牧草动物营养专业委员会和罗氏（中国）有限公司在福州联合举办福建畜禽饲料营养技术研讨会。

5月7日　省农业厅开始开展人畜共患病调查，6月30日调查完毕，并上报农业部和全国畜牧兽医总站。

5月17日　省农业厅根据全国畜牧兽医总站《关于切实抓好当前农村防治非典和畜牧兽医工作的通知》，配合省卫生厅疾控中心、省林业厅野生动物保护委员会开展野生动物的冠状病毒（非典型肺炎）的调查。

5月28日　省第十届人民代表大会常务委员会第三次会议通过并发布《福建省牲畜屠宰管理条例（修订）》。

6月17日　省农业厅取消未经省市畜牧兽医行政主管部门批准的种畜禽场，并对省市畜牧兽医行政主管部门批准的种畜禽场发放经营许可证。

8月20日　省农业厅规定，全省畜牧兽医市、县两级疫情月报、疫情测报、检疫、监督、免疫情况及数据全部实行网络化传送。

8月26日　省农业厅在全省各地开展奶牛结核病监测。

8月27日　省农业厅在全省开展采集猪血清、组织病料和棉拭子等样品进行检测，了解全省猪瘟疫病情况。

9月8日　龙海市思美香食品有限公司、莆田市涵江区莆惠罐头厂分别在省农业厅畜牧兽医局畜牧兽医专家和省动植物检验检疫局的指导下，接受国家认证委员会、新加坡农业兽医局（AVA）的检查和审核，于当日通过新加坡（AVA）的认证检查。

9月8日　省农业厅、省国家保密局根据农业部、国家保密局解除动物疫情保密管理规定，对口蹄疫、猪水泡病、高致病性禽流感等动物疫情不再列入国家秘密范围。

9月26日　省农业厅执行农业部关于加强奶牛调运防疫管理的规定。强调奶牛调运前必须进行牛结核病和布鲁氏菌病检疫，检疫合格后发放动物检疫合格证，方可离境。

9 月 27 日　省经济贸易委员会、省公安厅、省农业厅、省卫生厅、省工商行政管理局、省质量技术监督局联合下发《关于加强生猪屠宰管理确保肉品安全的紧急通知》。

10 月 9 日　省卫生厅、省公安厅、省农业厅、省药品监督管理局联合下发《关于转发国家卫生部等四部门加强狂犬病预防控制工作的通知》。

10 月 22 日　《福建省畜禽品种审定标准的通知》颁布。

11 月 28 日　省农业厅印发《关于报送修改后的 2003 年畜禽良种工程项目可行性研究报告的函》。

12 月 24—26 日　省农业厅在连城县召开第一次全省畜禽遗传资源保护工作会议。

12 月 25 日　省农业厅确认金湖乌凤鸡为地方品种。

2004 年

1 月 25 日　省农业厅转发《农业部、国家质检总局关于禁止从泰国、柬埔寨进口禽鸟及其产品的紧急通知》。

1 月 26 日　省农业厅成立禽流感防治工作小组。

1 月 28 日　省农业厅下发《关于暂停从省外调入禽类及其产品的通知》。

1 月 29 日　省农业厅、省出入境检验检疫局转发《农业部、国家质检总局关于禁止从印度尼西亚、巴基斯坦、老挝进口禽鸟及其产品的紧急通知》。

1 月 31 日　省农业厅要求全省各市县做好高致病性禽流感防治工作，要求做到乡不漏村、村不漏禽的免疫。发现疫情及时上报并及时无害化处理。

2 月 2 日　省农业厅转发农业部《关于加强动物冠状病毒管理的紧急通知》，禁止农业部门从事 SARS 病毒的分离和保存等研究，并配合卫生防疫部门做好 SARS 病毒溯源的调查和追踪工作。

2 月 2 日　省农业厅要求全省做好犬的免疫工作，并对狂犬病进行全面普查。

2 月 8 日　省政府印发《福建省高致病性禽流感应急预案》。

2 月 17 日　省农业厅规定，对上市的禽类及其产品应佩带检疫标识。

2 月 17 日　省农业厅、省经济贸易委员会、省工商行政管理局联合下发《关于实行动物及动物产品安全消费提示和检疫合格证公示制度的通知》。要求市场中出售动物及动物产品的摊位出示检疫合格证明。

2 月 20 日　省农业厅印发《关于做好种畜禽高致病性禽流感防治工作的通知》。要求各种禽场实行 100％免疫，并持有经省级检测合格后发放的无禽流感证书。

2 月 20 日　省农业厅下发《关于进一步规范家禽饲养管理的通知》。

3 月 6 日　省农业厅印发《关于加强对病死禽管理的紧急通知》，要求必须对病死禽深埋无害化处理，不得随意抛弃病死禽影响环境卫生和人体健康。

3月6—7日 美国大豆协会、中国饲料工业协会、省饲料工业协会在福州联合举办"猪饲料营养与管理技术讲座"。

3月8日 省重大动植物疫情防治指挥部下发《关于印发〈福建省防治高致病性禽流感应急储备物资管理办法〉的通知》。要求各地必须按规定备足禽流感应急储备物资，并派专人管理，定期检查储备物资状况。

5月27日 省农业厅下发《关于收集我省水禽地方品种资源的通知》。

5月30日 省农业厅、省发展与改革委员会、省财政厅、省卫生厅、省工商行政管理局、省质量技术监督局、省林业厅、省出入境检验检疫局联合转发《农业部等七部委局关于切实加强高致病性禽流感防治工作的紧急通知》。

7月22日 全省村级动物防疫工作现场会在龙岩上杭县召开，刘德章到会讲话。

9月3日 省农业厅下发《关于大力组织推广白羽半番鸭及配套技术的通知》。

10月16—17日 由省饲料工业协会主办，江苏牧羊集团协办的"2004饲料加工工艺及设备技术研讨会"在福州召开。

10月18日 省饲料工业协会与大连商品交易所、省粮食行业协会联合举办的"2004福建玉米期货市场论坛"在福州召开。

是年 省质量技术监督局发布了地方标准 DB 35/562－2004《猪用饲料安全质量要求》。

是年 福州富成味精食品有限公司生产的饲料级 L－苏氨酸，年产量可达1万吨，是仅次于日本味之素、美国 ADM 的全球第三大 L－苏氨酸生产企业。

是年 省国家税务局、省质量技术监督局联合印发《关于加强饲料免增值税审批管理的通知》，对饲料生产企业生产的饲料产品实行免征增值税资格认定和年审制度，对已进行过饲料产品检测并已办理免征增值税资格认定手续的饲料生产企业，不再进行产品抽样送检。

2005 年

1月10日 省卫生厅、省农业厅按卫生部、农业部要求加强布鲁氏菌病监测工作，加强部门配合，加强防治措施，加强宣传教育。

1月21日 省农业厅启动全省地方畜禽品种普查工作。

3月21日 省农业厅下发《关于动物饲养场动物防疫监督管理规定的通知》。对全省饲养场的防疫、免疫检测、饲养管理、消毒出栏、检疫等进行监督管理，防止疫情发生。

3月22日 福建省漳州信华食品有限公司在省农业厅畜牧兽医总站专家指导下再次通过日本国农水省兽医官员复查，获准猪肉产品继续出口日本国。

3 月 24 日　美国谷物协会北京办事处、省饲料工业协会、大连商品交易所、省饲料工业公司在福州联合举办玉米供求和期货市场研讨会。

4 月 9—11 日　由中国饲料工业协会、省农业厅、福州市政府联合主办，省饲料工作办公室、省饲料工业协会、福州经济技术开发区管理委员会协办，在福州金山国际展览中心金山新展城举办 2005 中国饲料工业展示交易会。

5 月 16 日　省农业厅开展 2005 年度牲畜口蹄疫和禽流感免疫情况检查。省级检查原种场，设区市检查种畜禽场，县级检查商品畜禽场，并将检查结果上报省畜牧局。

6 月 7 日　省饲料协会与美国大豆协会北京办事处在福州举办挤压膨化与颗粒饲料加工技术讲座。

6 月 14 日　省政府颁布《福建省突发重大动物疫情应急预案》。

6 月 17 日　省农业厅印发《转发农业部〈关于亚洲 I 型口蹄疫防控技术方案（试行）〉的通知》。

8 月 1 日　省经济贸易委员会、省农业厅、省卫生厅、省公安厅、省工商行政管理局、省质量监督管理局、省监察厅联合下发《关于加强生猪产销管理加大病死猪案件查处工作的通知》。共同组成 8 个检查组分赴 8 个设区市检查病死猪处理情况，防止病死猪肉流入市场。

8 月 15 日　省重大动植物疫情防治指挥部印发《福建省猪链球菌病突发疫情应急处理工作预案》。

8 月 22 日　省农业厅下发《关于推进兽医管理体制改革的实施意见》。

8 月 30 日　省农业厅成立省地方畜禽遗传资源普查领导小组和技术专家组。对全省优良地方畜禽品种进行遗传资源普查、保护和开发。

9 月 23 日　省农业厅下发《关于实施 2005 年防控重大动物疫病秋季行动的通知》。对口蹄疫、禽流感、链球菌病等重大动物疫病进行强制免疫。

11 月 8 日　省农业厅成立防控高致病性禽流感应急工作中心。公布专家组成员名单，专家组成员由省农业厅、省农业科学院、福建农林大学及各设区市专家组成。

11 月 22 日　省重大动植物疫情防治指挥部印发《关于做好当前防控高致病性禽流感几项具体工作的通知》。

11 月 30 日　省农业厅办公室转发农业部兽医局《进一步健全动物疫情报告网络，设置村级动物疫情报告观察员的通知》。

12 月 6 日　省农业厅印发《农业（畜牧兽医）部门防控重大动物疫情工作规范的通知》。

12 月 16 日　省农业厅印发《农业（畜牧兽医）部门应对人间发生高致病性禽流感应急实施方案》的通知。实施方案要求一旦人感染高致病性禽流感，畜牧兽医主管部门应配合疾控中心做好疫源排查，严防疫情蔓延。

12 月 16 日　省农业厅印发《福建省高致病性禽流感疫情处置技术措施》的通知。

二、规范性文件目录

1. 福建省农业厅关于贯彻实施《中华人民共和国动物防疫法》意见（闽政办〔1997〕211号）

2. 福建省物价委员会、福建省财政厅、福建省农民负担监督管理办公室《关于动物、动物产品检疫收费标准的批复》（闽农牧〔1998〕133号）

3. 福建省农业厅、福建贸易厅关于加强生猪等动物定点屠宰集中检疫工作的通知。（闽农牧〔1998〕199号）

4. 福建省农业厅动物检疫工作具体规定和福建省农业厅动物检疫合格验收规定（闽农牧〔1998〕238号）

5. 福建省动物及动物产品检疫费使用管理规定（闽农牧〔1998〕403号）

6. 福建省农业厅印发《省际动植物检疫工作管理暂行规定》的通知（闽农牧〔1999〕7号）

7. 福建省农业厅印发《动物饲养场防疫检疫管理规定》（闽农牧〔1999〕299号）

8. 福建省农业厅印发《种畜禽生产经营许可证管理规定》（闽农牧〔1999〕438号）

9. 福建省农业厅关于动物防疫合格证管理的规定、福建省农业厅关于动物诊疗许可证管理的规定和福建省农业厅关于动物和动物产品准调证明管理的规定（闽农牧〔2002〕100号）

10. 福建省农业厅、福建省环境保护局印发《福建省畜禽养殖污染防治管理办法实施细则》（闽环保然〔2002〕12号）

11. 福建省人民政府关于加快畜牧业发展的意见（闽政〔2003〕1号）

12. 福建省农业厅关于进一步加强种畜禽场防疫管理的补充通知（闽农牧〔2003〕30号）

13. 福建省农业厅动物防疫监督员、动物检疫员管理规定（闽农牧〔2003〕123号）

14. 福建省人民政府关于印发《福建省高致病性禽流感应急预案》的通知（闽政〔2004〕5号）

15. 福建省农业厅关于禽类及其产品检疫标志管理规定（闽农牧〔2004〕95号）

16. 福建省人民政府关于加强村级农民技术人员队伍建设的意见（闽政文〔2004〕351号）

17. 福建省农业厅关于动物饲养场动物防疫监督管理规定（闽农牧〔2005〕142号）

18. 福建省人民政府办公厅颁布《福建省突发重大动物疫情应急预案》（闽政办〔2005〕192号）

19. 福建省人民政府办公厅关于扶持家禽业发展的若干意见（闽政办〔2005〕221号）

20. 福建省关于推进兽医管理体制改革的实施意见（闽农人〔2005〕400 号，2005 年 8 月 22 日）

21. 福建省农业厅关于进一步推进家禽饲养方式转变的意见（闽农牧〔2005〕504 号）

22. 农业（畜牧兽医）部门防控重大动物疫情工作规范（闽农牧〔2005〕541 号）

23. 农业（畜牧兽医）部门应对人间发生高致病性禽流感疫情应急实施方案（闽农牧〔2005〕559 号）

24. 高致病性禽流感疫情处置技术措施（闽农牧〔2005〕569 号）

三、重要文件辑录

福建省人民政府关于加快畜牧业发展的意见

（闽政〔2003〕1号）

各市、县（区）人民政府，省政府各部门、各直属机构，各大企业，各高等院校：

根据《国务院办公厅转发农业部关于加快畜牧业发展意见的通知》（国办发〔2001〕76号）精神，为进一步优化我省农业和农村经济结构，提高农业整体素质和市场竞争力，增加农民收入，尽快把我省畜牧业发展成为农业和农村经济的主导产业，现结合我省实际提出如下意见。

一、进一步提高加快畜牧业发展重要意义的认识

畜牧业发展水平是一个国家农业发达程度的重要标志，畜产品消费水平是一个国家居民生活质量的重要标志。加快畜牧业发展，是国民经济发展和人民生活水平提高的必然要求，是当前我省农业和农村经济结构调整的战略选择；加快畜牧业发展，可以有效地转化粮食和其他经济作物的副产品，带动种植业、饲料加工业、食品加工业、包装和运输等相关产业的发展，实现农产品多次增值，促进农业发展向深度和广度进军；加快畜牧业发展，可以更加合理地配置农业资源，是促进农业增效、农民增收，加快农业现代化进程的重要途径。随着农业农村经济的不断发展，畜牧业在我省农业乃至国民经济发展中的地位更加突出，对农业和农村经济发展将起到越来越重要的推动作用。

当前我省畜牧业面临着前所未有的发展机遇，加快发展的时机已经成熟。党中央、国务院对发展畜牧业高度重视，提出"要把畜牧业当做一个大产业来抓"，为畜牧业的大发展指明了方向；农业和农村经济结构调整和粮食购销市场化改革为加快畜牧业发展带来了良好契机，提供了物质基础；目前，国内肉类价格普遍低于国际市场，而我省饲料价格普遍高于国际市场，因此，畜牧业是加入WTO后我省具有国际市场竞争优势的产业；同时，我省与台湾隔海相望，闽台畜牧业合作密切，不仅提升了我省畜牧业的科技水平，而且带来了资金、管理、市场和营销理念，加上我省目前仍是畜产品的销区，每年需要从省外调入大量的猪肉、禽蛋和乳制品，畜牧业发展具有较大的潜在市场空间。

改革开放以来，我省畜牧业保持稳定快速发展，畜产品产量持续大幅度增长，畜牧业在农业中的比重有了较大的提高。但是，我省畜牧业也存在经济总量较小、产品结构不合理、畜产品加工滞后、基础设施薄弱、基层畜牧兽医体系不健全等问题。如不尽快解决这些问题，我省畜牧业在国际国内市场竞争中将处于十分不利的地位。各级各部门要充分认识加快我省畜牧业发展的重要性和紧迫性，紧紧抓住农业和农村经济结构战略性调整的有

利时机，进一步加快畜牧业发展。

二、加快畜牧业发展的总体目标

加快我省畜牧业的发展，要以党的十六大精神为指导，以结构调整为主线，以市场为导向，增加农民收入为目标，质量和效益为中心，科技为手段，体系为支持，坚持区域化、规模化布局，专业化、标准化生产，产业化、市场化经营，做到高起点、高标准、国际化，提升畜牧业市场竞争力，把畜牧业发展成为我省农业和农村经济的主导产业。

通过努力，实现我省畜牧业由粗放型向集约经营的根本性转变，综合生产能力明显提高，畜牧业产值占农业总产值的比重明显提高，畜牧业收入占农民收入的比重明显提高，畜产品出口竞争力明显提高。到 2005 年，畜牧业产值占农业总产值的比重达到 25％以上，畜产品加工比例达到 20％以上，畜牧业生产和畜产品基本达到无公害标准；到 2010 年，畜牧业产值占农业总产值的比重达到 30％以上，畜产品加工比例达到 30％以上，畜产品质量安全指标达到发达国家或地区的水平。

三、加快畜牧业发展的主要措施

（一）调整畜牧业结构，优化区域布局

畜牧业结构调整要坚持"稳定发展生猪和禽蛋，加快发展草食动物和优质家禽，突出发展奶业"。要从过去追求数量增长向更加注重质量、安全、卫生转变，研究、开发和推广畜禽优良品种、提高畜产品质量，努力增加名特优新畜产品，实现品种结构多样化、优质化，满足不同消费层次需求。

各地要充分发挥区域比较优势，重点培育 1～2 个优势畜禽主导产品，逐步形成各具特色的畜禽主导产业和支柱产业。对现已形成的福清、新罗肉猪，莆田禽苗，南平奶业，光泽、永安肉鸡，长汀河田鸡，大田肉兔，沙县鸭业，连城白鸭，闽南黄牛等区域特色产业，要继续做大做强，使之成为我省畜禽产品优势产业带。经济发达地区和城市郊区要发挥科技、人才、资金和市场优势，加快集约型畜牧业和畜产品加工业的发展，率先实现畜牧业现代化；山区要利用劳力和环境资源优势，发展各具特色的畜禽和生态养殖，提高加工能力和产业化水平，特别是粮食主产区应以粮食转化和耕作制度改革为重点，发展适度规模的家庭养殖，把粮食主产区同时发展成为畜产品主产区。

（二）积极推进畜牧业产业化经营，大力培植畜牧业龙头企业

要认真贯彻执行农业部等 8 个部委《关于扶持农业产业化经营重点龙头企业的意见》（农经发〔2000〕8 号）精神，把培育壮大龙头企业作为畜牧业产业化的突破口来抓。要集中力量加快培植一批辐射面广、带动力强的龙头企业，重点扶持畜产品加工、畜禽良种繁育、饲料加工、批发市场等 150 家畜牧业龙头企业。畜产品加工业方面重点扶持福建（光泽）圣农实业有限公司、龙岩森宝实业有限公司、南平长富集团有限公司、大乘乳业股份有限公司、永安市昌民禽业有限公司等 60 家龙头企业；畜禽良种繁育方面重点扶持天马

种猪场、龙岩兴欣良种猪扩繁有限公司、南平大禾种猪有限公司、连城白鸭原种场、石狮金定鸭原种场等40家种畜禽生产龙头企业；饲料加工及市场方面重点扶持闽西饲料批发交易市场、华龙饲料科技开发集团公司、龙海海新饲料集团公司、厦门银祥食品有限公司、龙岩龙马畜牧饲料有限公司等50家饲料龙头企业。以此形成结构合理、功能齐全、布局科学、竞争力强的畜牧业龙头企业群体，带动畜牧业生产、加工和营销上规模、上水平。同时，要积极培育畜牧业合作经济组织、畜牧业经纪人等中介组织和各种类型的专业大户，充分重视和发挥行业协会的管理职能，不断提高畜牧业生产经营的组织化程度，增强市场竞争力。

（三）坚持科技兴牧，强化畜牧业四大支撑体系建设

加快畜牧业发展，必须紧紧依靠科技进步和技术创新，降低成本，提高质量，增加效益，着重强化四大支撑体系建设。

1. 畜禽良种体系

各级政府要集中力量抓好畜禽良种工程，省里每年将安排一定的资金用于畜禽良种工程建设，各级政府也要落实相应的经费。要鼓励和引导社会力量参与良种繁育体系建设，重点完善种畜禽场的基础设施建设，搞好地方优良品种的保护与开发，对列入国家级畜禽品种保护名录的七个品种（槐猪、金定鸭、莆田黑鸭、连城白鸭、白绒乌骨鸡、漳州斗鸡、中蜂）要建立种质资源保护场和保护区，并争取长汀河田鸡、戴云山羊等更多有特色的地方品种列入国家级畜禽品种保护名录，其他优良地方畜禽品种也要建立相应的种质资源保护场。要鼓励和支持适应我省的优良新品种的引进工作，提高良种生产和畜产品质量水平。要建立完善的冷配网点，推广细管冻精，加快畜禽良种的繁育，抓紧开展种畜禽性能测定和拍卖工作。要依法建立健全种畜禽质量监督体系，严格执行种畜禽生产经营许可证制度，规范种畜禽生产经营，坚决打击违法生产经营行为。

2. 动物防疫体系

要在全省实施动物疫病区域化控制战略，建设无规定疫病监测区、无疫区。重点建设45个未列入无规定动物疫病区建设的县（市、区）的动物疫病诊断实验室，配备监督执法设备，完善省、市、县、乡四级动物防疫网络，强化村级动物防疫检疫员职能，提高动物疫病预防、控制、扑灭的技术水平和应对外来重大疫病快速反应能力。要加大出入境动物隔离检疫场和隔离检疫实验室的投入和建设力度，提高出入境动物检疫技术水平。要加强动物防疫工作，重大动物疫病免疫密度要达到100%，全面实施动物免疫标识制度，开展动物疫病监测工作，加强动物及动物产品检疫，屠宰检疫和产地检疫要达到100%，强化动物防疫监督，严禁染疫动物及其产品流通，严防境外、省外动物疫病传入。发生重大动物疫情时，各级人民政府要按照应急控制预案的规定，及时采取强制措施，进行预防、控制和扑灭，最大限度地减少疫情造成的损失。

3. 畜产品质量标准和检测监控体系

抓紧建立畜产品质量标准体系，尽快完善畜产品质量卫生安全的强制性标准，使畜禽产品在饲养、加工、流通等各个环节都有统一的标准和技术规范。要大力发展无公害、绿色畜产品，做好畜产品产地认定、产品认证和标识管理工作。建立畜产品质量安全追溯制度，逐步形成不合格畜产品的召回、理赔和退出市场流通的机制，实现对畜产品从生产到餐桌的全过程监控，确保畜产品安全。今后五年，要按照先进性与适用性相结合的原则，分层次、有重点地在全省建立起国内领先的畜产品及其兽药饲料质量检测体系，重点加强省级、市级和三十个县级畜产品及其兽药饲料质量检测设备建设。

4. 科技研究与技术推广体系

加大科研投入，围绕严重影响畜牧业发展的畜禽遗传育种、重大动物疫病防治、新型疫苗和兽药、饲料添加剂、畜产品加工、畜禽规模养殖场环境控制与污染治理等重大技术问题，开展科研攻关。加快畜牧业高新技术成果转化和先进适用技术推广，搞好科技示范场建设，积极鼓励畜牧业科技人员采取多种方式进行科技开发和科技服务，奖励有突出贡献的科技推广机构和科技人员。加强对畜牧业经营管理者和从业人员的再教育，有计划地做好畜牧业管理人员和科技人员培训和深造的选送工作。凡从事畜牧产业的主要职业技术人员，都要通过畜牧兽医职业技能鉴定，实行执证上岗。要切实加强畜牧兽医技术推广体系建设，按照"理顺体制、稳定队伍、巩固防疫、加强检疫"的原则，建立起分别承担公益执法职能和经营服务职能的基层畜牧兽医体系，切实改善基层技术推广队伍的工作和生活条件。各地不得借改革之机，拍卖或平调原乡镇畜牧兽医站资产。

（四）加快发展外向型畜牧业，增强畜产品国际竞争力

各地要抓住我国加入WTO的契机，扩大我省畜牧业的对外开放，加大畜牧业的招商引资力度，加快我省畜牧业与国际接轨的步伐，增强畜产品国际竞争力。要通过无规定动物疫病区建设，围绕发展外向型畜产品生产加工基地，率先建立无规定疫病畜禽出口保护区。加强闽台畜牧业合作，发展区位优势，优化投资环境，加大招商引资力度，不断拓展闽台畜牧业合作的领域与方式，逐步推进闽台畜牧业对接，力争把我省建成台湾畜牧业外移的重点基地和台湾鲜活畜产品的供应基地。重点培育一批畜产品加工出口企业和出口示范小区，各级政府要充分利用WTO规则，在外向型畜产品的生产、加工和流通等环节给予扶持，对具备国家规定自营进出口权条件的龙头企业，有关部分应积极支持，并向国家有关部门推荐，争取赋予自营进出口权。要鼓励畜牧养殖业及加工销售企业按照国际标准组织生产，积极参与国际市场竞争。

（五）加快饲料和兽药产业发展步伐，促进畜牧业快速健康发展

坚持饲料工业的可持续发展方向，生产无污染、无残留的安全、优质饲料产品。积极发展优质牧草种植，改"粮—经"二元种植结构为"粮—经—饲"三元种植结构。鼓励多

行业、多部门和多种经济成分投资兴办饲料生产企业，发展兽用生物制品、兽药和饲料添加剂。加快建立饲料进口专用口岸和饲料商贸区、加工区，引进扶持一批国内外饲料进口商、进口企业，把我省建成东南沿海饲料贸易、加工的重要集散地。全面推进饲料安全工程，加快兽药 GMP 认证工作。加强兽药、饲料和饲料添加剂生产、经营、使用环节的监督管理，加大检验检测力度，严厉打击制造假劣兽药、饲料和饲料添加剂以及使用国家禁用的兽药、饲料添加剂等违法行为。

（六）加强污染防治，积极推进畜禽生态养殖

各地要高度重视畜牧业发展带来的环境污染问题，要把环境保护和维护生态平衡放在重要位置，绝不能以牺牲资源和环境为代价发展畜牧业，不能走先发展后治理的路子；要严格执行环境保护法律法规，对畜牧业发展专项规划进行环境影响评价，禁止在地方政府划定的禁建区内建设畜禽养殖场；按照畜禽养殖污染防治技术规范，加强污染防治工作，污染物排放要达到国家畜禽养殖业污染物排放标准，并符合总量控制要求；要优化城市近郊、中远郊、远山区三环分布的发展布局，并按照"往山区转移，往山转移"的原则，大力发展山地畜牧业，推行农牧结合，牧沼果、牧菌菜、牧沼菜等多位一体的生态养殖模式，提倡用畜禽粪便制作有机肥，发展绿色有机农业。

（七）加强协作配合，营造加快畜牧业发展的外部环境。

各级政府要把畜牧业发展纳入国民经济发展计划，鼓励社会各方面加大对畜牧业的投入，通过调整财政支农资金支出结构，逐年加大对畜牧业投入比例，要将地方畜禽品种保护、按规定补助的疫苗经费、动物疫病监测、兽药饲料及畜牧产品质量检测、重大疫病处置等专项经费纳入财政支农支出预算，各地依法收取的检疫费要全部用于动物防疫事业；计划部门要继续加大对动物保护和畜产品质量安全体系建设等项目的扶持力度；畜禽养殖场（户）可以通过租赁、承包、入股、联营等方式取得农用地土地使用权，非固化畜禽养殖用地按农用地管理；对重点畜产品加工企业和养殖业大户，其生产用电按所在县（市、区）农业生产用电价格给予优惠；林业部门从快办理畜禽养殖场的林地征用和林木砍伐审批手续；科技部门优先安排畜牧业科技攻关、成果转化、产业发展的项目；环保部门要合理制定畜禽养殖场环境治理规划，加强治污技术指导和资金支持；农业综合开发部门要大力扶持发展生态饲养模式，促进畜牧业向环保发展型转变；各商业银行要加大对畜牧业产业化龙头企业和农户生产经营的信贷支持力度，农村信用社要积极开展农户小额信贷和联保信贷业务，满足农户种养业生产资金需要；保险部门要增加畜牧业险种，探索开展畜禽调运、生产及其他灾害性的保险业务；省改革开放办和证券部门要继续指导畜牧业龙头企业按现代企业制度的要求进行组建，有条件的要积极支持其上市融资；其他有关部门都要为加快畜牧业发展提供支持和服务。

加快畜牧业发展意义重大，各级政府要予以高度重视，及时解决发展中出现的新情

况、新问题，结合本地实际，认真制定加快畜牧业发展的规划，明确发展重点，落实畜牧业发展各项优惠政策和扶持措施，营造关心、重视、支持畜牧业发展的良好氛围，把我省畜牧业发展推上一个新台阶。

福建省人民政府

2003 年 1 月 5 日

福建省人民政府关于印发《福建省高致病性禽流感应急预案》的通知

（闽政〔2004〕5 号）

各市、县（区）人民政府，省直有关单位：

为了及时、有效地预防、控制、扑灭高致病性禽流感，最大限度地降低疫情造成的损失，促进我省畜牧业持续发展，保障人民群众身体健康，维护社会安定稳定，根据《中华人民共和国动物防疫法》《福建省动物防疫和动物产品安全管理办法》《全国高致病性禽流感应急预案》，特制定《福建省高致病性禽流感应急预案》，现印发给你们，请遵照执行。

福建省人民政府

2004 年 2 月 8 日

福建省高致病性禽流感应急预案

第一章　总　则

一、目的和依据

为了及时、有效地预防、控制和扑灭高致病性禽流感，最大限度地减轻疫情造成的危害，保护我省畜牧业的健康发展，促进畜产品出口贸易和社会经济发展，保障人体健康，维护社会安定，根据《中华人民共和国动物防疫法》《福建省动物防疫和动物产品安全管理办法》《全国高致病性禽流感应急预案》，结合我省的实际，制定本预案。

二、适用范围

（一）本预案适用于我省区域范围内所涉及的高致病性禽流感疫情应急工作。

（二）市、县（区）人民政府参照本预案，制定本级高致病性禽流感应急预案，有关部门根据本预案制定实施方案。

三、疫情的控制分级

根据高致病性禽流感发病数量、传播速度、流行范围和趋势、危害程度等，将疫情依严重程度由轻到重划分为三级、二级和一级。

（一）在一个县级行政区域内发生疫情的，为三级疫情。

（二）有下列情况之一的，为二级疫情：

1. 在 1 个设区市行政区域内有 2 个以上的县（市、区）发生疫情，且有 3 个疫点；

2. 在 1 个设区市行政区域内有 5 个以上疫点；

3. 特殊情况需要划为二级疫情的。

（三）有下列情况之一的，为一级疫情：

1. 有 2 个以上地（市）发生疫情，且有 10 个以上疫点的；

2. 全省范围内有 20 个疫点或者 5 个以上县连片发生疫情；

3. 特殊情况需要划为一级疫情的。

四、工作原则

高致病性禽流感应急工作坚持统一指挥、分级负责、反应及时、措施果断、依靠科学的原则，采取相应的综合性防治措施，迅速控制和扑灭疫情。

第二章 组织管理

一、组织领导

高致病性禽流感应急工作由政府负总责，按照"属地管理，分级负责"和"政府负总责，部门各司其职"的要求，切实加强领导。

县级以上人民政府成立重大动植物疫情防治指挥部（以下简称指挥部），指挥部由当地政府有关部门、军队、武警部队组成，政府主管领导任指挥长，统一领导、指挥协调本辖区高致病性禽流感应急防治工作。指挥部成员由农业（畜牧）、计划、财政、经贸、科技、公安、民政、司法、交通、治理公路和水上"三乱"工作协调小组、林业、口岸、外经贸、卫生、工商、质量技术监督、海关、出入境检验检疫、民航、铁路、监察、宣传以及军队、武警等有关单位负责人组成。指挥部下设办公室和防治组、交通检疫组、科技组、保障组、宣传组、社会治安组。指挥部畜牧办公室设在同级畜牧兽医行政管理部门。

二、政府和部门职责

（一）政府职责

县级以上人民政府负责组织制定本行政区域的禽流感疫病防治规划和应急预案；落实地方禽流感疫病防治及疫情应急控制所需经费，做好防疫物资储备；发生高致病性禽流感时，负责发布封锁令，启动应急预案，组织、协调有关成员单位及时控制和扑灭疫情；组建防疫应急预备队。

（二）部门职责

1. 畜牧兽医部门

（1）调集动物防疫和动物防疫监督人员参加疫情的控制和扑灭工作；

（2）做好疫情的监测、预报，开展流行病学调查，诊断疫病，迅速对疫情等相关情况作出全面分析、评估，并制定疫情控制和扑灭的技术方案；

（3）划定疫点、疫区、受威胁区，提出封锁建议，并参与组织实施；

（4）监督、指导疫区内禽类的扑杀和禽类产品的无害化处理工作；疫点、疫区内污染源、污染物和场所等的消毒和无害化处理；饲养场所及周围环境的消毒；

（5）组织对受威胁区易感禽类实施紧急免疫接种；

（6）对受威胁区内的禽类及禽类产品进行监测、检疫和监督管理；

（7）做好动物防疫监督检查站工作；

（8）建立紧急防疫物资储备库，储备疫苗、消毒药品、监测试剂和防护用品等应急物资；

（9）评估疫情处理及补贴所需资金，安排资金使用计划；

（10）培训动物防疫人员及疫情处理预备队；

（11）参与组织对疫点、疫区及其周围群众的宣传工作。

2．发展计划部门：负责做好应急基础设施建设的计划安排。

3．经贸部门：负责加强市场监测和储备禽类产品的管理，适时组织市场调控，维护市场稳定，并积极做好疫区及其周围定点屠宰厂（场、点）的隔离、消毒工作。

4．科技部门：负责加强高致病性禽流感应急防治技术攻关的投入，做好防治技术储备。

5．公安、武警部门：做好疫区安全保卫和社会治安管理，配合做好疫区封锁和强制扑杀工作。

6．民政部门：负责疫区受灾群众的安抚和救济工作。

7．财政部门：负责在年度预算中设立专项资金，做好禽流感防疫物资购置、扑杀、监测、消毒处理等经费的安排，并加强防疫经费使用的管理和监督。

8．交通、治理公路和水上"三乱"、铁路、民航部门：负责优先运送控制扑灭疫情人员、物资、药品和器械，配合农业（畜牧）部门依法设立动物防疫监督检查站。

9．卫生部门：负责监测禽流感在人群中发生情况，做好人群的预防工作。

10．工商部门：根据对疫区封锁情况，加强对疫区内禽类及其产品交易市场的监管，依法关闭疫区内禽类及其产品市场，取缔非法经营禽类及其产品的活动。

11．林业部门：负责监视野生禽类，及时通报有关信息。

12．出入境检验检疫部门：负责出入境禽类及其产品和其他检疫物的检疫工作，防止疫情传入传出，并及时向当地指挥部畜牧办公室通报有关情况。

13．口岸、海关、边防部门：负责对出入境禽类及其产品的监督检查，打击禽类及其产品的走私非法行为。

14．宣传部门：加强对各种媒体的管理，统一口径做好宣传工作。

15．监察部门：负责对同级指挥部成员单位及下级指挥部履行疫情应急控制职责情况的监督检查。

16. 军队：在做好部队动物防疫工作的同时，积极支持配合驻地的动物防疫工作。

17. 司法、外经贸、质量技术监督等部门：按照各级重大动植物疫情防治指挥部的统一部署，配合农业（畜牧）部门，做好高致病性禽流感防治的有关工作。

第三章　疫情报告、疫情确认和疫情公布

一、疫情的报告

（一）责任报告单位和报告人

1. 各级动物防疫监督机构；

2. 各级畜牧兽医行政管理部门；

3. 各级地方人民政府；

4. 从事动物饲养及屠宰、加工、贮藏、运输、购销等经营单位和个人；

5. 从事动物疫病研究、教学、诊疗的单位或个人；

6. 其他有关单位和个人。

（二）疫情报告程序

1. 任何单位或个人发现禽类发病急、传播迅速、死亡率高等异常情况，应立即向当地动物防疫监督机构报告。动物防疫监督机构在接到报告或了解上述情况后，立即派员到现场进行调查核实，怀疑是高致病性禽流感的，应在2个小时内将情况逐级报至省级动物防疫监督机构，省级动物防疫机构应立即向省级畜牧兽医管理部门报告。

2. 疫情经确认后，畜牧兽医行政管理部门应立即向本级人民政府报告，省畜牧兽医行政管理部门应同时将情况报国务院畜牧兽医行政管理部门。

（三）疫情报告形式：应以密码电报形式上报。

（四）报告内容：疫情发生的时间、地点、病种、发病禽类种类、日龄、数量、死亡情况、临床病变、实验室诊断和现场诊断结果、饲养户生产和免疫接种情况；已采取的控制措施；疫情报告的单位和个人，联系方式。

（五）自确认为高致病性禽流感疑似病例结果之日起，应每天上报一次，最后一个病例处理后，疫情后续进展情况每周上报一次以上，直至封锁令解除。

（六）任何单位和个人不得瞒报、缓报、谎报或阻碍他人报告动物疫情。

二、疫情的确认

高致病性禽流感疫情按程序认定。

（一）动物防疫监督机构接到疫情报告后，立即派出由国务院畜牧兽医行政管理部门或省级畜牧兽医行政管理部门认定的2名以上禽流感现场诊断专家进行现场诊断，提出初步诊断意见。

（二）对怀疑为高致病性禽流感疫情的，应及时采集病料送省动物防疫监督机构进行血清学检测（水禽不能采用琼脂凝胶免疫扩散试验），诊断结果为阳性的，可确认为高致

病性禽流感疑似病例，并作为各地采取扑杀等综合性措施的依据。

（三）对疑似病例必须派专人将病料送国务院畜牧兽医行政管理部门指定的实验室做病毒分离与鉴定，进行最终确诊。

（四）国务院畜牧兽医行政管理部门根据最终确诊结果，确认高致病性禽流感疫情，并予公布。

三、疫情信息的公布

按照《中华人民共和国动物防疫法》有关动物疫情公布的规定，国务院畜牧兽医行政管理部门统一管理并公布高致病性禽流感疫情，省人民政府畜牧兽医行政管理部门可根据授权公布本省内的疫情信息。

第四章　应急反应

一、三级疫情的应急反应

（一）疫区县的应急反应

1. 对报告禽类发病急、传播迅速、死亡率高等异常情况经核实后，当地动物防疫监督机构立即采取临时隔离措施。

2. 确认为高致病性禽流感疑似病例后，疫区所在地县级人民政府畜牧兽医行政管理部门应立即划定疫点、疫区、受威胁区，并向同级人民政府报告，由所在地县级人民政府立即发布封锁令。

3. 当地人民政府指挥部应立即启动应急预案并投入运转，通报情况，调动动物疫情处理预备队，组织有关部门和单位对疫点、疫区进行封锁和消毒，对疫区内的所有禽类进行扑杀和无害化处理，对受威胁区内的所有易感禽类采取紧急强制免疫接种等应急处理措施，迅速控制和扑灭疫情。

4. 当地畜牧兽医行政管理部门应随时掌握疫情态势，及时将疫情控制、扑灭进展情况上报设区市和省畜牧兽医行政管理部门。

（二）设区市畜牧兽医行政管理部门应急反应

1. 在协调和指导疫情控制和扑灭工作的同时，分析疫情趋势，提出应急处理工作建议报同级人民政府。

2. 根据疫情和扑疫工作进展，必要时，建议同级人民政府召集有关部门通报疫情和疫区处理情况，研究对疫区的应急处理。

3. 部署各县畜牧兽医部门做好疫情监测与预防。

4. 应疫区县级指挥部的请求，组织有关人员和专家迅速赶赴现场，进行现场指导，协助疫情调查和处理。

5. 根据疫区县级人民政府的申请，建议同级人民政府协调有关部门调拨紧急防疫经费、物资、药品等。

（三）省畜牧兽医行政管理部门的应急反应

应疫区县级指挥部的请求，组织有关人员和专家，赶赴现场，协助疫情调查和监督指导疫情处理工作。必要时，根据疫区县指挥部的请求，向省级人民政府申请调拨应急资金和储备物质。

二、二级疫情的应急反应

（一）设区市的应急反应

经省级畜牧兽医行政部门认定为二级疫情时，设区市人民政府应急指挥部立即启动本级应急预案。必要时由疫区市畜牧兽医行政管理部门重新划定疫区、受威胁区；根据疫情发生情况、流行趋势和可能的危害程度，由疫区所在地县级以上人民政府发布封锁令。

设区市指挥部立即投入运转，根据疫区县级指挥部的申请，确定对疫区进行紧急支援的部门和单位，统一指挥，组织人员赶赴疫区指挥疫情应急工作，紧急调拨资金、药品、疫苗等物质，督促疫区县级人民政府和各有关部门按要求落实各项措施、扑灭疫情。

设区市畜牧兽医行政管理部门应随时掌握疫情态势，及时将疫情、疫情控制、扑灭方案和工作进展情况上报省畜牧兽医行政管理部门。

疫情发生后，疫区县级人民政府应急指挥部应立即启动应急预案，组织疫情扑灭控制工作，并按照设区市指挥部的要求，落实各项疫情控制应急措施。

（二）省畜牧兽医行政管理部门的应急反应

1. 在协调指导疫情控制和扑灭工作的同时，分析疫情趋势，提出应急处理工作建议报省人民政府。

2. 根据疫情和扑疫工作进展，必要时，建议省人民政府召集有关部门通报疫情和疫区处理情况，研究对疫区的应急处理。

3. 部署各地畜牧兽医部门做好疫情监测与预防。

4. 应疫区设区市指挥部的请求，组织有关人员和专家迅速赶赴现场，进行现场指导，协助疫情调查和处理。

5. 根据疫区设区市人民政府的申请，建议省人民政府协调有关部门调拨紧急防疫经费、物资、药品等。

三、一级疫情的应急反应

省级动物防疫监督机构接到疫情报告后，应当迅速了解疫病发生情况，确定疫情严重程度，分析疫情发展趋势。经省畜牧兽医行政管理部门认定为一级疫情时，省人民政府防治指挥部立即启动省级应急预案。必要时，由省畜牧兽医行政管理部门重新划定疫区、受威胁区；根据疫情发生情况、流行趋势和可能的危害程度，由疫区县级以上人民政府发布封锁令。

省指挥部立即投入运转，根据疫情所在设区市指挥部的申请，确定对疫区进行紧急支援的部门和单位，统一指挥，组织人员赶赴疫区指挥疫情应急控制工作，紧急调拨资金、药品、疫苗等物质，督促疫区市、县人民政府和各有关部门按要求落实各项措施、扑灭疫情。

省畜牧兽医行政管理部门应及时掌握疫情态势，及时向国务院畜牧兽医行政管理部门上报有关疫情控制、扑灭的进展情况。必要时，向国务院畜牧兽医行政管理部门申请调拨应急资金和储备物质。

疫情发生后，疫区的市、县人民政府应立即启动应急预案，组织疫情扑灭控制工作，并按照省指挥部的要求，落实各项疫情控制应急措施。

未发生高致病性禽流感区域的各级人民政府在服从省指挥部的统一调度、支援疫区的疫情应急控制工作的同时，应采取必要的预防控制措施，防止高致病性禽流感在本行政区内发生。

第五章　控制措施

一、隔　离

当地动物防疫监督机构接到禽类发病急、传播迅速、死亡率高等异常情况的报告，到现场核实后，立即采取临时隔离措施，将患病禽、同群禽与其他健康禽隔离开来，并限制患病禽、同群禽、相关产品及其可能被污染的物品的移动。隔离期间严禁无关人员、动物出入隔离场所。

二、封　锁

（一）疫点、疫区、受威胁区的划定

疫点：指病禽所在的地点，一般指病禽所在的独立的禽舍、饲养场（户）或仓库、加工厂、屠宰厂（场）、肉类联合加工厂、交易市场等场所；如为农村散养，应将病禽所在的自然村划为疫点。

疫区：指以疫点为中心，半径3公里范围内的区域。

受威胁区：指疫区外延5公里范围内的区域。

（二）由县级以上畜牧兽医行政管理部门根据规定和扑灭疫情的实际需要划定疫点、疫区、受威胁区的范围。

（三）封锁令的发布、

由县级以上畜牧兽医行政管理部门报请同级人民政府对疫区实行封锁。同级人民政府在接到封锁报告后，应在24小时内发布封锁令。

（四）封锁的实施

1. 在所有进出疫区的交通路口建立临时性检疫消毒站，设置专门消毒设备，同时，在其他可能进出的地方设置明显禁止进出的标志，并有专人守护，禁止禽类及其产品及可能受污染的物品进出疫区。必要时，经省人民政府批准，可设立临时监督检查站，执行对禽类的监督检查任务。

2. 在特殊情况下人、车辆和物品必须进出时，须经所在地动物防疫监督机构批准，经严格消毒后，方可进出。

3. 停止区域内所有禽类及其产品的交易活动。

三、扑　杀

确认为高致病性禽流感疑似病例时，在动物防疫监督机构的监督指导下，立即对疫区内所有的禽类进行扑杀。对实施扑杀的人员要进行培训，并提供必要的防护措施。

四、无害化处理

对所有病死禽、被扑杀禽及其产品（包括肉、蛋、羽、绒、内脏、血等）按照国标GB 16548—1996《畜禽病害肉尸及其产品无害化处理规程》进行无害化处理；对于排泄物和被污染或可能被污染的垫料、饲料、水等也应按国家规定标准进行无害化处理。

五、消　毒

出入疫区的交通要道设立临时性检疫消毒站，并根据扑灭疫病的需要，对出入人员、运输工具及有关物品进行消毒；对疫点、疫区内禽舍、场地以及所有运载工具、饮水用具等必须进行严格彻底地消毒，并消灭病原。

（一）金属设施设备的消毒，可采取火焰、熏蒸等方式消毒；

（二）禽舍、场地、车辆等，可采用消毒液清洗、喷洒等方式消毒；

（三）养禽场的饲料、垫料等，可采取堆积发酵或焚烧等方式处理；

（四）粪便等可采取堆积密封发酵或焚烧等方式处理；

（五）饲养、管理等人员可采取淋浴消毒；

（六）衣、帽、鞋等可能被污染的物品，可采取消毒液浸泡、高压灭菌等方式消毒；

（七）疫区范围内办公、饲养人员的宿舍、公共食堂等场所，可采用喷洒的方式消毒；

（八）屠宰加工、贮藏等场所以及区域内池塘等水域的消毒可采取相应的方式进行，避免造成污染。

六、紧急免疫

（一）在全面查清疫情的前提下，对受威胁区易感禽类进行强制性紧急免疫接种，做到村不漏户、户不漏禽，建立免疫保护区。

（二）采用国家批准使用的疫苗进行免疫接种。

（三）登记免疫接种的禽群及养殖场（户），建立免疫档案。

（四）免疫后，开展免疫效果监测。

七、疫源分析与追踪调查

根据流行病学调查结果，分析疫源及其可能扩散、流行的情况。

对仍可能存在的传染源，以及在疫情潜伏期和发病期间售出的禽类及其产品、可疑污染物（包括粪便、垫料、饲料等）等应立即开展追踪调查，一经查明立即采取就地销毁等无害化处理措施。

八、封锁令的解除

疫区内所有禽类及其产品按规定处理后，在当地动物防疫监督机构的监督下，进行彻底消毒。经过 21 天以上的监测，未再出现新的传染源，经动物防疫监督人员审验，认为可以解除封锁时，由当地畜牧兽医行政管理部门向发布封锁令的人民政府申请解除封锁。

九、宣传教育

利用各种方式、各种场合和各种手段普及高致病性禽流感防治知识，提高公众对高致病性禽流感的了解程度，争取全社会的支持配合，消除不必要的恐慌，稳定城乡居民的消费心理，保证正常的生活和工作秩序。

十、处理记录

各级人民政府畜牧兽医行政管理部门必须对处理疫情的全过程做好完整的详细记录，以备检查。

第六章　保障措施

一、物资保障

县级以上人民政府特别是养禽业集中的地方人民政府必须对高致病性禽流感的疫苗、消毒药品、消毒设备、诊断试剂和防护用品等应急物资进行合理储备，所需经费列入同级财政预算。

分别建立省、市、县（区）三级应急防疫物资储备库。储备库应设在交通方便、具备贮运条件、安全保险的区域。

二、资金保障

各级人民政府每年财政预算中必须设立合理的专项资金，用于紧急防疫物资购置、扑杀病禽补贴、疫情处理、疫情监控等工作。专项资金由畜牧兽医行政管理部门提出使用意见。扑杀疫区禽类由国家给予合理的补贴，强制免疫费用由国家负担，所需资金由中央、省和地方财政按规定的比例分担。

三、技术保障

建立省级重点动物疫病诊断中心（含 BSL－3 实验室）；逐步加强无规定疫病区项目建设和动物防疫体系基础设施建设，完善市、县（区）级动物疫病诊断实验室；在全省设立 30 个省级动物疫情监测点。

四、人员保障

（一）省设立禽流感现场诊断专家组，专家组以畜牧兽医专业技术人员为主，卫生等部门人员参加，专家组负责提供高致病性禽流感疫情现场诊断、提出初步的技术方案和建议。

（二）各级人民政府组建高致病性禽流感处理预备队并对其进行系统的动物疫病及其防治知识等培训；预备队应常备不懈，定期演练，并随时准备紧急出动；出现紧急情况时由上一级指挥部统一调集支援其他疫区。

高致病性禽流感处理预备队组成应包括畜牧兽医、卫生、交通、工商、经贸、公安、武警等部门人员和消毒、扑杀处理的辅助人员以及其他方面人员。

第七章 奖励与处罚

一、对参加疫情应急防治工作的人员，各级财政应给予适当的补助和保健津贴；对因参加疫病预防、控制和扑灭工作致病、致残、死亡的人员，按照国家有关规定，给予相应的补助和抚恤。

二、在突发高致病性禽流感应急防治工作中有突出贡献的单位和个人，由人民政府予以表彰和奖励。

三、对在控制和扑灭疫情工作中玩忽职守，不服从指挥部调度的，不履行保障职责的，或对有关部门的调查不予配合，或者采取其他方式阻碍、干涉调查的，对主要负责人、负有责任的主管人员和其他责任人员依法给予行政处分，构成犯罪的，依法追究刑事责任。

四、对未按规定履行报告职责，瞒报、缓报、谎报或授意他人瞒报、缓报、谎报疫情的，对主要负责人、直接责任人依法给予行政处分；构成犯罪的，依法追究刑事责任。

第八章 有关说明

一、从事动物饲养、经营和禽类产品生产、经营的单位和个人应当履行本预案的规定，并执行各级政府及有关部门为落实本预案所做出的规定。

二、实施本预案过程中所采取的各项措施均为强制性措施，涉及的任何单位和个人不得以任何借口拒绝或推脱。

三、本预案涉及的相关防治技术要求，按照农业部、国家质量监督检验检疫总局等有关部门和单位发布的标准、防治技术规范、管理办法执行。

四、本预案中所称"以上"均含本级或本数。

五、本预案自下发之日起施行。

福建省人民政府关于加强村级农民技术员队伍建设的意见

（闽政文〔2004〕351号）

各市、县（区）人民政府，省政府各部门、各直属机构，各大企业，各高等院校：

为进一步提高农村科技服务水平，加快农业科技进村入户，促进农业增效、农民增收，现就进一步加强村级农民技术员队伍建设提出如下意见：

一、充分认识加强村级农民技术员队伍建设的重要意义

当前，我省农业和农村经济进入了新的发展阶段，改革开放的不断深化，农业对外交流与合作的不断扩大，农业科技新成果的不断涌现，为我省农业生产提供了一大批优良种

苗、适用技术和先进工艺，这些先进适用科技的普及和推广，对农业生产和农村经济发展起到了越来越重要的作用，已成为我省农业增效、农民增收的重要因素。同时，随着经济全球化步伐的进一步加快，国内外市场对农产品品种、质量的要求不断提高，发展无公害、绿色、有机农产品，预防控制动植物疫病，确保食品安全，已经成为广大人民群众的迫切要求。深化农业结构调整，推进农业产业化经营，加快农业和农村经济发展，要求我省必须健全农村基层科技服务体系，建立一支科技文化素质高、吸纳新技术能力强，能够起示范、推广、带动作用的农民技术员队伍。

改革开放以来，我省通过大力实施"绿色证书"工程、跨世纪青年农民科技培训工程、农业科技"电波入户"工程、巾帼科技致富培训工程以及百万农民技术人员培训计划，培养和造就了一大批懂技术、善经营、会管理的农村实用技术人才和专业种养能手。这支农民技术员队伍直接面对农民开展农业生产技术服务，对于带动周边农户推广新品种、应用新技术、促进科技与生产的紧密结合、推动农业和农村经济发展、增加农民收入，具有十分重要的作用。但是，由于受现行农村科技服务体制的制约，农民技术员队伍的作用未能得到很好的发挥，农村科技服务的基础还比较薄弱。各级各有关部门一定要进一步统一思想，充分认识村级农民技术员队伍在农村科技服务体系建设中的基础作用，真正把村级农民技术员队伍建设作为推动农业科技推广工作的重要载体，作为创新农村基层科技推广服务机制、加快农业科技进村入户的重要举措，作为促进农业增效、农民增收的重要保障，切实加强领导，增加投入，充分调动村级农民技术员的积极性和创造性，努力提高广大农民群众的科技文化素质，促进农村经济社会全面发展。

二、村级农民技术员的选聘条件

（一）拥护党的路线、方针和政策，遵纪守法，热心农业科技推广工作，服务意识较强，在农村生产经营中能起示范带动作用的村民。

（二）具有初中以上学历，年龄在 20～55 周岁，在本村从事农业（包括林业、畜牧、水产、水利等，下同）生产，经验比较丰富，技术水平较高。

（三）符合以上标准，并具备下列条件之一者，可以优先选拔为村级农民技术员：

1. 获得农民技术员以上专业技术职称或《农民技术资格证书》的；

2. 当地种植业、养殖业能手或种养专业大户，愿意承担技术服务和生产管理等工作的；

3. 曾获省级、市级"十佳农民科技示范户""十佳青年农民"等荣誉的；

4. 具有大专、中专技术职业院校，农林水技工学校，农广校，农函大以及普通高中毕业学历的。

（四）村党支部书记和村委会主任一般不宜兼任村级农民技术员。

三、村级农民技术员的选聘程序

村级农民技术员的选聘要实行"县评、乡批、村聘"的管理办法，坚持走群众路线，充分发扬民主。符合选聘条件的村民，可由个人向村两委报名，填写《村级农民技术员聘用审批表》，并提供学历、职称证书等有关证件；由村"两委"本着公平、公正、公开的原则，将符合条件的人员在村里张榜公示7天，得到本村群众认可后，推荐到乡（镇）政府；乡（镇）政府审核后上报县（市、区）农办，县（市、区）农办会同农口有关业务部门对农民技术员资格进行评审认可后，由所在乡（镇）政府审批，所在村的村民委员会聘用。

四、村级农民技术员的主要职责

（一）大力宣传贯彻党和政府在农村的各项方针和政策，积极传播农业科技知识，围绕发展主导产业和特色农产品，带领村民学科技、讲科技、用科技，为调整农业结构、提高农业效益、增加农民收入做贡献。

（二）积极协助县、乡农业科技推广部门做好农业新品种、新技术的推广工作。

（三）积极参与县（市、区）、乡（镇）种养加各行业专业合作组织的活动，引导本村种植业、养殖业能手或种养专业大户组建村级专业技术协会，在农业科技成果试验、示范和推广中发挥示范带头作用。

（四）负责做好本村农业、林业、渔业、水利等方面常规技术的指导工作，协助搞好村级水利设施管护、生态防护林建设、浅海滩涂养殖生产等管理工作，协助做好防汛抗旱、森林防火等各项服务工作。

（五）负责指导本村的动物疫情防控和农业病虫害防治工作。负责本村农情、病虫害动态和动物疫情以及农产品生产信息等有关农情信息的采集和上报。

（六）协助有关部门做好其他农情信息的调查和统计工作。

五、村级农民技术员队伍的组织和管理

（一）村级农民技术员实行聘用制

各地要根据乡村主导产业的发展需要，按照"一专多能"的原则，选聘农民技术员。省里将按照各县（市、区）所辖的行政村数（不含街道居委会，下同），以每个行政村平均聘用3名农民技术员为标准，把村级农民技术员的聘用名额下达给各县（市、区）；各县（市、区）可根据各村人口、土地的多少和主导产业发展的需要，具体确定每个村聘用2～4名农民技术员，聘用期为3年。聘用人数超标的津贴由各县（市、区）自行承担。各地要从实际出发，安排村级农民技术员分工负责所在村的粮食、经济作物、动植物疫病防治、水产养殖、林业管理和水利设施管护等技术服务。

（二）村级农民技术员的业务培训

要统筹安排把村级农民技术员培训工作纳入各业务部门正常的业务培训范畴。充分发挥农口和科技等部门在村级农民技术员队伍建设中的作用，与各有关部门开展的农民技术员培训工作衔接起来。每年组织农民技术员参加一到两次相关专业的技术培训，提高其业务水平和服务能力。乡（镇）农业服务中心（或其他农业综合服务机构，下同）也要根据当地生产需要及时组织农民技术员进行业务交流与学习，向他们提供农情、农业技术、市场信息等资料。

（三）村级农民技术员的考核与管理

按照"县评、乡批、村聘"的管理办法，加强对村级农民技术员的考核、聘用和技术资格认定等工作，推动农民技术员管理工作规范化。乡（镇）农业服务中心每年对聘用的村级农民技术员考核一次，对群众不满意、不能胜任工作的，可按程序报县（市、区）农办同意后重新调聘。村级农民技术员任期届满后，由乡（镇）农业服务中心组织考核，经考核称职的可续聘，不称职的予以解聘。

（四）村级农民技术员的津贴补助

村级农民技术员的津贴标准为每人每月50元。省财政从2005年开始每年安排1500万元转移支付补助资金，专项用于全省村级农民技术员津贴补助（厦门市除外）。其中，41个省财政转移支付补助县（市），省财政按每个农民技术员津贴标准的70%补助，设区市、县（市）两级财政负责安排资金补足津贴标准的30%；除厦门市和41个省财政转移支付补助县（市）以外的其他县（市、区），省财政按每个农民技术员津贴标准的40%补助，设区市、县（市、区）两级财政负责安排资金补足津贴标准的60%。各市、县（区）政府从2005年开始也要把村级农民技术员专项经费列入本级财政预算。有条件的县（市、区）可以提高农民技术员每人每月的津贴标准，提高部分由县（市、区）自行承担。省财政按实际聘用人数，将全年补助经费分两次拨给县（市、区）财政局，县（市、区）财政局要实行专户管理，确保村级农民技术员的津贴按月足额发放到农民技术员手中。

（五）加强村级农民技术员队伍建设的统筹与协调

各级政府要加强村级农民技术员队伍建设的领导，把建立和完善村级农民技术员队伍作为新阶段强化农业基础地位，创新农村工作机制的一项重要举措来抓。各县（市、区）农办要负责牵头组织农口业务部门加强对村级农民技术员的培训与指导，督促有关优惠政策的落实。各乡（镇）政府要负责抓好村级农民技术员的日常管理工作。要把加强村级农民技术员队伍建设同发展村级专业合作组织结合起来，充分发挥其示范带动作用，使农民技术员成为农村各类专业合作组织的骨干力量。要把建立健全村级农民技术员队伍同科技特派员制度、农村社会服务联动网、"969155"农业服务热线、"农业科技信息服务超市"、林业科技服务中心建设结合起来，更好地为广大农民服务。

福建省人民政府

2004年12月9日

福建省突发重大动物疫情应急预案

（闽政办〔2005〕192号）

1. 总 则

1.1 编制目的

在省委、省政府的领导下，建立统一领导、分级负责、职责明确、运转有序、反应迅速、处置有力的重大动物疫情应急处理体系，指导和规范重大动物疫情应急处理工作，及时、有效地预防、控制和扑灭突发重大动物疫情，最大限度地减轻突发重大动物疫情造成的危害，确保我省畜牧业健康发展，保障人民身体健康安全，维护正常社会秩序。

1.2 编制依据

依据《中华人民共和国动物防疫法》《中华人民共和国进出境动植物检疫法》《国家突发重大动物疫情应急预案》《福建省突发公共事件总体应急预案》，制定本预案。

1.3 适用范围

本预案适用于突然发生、造成或者可能造成畜牧业生产严重损失、社会公众健康严重损害的重大动物疫情应急处理工作。

1.4 工作原则

1.4.1 统一领导，分级管理。 各级人民政府统一领导和指挥突发重大动物疫情应急处理工作；疫情应急处理工作实行属地管理；地方各级人民政府负责扑灭本行政区域内的突发重大动物疫情，各有关部门按照预案规定，在各自的职责范围内做好疫情应急处理的有关工作。根据突发重大动物疫情的范围、性质和危害程度，对突发重大动物疫情实行分级管理。

1.4.2 快速反应，高效运转。 各级人民政府和农业（畜牧兽医）行政管理部门要依照有关法律、法规，建立和完善突发重大动物疫情应急体系、应急反应机制和应急处置制度，提高突发重大动物疫情应急处理能力；发生突发重大动物疫情时，各级人民政府要迅速作出反应，采取果断措施，及时控制和扑灭突发重大动物疫情。

1.4.3 预防为主，群防群控。 贯彻预防为主的方针，加强防疫知识的宣传，提高全社会防范突发重大动物疫情的意识；落实各项防范措施，做好人员、技术、物资和设备的应急储备工作，并根据需要定期开展技术培训和应急演练；开展疫情监测和预警预报，对各类可能引发突发重大动物疫情的情况要及时分析、预警，做到疫情早发现、快行动、严处理。突发重大动物疫情应急处理工作要依靠群众，全民防疫，动员一切资源，做到群防群控。

2. 应急组织体系及职责

2.1 应急指挥机构

2.1.1 省突发重大动物疫情应急指挥机构

省人民政府成立重大动植物疫情防治指挥部（以下简称指挥部），省人民政府主管领导担任指挥长，成员单位由省人民政府有关部门组成。指挥部统一领导和指挥全省突发重大动物疫情应急处理工作，做出处理突发重大动物疫情的重大决策。

指挥部下设畜牧办公室，挂靠省农业厅。其职责是负责按照指挥部要求，制定具体防控政策，部署扑灭重大动物疫情工作，并督促各地各有关部门按要求落实各项防控措施。

2.1.2　市、县两级应急指挥部的组成和职责

市、县两级重大动植物疫情防治指挥部由同级人民政府有关部门组成，同级人民政府主管领导担任指挥长。市、县两级指挥部统一负责对本行政区域内突发重大动物疫情应急处理的协调和指挥，作出处理本行政区域内突发重大动物疫情的决策，决定要采取的措施。

2.2　日常管理机构

省农业厅负责全省突发重大动物疫情应急处理的日常协调、管理工作。

市、县级人民政府农业（畜牧兽医）行政管理部门负责本行政区域内突发重大动物疫情应急处置的日常管理工作。

2.3　专家组

省农业厅组建突发重大动物疫情专家组。市、县两级农业（畜牧兽医）行政管理部门可根据本行政区域内突发重大动物疫情需要，组建突发重大动物疫情应急处理技术小组。

2.4　应急处理机构

2.4.1　动物防疫监督机构：主要负责突发重大动物疫情的信息收集、报告与分析，现场流行病学调查处理，开展现场临床诊断和实验室检测，加强疫病监测，对封锁、隔离、紧急免疫、扑杀、无害化处理、消毒等措施的实施进行指导、落实和监督，承担突发重大动物疫情应急处理人员的技术培训。

2.4.2　出入境检验检疫机构：负责加强对出入境动物及动物产品的检验检疫、疫情报告、消毒处理、流行病学调查和宣传教育等。

3.　突发重大动物疫情的监测、预警与报告

3.1　监　测

全省建立突发重大动物疫情监测、报告网络体系。省农业厅和市、县两级农业（畜牧兽医）行政管理部门，要加强对监测工作的管理和监督，保证监测质量。

3.2　预　警

各级农业（畜牧兽医）行政管理部门根据动物防疫监督机构提供的监测信息，按照突发重大动物疫情的发生、发展规律和特点，分析其危害程度、可能的发展趋势，及时做出相应级别的预警，依次用红色、橙色、黄色和蓝色表示特别严重、严重、较重和一般四个预警级别。

3.3　报　告

任何单位和个人有权向各级人民政府及其有关部门报告突发重大动物疫情及其隐患，有权向上级政府部门举报不履行或者不按照规定履行突发重大动物疫情应急处理职责的部

门、单位及个人。

3.3.1　责任报告单位和责任报告人

（1）责任报告单位

a. 县级以上地方人民政府所属动物防疫监督机构；

b. 畜牧兽医相关科研院校；

c. 出入境检验检疫机构；

d. 农业（畜牧兽医）行政管理部门；

e. 县以上地方人民政府；

f. 有关动物饲养、经营和动物产品生产、经营的单位，各类动物诊疗机构等相关单位；

g. 其他有关单位和个人。

（2）责任报告人

执行职务的各级动物防疫监督机构、出入境检验检疫机构的兽医人员；各类动物诊疗机构的兽医；饲养、经营动物和生产、经营动物产品的人员。

3.3.2　报告形式

各级动物防疫监督机构应按国家有关规定报告疫情；其他责任报告单位和个人以电话或书面形式报告。

3.3.3　报告时限和程序

发现可疑动物疫情时，必须立即向当地县（市、区）动物防疫监督机构报告。县（市、区）动物防疫监督机构接到报告后，应当立即赶赴现场诊断，必要时可请上级动物防疫监督机构派人协助进行诊断，认定为疑似重大动物疫情的，应当在 2 小时内将疫情逐级报至省动物防疫监督机构，并同时报所在地农业（畜牧兽医）行政管理部门。省动物防疫监督机构应当在接到报告后 1 小时内，向省农业厅和农业部报告。省农业厅应当在接到报告后的 1 小时内向省人民政府报告。

认定为疑似重大动物疫情的，应立即按要求采集病料样品送省动物防疫监督机构实验室确诊，省动物防疫监督机构不能确诊的，送国家参考实验室确诊。确诊结果应立即报农业部和省农业厅。

3.3.4　报告内容

疫情发生的时间、地点、发病的动物种类和品种、动物来源、临床症状、发病数量、死亡数量、是否有人员感染、已采取的控制措施、疫情报告的单位和个人、联系方式等。

4. 突发重大动物疫情的应急响应

4.1　应急响应的原则

发生突发重大动物疫情时，事发地的县级、设区市及其有关部门和省直有关部门，按照分级响应的原则做出应急响应。同时，要遵循突发重大动物疫情发生发展的客观规律，结合实际情况和预防控制工作的需要，及时调整预警和响应级别。要根据不同动物疫病的性质和特点，注重分析疫情的发展趋势，对势态和影响不断扩大的疫情，应及时升级预警和响应级别；对范围局限、不会进一步扩散的疫情，应相应降低响应级别，及时撤销预警。

突发重大动物疫情应急处理要采取边调查、边处理、边核实的方式，有效控制疫情发展。

未发生突发重大动物疫情的地方，当地农业（畜牧兽医）行政管理部门接到突发重大动物疫情情况通报后，要组织做好人员、物资等应急准备，采取必要的预防控制措施，防止突发重大动物疫情在本行政区域内发生，并服从上一级农业（畜牧兽医）行政管理部门的统一指挥，支援突发重大动物疫情发生地的应急处理工作。

4.2　应急响应

4.2.1　一般突发动物疫情（Ⅳ级）的应急响应

（1）疫区县的应急响应

疫情经初步认定后，疫区所在地县级农业（畜牧兽医）行政管理部门应立即划定疫点、疫区和受威胁区，并向同级人民政府报告，所在地县级人民政府立即启动预案，所在地指挥部立即投入运转，通报情况，统一领导和指挥突发重大动物疫情的应急处置工作。

疫区所在地农业（畜牧兽医）行政管理部门应随时掌握疫情态势及有关情况，并上报设区市农业（畜牧兽医）行政管理部门和省农业厅。

（2）设区市农业（畜牧兽医）行政管理部门的应急响应

协调和指导疫情控制和扑灭工作，分析疫情趋势，提出应急处理工作建议报同级人民政府。部署做好疫情监测与预防工作，组织有关专家赴现场，指导、协助疫情的调查和处理。及时向未发生重大动物疫情的县（市、区）通报疫情。属于人畜共患病的，应通报同级卫生部门。

（3）省农业厅的应急响应

根据疫区所在地县级指挥部的请求，组织有关人员和专家赴现场，协助疫情调查和监督指导疫情的处理工作。必要时，向省政府申请调拨应急资金和储备物资。

4.2.2　较大突发动物疫情（Ⅲ级）的应急响应

（1）设区市的应急响应

确认为较大突发动物疫情时，设区市人民政府立即启动本级应急预案，设区市指挥部立即投入运转，采取相应的综合应急措施。

设区市农业（畜牧兽医）行政管理部门应随时掌握疫情态势和工作进展情况，并及时上报省农业厅。

疫情发生后，疫区所在地县级人民政府应立即启动应急预案，组织疫情扑灭控制工作，并按设区市指挥部的要求，落实各项应急措施。

（2）省农业厅的应急响应

在协调指导疫情控制和扑灭工作的同时，分析疫情趋势，提出应急处理工作建议报省人民政府。

根据疫情和扑疫工作进展，以及疫区所在地设区市人民政府的申请，做好有关工作。

及时向未发生重大动物疫情的县（市、区）通报疫情；属于人畜共患病的，应通报省卫生厅。

4.2.3　重大突发动物疫情（Ⅱ级）的应急响应

经省农业厅认定为重大动物疫情时，省人民政府立即启动本应急预案，省指挥部立即投入运转，统一领导和指挥本行政区域内突发重大动物疫情应急处理工作。

省农业厅及时掌握疫情态势，及时向农业部上报有关疫情控制、扑灭的进展情况。必要时，重新划定疫区、受威胁区。以及向农业部申请调拨应急资金和储备物资。

疫区所在地的市、县两级人民政府应立即启动应急预案，组织疫情扑灭控制工作，并按省指挥部的要求，落实各项疫情控制应急措施。

4.2.4　特别重大突发动物疫情（Ⅰ级）的应急响应

在国家启动应急预案后，各级人民政府应按照全国指挥部的统一部署，落实各项疫情控制扑灭应急措施。

4.2.5　非突发重大动物疫情发生地区的应急响应

应根据发生疫情地区的疫情性质、特点、发生区域和发展趋势，分析本地区受波及的可能性和程度，重点做好以下工作：

（1）密切保持与疫情发生地的联系，及时获取相关信息；

（2）组织做好本区域应急处理所需的人员与物资准备；

（3）加强相关动物疫病监测和报告工作，必要时建立专门的报告制度；

（4）开展对养殖、运输、屠宰和市场环节的动物疫情监测和防控工作，防止疫病的发生、传入和扩散；

（5）开展动物防疫知识宣传，提高公众防护能力和意识；

（6）根据国务院有关部门和省人民政府决定，开展公路、铁路、航空、水运交通的检疫监督工作。

4.3　突发重大动物疫情应急响应的终止

4.3.1　终止条件

疫区内所有的动物及其产品按规定处理后，经过该疫病的至少一个最长潜伏期无新的病例出现。

4.3.2　终止程序

特别重大突发动物疫情由农业部对疫情控制情况进行评估，提出终止应急措施的建议，按程序报批宣布。

重大突发动物疫情由省农业厅对疫情控制情况进行评估，提出终止应急措施的建议，按程序报批宣布，并向农业部报告。

较大突发动物疫情由设区市农业（畜牧兽医）行政管理部门对疫情控制情况进行评估，提出终止应急措施的建议，按程序报批宣布，并向省农业厅报告。

一般突发动物疫情，由县级农业（畜牧兽医）行政管理部门对疫情控制情况进行评估，提出终止应急措施的建议，按程序报批宣布，并向省农业厅和设区市农业（畜牧兽医）行政管理部门报告。

上级农业（畜牧兽医）行政管理部门及时组织专家对突发重大动物疫情应急措施终止的评估提供技术指导和支持。

5. 应急保障

县级以上地方人民政府应积极协调有关部门，做好突发重大动物疫情处理的应急保障工作。

5.1　通信与信息保障

县级以上指挥部应将车载电台、对讲机等通信工具纳入紧急防疫物资储备范畴，按照规定做好储备保养工作。

根据国家有关法规对紧急情况下的电话、电报、传真、通信频率等予以优先待遇。

5.2　应急队伍保障

5.2.1　应急队伍的组建

县级以上各级人民政府要组建突发重大动物疫情应急处理预备队伍，具体实施扑杀、消毒、无害化处理等疫情处理工作。

5.2.2　应急队伍的管理与培训

突发重大动物疫情应急处理的日常管理机构要建立应急处理预备队伍资料库，并及时充实调整。

各级农业（畜牧兽医）行政管理部门要对突发重大动物疫情应急处理预备队伍成员进行系统培训。

5.2.3　演　练

各级人民政府及其有关部门要有计划地举行演练，确保预备队扑灭疫情的应急能力。

5.3　交通运输保障

运输部门要优先安排紧急防疫物资的调运。

5.4　物资保障

各级农业（畜牧兽医）行政管理部门应按照计划建立紧急防疫物资储备库，储备足够的药品、疫苗、诊断试剂、器械、防护用品、交通及通信工具等。

5.5 经费保障

各级财政部门按照财政分级负担的原则，为重大动物疫病防控工作提供必要的资金保障。

各级财政在保证防疫经费及时、足额到位的同时，要加强对防疫经费使用的管理和监督。

各级政府应积极通过多渠道筹集资金，用于突发重大动物疫情应急处理工作。

5.6 医疗卫生保障

卫生部门负责开展重大动物疫病（人畜共患病）的人间监测，做好有关预防保障工作，确保参与应急处理人员的安全防护。

各级农业（畜牧兽医）行政管理部门在做好疫情处理的同时应及时通报疫情，积极配合卫生部门开展工作。

针对不同的重大动物疫病，特别是一些重大人畜共患病，应急处理人员还应采取特殊的防护措施。

5.7 治安保障

公安部门、武警部队要协助做好疫区封锁和强制扑杀工作，做好疫区安全保卫和社会治安管理。

5.8 技术储备与保障

建立省突发重大动物疫情专家组，负责动物疫病防控策略和方法的咨询，参与防控技术方案的策划、制定和执行。

逐步加强无规定疫病区项目建设和动物防疫体系基础设施建设，完善市、县、区动物疫病预防控制中心实验室；在全省设立国家级或省级动物疫情监测站（点）。

5.9 法律保障

各级人民政府和有关部门要严格执行动物防疫相关法律法规和规定，根据本预案要求，严格履行职责，实行责任制。对履行职责不力，造成严重后果的，要追究有关当事人责任。

5.10 社会公众的宣传教育

县级以上地方人民政府应组织有关部门利用广播、影视、报刊、互联网、手册等多种形式对社会公众广泛开展突发重大动物疫情应急知识的普及教育，宣传动物防疫科普知识，指导群众以科学的行为和方式对待突发重大动物疫情。要充分发挥有关社会团体在普及动物防疫应急知识、科普知识方面的作用。

6. 善后处理

6.1 评 估

突发重大动物疫情扑灭后，各级农业（畜牧兽医）行政管理部门应在本级政府的领导下，组织有关人员对突发重大动物疫情的处理情况进行评估，提出改进建议和应对措施。

6.2 奖 励

县级以上人民政府对参加突发重大动物疫情应急处理工作作出贡献的先进集体和个人进行表彰；对在突发重大动物疫情应急处理工作中英勇献身的人员，按有关规定追认为烈士。

6.3 责 任

对在突发重大动物疫情的预防、报告、调查、控制和处理过程中，有玩忽职守、失职、渎职等违纪违法行为的，依据有关法律法规追究当事人的责任。

6.4 灾害补偿

按照各种重大动物疫病灾害补偿的规定，确定数额等级标准，按程序进行补偿。

6.5 抚恤和补助

各级人民政府要组织有关部门对因参与应急处理工作致病、致残、死亡的人员，按照国家有关规定，给予相应的补助和抚恤。

6.6 恢复生产

突发重大动物疫情扑灭后，取消贸易限制及流通控制等限制性措施。根据各种重大动物疫病的特点，对疫点和疫区进行持续监测，符合要求的，方可重新引进动物，恢复畜牧业生产。

6.7 社会救助

发生重大动物疫情后，民政部门应按《中华人民共和国公益事业捐赠法》和《救灾救济捐赠管理暂行办法》及国家有关政策规定，做好社会各界向疫区提供的救援物资及资金的接收、分配和使用工作。

7. 各类具体工作预案的制定

省农业厅根据本预案，制定各种不同重大动物疫病应急工作方案和技术措施，并根据形势发展要求，及时进行修订。

省直有关部门根据本预案的规定，制定本部门职责范围内的具体工作方案。

市、县两级人民政府根据有关法律法规的规定，参照本预案并结合本地区实际情况，组织制定本地区突发重大动物疫情应急预案，并报上一级人民政府备案。

8. 附 则

8.1 名词术语和缩写语的定义与说明

重大动物疫情：是指陆生、水生动物突然发生重大疫病，且迅速传播，导致动物发病率或者死亡率高，给养殖业生产安全造成严重危害，或者可能对人民身体健康与生命安全造成危害的，具有重要经济社会影响和公共卫生意义。

我国尚未发现的动物疫病：是指疯牛病、非洲猪瘟、非洲马瘟等在其他国家和地区已经发现，在我国尚未发生过的动物疫病。

我国已消灭的动物疫病：是指牛瘟、牛肺疫等在我国曾发生过，但已扑灭净化的动物疫病。

暴发：是指一定区域，短时间内发生波及范围广泛、出现大量患病动物或死亡病例，其发病率远远超过常年的发病水平。

疫点：患病动物所在的地点划定为疫点，疫点一般是指患病动物所在的饲养场（户）或其他有关屠宰、经营单位。

疫区：以疫点为中心的一定范围内的区域划定为疫区。疫区划分时注意考虑当地的饲养环境、天然屏障（如河流、山脉）和交通等因素。

受威胁区：疫区外一定范围内的区域划定为受威胁区。

本预案有关数量的表述中，"以上"含本数，"以下"不含本数。

8.2　预案管理与更新

本预案由省农业厅牵头制定，由省人民政府批准。各级人民政府及有关部门制定的突发重大动物疫情应急预案和具体工作方案，要定期进行评审，并根据突发重大动物疫情的形势变化和实施中发现的问题及时进行修订。各市、县（区）及各有关部门制定的重大动物疫情应急预案报省农业厅备案。

8.3　预案实施时间

本预案自印发之日起实施。福建省人民政府办公厅 2001 年 6 月 14 日印发的《福建省重大动物疫情控制应急预案》（闽政办〔2001〕108 号同时废止；省政府 2004 年 2 月 8 日印发的《福建省高致病性禽流感应急预案》（闽政〔2004〕5 号）中有与本预案不符的，按本预案规定执行。

福建省人民政府办公厅

2005 年 11 月 15 日

四、福建省畜牧业发展统计表

（一）1991—2005 年畜产品产量和畜禽存出栏情况统计表

年份	肉蛋奶总产量（万吨）	肉类总产量（万吨）	猪肉产量（万吨）	牛肉产量（万吨）	羊肉产量（万吨）	禽肉产量（万吨）	兔肉产量（万吨）	禽蛋产量（万吨）	奶类产量（万吨）	牛奶产量（万吨）	蜂蜜产量（万吨）	蜜蜂存栏（万箱）
1991	100.74	80.46	67.64	0.83	0.54	10.88	0.57	15.16	5.12	5.05	0.77	22.18
1992	110.97	88.17	73.71	0.96	0.62	12.21	0.67	17.08	5.72	5.63	0.68	24.90
1993	122.8	97.6	81.18	1.23	0.7	13.71	0.77	19.26	5.94	5.82	0.68	22.77
1994	138.76	109.68	90.26	1.55	0.87	16.14	0.85	23.02	6.06	5.92	0.59	21.50
1995	135.93	102.66	80.07	1.35	0.62	19.67	0.95	26.95	6.32	6.06	0.57	20.17
1996	144.63	107.49	84.93	1.40	0.71	19.31	1.15	30.65	6.49	6.19	0.57	20.82
1997	165.42	125.02	99.09	2.1	1.01	21.52	1.31	34.33	6.07	5.84	0.52	19.33
1998	178.66	135.24	107.34	2.05	1.12	23.38	1.35	36.71	6.71	6.42	0.47	21.48
1999	185.95	138.84	110.03	2.05	1.19	24.22	1.35	39.16	7.95	7.66	0.5	21.62
2000	196.52	145.92	114.79	2.12	1.33	26.21	1.47	40.69	9.91	9.6	0.54	23.09
2001	205.41	153.91	121.11	2.21	1.45	27.62	1.52	40.11	11.39	11.1	0.6	25.12
2002	217.04	162.09	127.2	2.33	1.47	29.48	1.61	40.79	14.16	13.84	0.65	25.33
2003	233.46	171.56	134.3	2.49	1.63	31.34	1.8	42.4	19.5	19.19	0.72	30.79
2004	248.33	183.75	143.66	2.83	1.81	33.56	1.89	43.44	21.14	20.8	0.84	32.13
2005	259.04	195.36	152.83	2.92	2.06	35.58	1.97	43.91	19.77	19.42	0.85	35.32

年份	生猪出栏（万头）	牛出栏（万头）	羊出栏（万只）	家禽出栏（万只）	兔出栏（万只）	生猪存栏（万头）	能繁殖母猪存栏（万头）	牛存栏（万头）	奶牛存栏（万头）	羊存栏（万只）	家禽存栏（万只）	兔存栏（万只）
1991	850.27	8.43	41.45	8749.59	445.6	954.78	57.57	131.43	2.38	62.62	7409.65	442.81
1992	931.59	9.64	46.02	10131.1	537	995.98	62.03	131.05	2.26	64.66	7999.6	504.51
1993	1021.35	11.95	51.54	11215.7	619.23	1021.62	63.81	129.85	2.23	69.68	8601.62	515.03
1994	1120.73	15.26	61.89	13283.7	683.35	1062.36	65.07	130.19	2.06	81.39	9460.7	553.29
1995	1000.84	12.61	44.45	15628.8	768.48	863.04	66.71	103.74	2.09	67.99	10201.5	581.05
1996	1047.48	13.55	50.5	14963	900.43	861.32	70.41	103.67	2.23	71.5	9792.02	662.02
1997	1231.98	20.1	70.47	16364.7	981.84	976.53	70.72	117.82	1.83	86.35	10118	662.77
1998	1365.13	20.33	81.15	18056.1	1040.95	1024.15	75.98	117.06	2.06	91.3	10450	673.82
1999	1453.38	20.76	87.39	19146.6	1106.31	1049.53	71.13	114.59	2.57	93.75	10755.2	655.3
2000	1560.81	21.31	97.8	20633.9	1178.96	1087.66	76.27	111.44	3.59	96.22	10930.2	714.4
2001	1665.55	22.37	104.01	22002.7	1243.96	1125.42	78.74	109.65	4.51	101.43	11113.9	719.38
2002	1770.33	23.89	107.77	23720.7	1313.81	1162.6	80.31	109.28	5.83	106.39	11509.4	760.31
2003	1885.61	25.58	118.65	25315	1427.64	1207.26	87.15	109.32	6.48	123.77	11676.2	763.35
2004	2022.75	28.79	131.79	27329.4	1505.56	1254.12	94.84	107.84	7.19	128.94	11920.3	801.87
2005	2150.44	29.69	150.13	28757.6	1559.27	1277.4	97.97	105.69	6.97	136.0	11600.7	822.67

注：本表统计数据摘自福建省统计局《福建农村统计年鉴》（1992 年卷和 1993 年卷）、《福建农村经济年鉴》（1994 年卷至 2002 年卷）和《福建经济与社会统计年鉴（农村篇）》（2003 年卷至 2006 年卷）。

（二）1990—2005年福建省饲料工业发展统计表

单位：吨

年份	总产量	总产值（元）	年末双班生产能力	配混合饲料	配合饲料中										浓缩饲料	预混料
					猪料	比重（%）	蛋禽料	比重（%）	肉禽料	比重（%）	水产料	比重（%）	反刍料	其他		
1991	717000	39619	1450000	700000	236400	—	118300	—	88600	—	106000	—	—	41400	400	16500
1992	835679	—	—	827630	304623	—	173217	—	77675	—	38825	—	—	2986	1904	6145
1993	913814	—	—	905400	289000	—	170400	—	88200	—	57200	—	—	3700	2062	6352
1994	1093911	—	—	1080642	449707	—	244168	—	88175	—	45464	—	—	3738	2377	10892
1995	1220809	—	—	1201000	485495	—	266541	—	104714	—	81000	—	—	14200	7611	12198
1996	1242093	—	—	1234246	629465	—	271534	—	148109	—	176215	—	—	8923	2579	5268
1997	1212178	341150	1928000	1201772	610500	51.0	300443	25.0	144212	12.0	128000	11.0	—	16617	5458	4948
1998	1241436	336364	1946000	1214110	429174	35.0	342249	28.0	274103	23.0	143263	12.0	—	25321	18523	8803
1999	1336117	379200	1946000	1269535	432887	34.0	348333	27.0	275982	22.0	148920	12.0	—	63413	17992	48590
2000	1484140	498943	1946000	1399014	422003	30.0	332087	24.0	450354	32.0	115317	8.0	—	79253	—	67566
2001	1494361	478808	2884680	1387574	433532	31.0	298537	22.0	296526	21.0	302451	22.0	110	56419	120855	114918
2002	1633050	626762	—	1547929	430573	27.8	332016	21.4	432097	27.9	336095	21.7	697	16451	10415	74706
2003	1695778	546505	—	1581393	453399	28.7	352046	22.3	436595	27.6	303248	19.2	8397	27709	30670	83715
2004	1993843	716774	—	1861254	515101	27.7	331880	17.8	535451	28.8	407681	21.9	4224	66916	27450	105140
2005	2389481	877892	—	2193344	682413	31.1	325560	14.8	623326	28.4	534258	24.4	3949	23838	49601	146536

五、1991—2005 年福建省畜牧兽医高级技术人员名表

姓名	性别	工作单位	专业技术职称	资格确认时间
程道祥	男	省农业厅	农业推广研究员	1995.1.11
郑鸿钧	男	省农业厅	高农高定	1993.9
游大辉	男	省农业厅	高农高定	1993.9
徐斯良	男	省农业厅	高农高定	1993.9
杨邦钊	男	省农业厅	高农高定	2001.12.19
尤　珩	男	省农业厅	高级畜牧师	1992.7.3
陈体铮	男	省农业厅	高级畜牧师	1992.8.15
肖铁生	男	省农业厅	高级兽医师	1992.8.15
郑锡恩	男	省农业厅	高级畜牧师	1992.7.3
林溪东	男	省农业厅	高级畜牧师	1992.7.3
林应雄	男	省农业厅	高级畜牧师	1992.7.3
林有春	男	省农业厅	高级畜牧师	1992.8.15
赵　萍	女	省农业厅	高级畜牧师	1992.8.15
唐文炎	男	省农业厅	高级畜牧师	1992.8.15
张理漠	男	省农业厅	高级兽医师	1992.8.15
严金富	男	省天马种猪场	高级兽医师	1992.8.15
赵之铭	男	省农业厅	高级兽医师	1992.8.15
郑金狮	男	省农业厅	高级兽医师	1992.10.5
林宝泉	男	省农业厅	高级兽医师	1994.2.14
许宗祺	男	省农业厅	高级兽医师	1994.8.11
刘玉梅	女	省农业厅	高级畜牧师	1996.3.4
金颜辉	男	省农业厅	高级兽医师	1997.4.30
黄佳佳	男	省农业厅	高级畜牧师	1997.4.30
江明森	男	省农业厅	高级畜牧师	1998.3.6
陈霖普	男	省农业厅	高级兽医师	1998.3.6
张国奋	男	省农业厅	高级畜牧师	1998.3.6
游伟铭	男	省农业厅	高级兽医师	1998.3.6
王燕蔚	男	省生药厂	高级兽医师	1999.2.10
朱国炳	男	省农业厅	高级兽医师	1999.2.10
陈美光	男	省天马种猪场	高级兽医师	1999.2.10

续附表

姓名	性别	工作单位	专业技术职称	资格确认时间
卓坤水	男	省农业厅	高级畜牧师	1999.2.10
高建荣	男	省农业厅	高级兽医师	1999.2.10
王纪茂	男	省农业厅	高级畜牧师	1999.12.30
阮国荣	男	省天马种猪场	高级畜牧师	1999.12.30
张如梅	女	省生药厂	高级兽医师	1999.12.30
陈晟生	女	省生药厂	高级兽医师	1999.12.30
陈玉明	男	省农业厅	高级畜牧师	1999.12.30
林拱阳	男	省生药厂	高级畜牧师	1999.12.30
江敬官	男	省农业厅	高级兽医师	2000.3.10
沈仲魁	男	省农业厅	高级兽医师	2000.3.10
张邦光	男	省农业厅	高级兽医师	2000.3.10
关育芳	女	省农业厅	高级兽医师	2000.12.31
江宵兵	女	省农业厅	高级畜牧师	2000.12.31
严乾临	男	省农业厅	高级畜牧师	2000.12.31
林红华	女	省农业厅	高级兽医师	2000.12.31
王文顺	男	省农业厅	高级兽医师	2001.12.31
叶品坤	男	省农业厅	高级畜牧师	2001.12.31
张景生	男	省农业厅	高级畜牧师	2001.12.31
梁全顺	男	省农业厅	高级兽医师	2001.12.31
吴 杰	男	省农业厅	高级兽医师	2002.12.30
王 标	男	省农业厅	高级畜牧师	2002.12.30
陈先进	男	省生物厂	高级兽医师	2002.12.30
朱仁寿	男	省农业厅	高级兽医师	2002.12.30
江仰先	男	省农业厅	高级兽医师	2002.12.30
陈文忠	男	省农业厅	高级兽医师	2002.12.30
黄冬菊	女	省农业厅	高级兽医师	2002.12.30
齐光华	男	省农业厅	高级兽医师	2004.4.19
林海川	男	省农业厅	高级兽医师	2004.4.19
柯美锋	男	省生物药品厂	高级兽医师	2004.4.19
廖庆清	男	省农业厅	高级兽医师	2004.4.19
陈 宏	男	省农业厅	高级畜牧师	2005.5.9
林发玉	男	省农业厅	高级兽医师	2005.5.9
林加快	男	省农业厅	高级兽医师	2005.5.9

续附表

姓名	性别	工作单位	专业技术职称	资格确认时间
柯秋腾	男	省天马种猪场	高级兽医师	2005.5.9
林水根	男	福建农学院	高级畜牧师	1992.5.28
张可池	男	省粮食厅饲料科研所	高级畜牧师	1992.8.15
倪金沐	男	福建农学院	高级畜牧师	1992.5.28
陈火清	男	省农科学地热所	高级畜牧师	1995.6.13
郑文家	男	省司法厅	高级兽医师	1995.6.13
陈云平	男	省花卉盆景公司	高级兽医师	1997.4.30
张育松	男	福建农业大学	高级兽医师	1997.4.30
朱云林	男	华龙集团	高级畜牧师	1998.3.6
李志雄	男	省计划生育科学所	高级畜牧师	1999.2.10
张立卿	男	福建农业大学	高级畜牧师	1999.12.30
范春梅	女	省计生委计生所	高级畜牧师	1999.12.30
葛　勤	男	省花卉盆景公司	高级兽医师	1999.12.30
柯合作	男	省亚热带植物研究所	高级兽医师	2000.12.31
陈友银	男	武夷山农场	高级畜牧师	2001.12.31
庄忠钦	男	农科院产业管理处	高级畜牧师	2002.12.30
程志明	男	省亚热带园艺植物研究中心	高级兽医师	2004.4.19
潘瑞珍	女	省龙华饲料技术开发集团公司	高级畜牧师	2004.4.19
林登峰	男	福州正阳饲料有限公司	高级畜牧师	2005.5.9
王光瑛	女	福建农林大学动物科学院	教授	1993.7
王寿昆	男	福建农林大学动物科学院	教授	2000.7
吴德峰	男	福建农林大学动物科学院	教授	2001.7
张文昌	男	福建农林大学动物科学院	教授	2001.7
邵良平	男	福建农林大学动物科学院	教授	2002.7
吴宝成	男	福建农林大学动物科学院	研究员	2002.7
李国平	男	福建农林大学动物科学院	教授	2003.7
梁学武	男	福建农林大学动物科学院	教授	2003.7
林树根	男	福建农林大学动物科学院	教授	2005.7
李　昂	男	福建农林大学动物科学院	教授	2005.7
陈家祥	男	福建农林大学动物科学院	副教授	1994.7
张　力	女	福建农林大学动物科学院	副教授	1994.8
修金生	男	福建农林大学动物科学院	副教授	1995.7

续附表

姓名	性别	工作单位	专业技术职称	资格确认时间
姚金水	男	福建农林大学动物科学院	副教授	1995.8
张红星	女	福建农林大学动物科学院	副教授	1996.12
王长康	男	福建农林大学动物科学院	副教授	1998.7
李沁光	女	福建农林大学动物科学院	副教授	1998.7
陈 强	男	福建农林大学动物科学院	副教授	1998.7
林洁荣	男	福建农林大学动物科学院	副研究员	1999.7
刘建昌	男	福建农林大学动物科学院	副研究员	2002.7
马玉芳	女	福建农林大学动物科学院	副教授	2004.7
刘庆华	男	福建农林大学动物科学院	副教授	2004.7
杨玉芬	女	福建农林大学动物科学院	副教授	2004.7
李建生	男	福建农林大学动物科学院	副教授	2005.6
马燕梅	女	福建农林大学动物科学院	副教授	2005.7
梅景良	男	福建农林大学动物科学院	副教授	2005.7
吴燮恩	男	福建省农业科学院畜牧兽医研	高农高定	1993.01
盛楚贤	男	福建省农业科学院畜牧兽医研	高农高定	1993.01
葛颐昌	男	福建省农业科学院畜牧兽医研	高农高定	1993.01
李 治	男	福建省农科院	高农高定	1994.7.19
黄伟勋	男	福建省农科院	高农高定	1994.7.19
庄向生	男	福建省农业科学院畜牧兽医研究所	研究员	2004.6
陈 晖	女	福建省农业科学院畜牧兽医研究所	研究员	2002.4
陈少莺	女	福建省农业科学院畜牧兽医研究所	研究员	2004.6
曾丽莉	女	福建省农业科学院畜牧兽医研究所	研究员	2005.6
李盛霖	男	福建省农业科学院畜牧兽医研究所	副研究员	1994.2
黄 瑜	男	福建省农业科学院畜牧兽医研究所	副研究员	2002.4
陈婉如	女	福建省农业科学院畜牧兽医研究所	副研究员	1998.7
谢喜平	男	福建省农业科学院畜牧兽医研究所	副研究员	2004.6
程龙飞	男	福建省农业科学院畜牧兽医研究所	副研究员	2005.6
谢新东	男	福建省农业科学院畜牧兽医研究所	副研究员	2002.4
李忠荣	男	福建省农业科学院畜牧兽医研究所	副研究员	2004.6
刘 景	男	福建省农业科学院畜牧兽医研究所	副研究员	2005.6
董志岩	男	福建省农业科学院畜牧兽医研究所	副研究员	1999.12
林 燕	女	福建省农业科学院畜牧兽医研究所	副研究员	2004.6

续附表

姓名	性别	工作单位	专业技术职称	资格确认时间
江　斌	男	福建省农业科学院畜牧兽医研究所	高级畜牧师	1999.2.10
王淡华	女	福建省农业科学院畜牧兽医研究所	高级畜牧师	1999.12.30
吴南洋	男	福建省农业科学院畜牧兽医研究所	高级兽医师	2000.12.31
俞伏松	男	福建省农业科学院畜牧兽医研究所	高级兽医师	2000.12.31
陈岩峰	男	福建省农业科学院畜牧兽医研究所	高级畜牧师	2001.1
刘玉涛	男	福建省农业科学院畜牧兽医研究所	高级兽医师	2001.12.31
董晓宁	男	福建省农业科学院畜牧兽医研究所	高级畜牧师	2003.1
郭　庆	男	福建省农业科学院畜牧兽医研究所	高级畜牧师	2004.6
彭春香	女	福建省农业科学院畜牧兽医研究所	高级兽医师	2004.6
张爱华	女	福建省农业科学院畜牧兽医研究所	高级畜牧师	2005.5.9
林长光	男	福建省农业科学院畜牧兽医研究所	高级畜牧师	2005.5.9
陈玉村	男	福州大熊猫研究中心	农业推广研究员	1997.6.6
林兴载	男	福清县畜牧中心	高级畜牧师	1992.1.30
江肖华	女	闽侯县畜牧站	高级兽医师	1992.5.28
黄明行	男	闽清县种鸡场	高级畜牧师	1992.5.28
廖巧英	女	福州市禽育种站	高级畜牧师	1992.5.28
张耀南	男	永泰县畜牧水产局	高级畜牧师	1992.7.3
林智官	男	闽侯县畜牧水产局	高级畜牧师	1992.7.3
涂能权	男	福州市农科所	高级畜牧师	1992.7.3
陈裕才	男	福州榕板公司	高级兽医师	1992.8.15
吴存悌	男	福州市农业局	高级畜牧师	1994.2.14
谢建城	女	福州市兽医监督所	高级兽医师	1994.2.14
陈丽华	女	福州郊区洪山牧医站	高级兽医师	1994.8.11
邱鹤龄	男	福州郊区仓山牧医站	高级畜牧师	1994.8.11
程锦棠	男	福州市牧医站	高级兽医师	1996.3.4
陈元枝	男	福州市动物园管理处	高级兽医师	1996.3.4
林晓英	女	罗源县畜牧站	高级兽医师	1997.4.30
林　晴	男	福州市畜牧站	高级兽医师	1997.4.30
翁志铿	男	福州市农科所	高级畜牧师	1997.4.30
黄西辉	男	闽侯县兽医监督所	高级兽医师	1998.3.6
郑仁统	男	福州市畜禽育种站	高级畜牧师	1998.3.6
王丽辉	女	福州市家畜家禽育种站	高级畜牧师	1999.2.10
陈海水	男	福州市项目办	高级畜牧师	1999.2.10
陈景禧	男	长乐市畜牧中心	高级兽医师	1999.2.10

续附表

姓名	性别	工作单位	专业技术职称	资格确认时间
陈武森	男	福州市兽医监督所	高级兽医师	1999.2.10
方国柱	男	闽清县畜牧站	高级兽医师	1999.12.30
陈月香	女	平潭县畜牧兽医站	高级兽医师	1999.12.30
肖云廉	男	福州市动物园管理处	高级畜牧师	1999.12.30
林月圆	女	晋安区新店镇兽医站	高级畜牧师	1999.12.30
郑建信	男	福州市育种站	高级畜牧师	1999.12.30
张霖飞	男	永泰县畜牧兽医站	高级兽医师	2000.12.31
高春开	男	长乐市畜牧兽医中心	高级兽医师	2000.12.31
黄建勇	男	永泰国富泉乡畜牧站	高级畜牧师	2000.12.31
林 城	男	晋安区鼓山镇畜牧兽医站	高级畜牧师	2001.12.31
郑珠兴	男	福清市畜牧兽医技术服务中心	高级兽医师	2001.12.31
刘道泉	男	福州市畜牧兽医站	高级兽医师	2002.12.30
陈 敏	男	连江县畜牧兽医站	高级兽医师	2002.12.30
林 斌	男	福州市畜牧兽医站	高级畜牧师	2002.12.30
林敦利	男	福清上迳镇畜牧兽医站	高级畜牧师	2002.12.30
林忠华	男	长乐市畜牧兽医技术服务中心	高级兽医师	2002.12.30
方彦凯	男	福州市仓山区畜牧兽医站	高级兽医师	2004.4.19
林银弟	男	连江县畜牧兽医站	高级畜牧师	2004.4.19
林庆祥	男	平潭县畜牧兽医站	高级畜牧师	2004.4.19
郭有象	男	福清市畜牧兽医技术服务中心	高级畜牧师	2004.4.19
黄家安	男	闽清县畜牧兽医站	高级畜牧师	2004.4.19
黄招江	男	闽清县梅溪畜牧兽医站	高级兽医师	2004.4.19
薛铭仁	男	福州市兽医卫生监督检验所	高级兽医师	2004.4.19
王易尧	男	闽侯县畜牧兽医站	高级兽医师	2005.5.9
吴俊穗	男	福州市家畜家禽育种站	高级畜牧师	2005.5.9
黄秉正	男	福州市家畜家禽育种站	高级畜牧师	2005.5.9
黄淑禧	女	永泰县兽医卫生监督检验所	高级兽医师	2005.5.9
赖颂辉	男	福州市兽医卫生监督检验所	高级兽医师	2005.5.9
杨忠聆	男	厦门市同安县兽医站	高农高定	1993.6
白福海	男	厦门市食品公司	高级畜牧师	1992.5.28
黄亚比	女	厦门市食品公司	高级兽医师	1992.5.28
颜皇恺	男	厦门市畜牧站	高级兽医师	1992.5.28
陈金水	男	厦门坂头林场	高级兽医师	1994.2.14
陈全美	男	厦门市杏林镇牧医站	高级兽医师	1994.8.11

续附表

姓名	性别	工作单位	专业技术职称	资格确认时间
苏毅芳	女	厦门市畜牧站	高级兽医师	1998.3.6
傅共守	男	厦门商禽集团	高级畜牧师	1998.3.6
林仙草	男	厦门市畜牧兽医站	高级兽医师	1999.2.10
张春安	男	湖里区畜牧中心	高级兽医师	1999.2.10
蔡伟强	男	同安区洪塘镇畜牧站	高级兽医师	1999.2.10
陈 琼	女	厦门市家禽检疫站	高级兽医师	2001.12.31
李土堆	男	同安区畜牧兽医站	高级兽医师	2004.4.19
张志刚	男	厦门银祥集团有限公司	高级畜牧师	2005.5.9
林善端	男	漳州市饲料公司	高级畜牧师	2005.5.9
张长江	男	漳州市人事局	高级畜牧师	1992.7.3
张成裕	男	诏安县建设乡	高级畜牧师	1992.7.3
胡木石	男	漳州市奶牛场	高级畜牧师	1992.8.15
苏醒霖	男	平和县小溪镇兽医站	高级兽医师	1994.2.14
张运升	男	漳州食品公司	高级兽医师	1994.2.14
朱镇水	男	平和县畜牧兽医站	高级兽医师	1994.8.11
杨长进	男	漳州市畜牧兽医站	高级兽医师	1994.8.11
周 行	男	漳州市畜牧兽医站	高级兽医师	1995.6.13
黄政春	男	诏安畜牧兽医站	高级兽医师	1995.6.13
陈济远	男	龙海市牧医站	高级兽医师	1996.3.4
郑海明	男	龙海畜牧兽医站	高级兽医师	1996.3.4
林亚生	男	漳州市牧医站	高级兽医师	1996.3.4
蔡继宗	男	龙海市牧医站	高级畜牧师	1996.3.4
许才发	男	漳州市畜牧兽医站	高级兽医师	1997.4.30
马灏飞	男	芗城区兽医站	高级兽医师	1998.3.6
潘用定	男	华安良种场	高级兽医师	1998.3.6
吴捷荣	男	诏安兽医站	高级兽医师	1999.2.10
林炳民	男	平和兽医站	高级兽医师	1999.2.10
陈祝茗	女	漳州市畜牧兽医站	高级兽医师	1999.2.10
赖文博	男	云霄兽医站	高级兽医师	1999.2.10
朱绍平	男	平和县兽医站	高级畜牧师	1999.12.30
邱 峰	男	芗城区兽医站	高级兽医师	1999.12.30
钟正元	男	诏安县兽医站	高级畜牧师	1999.12.30
郭加丰	男	漳州农校	高级兽医师	1999.12.30
蔡良才	男	龙海市海汀兽医站	高级兽医师	1999.12.30

续附表

姓名	性别	工作单位	专业技术职称	资格确认时间
李兴志	男	漳浦县畜牧中心	高级畜牧师	2000.12.31
周宽哲	男	漳州市农业办	高级兽医师	2000.12.31
陈忠明	男	平和山格兽医站	高级兽医师	2000.12.31
蔡泽华	男	漳州市家畜站	高级畜牧师	2000.12.31
张再建	男	龙海榜山畜牧兽医站	高级畜牧师	2001.12.31
林瑞旗	男	龙海白水畜牧兽医站	高级兽医师	2001.12.31
张美发	男	长泰县枋洋镇牧医站	高级兽医师	2001.12.31
徐锦江	男	平和兽医站	高级兽医师	2001.12.31
丁琰山	男	漳州市奶牛场	高级兽医师	2002.12.30
张明阳	男	南靖丰田兽医站	高级兽医师	2002.12.30
黄清虎	男	南靖畜牧兽医站	高级畜牧师	2002.12.30
黄泉福	男	龙海港尾兽医站	高级畜牧师	2002.12.30
叶五曲	男	漳州市畜牧兽医站	高级兽医师	2004.4.19
汤海平	男	漳州市畜牧兽医站	高级兽医师	2004.4.19
郭建同	男	漳州市家畜育种站	高级畜牧师	2004.4.19
李天寿	男	华安县畜牧站	高级兽医师	2005.5.9
陈丽阶	男	漳州市农校	高级畜牧师	2005.5.9
陈田华	男	漳州市农科所	高级兽医师	2005.5.9
曹进国	男	漳州市畜牧兽医站	高级兽医师	2005.5.9
李水俊	男	泉州市畜牧兽医站	高级兽医师	1992.1.30
叶碧辉	男	惠安县畜牧中心	高级兽医师	1992.1.30
陈建忠	男	泉州市锂城牧医站	高级兽医师	1992.1.30
庄谋努	男	泉州市畜牧兽医站	高级畜牧师	1992.5.28
林兴楼	男	泉州市锂城区畜牧站	高级畜牧师	1992.5.28
潘贤平	男	永春县畜牧兽医站	高级畜牧师	1992.5.28
林国录	男	泉州市农业局	高级畜牧师	1992.7.3
张国森	男	德化县畜牧兽医站	高级畜牧师	1994.8.11
张运昌	男	安溪县农业局	高级畜牧师	1995.6.13
洪志新	男	南安经作局	高级兽医师	1995.6.13
杨式贡	男	永春县清山镇畜牧站	高级兽医师	1996.3.4
郑兴国	男	泉州市牧医站	高级畜牧师	1996.3.4
黄道扬	男	泉州市牧医站	高级兽医师	1996.3.4
黄建国	男	鲤城区牧医站	高级畜牧师	1996.3.4
许清白	男	南安市牧医站	高级畜牧师	1997.4.30

续附表

姓名	性别	工作单位	专业技术职称	资格确认时间
何岱金	男	泉州市牧医站	高级兽医师	1997.4.30
陈开金	男	德化县牧医站	高级畜牧师	1997.4.30
沈玉婷	女	安溪县畜牧兽医站	高级畜牧师	1998.3.6
李斯成	男	洛江区农业水利局	高级畜牧师	1998.3.6
林悌窗	男	德化县畜牧兽医站	高级兽医师	1998.3.6
刘泉成	男	北锋镇畜牧站	高级畜牧师	1999.2.10
朱远瞄	男	晋江市畜牧站	高级畜牧师	1999.2.10
朱景星	男	晋江市畜牧站	高级兽医师	1999.2.10
李咏铭	女	泉州市农业局	高级畜牧师	1999.2.10
黄嘉方	男	丰泽区畜牧兽医站	高级畜牧师	1999.2.10
林振胜	男	泉州市农业局	高级兽医师	1999.12.30
翁培元	男	福安县兽医站	高级兽医师	1999.12.30
翁碧芬	女	泉州市农业局	高级兽医师	1999.12.30
黄建康	男	晋江市畜牧站	高级兽医师	1999.12.30
吴黎娜	男	丰泽区畜牧兽医站	高级兽医师	2001.12.31
陈义诚	男	永春县东平镇畜牧站	高级兽医师	2001.12.31
赖诗潜	男	德化县浔中镇牧医站	高级兽医师	2001.12.31
潘志忠	男	惠安县畜牧兽医站	高级畜牧师	2001.12.31
刘鸿涛	男	德化县畜牧站	高级畜牧师	2005.5.9
庄殿挺	男	鲤城区江南镇农业办	高级兽医师	2005.5.9
张以宏	男	泉州市农业局	高级畜牧师	2005.5.9
林志纯	男	泉州市农业局	高级畜牧师	2005.5.9
林思望	男	安溪县畜牧兽医站	高级兽医师	2005.5.9
黄天玉	男	德化县兽医卫监所	高级兽医师	2005.5.9
刘振兴	男	永安市畜牧站	高级畜牧师	1992.1.30
林宗弼	男	沙县畜牧站	高级畜牧师	1992.1.30
王诞秋	男	大田县副食品基地	高级畜牧师	1992.8.15
林永和	男	三明市种鸡场	高级兽医师	1994.2.14
陈长溪	男	宁化县畜牧中心	高级畜牧师	1995.6.13
涂广远	男	将乐县畜牧站	高级畜牧师	1995.6.13
郑琼仙	女	泰宁县牧医站	高级畜牧师	1997.4.30
陈德贵	男	三明市牧医站	高级畜牧师	1997.4.30
卓月珍	女	梅列区畜牧兽医站	高级兽医师	1997.4.30
黄国清	男	三明市畜牧站	高级兽医师	1997.4.30

续附表

姓名	性别	工作单位	专业技术职称	资格确认时间
王炳林	男	沙县畜牧站	高级兽医师	1998.3.6
余绪娘	女	将乐县畜牧站	高级畜牧师	1998.3.6
吴悌霖	男	三明市畜牧兽医站	高级兽医师	1998.3.6
金 铖	男	三明市畜牧兽医站	高级兽医师	1998.3.6
柳锡登	男	三明市畜牧兽医站	高级兽医师	1998.3.6
许振东	男	沙县畜牧站	高级畜牧师	1999.2.10
吴景央	女	永安市兽医站	高级兽医师	1999.2.10
陈金同	男	梅列区畜牧兽医站	高级畜牧师	1999.2.10
曾钦平	男	三明市三元区农业局	高级兽医师	1999.2.10
杨桂芳	女	三明市兽医监督所	高级兽医师	1999.12.30
张流才	男	泰宁县畜牧站	高级畜牧师	1999.12.30
谢高谨	男	尤溪县畜牧站	高级兽医师	1999.12.30
廖振续	男	尤溪县兽医卫监所	高级兽医师	1999.12.30
田新提	男	大田县畜牧站	高级畜牧师	2000.12.31
李艳华	女	三元区畜牧站	高级兽医师	2000.12.31
李芳琴	女	宁化县畜牧站	高级兽医师	2000.12.31
周 熹	女	宁化县畜牧站	高级畜牧师	2000.12.31
卓宜恒	男	建宁县畜牧站	高级兽医师	2000.12.31
董为训	男	清流县畜牧站	高级畜牧师	2000.12.31
黄其苗	男	大田县畜牧兽医站	高级畜牧师	2001.12.31
陈洪亮	男	尤溪县梅仙畜牧水产站	高级兽医师	2002.12.30
谢周勋	男	尤溪县畜牧兽医站	高级畜牧师	2002.12.30
钟东林	男	宁化县水茜乡畜牧水产站	高级畜牧师	2004.4.19
林善炳	男	大田县畜牧兽医站	高级兽医师	2004.4.19
陈永云	女	永安燕西农业服务中心	高级兽医师	2004.4.19
甘善化	男	尤溪县畜牧站	高级畜牧师	2005.5.9
林致和	男	尤溪县畜牧站	高级畜牧师	2005.5.9
范功镇	男	三明市畜牧站	高级畜牧师	2005.5.9
邱位木	男	三明市育种站	高级畜牧师	2005.5.9
蒋光轩	男	梅列区畜牧兽医站	高级畜牧师	2005.5.9
王德华	男	莆田市畜牧育种站	高级畜牧师	1992.1.30
林国政	男	仙游县畜牧站	高级畜牧师	1992.1.30
周文谟	男	莆田畜牧站	高级兽医师	1992.1.30
黄振忠	男	莆田市厢城区牧医中心	高级兽医师	1992.1.30

续附表

姓名	性别	工作单位	专业技术职称	资格确认时间
姚开森	男	莆田县农业局	高级畜牧师	1992.7.3
郭金勇	男	莆田市区农委	高级畜牧师	1992.7.3
郑宗赞	男	仙游县赖店农科站	高级兽医师	1994.8.11
姚天麟	男	莆田市畜牧服务中心	高级兽医师	1994.8.11
刘荫奎	男	仙游仙牧医站	高级兽医师	1995.6.13
陈金辉	男	莆田牧医站	高级兽医师	1996.3.4
陈铁英	男	莆田县牧医中心	高级畜牧师	1999.2.10
黄金萱	男	莆田市农科所	高级畜牧师	1999.2.10
蔡玉和	男	莆田县畜牧兽医站	高级兽医师	1999.12.30
龚以任	男	莆田县畜牧中心	高级畜牧师	1999.12.30
关毅敏	男	城厢区畜牧站	高级畜牧师	2000.12.31
陈洪业	男	城厢区郊乡畜牧站	高级兽医师	2000.12.31
陈文桂	男	莆田县白沙镇经管站	高级兽医师	2001.12.31
林金远	男	莆田县畜牧兽医中心	高级畜牧师	2001.12.31
刘凤辉	男	荔城区畜牧兽医技术服务中心	高级畜牧师	2002.12.30
吴朝阳	男	城厢区牧医中心	高级畜牧师	2002.12.30
吴亚胜	男	城厢区畜牧兽医站	高级畜牧师	2002.12.30
肖庆龙	男	荔城区畜牧兽医技术服务中心	高级畜牧师	2002.12.30
林建忠	男	荔城区畜牧兽医技术服务中心	高级兽医师	2002.12.30
邱剑泰	男	莆田市农业区划办公室	高级畜牧师	2002.12.30
郑文海	男	福建省牧工商莆田县联营公司	高级兽医师	2002.12.30
喻维雄	男	涵江区梧塘镇畜牧兽医站	高级兽医师	2002.12.30
方　静	女	涵江区江口镇畜牧兽医站	高级畜牧师	2004.4.19
方燕凤	女	荔城区良种繁育场	高级兽医师	2004.4.19
吴宗贵	男	荔城区畜牧兽医技术服务中心	高级畜牧师	2004.4.19
郑美金	女	涵江区动物防疫监督所	高级畜牧师	2004.4.19
林美爱	女	荔城区新度镇畜牧兽医站	高级兽医师	2004.4.19
占飞豹	男	莆田市畜牧兽医站	高级畜牧师	2005.5.9
黄亚通	男	涵江区江口镇畜牧兽医站	高级兽医师	2005.5.9
陈章喜	男	南平地区家畜育种站	高级畜牧师	1992.5.28
林恩铿	男	南平地区兽医站	高级兽医师	1992.5.28
于大康	男	政和县畜牧水产局	高级畜牧师	1992.7.3
林贻寿	男	松溪县畜牧局	高级兽医师	1992.7.3
余锡馨	女	南平市畜牧兽医站	高级兽医师	1994.2.14

续附表

姓名	性别	工作单位	专业技术职称	资格确认时间
张其明	男	浦城县畜牧兽医站	高级畜牧师	1994.2.14
吴移山	男	南平市乳牛场	高级兽医师	1994.2.14
余道善	男	南平市畜牧兽医站	高级畜牧师	1994.8.11
江汉梁	男	建阳市兽医站	高级兽医师	1995.6.13
张洪光	男	延平区畜牧水产局	高级畜牧师	1995.6.13
陈泉钦	男	延平区九峰山管理处	高级兽医师	1995.6.13
林兆京	男	南平地区兽医站	高级兽医师	1995.6.13
曾继光	男	邵开市畜牧中心	高级兽医师	1996.3.4
薛贻智	男	松溪县兽医站	高级兽医师	1996.3.4
蔡辉煌	男	邵武市良种场	高级兽医师	1997.4.30
彭春孙	男	武夷山市畜牧兽医站	高级畜牧师	1998.3.6
黄宝金	女	南平市农业局	高级畜牧师	1999.2.10
叶土发	男	邵武市种畜场	高级兽医师	1999.12.30
余明兴	男	浦城县畜牧站	高级兽医师	1999.12.30
沈华亮	男	邵武市畜牧站	高级兽医师	1999.12.30
徐帝沛	男	南平市乳牛场	高级兽医师	2000.12.31
龚太棋	男	南平市乳牛场	高级兽医师	2000.12.31
方仁成	男	松溪县畜牧兽医中心	高级兽医师	2001.12.31
付丹红	男	邵武市畜牧兽医中心	高级畜牧师	2001.12.31
陈 基	男	武夷山市崇安镇兽医站	高级畜牧师	2001.12.31
范绪和	男	武夷山市大安动检站	高级兽医师	2001.12.31
杨翠娟	女	顺昌县兽医站	高级兽医师	2001.12.31
黄恒威	男	武夷山市吴屯乡兽医站	高级兽医师	2001.12.31
陈锡东	男	松溪县畜牧兽医站	高级畜牧师	2002.12.30
邱承亮	男	延平区大横乳牛分场	高级畜牧师	2002.12.30
施 晞	男	建阳市潭城兽医站	高级畜牧师	2002.12.30
黄建亮	男	邵武市畜牧兽医技术中心	高级畜牧师	2002.12.30
王孟华	男	南平市动物防疫监督所	高级兽医师	2004.4.19
王有木	男	南平市延平区畜牧兽医站	高级兽医师	2004.4.19
李有辉	男	邵武市和平镇畜牧兽医工作站	高级兽医师	2004.4.19
黄建晖	男	南平市动物防疫监督所	高级兽医师	2004.4.19
王玄武	男	光泽县农牧渔中心	高级兽医师	2005.5.9
李贤辉	男	光泽县农牧渔中心	高级畜牧师	2005.5.9
李文迹	男	光泽县农牧渔中心	高级兽医师	2005.5.9

续附表

姓名	性别	工作单位	专业技术职称	资格确认时间
林善正	男	邵武市农业局	高级兽医师	2005.5.9
张保发	男	邵武市种畜场	高级兽医师	2005.5.9
范　辉	男	政和县畜牧水产局	高级兽医师	2005.5.9
陈加秋	男	上杭县畜牧站	高级兽医师	1992.1.30
陈　声	女	龙岩市畜牧站	高级兽医师	1992.1.30
罗式训	男	漳平市	高级畜牧师	1992.1.30
黄荣才	男	龙岩市畜牧水产局	高级畜牧师	1992.7.3
廖金财	男	上杭县畜牧局	高级畜牧师	1992.7.3
王文祥	男	长汀县兽医站	高级兽医师	1994.2.14
孙毓玲	女	龙岩地区兽医站	高级兽医师	1994.2.14
邱星辉	男	上杭县牧医站	高级兽医师	1995.6.13
张日茂	男	龙岩市畜牧站	高级兽医师	1998.3.6
张仰荣	男	长汀策武牧医站	高级兽医师	1999.2.10
刘富祥	男	连城北团兽医站	高级兽医师	1999.12.30
何侨麟	男	龙岩市种鸡场	高级畜牧师	1999.12.30
吴锦瑞	男	龙岩市育种站	高级畜牧师	1999.12.30
林　潮	男	上杭兽医卫检所	高级兽医师	1999.12.30
林　重	男	龙岩市兽医站	高级兽医师	1999.12.30
张能贵	男	上杭县畜牧站	高级兽医师	1999.12.30
周祥铨	男	龙岩市农垦站	高级畜牧师	1999.12.30
黄海生	男	新罗区畜牧站	高级畜牧师	1999.12.30
邬良贤	男	龙岩市兽医站	高级兽医师	2000.12.31
倪文炎	男	新罗区兽医站	高级兽医师	2000.12.31
梁　斌	男	长汀县兽医站	高级畜牧师	2000.12.31
王光其	男	龙岩市育种站	高级畜牧师	2001.12.31
兰杨生	男	武平县牧医站	高级兽医师	2001.12.31
连玉意	男	漳平市牧医站	高级兽医师	2001.12.31
钟怀民	男	新罗区种畜场	高级畜牧师	2001.12.31
郭厚煌	男	永定县兽医所	高级兽医师	2001.12.31
蒋振华	男	漳平新桥畜牧站	高级畜牧师	2001.12.31
黄水珍	女	新罗区牧医站	高级畜牧师	2002.12.30
黄标敏	男	新罗区牧医站	高级畜牧师	2002.12.30
黄祖桢	男	上杭县牧医站	高级畜牧师	2002.12.30
陈安贤	男	上杭县牧医站	高级畜牧师	2004.4.19

续附表

姓名	性别	工作单位	专业技术职称	资格确认时间
林如龙	男	龙岩市新罗山麻鸭原种场	高级畜牧师	2004.4.19
刘长城	男	漳平菁城牧医站	高级畜牧师	2005.5.9
张　力	男	漳平市牧医站	高级畜牧师	2005.5.9
简培才	男	永定县兽医站	高级畜牧师	2005.5.9
苏孝钦	男	宁德地区家畜育种站	高级畜牧师	1992.5.28
林爱英	女	福安市畜牧站	高级畜牧师	1992.5.28
高与凤	男	柘荣县畜牧站	高级兽医师	1992.5.28
郑旭升	男	福安市农业局	高级兽医师	1992.7.3
陈绵枝	男	宁德地区侨联会	高级畜牧师	1992.7.3
吴映教	男	宁德地区家畜育种站	高级畜牧师	1992.8.15
张集玉	女	福安市畜牧兽医站	高级畜牧师	1994.8.11
郑贵荣	男	霞浦畜牧兽医站	高级畜牧师	1996.3.4
徐开亩	男	周宁畜牧站	高级畜牧师	1996.3.4
陈传村	男	宁德地区农科所	高级畜牧师	1997.4.30
郑则乐	男	宁德兽医站	高级兽医师	1998.3.6
林国梁	男	福安市兽医站	高级畜牧师	1999.12.30
胡慈斌	男	宁德地区兽医卫生所	高级兽医师	1999.12.30
黄必雄	男	屏南县兽医站	高级畜牧师	1999.12.30
兰明钟	男	宁德市畜牧兽医站	高级兽医师	2002.12.30
余兆昌	男	古田县畜牧兽医站	高级兽医师	2002.12.30
张顺清	男	寿宁竹管垅畜牧兽医站	高级畜牧师	2002.12.30
陈光烈	男	闽东家畜育种站	高级畜牧师	2002.12.30
刘细鼎	男	宁德市兽医卫生监督所	高级兽医师	2004.4.19
林上槐	男	闽东家畜育种站	高级畜牧师	2004.4.19
阮美英	女	蕉城区畜牧兽医站	高级畜牧师	2005.5.9
吴方达	男	蕉城区七都镇畜牧兽医站	高级兽医师	2005.5.9
张瑞光	男	福安市畜牧兽医站	高级兽医师	2005.5.9

说明：1. 排序按省级、设区市。

2. 排名按聘任年、月，同月按笔画顺序。

3. "高农高定"指享受教授、研究员待遇的高级兽医、畜牧师。

编　后　记

　　《福建省志·畜牧志（1991—2005）》编纂工作 2006 年启动，当年成立编纂委员会。由省农业厅牵头，省农业科学院、福建农林大学等单位抽调人员组成撰稿班子。

　　本志的编写历时四年，编纂者广泛收集省图书馆、省档案馆、省统计局、省农业厅档案室等单位的有关历史资料，精心撰稿。各章节的撰稿者分别为：概述（邱章泉、蔡春继）；第一章畜牧生产，第一节饲养规模（陈玉明、江宵兵），第二节畜禽饲养技术（陈玉明、江宵兵、卓坤水），第三节畜牧产业化（卓坤水、张仁雨、吴章荣），第四节畜禽遗传资源保护与品种繁育（江宵兵）；第二章饲料，第一节饲草资源开发利用（卓坤水），第二节饲料工业（兰坪亮、丘建华、陈婉茹）；第三章兽药，第一节兽药生产（丘建华、陈锋、傅世宗），第二节新兽药研发（丘建华），第三节兽药监管（王标、丘建华）；第四章动物疫病防控，第一节主要动物疫病（梁全顺、吴顺意、齐光华、朱志雄、陈家祥、黄瑜、吴宝成），第二节动物免疫与疫病监测（李峰、齐光华、严乾临、金颜辉、关育芳、杨得胜、黄达新），第三节动物疫病控制和扑灭（吴顺意、朱志雄、李峰、齐光华），第四节动物和动物产品检疫（陈文忠、徐忠林），第五节动物防疫监督（陈文忠）；第五章动物产品安全监督管理，第一节立法与制定标准（游伟铭、徐忠林、陈文忠、王标），第二节动物产品安全监控（陈锋），第三节动物产品认证（吴伟荣），第四节动物产品污染治理（陈文忠、徐忠林）；第六章科技教育与合作交流，第一节教育（程书田、林洁荣、林伯全、杨晓燕、张文芳、张学思、卢胜、陈贵英），第二节科技（程书田、刘景等），第三节合作交流（邱章泉、蔡春继），第四节学会（协会）活动（徐斯良、胡春、江宵兵）；第七章机构与队伍（林福桂、齐光华）；专记养蜂（苏荣茂、许小云、缪晓青、梁勤）；附录，大事年表（齐光华、卓坤水、丘建华），规范性文件目录与重要文件辑录（邱章泉），福建省畜牧业发展统计表（陈宏、陈贵英），福建省畜牧兽医高级专业技术人员名表（黄达新）。蔡春继、江宵兵、金钺、杨得胜、吴波平、丘建华参加了图照及有关资料的收集，胡柏青、齐光华、陈忠具体处理编辑室日常工作。

初稿完成后，进行逐章评审。叶恩发、邱章泉、梁全顺负责对初稿进行统稿总纂工作。形成总纂稿后再行审评，参加评审的领导和专家有黄华康、叶恩发、陈永共、黄一帆、林天龙、尤珩、叶峥、邹荣贵、黄旭华、邱章泉、林福桂、林加土、兰坪亮、游伟铭、梁全顺、苏荣茂、许小云、邹霞青、李盛霖、杨邦钊、王长康、邵良平、冯玉兰、曾丽莉、程由铨、庄向生、王寿昆、徐斯良等，每次评审改都得到省方志委员会吕秋心、刘祖陛等专家的指导和帮助。经修改后，2010年11月完成一审工作，2012年2月完成二审工作，2012年11月通过验收。

本志编纂凝聚了福建省畜牧兽医界诸多专家、学者以及畜牧兽医工作者的汗水和心血。在此，向在编纂过程中给予支持的有关单位和人员，表示衷心的感谢。

《福建省志·畜牧志（1991—2005）》编辑室

2012年12月